危险化学品安全管理知识问答系列丛书

化工(危险化学品)企业安全管理人员安全管理知识问答

中国化学品安全协会　主编

中国石化出版社
HTTP://WWW.SINOPEC-PRESS.COM

内 容 提 要

本书按照《化工(危险化学品)企业安全生产管理人员安全生产管理知识重点考核内容(第一版)》的培训要求编写，内容涵盖企业安全生产管理人员需要了解和掌握的国家安全生产方针政策、法律法规、项目建设和试生产、行政许可、安全生产责任、安全管理制度、安全教育和培训、危险化学品管理、风险管控和隐患排查、变更管理、关键装置要害部位管理、承包商管理、设备设施安全管理、安全设施和安全仪表、检维修和开停车、特殊作业、职业健康、应急管理、事故事件、安全生产标准化、过程安全管理体系及安全文化等方面的知识。

本书适合作为化工(危险化学品)企业安全生产管理人员进行安全生产管理知识培训的教材，也可作为企业其他管理人员、技术人员日常安全学习和参考的材料。

图书在版编目(CIP)数据

化工(危险化学品)企业安全管理人员安全管理知识问答/中国化学品安全协会主编. —北京:中国石化出版社，2018.4(2019.4重印)
(危险化学品安全管理知识问答系列丛书)
ISBN 978-7-5114-4855-2

Ⅰ. ①化… Ⅱ. ①中… Ⅲ. ①化工企业-安全生产-中国-安全培训-问题解答 Ⅳ. ①F426.7-44

中国版本图书馆CIP数据核字(2018)第070415号

中国石化出版社出版发行

地址:北京市朝阳区吉市口路9号
邮编:100020 电话:(010)59964500
发行部电话:(010)59964526
http://www.sinopec-press.com
E-mail:press@sinopec.com
北京富泰印刷有限责任公司印刷
全国各地新华书店经销

*

710×1000毫米 16开本 30印张 403千字
2018年5月第1版 2019年4月第3次印刷
定价:96.00元

前言

Preface

近年来，通过企业及各级安全生产监督管理部门广大干部职工的共同努力，化工(危险化学品)安全生产工作得到了进一步加强，安全生产形势趋于稳定好转。但是，化工(危险化学品)企业安全生产基础薄弱的状况还没有根本改变，事故仍时有发生。其中，企业主要负责人法律意识和安全风险意识淡薄，安全管理人员安全生产管理知识欠缺，安全管理能力不能满足安全生产的需要，是导致企业安全生产主体责任难以落实，重大安全风险无法有效掌控，事故隐患得不到及时处理的重要原因。

为提高化工(危险化学品)企业安全生产管理人员安全生产知识、管理能力，推动企业更好地落实主体责任，搞好安全生产工作，2017年1月25日，国家安全监管总局办公厅发布了《关于印发化工(危险化学品)企业主要负责人安全生产管理知识重点考核内容等的通知》(安监总厅宣教〔2017〕15号)，制定了《化工(危险化学品)企业安全生产管理人员安全生产管理知识重点考核内容(第一版)》。

中国化学品安全协会组织专家，在编制了《化工(危险化学品)企业主要负责人安全管理知识问答》一书后，按照《化工(危险化学品)企业安全生产管理人员安全生产管理知识重点考核内容(第一版)》二十个方面的要求，融合提炼形成适合安全生产管理人员学习的知识读本，内容包括国家安全生产方针政策、法律法规、项目建设和试生产、行政许可、安全生产责任、安全管理制度、安全教育和培训、危险化学品管理、风险管控和隐患排查、变更管理、关键装置要害部位管理、承包商管理、设备设施安全管理、安全设施和安全仪表、检维修和开停车、特殊作业、职业健康、应急管理、事故事件、安全生产标准化、过程安全管理体系及安全文化等十九部分，附录为近年来典型事故案例和模拟试题，旨在帮助化工(危险化学品)企业安全生产管理人员系统地学习和掌握安全生产知识，提升管理能力。

本书适合用作化工(危险化学品)企业安全管理人员进行安全生产管理知识培训提升的教材，也可作为企业主要负责人、技术管理人员日常安全学习和参考的材料。

参加本书编写工作的有路念明、王达、靳涛、程长进、邹晓军、方华云、房志东、齐玉纯、李文悦、杨林、史宏林、孙志岩、太文哲、冯建柱、尹辉等，全书由孙志岩统稿。

由于企业安全管理涉及面广，编写此书难度较大，加上作者水平的局限，因此书中难免有不当之处和缺点错误，敬请读者指正并提出宝贵意见。

目 录
Contents

第一章 国家安全生产方针政策和法律法规

一、我国安全生产方针是什么？

《中华人民共和国安全生产法》第三条规定：安全生产工作应当以人为本，坚持安全第一、预防为主、综合治理的方针。

“安全第一”是要求我们在工作中始终把安全放在第一位。当安全与生产、安全与效益、安全与进度相冲突时，必须首先保证安全，即生产必须安全，不安全不能生产。

“预防为主”要求我们在工作中时刻注意预防生产安全事故的发生。在生产各环节，要严格遵守安全生产管理制度和安全技术操作规程，认真履行岗位安全职责，防微杜渐，防患于未然，发现事故隐患要立即处理，不能处理的要及时上报，要积极主动地预防事故的发生。

“综合治理”就是综合运用经济、法律、人管、法治、技防多管齐下，并充分发挥社会、从业人员、舆论的监督作用，实现安全生产的齐抓共管。“综合治理”是我们党和政府在总结了近年来安全监管实践经验的基础上作出的重大决策，体现了安全生产方针的新发展。

“安全第一、预防为主、综合治理”，三者是目标、原则和手段、措施的有机统一的辩证关系。不坚持安全第一，预防为主很难落实；坚持安全第一，才能自觉地或科学地预防事故发生，达到安全生产的预期目的；只有坚持预防为主，才能消除隐患、减少事故，才能做到安全生产。

二、我国安全生产法律法规体系是如何构成的?

安全生产法律、行政法规、地方性法规、部门规章和国家标准、行业标准共同构成安全生产法律法规体系。

(一) 法律

法律由全国人大及其常委会制定。法律是安全生产法律体系中的上位法，居于整个体系的最高层级，其法律地位和效力高于行政法规、地方性法规、部门规章、地方政府规章等下位法。国家现行的有关安全生产的专门法律有《安全生产法》《消防法》《道路交通安全法》《海上交通安全法》《矿山安全法》《特种设备安全法》《石油天然气管道保护法》；与安全生产相关的法律主要有《劳动法》《职业病防治法》《工会法》《矿产资源法》《铁路法》《公路法》《民用航空法》《港口法》《建筑法》《煤炭法》《电力法》等。

(二) 法规

法规由国务院发布，包括有立法权机构——省、自治区、直辖市人民代表大会及其常务委员会和地方政府在不与宪法、法律、行政法规相抵触的前提下制定的。如《危险化学品安全管理条例》《安全生产许可证条例》《天津市安全生产条例》《山东省安全生产条例》等。安全生产法规分为行政法规和地方性法规。

(三) 规章

规章由国务院各部委和具有行政管理职能的直属机构，省、自治区、直辖市和较大的市的人民政府制定。如《危险化学品生产企业安全生产许可证实施办法》《危险化学品生产储存建设项目安全审查办法》《安全生产违法行为行政处罚办法》《企业安全生产费用提取和使用管理办法》《浙江省安全生产培训管理实施细则》等。安全生产行政规章分为部门规章和地方政府规章。

(四) 法定安全生产标准

我国没有技术法规的正式用语且未将其纳入法律体系的范畴，但是国家制定的许多安全生产立法却将安全生产标准作为生产经营单位必须执行的技术规范而载入法律，安全生产标准法律化是我国安全生产立法的重要趋势。安全生产标准一旦成为法律规定必须执行的技术规范，它就具有了法律上的地位和效力。执行安全生产标准是生产经营单位的法定义务，违反法定安全生产标准的要求，同样要承担法律责任。因此，将法定安全生产标准纳入安全生产法律体系范畴来认识，有助于构建完善的安全生产法律体系。法定安全生产标准分为国家标准和行业标准，两者对生产经营单位的安全生产具有同样的约束力。法定安全生产标准主要是指强制性安全生产标准。

（1）国家标准。安全生产国家标准是指国家标准化行政主管部门依照《标准化法》制定的在全国范围内适用的安全生产技术规范。如《危险化学品重大危险源辨识》（GB 18218—2009）、《化学品生产单位特殊作业安全规范》（GB 30871—2014）、《危险货物品名表》（GB 12268—2012）等。

（2）行业标准。安全生产行业标准是指国务院有关部门和直属机构依照《标准化法》制定的在安全生产领域内适用的安全生产技术规范。行业安全生产标准对同一安全生产事项的技术要求，可以高于国家安全生产标准但不得与其相抵触。如《危险化学品重大危险源安全监控通用技术规范》（AQ 3035—2010）、《安全评价通则》（AQ 8001—2007）、《化工企业安全卫生设计规范》（HG 20571—2014）、《建筑施工扣件式钢管脚手架安全技术规范》（JGJ 130—2011）、《电业安全工作规程（电力线路部分）》（DL 409—1991）等。

三、《安全生产法》的立法目的是什么？主要包含哪些方面的内容？

2014年新修订的《安全生产法》总则中明确了立法目的，即：为了加强安全生产工作，防止和减少生产安全事故，保障人民群众生命和财产安全，促进经济社会持续健康发展。

《安全生产法》共分为七章，分别为总则、生产经营单位的安全生产保障、从业人员的安全生产权利义务、安全生产的监督管理、生产安全事故的应急救援与调查处理、法律责任和附则。

四、《安全生产法》的主要特点是什么？

《安全生产法》是保障安全生产的基本法律，是人们在安全生产中共同遵守的行为规则，这部法律不仅重要，而且带有一些重要的特点，主要体现在：

一是强制性的规范多。这是由于安全生产事关生命财产，要保障安全生产，消除能导致人员伤害、发生死亡，造成财产破坏、损害，酿成其他恶果的危险，就必须在生产经营活动的一系列方面或一系列环节中，遵守各项保证安全的规则，这些规则体现在法律中就是强制性的规范。

二是禁止性的规范多。它反映了安全生产中必须禁止或者消除不安全的人的行为和物的状态的要求，消除事故隐患和危害因素，严格防止生产安全事故的发生。法律上的禁止性规范，将在安全生产中不允许有的行为和不允许存在的状态明确地表现出来，若是违反即触犯法律，这将促使人们更严肃地对待禁止的事项，并对违反禁止性的规定承担法律责任且心中存有威慑力，这对保障安全生产是有重要作用的。

三是义务性的规定多。保障安全生产是生产经营单位及其负责人，各类从业人员，各有关方面对国家、对社会、对他人、对自己应尽的义务。这种义务不是任意的，而是法定的，即必须是忠实履行的，所以在《安全生产法》中有许多关于履行义务的规定，是这部法律在内容上的又一个特点。

四是明确地规定有关的责任，即责任有确定性。这是因为安全生产与许多责任是联系在一起的，只有有了明确的责任，安全生产的保障措施才有可能落实，将责任以法律形式加以确定，是安全生产的必要保证。

五是在法律规范中体现处罚严明的要求。这是由于安全生产事关重大，而有些单位、有些人员采取不负责任的态度，甚至有意违法，干扰破坏安全生产秩序，造成严重后果，对于这种行为必须严加惩处，让违法者对其违法行为造成的后果承担应有的责任是必不可少的。只有依法惩处违法者，才能有效地预防生产安全事故的发生，建立起有安全保障的生产经营秩序，所以《安全生产法》的这个特点是安全生产的客观需要所决定的。

五、《中共中央 国务院关于推进安全生产领域改革发展的意见》对企业安全生产提出哪些要求？

2016 年 12 月 18 日，《中共中央 国务院关于推进安全生产领域改革发展的意见》(中发〔2016〕32 号)发布。该《意见》对企业安全生产方面提出的要求是：

(一) 严格落实企业主体责任。企业对本单位安全生产和职业健康工作负全面责任，要严格履行安全生产法定责任，建立健全自我约束、持续改进的内生机制。企业实行全员安全生产责任制度，法定代表人和实际控制人同为安全生产第一责任人，主要技术负责人负有安全生产技术决策和指挥权，强化部门安全生产职责，落实一岗双责。完善落实混合所有制企业以及跨地区、多层级和境外中资企业投资主体的安全生产责任。建立企业全过程安全生产和职业健康管理制度，做到安全责任、管理、投入、培训和应急救援“五到位”。国有企业要发挥安全生产工作示范带头作用，自觉接受属地监管。

(二) 健全责任考核机制。建立与全面建成小康社会相适应和体现安全发展水平的考核评价体系。完善考核制度，统筹整合、科学设定安全生产考核指标。

(三) 严格责任追究制度。实行党政领导干部任期安全生产责任制，日常工作依责尽职、发生事故依责追究。建立企业生产经营全过程安全责任追溯制度。严格事故直报制度，对瞒报、谎报、漏报、迟报事故的单位和个人依法依规追责。对被追究刑事责任的生产经营者依法实施相应的职业禁入。

（四）强化企业预防措施。企业要定期开展风险评估和危害辨识。针对高危工艺、设备、物品、场所和岗位，建立分级管控制度，制定落实安全操作规程。树立隐患就是事故的观念，建立健全隐患排查治理制度、重大隐患治理情况向负有安全生产监督管理职责的部门和企业职代会“双报告”制度，实行自查自改自报闭环管理。严格执行安全生产和职业健康“三同时”制度。大力推进企业安全生产标准化建设，实现安全管理、操作行为、设备设施和作业环境的标准化。开展经常性的应急演练和人员避险自救培训，着力提升现场应急处置能力。

（五）建立隐患治理监督机制。制定生产安全事故隐患分级和排查治理标准，对重大隐患整改不到位的企业依法采取停产停业、停止施工、停止供电和查封扣押等强制措施，按规定给予上限经济处罚，对构成犯罪的要移交司法机关依法追究刑事责任。严格重大隐患挂牌督办制度，对整改和督办不力的纳入政府核查问责范围，实行约谈告诫、公开曝光，情节严重的依法依规追究相关人员责任。

六、企业如何识别和获取、使用安全生产法律法规？

企业应建立识别和获取使用安全生产法律法规的相关制度，确定责任部门，建立获取的渠道，认真分析并确认本企业在生产经营活动中适用的安全生产法律、法规及其他应遵守的要求，定期进行合规性评审，保证生产经营和管理活动的各个环节均符合法律、法规要求。

企业各职能部门应经常与政府主管部门、行业协会等部门保持联系，主动获取相关的法律、法规及其他要求，也可通过出版机构、书店、报刊、杂志、互联网进行补充，以确保企业在生产活动中能及时获取最新的有效版本。负责识别和获取使用安全生产法律法规的部门，对国家和地方政府颁布实施的有关安全生产法律法规、部门规章和标准及时进行整理、登记和建档，对已经废止或者不适用的法律法规进行删除。

企业应组织对新获取的法律法规认真学习、了解和掌握法律法规条款内容，结合企业实际，制定学习、宣传和贯彻法律法规的计划，并提出落实法律法规的规定和要求，及时修订相关管理制度，在淘汰落后设备、落后工艺及限制产能方面以及采用新技术、新工艺、新设备，国家大力提倡发展的新兴产业方面及时掌握国家最新动向；在建设项目的安全设施设计时，选用新工艺，采用新标准，杜绝盲目投资。

企业应定期组织适用的法律法规符合性评审，及时发现生产经营和管理活动中的违法或潜在违法情况，采取纠正措施和预防措施，确保企业各项生产经营和管理活动合法合规。

七、企业安全生产责任体系“五落实”“五到位”规定的内容有哪些？

五落实：

(一) 必须落实“党政同责”要求，董事长、党组织书记、总经理对本企业安全生产工作共同承担领导责任。

(二) 必须落实安全生产“一岗双责”，所有领导班子成员对分管范围内安全生产工作承担相应职责。

(三) 必须落实安全生产组织领导机构，成立安全生产委员会，由董事长或总经理担任主任。

(四) 必须落实安全管理力量，依法设置安全生产管理机构，配齐配强注册安全工程师等专业安全管理人员。

(五) 必须落实安全生产报告制度，定期向董事会、业绩考核部门报告安全生产情况，并向社会公示。

五到位：

必须做到安全责任到位、安全投入到位、安全培训到位、安全管理到位、应急救援到位。

第二章 法律法规对企业安全生产的要求

一、《安全生产法》规定企业安全生产管理人员应履行哪些职责？

《安全生产法》第二十二条规定，生产经营单位的安全生产管理机构以及安全生产管理人员履行下列职责：

（一）组织或者参与拟订本单位安全生产规章制度、操作规程和生产安全事故应急救援预案；

（二）组织或者参与本单位安全生产教育和培训，如实记录安全生产教育和培训情况；

（三）督促落实本单位重大危险源的安全管理措施；

（四）组织或者参与本单位应急救援演练；

（五）检查本单位的安全生产状况，及时排查生产安全事故隐患，提出改进安全生产管理的建议；

（六）制止和纠正违章指挥、强令冒险作业、违反操作规程的行为；

（七）督促落实本单位安全生产整改措施。

二、《安全生产法》规定的企业安全生产管理人员有哪些权利和义务？

《安全生产法》第二十三条规定，生产经营单位的安全生产管理机构以及安全生产管理人员应当恪尽职守，依法履行职责。

生产经营单位作出涉及安全生产的经营决策，应当听取安全生产管理机构以及安全生产管理人员的意见。

生产经营单位不得因安全生产管理人员依法履行职责而降低其工资、福利等待遇或者解除与其订立的劳动合同。

危险物品的生产、储存单位以及矿山、金属冶炼单位的安全生产管理人员的任免，应当告知主管的负有安全生产监督管理职责的部门。

三、《安全生产法》对企业主要负责人的安全职责是如何要求的？哪些人员属于企业主要负责人？

《安全生产法》第五条规定，生产经营单位的主要负责人对本单位的安全生产工作全面负责。第十八条规定，生产经营单位的主要负责人对本单位安全生产工作负有下列职责：

（一）建立、健全本单位安全生产责任制；

（二）组织制定本单位安全生产规章制度和操作规程；

（三）组织制定并实施本单位安全生产教育和培训计划；

（四）保证本单位安全生产投入的有效实施；

（五）督促、检查本单位的安全生产工作，及时消除生产安全事故隐患；

（六）组织制定并实施本单位的生产安全事故应急救援预案；

（七）及时、如实报告生产安全事故。

生产经营单位主要负责人对本单位安全生产工作“全面负责”，实践中应主要把握几个要素：

（1）对本单位安全生产工作的各个方面、各个环节都要负责，而不是仅仅负责某些方面或者部分环节，不能“选择性负责”。

（2）对本单位安全生产工作全程负责。生产经营单位主要负责人在任职期间，对本单位安全生产工作始终负有责任，不能间断，时而负责时而不负责。要确保本单位持续具备安全生产条件，不断提高安全生产管理水平。

(3) 对本单位安全生产工作负最终责任。生产经营单位安全生产工作的总体状况、水平高低以及存在的问题等，最终由主要负责人承担责任，不能以任何借口规避、逃避。未履行安全生产管理职责的，主要负责人要依法承担相应的法律责任。

一般情况下，生产经营单位的主要负责人就是其法定代表人，如公司制企业的董事长、执行董事或者经理，非公司制企业的厂长、经理等。对合伙企业、个人独资企业、个体工商户等，其投资人或者负责执行生产经营业务活动的人就是主要负责人。

需要注意的是，实践中存在法定代表人和实际经营决策人相分离的情况，如跨国集团公司的法定代表人住在国外，且并不具体负责企业的日常生产经营，或者生产经营单位的法定代表人因生病或学习等原因长期缺位，由其他负责人主持生产经营单位的全面工作。在这种情况下，那些真正全面组织、领导企业生产经营活动的实际负责人就是本条所说的生产经营单位的主要负责人。

生产经营单位的主要负责人是生产经营活动的决策者和指挥者，是生产经营单位的最高领导者和管理者。

四、《安全生产法》对安全生产管理人员开展安全检查工作提出哪些要求?

《安全生产法》第二十三条规定，生产经营单位的安全生产管理人员应当根据本单位的生产经营特点，对安全生产状况进行经常性检查；对检查中发现的安全问题，应当立即处理；不能处理的，应当及时报告本单位有关负责人，有关负责人应当及时处理。检查及处理情况应当如实记录在案。

生产经营单位的安全生产管理人员在检查中发现重大事故隐患，依照前款规定向本单位有关负责人报告，有关负责人不及时处理的，安全生产管理人员可以向主管的负有安全生产监督管理职责的部门报告，接到报告的部门应当依法及时处理。

五、《危险化学品安全管理条例》对企业提出的总要求是什么？

《危险化学品安全管理条例》第四条规定，危险化学品安全管理，应当坚持安全第一、预防为主、综合治理的方针，强化和落实企业的主体责任。

生产、储存、使用、经营、运输危险化学品的单位(以下统称危险化学品单位)的主要负责人对本单位的危险化学品安全管理工作全面负责。

危险化学品单位应当具备法律、行政法规规定和国家标准、行业标准要求的安全条件，建立、健全安全管理规章制度和岗位安全责任制度，对从业人员进行安全教育、法制教育和岗位技术培训。从业人员应当接受教育和培训，考核合格后上岗作业；对有资格要求的岗位，应当配备依法取得相应资格的人员。

第五条规定，任何单位和个人不得生产、经营、使用国家禁止生产、经营、使用的危险化学品。国家对危险化学品的使用有限制性规定的，任何单位和个人不得违反限制性规定使用危险化学品。

六、企业安全生产管理人员安全培训应包括哪些内容？培训学时是如何要求的？

《生产经营单位安全培训规定》(国家安全生产监督管理总局令第3

号)中规定，生产经营单位安全生产管理人员安全培训应当包括下列内容：

(一) 国家安全生产方针、政策和有关安全生产的法律、法规、规章及标准；

(二) 安全生产管理、安全生产技术、职业卫生等知识；

(三) 伤亡事故统计、报告及职业危害的调查处理方法；

(四) 应急管理、应急预案编制以及应急处置的内容和要求；

(五) 国内外先进的安全生产管理经验；

(六) 典型事故和应急救援案例分析；

(七) 其他需要培训的内容。

危险化学品生产经营单位安全生产管理人员初次安全培训时间不得少于48学时，每年再培训时间不得少于16学时。

七、对违反法律法规要求的生产经营单位应承担的安全生产法律责任主要有哪些?

1.《安全生产法》要求

第九十条规定：生产经营单位的决策机构、主要负责人或者个人经营的投资人不依照本法规定保证安全生产所必需的资金投入，致使生产经营单位不具备安全生产条件的，责令限期改正，提供必需的资金；逾期未改正的，责令生产经营单位停产停业整顿。

有前款违法行为，导致发生生产安全事故的，对生产经营单位的主要负责人给予撤职处分，对个人经营的投资人处二万元以上二十万元以下的罚款；构成犯罪的，依照刑法有关规定追究刑事责任。

第九十三条规定：生产经营单位的安全生产管理人员未履行本法规定的安全生产管理职责的，责令限期改正；导致发生生产安全事故的，暂停或者撤销其与安全生产有关的资格；构成犯罪的，依照刑法有关规定追究刑事责任。

第九十四条规定：生产经营单位有下列行为之一的，责令限期改正，可以处五万元以下的罚款；逾期未改正的，责令停产停业整顿，并处五万元以上十万元以下的罚款，对其直接负责的主管人员和其他直接责任人员处一万元以上二万元以下的罚款。

（一）未按照规定设置安全生产管理机构或者配备安全生产管理人员的；

（二）危险物品的生产、经营、储存单位的主要负责人和安全生产管理人员未按照规定经考核合格的；

（三）未按照规定对从业人员、被派遣劳动者、实习学生进行安全生产教育和培训，或者未按照规定如实告知有关的安全生产事项的；

（四）未如实记录安全生产教育和培训情况的；

（五）未将事故隐患排查治理情况如实记录或者未向从业人员通报的；

（六）未按照规定制定生产安全事故应急救援预案或者未定期组织演练的；

（七）特种作业人员未按照规定经专门的安全作业培训并取得相应资格，上岗作业的。

第九十五条规定：生产经营单位有下列行为之一的，责令停止建设或者停产停业整顿，限期改正；逾期未改正的，处五十万元以上一百万元以下的罚款，对其直接负责的主管人员和其他直接责任人员处二万元以上五万元以下的罚款；构成犯罪的，依照刑法有关规定追究刑事责任。

（一）未按照规定对用于生产、储存、装卸危险物品的建设项目进行安全评价的；

（二）用于生产、储存、装卸危险物品的建设项目没有安全设施设计或者安全设施设计未按照规定报经有关部门审查同意的；

（三）用于生产、储存、装卸危险物品的建设项目的施工单位未按照批准的安全设施设计施工的；

（四）用于生产、储存危险物品的建设项目竣工投入生产或者使用前，安全设施未经验收合格的。

第九十六条规定：生产经营单位有下列行为之一的，责令限期改正，可以处五万元以下的罚款；逾期未改正的，处五万元以上二十万元以下的罚款，对其直接负责的主管人员和其他直接责任人员处一万元以上二万元以下的罚款；情节严重的，责令停产停业整顿；构成犯罪的，依照刑法有关规定追究刑事责任。

（一）未在有较大危险因素的生产经营场所和有关设施、设备上设置明显的安全警示标志的；

（二）安全设备的安装、使用、检测、改造和报废不符合国家标准或者行业标准的；

（三）未对安全设备进行经常性维护、保养和定期检测的；

（四）未为从业人员提供符合国家标准或者行业标准的劳动防护用品的；

（五）使用应当淘汰的危及生产安全的工艺、设备的。

第九十七条规定：未经依法批准，擅自生产、经营、运输、储存、使用危险物品或者处置废弃危险物品的，依照有关危险物品安全管理的法律、行政法规的规定予以处罚；构成犯罪的，依照刑法有关规定追究刑事责任。

第九十八条规定：生产经营单位有下列行为之一的，责令限期改正，可以处十万元以下的罚款；逾期未改正的，责令停产停业整顿，并处十万元以上二十万元以下的罚款，对其直接负责的主管人员和其他直接责任人员处二万元以上五万元以下的罚款；构成犯罪的，依照刑法有关规定追究刑事责任。

（一）生产、经营、运输、储存、使用危险物品或者处置废弃危险物品，未建立专门安全管理制度、未采取可靠的安全措施的；

（二）对重大危险源未登记建档，或者未进行评估、监控，或者未制定应急预案的；

（三）进行爆破、吊装以及国务院安全生产监督管理部门会同国务院有关部门规定的其他危险作业，未安排专门人员进行现场安全管理的；

（四）未建立事故隐患排查治理制度的。

第九十九条规定：生产经营单位未采取措施消除事故隐患的，责令立即消除或者限期消除；生产经营单位拒不执行的，责令停产停业整顿，并处十万元以上五十万元以下的罚款，对其直接负责的主管人员和其他直接责任人员处二万元以上五万元以下的罚款。

第一百条规定：生产经营单位将生产经营项目、场所、设备发包或者出租给不具备安全生产条件或者相应资质的单位或者个人的，责令限期改正，没收违法所得；违法所得十万元以上的，并处违法所得二倍以上五倍以下的罚款；没有违法所得或者违法所得不足十万元的，单处或者并处十万元以上二十万元以下的罚款；对其直接负责的主管人员和其他直接责任人员处一万元以上二万元以下的罚款；导致发生生产安全事故给他人造成损害的，与承包方、承租方承担连带赔偿责任。

生产经营单位未与承包单位、承租单位签订专门的安全生产管理协议或者未在承包合同、租赁合同中明确各自的安全生产管理职责，或者未对承包单位、承租单位的安全生产统一协调、管理的，责令限期改正，可以处五万元以下的罚款，对其直接负责的主管人员和其他直接责任人员可以处一万元以下的罚款；逾期未改正的，责令停产停业整顿。

第一百零一条规定：两个以上生产经营单位在同一作业区域内进行可能危及对方安全生产的生产经营活动，未签订安全生产管理协议或者未指定专职安全生产管理人员进行安全检查与协调的，责令限期改正，可以处五万元以下的罚款，对其直接负责的主管人员和其他直接责任人员可以处一万元以下的罚款；逾期未改正的，责令停产停业。

第一百零二条规定：生产经营单位有下列行为之一的，责令限期改正，可以处五万元以下的罚款，对其直接负责的主管人员和其他直接责任人员可以处一万元以下的罚款；逾期未改正的，责令停产停业整顿；构成犯罪的，依照刑法有关规定追究刑事责任。

(一) 生产、经营、储存、使用危险物品的车间、商店、仓库与员工宿舍在同一座建筑内，或者与员工宿舍的距离不符合安全要求的；

(二) 生产经营场所和员工宿舍未设有符合紧急疏散需要、标志明显、保持畅通的出口，或者锁闭、封堵生产经营场所或者员工宿舍出口的。

第一百零三条规定：生产经营单位与从业人员订立协议，免除或者减轻其对从业人员因生产安全事故伤亡依法应承担的责任的，该协议无效；对生产经营单位的主要负责人、个人经营的投资人处二万元以上十万元以下的罚款。

第一百零五条规定：违反本法规定，生产经营单位拒绝、阻碍负有安全生产监督管理职责的部门依法实施监督检查的，责令改正；拒不改正的，处二万元以上二十万元以下的罚款；对其直接负责的主管人员和其他直接责任人员处一万元以上二万元以下的罚款；构成犯罪的，依照刑法有关规定追究刑事责任。

第一百零六条规定：生产经营单位的主要负责人在本单位发生生产安全事故时，不立即组织抢救或者在事故调查处理期间擅离职守或者逃匿的，给予降级、撤职的处分，并由安全生产监督管理部门处上一年年收入百分之六十至百分之一百的罚款；对逃匿的处十五日以下拘留；构成犯罪的，依照刑法有关规定追究刑事责任。

生产经营单位的主要负责人对生产安全事故隐瞒不报、谎报或者迟报的，依照前款规定处罚。

第一百零八条规定：生产经营单位不具备本法和其他有关法律、行政法规和国家标准或者行业标准规定的安全生产条件，经停产停业整顿仍不具备安全生产条件的，予以关闭。

第一百零九条规定：发生生产安全事故，对负有责任的生产经营单位除要求其依法承担相应的赔偿等责任外，由安全生产监督管理部门依照下列规定处以罚款。

(一) 发生一般事故的，处二十万元以上五十万元以下的罚款；

(二) 发生较大事故的，处五十万元以上一百万元以下的罚款；

（三）发生重大事故的，处一百万元以上五百万元以下的罚款；

（四）发生特别重大事故的，处五百万元以上一千万元以下的罚款；情节特别严重的，处一千万元以上二千万元以下的罚款。

第一百一十一条规定：生产经营单位发生生产安全事故造成人员伤亡、他人财产损失的，应当依法承担赔偿责任；拒不承担或者其负责人逃匿的，由人民法院依法强制执行。

2.《危险化学品安全管理条例》要求

第七十五条规定：生产、经营、使用国家禁止生产、经营、使用的危险化学品的，由安全生产监督管理部门责令停止生产、经营、使用活动，处20万元以上50万元以下的罚款，有违法所得的，没收违法所得；构成犯罪的，依法追究刑事责任。

有前款规定行为的，安全生产监督管理部门还应当责令其对所生产、经营、使用的危险化学品进行无害化处理。违反国家关于危险化学品使用的限制性规定使用危险化学品的，依照本条第一款的规定处理。

第七十六条规定：未经安全条件审查，新建、改建、扩建生产、储存危险化学品的建设项目的，由安全生产监督管理部门责令停止建设，限期改正；逾期不改正的，处50万元以上100万元以下的罚款；构成犯罪的，依法追究刑事责任。

第七十七条规定：未依法取得危险化学品安全生产许可证从事危险化学品生产，或者未依法取得工业产品生产许可证从事危险化学品及其包装物、容器生产的，分别依照《安全生产许可证条例》《中华人民共和国工业产品生产许可证管理条例》的规定处罚。

违反本条例规定，化工企业未取得危险化学品安全使用许可证，使用危险化学品从事生产的，由安全生产监督管理部门责令限期改正，处10万元以上20万元以下的罚款；逾期不改正的，责令停产整顿。

违反本条例规定，未取得危险化学品经营许可证从事危险化学品经营的，由安全生产监督管理部门责令停止经营活动，没收违法经营的危险化学品以及违法所得，并处10万元以上20万元以下的罚款；

构成犯罪的，依法追究刑事责任。

第七十八条规定：有下列情形之一的，由安全生产监督管理部门责令改正，可以处5万元以下的罚款；拒不改正的，处5万元以上10万元以下的罚款；情节严重的，责令停产停业整顿。

（一）生产、储存危险化学品的单位未对其铺设的危险化学品管道设置明显的标志，或者未对危险化学品管道定期检查、检测的；

（二）进行可能危及危险化学品管道安全的施工作业，施工单位未按照规定书面通知管道所属单位，或者未与管道所属单位共同制定应急预案、采取相应的安全防护措施，或者管道所属单位未指派专门人员到现场进行管道安全保护指导的；

（三）危险化学品生产企业未提供化学品安全技术说明书，或者未在包装(包括外包装件)上粘贴、拴挂化学品安全标签的；

（四）危险化学品生产企业提供的化学品安全技术说明书与其生产的危险化学品不相符，或者在包装(包括外包装件)粘贴、拴挂的化学品安全标签与包装内危险化学品不相符，或者化学品安全技术说明书、化学品安全标签所载明的内容不符合国家标准要求的；

（五）危险化学品生产企业发现其生产的危险化学品有新的危险特性不立即公告，或者不及时修订其化学品安全技术说明书和化学品安全标签的；

（六）危险化学品经营企业经营没有化学品安全技术说明书和化学品安全标签的危险化学品的；

（七）危险化学品包装物、容器的材质以及包装的型式、规格、方法和单件质量(重量)与所包装的危险化学品的性质和用途不相适应的；

（八）生产、储存危险化学品的单位未在作业场所和安全设施、设备上设置明显的安全警示标志，或者未在作业场所设置通信、报警装置的；

（九）危险化学品专用仓库未设专人负责管理，或者对储存的剧毒化学品以及储存数量构成重大危险源的其他危险化学品未实行双人收发、双人保管制度的；

（十）储存危险化学品的单位未建立危险化学品出入库核查、登记制度的；

（十一）危险化学品专用仓库未设置明显标志的；

（十二）危险化学品生产企业、进口企业不办理危险化学品登记，或者发现其生产、进口的危险化学品有新的危险特性不办理危险化学品登记内容变更手续的。

第八十条规定：生产、储存、使用危险化学品的单位有下列情形之一的，由安全生产监督管理部门责令改正，处5万元以上10万元以下的罚款；拒不改正的，责令停产停业整顿直至由原发证机关吊销其相关许可证件，并由工商行政管理部门责令其办理经营范围变更登记或者吊销其营业执照；有关责任人员构成犯罪的，依法追究刑事责任。

（一）对重复使用的危险化学品包装物、容器，在重复使用前不进行检查的；

（二）未根据其生产、储存的危险化学品的种类和危险特性，在作业场所设置相关安全设施、设备，或者未按照国家标准、行业标准或者国家有关规定对安全设施、设备进行经常性维护、保养的；

（三）未依照本条例规定对其安全生产条件定期进行安全评价的；

（四）未将危险化学品储存在专用仓库内，或者未将剧毒化学品以及储存数量构成重大危险源的其他危险化学品在专用仓库内单独存放的；

（五）危险化学品的储存方式、方法或者储存数量不符合国家标准或者国家有关规定的；

（六）危险化学品专用仓库不符合国家标准、行业标准的要求的；

（七）未对危险化学品专用仓库的安全设施、设备定期进行检测、检验的。

第八十一条规定：有下列情形之一的，由公安机关责令改正，可以处1万元以下的罚款；拒不改正的，处1万元以上5万元以下的罚款。

(一) 生产、储存、使用剧毒化学品、易制爆危险化学品的单位不如实记录生产、储存、使用的剧毒化学品、易制爆危险化学品的数量、流向的;

(二) 生产、储存、使用剧毒化学品、易制爆危险化学品的单位发现剧毒化学品、易制爆危险化学品丢失或者被盗,不立即向公安机关报告的;

(三) 储存剧毒化学品的单位未将剧毒化学品的储存数量、储存地点以及管理人员的情况报所在地县级人民政府公安机关备案的;

(四) 危险化学品生产企业、经营企业不如实记录剧毒化学品、易制爆危险化学品购买单位的名称、地址、经办人的姓名、身份证号码以及所购买的剧毒化学品、易制爆危险化学品的品种、数量、用途,或者保存销售记录和相关材料的时间少于1年的;

(五) 剧毒化学品、易制爆危险化学品的销售企业、购买单位未在规定的时限内将所销售、购买的剧毒化学品、易制爆危险化学品的品种、数量以及流向信息报所在地县级人民政府公安机关备案的;

(六) 使用剧毒化学品、易制爆危险化学品的单位依照本条例规定转让其购买的剧毒化学品、易制爆危险化学品,未将有关情况向所在地县级人民政府公安机关报告的。

生产、储存危险化学品的企业或者使用危险化学品从事生产的企业未按照本条例规定将安全评价报告以及整改方案的落实情况报安全生产监督管理部门备案,或者储存危险化学品的单位未将其剧毒化学品以及储存数量构成重大危险源的其他危险化学品的储存数量、储存地点以及管理人员的情况报安全生产监督管理部门备案的,由安全生产监督管理部门依照前款规定予以处罚。

第八十二条规定:生产、储存、使用危险化学品的单位转产、停产、停业或者解散,未采取有效措施及时、妥善处置其危险化学品生产装置、储存设施以及库存的危险化学品,或者丢弃危险化学品的,由安全生产监督管理部门责令改正,处5万元以上10万元以下的罚款;构成犯罪的,依法追究刑事责任。

生产、储存、使用危险化学品的单位转产、停产、停业或者解散，未依照本条例规定将其危险化学品生产装置、储存设施以及库存危险化学品的处置方案报有关部门备案的，分别由有关部门责令改正，可以处1万元以下的罚款；拒不改正的，处1万元以上5万元以下的罚款。

第八十三条规定：危险化学品经营企业向未经许可违法从事危险化学品生产、经营活动的企业采购危险化学品的，由工商行政管理部门责令改正，处10万元以上20万元以下的罚款；拒不改正的，责令停业整顿直至由原发证机关吊销其危险化学品经营许可证，并由工商行政管理部门责令其办理经营范围变更登记或者吊销其营业执照。

第八十四条规定：危险化学品生产企业、经营企业有下列情形之一的，由安全生产监督管理部门责令改正，没收违法所得，并处10万元以上20万元以下的罚款；拒不改正的，责令停产停业整顿直至吊销其危险化学品安全生产许可证、危险化学品经营许可证，并由工商行政管理部门责令其办理经营范围变更登记或者吊销其营业执照。

（一）向不具有本条例第三十八条第一款、第二款规定的相关许可证件或者证明文件的单位销售剧毒化学品、易制爆危险化学品的；

（二）不按照剧毒化学品购买许可证载明的品种、数量销售剧毒化学品的；

（三）向个人销售剧毒化学品（属于剧毒化学品的农药除外）、易制爆危险化学品的。

不具有本条例第三十八条第一款、第二款规定的相关许可证件或者证明文件的单位购买剧毒化学品、易制爆危险化学品，或者个人购买剧毒化学品（属于剧毒化学品的农药除外）、易制爆危险化学品的，由公安机关没收所购买的剧毒化学品、易制爆危险化学品，可以并处5000元以下的罚款。

使用剧毒化学品、易制爆危险化学品的单位出借或者向不具有本条例第三十八条第一款、第二款规定的相关许可证件的单位转让其购买的剧毒化学品、易制爆危险化学品，或者向个人转让其购买的剧毒化学品(属于剧毒化学品的农药除外)、易制爆危险化学品的，由公安机关责令改正，处 10 万元以上 20 万元以下的罚款；拒不改正的，责令停产停业整顿。

第九十三条规定：伪造、变造或者出租、出借、转让危险化学品安全生产许可证、工业产品生产许可证，或者使用伪造、变造的危险化学品安全生产许可证、工业产品生产许可证的，分别依照《安全生产许可证条例》《中华人民共和国工业产品生产许可证管理条例》的规定处罚。

伪造、变造或者出租、出借、转让本条例规定的其他许可证，或者使用伪造、变造的本条例规定的其他许可证的，分别由相关许可证的颁发管理机关处 10 万元以上 20 万元以下的罚款，有违法所得的，没收违法所得；构成违反治安管理行为的，依法给予治安管理处罚；构成犯罪的，依法追究刑事责任。

第九十四条规定：危险化学品单位发生危险化学品事故，其主要负责人不立即组织救援或者不立即向有关部门报告的，依照《生产安全事故报告和调查处理条例》的规定处罚。

危险化学品单位发生危险化学品事故，造成他人人身伤害或者财产损失的，依法承担赔偿责任。

八、法律法规对新、改、扩的危险化学品建设项目的安全条件审查是怎么要求的?

《危险化学品安全管理条例》第十二条规定：新建、改建、扩建生产、储存危险化学品的建设项目(以下简称建设项目)，应当由安全生产监督管理部门进行安全条件审查。

建设单位应当对建设项目进行安全条件论证，委托具备国家规定的资质条件的机构对建设项目进行安全评价，并将安全条件论证和安全评价的情况报告报建设项目所在地设区的市级以上人民政府安全生产监督管理部门；安全生产监督管理部门应当自收到报告之日起45日内作出审查决定，并书面通知建设单位。具体办法由国务院安全生产监督管理部门制定。

九、国家对危险化学品生产企业申领安全生产许可证方面有哪些规定?

《危险化学品安全管理条例》第十四条规定：危险化学品生产企业进行生产前，应当依照《安全生产许可证条例》的规定，取得危险化学品安全生产许可证。

生产列入国家实行生产许可证制度的工业产品目录的危险化学品的企业，应当依照《中华人民共和国工业产品生产许可证管理条例》的规定，取得工业产品生产许可证。

负责颁发危险化学品安全生产许可证、工业产品生产许可证的部门，应当将其颁发许可证的情况及时向同级工业和信息化主管部门、环境保护主管部门和公安机关通报。

十、涉及化工企业安全生产的法律法规主要有哪些?

涉及化工企业安全生产的法律法规主要有：

(一) 法律

(1)《中华人民共和国安全生产法》(国家主席令〔2014〕第13号)；

(2)《中华人民共和国劳动法(2009年修订)》(国家主席令〔1994〕第28号)；

(3)《中华人民共和国突发事件应对法》(国家主席令〔2007〕第69号)；

(4)《中华人民共和国消防法》(国家主席令〔2008〕第6号)；

(5)《中华人民共和国防震减灾法》(国家主席令〔2008〕第7号)；

(6)《中华人民共和国职业病防治法》(国家主席令〔2016〕第48号)；

(7)《中华人民共和国特种设备安全法》(国家主席令〔2013〕第4号)。

(二)行政法规

(1)《易制毒化学品管理条例(2016年修订)》(国务院令第445号);

(2)《生产安全事故报告和调查处理条例》(国务院令第493号);

(3)《特种设备安全监察条例》(国务院令第549号);

(4)《工伤保险条例》(国务院令第586号);

(5)《危险化学品安全管理条例》(国务院令第591号)。

(三)部门规章及规范性文件

(1)《生产经营单位安全培训规定》(国家安监总局令第3号);

(2)《安全生产违法行为行政处罚办法》(国家安监总局令第15号);

(3)《安全生产事故隐患排查治理暂行规定》(国家安监总局令第16号);

(4)《生产安全事故信息报告和处置办法》(国家安监总局令第21号);

(5)《特种作业人员安全技术培训考核管理规定》(国家安监总局令第30号);

(6)《危险化学品重大危险源监督管理暂行规定》(国家安监总局令第40号);

(7)《危险化学品生产企业安全生产许可证实施办法》(国家安监总局令第41号);

(8)《危险化学品输送管道安全管理规定》(国家安监总局令第43号);

(9)《安全生产培训管理办法》(国家安监总局令第44号);

(10)《危险化学品建设项目安全监督管理办法》(国家安监总局令第45号);

(11)《危险化学品登记管理办法》(国家安监总局令第53号);

(12)《危险化学品经营许可证管理办法》(国家安监总局令第55号);

(13)《危险化学品安全使用许可证实施办法》(国家安监总局令第57号);

(14)《国家安全监管总局关于修改〈生产经营单位安全培训规定〉等11件规章的决定》(国家安监总局令第63号);

(15)《企业安全生产风险公告六条规定》(国家安监总局令第70号);

(16)《关于修改〈生产安全事故报告和调查处理条例〉罚款处罚暂行规定等四部规章的决定》(国家安监总局令第77号);

(17)《生产安全事故应急预案管理办法》(国家安监总局令第88号);

(18)《国家安全监管总局关于进一步加强企业安全生产规范化建设严格落实企业安全生产主体责任的指导意见》(安监总办〔2010〕139号);

(19)《关于危险化学品企业贯彻落实〈国务院关于进一步加强企业安全生产工作的通知〉的实施意见》(安监总管三〔2010〕186号);

(20)《关于加强化工企业泄漏管理的指导意见》(安监总管三〔2014〕94号);

(21)《危险化学品目录(2015版)》(国家十部委公告〔2015〕第5号);

(22)《企业安全生产费用提取和使用管理办法》(财企〔2012〕16号);

(23)《国务院安委会办公室关于进一步加强安全生产应急预案管理工作的通知》(安委办〔2015〕11号)。

第三章 安全生产责任制和安全生产规章制度

一、企业为什么要建立安全生产责任制和安全生产规章制度？

《安全生产法》第四条规定“生产经营单位必须遵守本法和其他有关安全生产的法律、法规，加强安全生产管理，建立、健全安全生产责任制和安全生产规章制度，改善安全生产条件，推进安全生产标准化建设，提高安全生产水平，确保安全生产。”

企业是生产经营活动的主体，也是安全生产工作的责任主体。要确保安全生产，最根本的就是生产经营单位要加强安全生产管理，而加强安全生产管理，首先是要建立、健全安全生产责任制和安全生产规章制度。这既是安全生产工作的客观规律，也是生产经营单位的法定义务。

安全生产责任制是明确企业各岗位的安全生产责任及其配置、分解和监督落实的制度体系，是保障企业安全生产的核心制度。实践证明，只有建立、健全安全生产责任制，才能做到明确责任、各负其责；才能更好地互相监督、层层落实责任，真正使安全生产有人管、有人负责。因此，建立、健全安全生产责任制是生产经营单位加强安全生产管理的最为重要的途径和抓手。

安全生产规章制度是企业根据国家有关法律、法规、规章，结合本企业实际情况和特点制定的有关安全生产管理的规章和制度，是企业安全生产管理具体的要求和约束，是企业依法合规的保障。

二、企业安全生产责任制应当包括哪些内容？

《安全生产法》第十九条规定“生产经营单位的安全生产责任制应当明确各岗位的责任人员、责任范围和考核标准等内容。”

由于生产经营单位生产经营活动性质、特点以及安全生产的状况不同，其安全生产责任制的内容也不完全相同。但安全生产责任制应当包括所有岗位的责任人员、责任范围和考核标准等内容。

安全生产责任制应根据安全生产管理制度定期修订制度的规定、组织机构和岗位变更等情况及时予以修订。

（一）各岗位的责任人员

安全生产责任制的重要作用之一就是责任落实到人，解决“由谁负责”的问题，防止责任主体不明确导致无人负责。因此，生产经营单位的安全生产责任制必须首先明确每个岗位的责任人员。实践中要注意三点：一是每个岗位都要明确责任人，无论是管理岗位、操作岗位还是其他辅助性岗位都不能例外。二是实行全员责任，从主要负责人、分管负责人和其他负责人、安全生产管理人员、现场指挥调度人员到普通从业人员，每个人都要明确责任。三是责任人员必须是具体的个人，落实到人头，即使是共同负责，也应明确哪些人共同负责。

（二）各岗位的责任范围

在明确责任人员的同时，安全生产责任制还必须明确各岗位的责任范围，解决每个岗位“负什么责”的问题，使每个人都清楚自己的责任所在，防止责任不明，无所适从。明确责任范围，一是要边界清晰，不能模模糊糊、似是而非；二是要具体，不能过于笼统或者大而化之；三是要合理，与岗位职责相称，体现出差异性。比如，生产经营单位的主要负责人对本单位的安全生产全面负责，安全生产管理人员负责本单位安全生产的日常管理工作，车间主任、班组长等现场指挥和管理人员负责一线安全生产管理工作，普通从业人员的责任则主要是按章操作等。

（三）考核标准

各岗位责任人员是否严格执行了岗位责任，履行责任的程度和效果如何，需要一套标准来加以考核。考核标准要明确考核的范围、职责、内容、频次、奖惩等。

考核标准关键是要有针对性和可操作性，适应不同岗位、不同人员的实际情况。

三、如何建立安全生产责任制的监督考核机制?

《安全生产法》第十九条规定“生产经营单位应当建立相应的机制，加强对安全生产责任制落实情况的监督考核，保证安全生产责任制的落实。”

安全生产责任制建立后，如果没有相应的监督考核机制，落实就没有保障。为保证将安全生产责任制落实到位，生产经营单位应当建立相应的机制，加强对安全生产责任制落实情况的监督考核，保证安全生产责任制的落实。

所说的相应的机制，是指对安全生产责任制的落实情况进行监督考核的机制。具体建立什么样的机制，生产经营单位可以根据自身情况自主决定。比如，生产经营单位的决策层定期研究讨论安全生产责任制的落实情况；定期检查、随机抽查或者把安全生产责任制的落实情况作为日常安全生产检查的必查内容；建立各岗位对安全生产责任制落实情况的自查自纠和定期报告制度；对安全生产责任制落实情况定期评估、考核，并与职工业绩考核和奖惩挂钩，等等。总之，通过建立相应的监督考核机制，最终达到落实安全生产责任制的目的。

四、危险化学品企业应当建立健全哪些安全生产规章制度?

危险化学品企业应当根据其组织规模、管理架构、风险特点、工艺过程和设备设施等实际情况，制定至少包含以下内容的安全生产规章制度：

（1）安全生产例会等安全生产会议制度；

（2）安全投入保障制度；

（3）安全生产奖惩制度；

（4）安全培训教育制度；

（5）领导干部轮流现场带班制度；

（6）特种作业人员管理制度；

（7）安全检查和隐患排查治理制度；

（8）重大危险源评估和安全管理制度；

（9）变更管理制度；

（10）应急管理制度；

（11）安全事故或者重大事件管理制度；

（12）防火、防爆、防中毒、防泄漏管理制度；

（13）工艺、设备、电气仪表、公用工程安全管理制度；

（14）动火、进入受限空间、吊装、高处、盲板抽堵、动土、断路、设备检维修等作业安全管理制度；

（15）危险化学品安全管理制度；

（16）职业健康相关管理制度；

（17）劳动防护用品使用维护管理制度；

（18）承包商管理制度；

（19）安全管理制度及操作规程定期修订制度。

安全管理制度的建立和健全是企业安全生产管理工作的重要内容，制度的制定是一项严谨细致的工作，原则性和政策性很强，制定安全管理制度时要注意以下问题：

（1）依法合规，结合实际。制定安全管理制度必须以法律、法规和安全生产方针政策为依据，根据法规要求、结合企业具体情况来制定。

（2）有章可循，衔接配套。安全管理制度应涵盖企业的方方面面，使得与安全有关的事项都有章可循，同时又要注意制度之间的衔接配套，防止出现制度缺失、重复、矛盾或不一致的情况。

（3）科学合理，切实可行。制度是行为的规范，应符合管理规律和企业实际。不合理、不科学的制度难以有效执行。

（4）简明扼要，清晰具体。制度的条文、文字要简练，意思表达要清晰，要求规定要具体，便于掌握和执行。

五、安全生产管理规章制度实施时应注意哪些方面？

规章制度的作用是规范管理活动和行为，如果制度不能认真执行，就失去了制定制度的意义。为使得制度能够得到有效执行，切实起到规范企业安全生产管理活动和员工行为的作用，需要做好以下工作：

（1）开展培训教育，提高执行自觉性。制度的条款只是提出了管理活动和人员行为的规范、操作要求，即规定“怎么做”，而为什么要这么做，一般不在制度中作详细的解释。制度颁布前后，必须进行相应的培训工作，使员工明白为什么要制定这样的制度，制度如何执行，避免消极抵触情绪，提高执行制度的自觉性。

（2）检查督促，严格执行。制度是从企业整体和长远利益考虑而制定的，对个人的某些利益与行为必然会产生一定的限制与约束，因此，不可能每个人都自觉执行。要通过检查，了解执行情况并督促不执行或执行不到位的部门和岗位人员，以保证制度的贯彻、维护其严肃性。

（3）违章必究，奖罚结合。为维护安全生产管理秩序和制度的严肃性，对违反制度的必须给予教育、责令改正，甚至给予处罚，鼓励规范执行制度的行为。

（4）及时修订，不断完善。组织制定规章制度，由于知识、经验的局限，可能存在一些不足之处，往往在规章制度的执行过程中暴露出来，这就需要总结经验、修改完善。此外，随着企业生产经营状况的改变，法律法规的变更等，也需要对规章制度进行相应的补充、调整和完善。

六、危险化学品企业安全生产管理机构及人员应如何设置和配备？

《安全生产法》第二十一条规定“矿山、金属冶炼、建筑施工、道路运输单位和危险物品的生产、经营、储存单位，应当设置安全生产管理机构或者配备专职安全生产管理人员。”

危险化学品的生产、经营、储存单位不管其规模或人数，都应当设置安全生产管理机构或者配备专职安全生产管理人员。

原则上，生产经营单位作为市场主体，其内部机构设置和人员配备应自主决定。但是，安全生产涉及社会公共安全和公共利益，对生产经营单位安全生产管理机构的设置和安全生产管理人员的配备，政府需要进行管理和干预。安全生产的局面不会自然出现，必须有人具体管、具体负责。落实生产经营单位的安全生产主体责任，需要生产经营单位在内部组织架构和人员配置上对安全生产工作予以保障。安全生产管理机构和安全生产管理人员，是生产经营单位开展安全生产管理工作的重要前提，在生产经营单位的安全生产中发挥着不可或缺的重要作用。

生产经营单位没有设置专门的安全生产管理机构或者配备必要的安全生产管理人员，是发生生产安全事故的重要原因。特别是在市场经济条件下，这一问题更加突出。因此，明确生产经营单位在设置安全生产管理机构和配备安全生产管理人员方面的义务，对于加强安全生产管理工作，十分必要。

“安全生产管理机构”是指生产经营单位内部设立的专门负责安全生产管理事务的机构。“专职安全生产管理人员”是指在生产经营单位中专门负责安全生产管理，不兼作其他工作的人员。危险化学品的生产、经营、储存单位的危险因素多、危险性大，无论其规模大小，都应设置安全生产管理机构或者配备专职安全生产管理人员。

实践中，设置安全生产管理机构，配备专职安全生产管理人员，生产经营单位可以根据本单位的规模以及安全生产状况等实际情况，自主做出决定。一般来讲，规模较小的生产经营单位，可只配备专职安全生产管理人员；规模较大的生产经营单位则应当设置安全生产管理机构。从根本上说，无论是设置安全生产管理机构还是配备专职安全生产管理人员，必须以满足本单位安全生产管理工作的实际需要为原则。

《国家安全监管总局 工业和信息化部关于危险化学品企业贯彻落实〈国务院关于进一步加强企业安全生产工作的通知〉的实施意见》(安监总管三〔2010〕186 号)第 3 条进一步明确了配备安全人员的数量和资质要求："企业要设置安全生产管理机构或配备专职安全生产管理人员。安全生产管理机构要具备相对独立职能。专职安全生产管理人员应不少于企业员工总数的 2%(不足 50 人的企业至少配备 1 人)，要具备化工或安全管理相关专业中专以上学历，有从事化工生产相关工作 2 年以上经历，取得安全管理人员资格证书。"

七、如何提取和使用安全费用?

《安全生产法》第二十条规定"生产经营单位应当具备的安全生产条件所必需的资金投入，由生产经营单位的决策机构、主要负责人或者个人经营的投资人予以保证，并对由于安全生产所必需的资金投入不足导致的后果承担责任。"

(一) 保证安全生产资金投入的责任主体

生产经营单位要具备安全生产条件，特别是持续具备安全生产条件，必须有相应的资金投入。实践中，一些生产经营单位只顾追求经济效益，安全投入不足甚至不投入的现象较为普遍，"安全欠账"问题突出。现在从法律上进一步明确了保证生产经营单位安全生产资金投入的责任主体。

生产经营单位应当具备的安全生产条件所需的资金投入，由生产经营单位的决策机构、主要负责人或者个人经营的投资人予以保证。一方面明确了资金投入的最低要求，即必须保证生产经营单位能够持续地具备安全生产法和有关法律、法规、国家标准或者行业所规定的安全生产条件；另一方面明确了保证资金投入的责任主体，即生产经营单位的决策机构、主要负责人或者个人经营的投资人。对于设立了股东会、董事会等决策机构的生产经营单位，由其决策机构保证本单位安全生产的资金投入；没有设立决策机构的生产经营单位，由其主要负责人保证安全生产的资金投入；个人投资经营的生产经营单位，则由投资人保证安全生产的资金投入。生产经营单位的决策机构、主要负责人或者个人经营的投资人在本单位处于决策、领导的地位，对保证安全生产所需资金投入负有责任，对安全生产所必需的资金投入不足导致的后果承担法律责任，包括民事赔偿责任、行政责任以及刑事责任。

（二）安全费用的提取和使用

2012 年 2 月，财政部、国家安全生产监督管理总局制定了《企业安全生产费用提取和使用管理办法》（财企〔2012〕16 号），明确了提取安全生产费用的企业范围、安全生产费用的提取标准、使用范围以及监督检查等事项。根据该管理办法的规定，安全生产费用是指企业按照规定提取在成本中列支，专门用于完善和改进企业或者项目安全生产条件的资金。

安全费用按照“企业提取、政府监管、确保需要、规范使用”的原则进行管理。

1. 安全费用的提取标准

危险品生产与储存企业以上年度实际营业收入为计提依据，采取超额累退方式按照以下标准平均逐月提取：

① 营业收入不超过 1000 万元的，按照 4%提取；

② 营业收入超过 1000 万元至 1 亿元的部分，按照 2%提取；

③ 营业收入超过 1 亿元至 10 亿元的部分，按照 0.5%提取；

④ 营业收入超过 10 亿元的部分，按照 0.2%提取。

2. 安全费用的使用

危险品生产与储存企业安全费用应当按照以下范围使用：

① 完善、改造和维护安全防护设施设备支出(不含“三同时”要求初期投入的安全设施)，包括车间、库房、罐区等作业场所的监控、监测、通风、防晒、调温、防火、灭火、防爆、泄压、防毒、消毒、中和、防潮、防雷、防静电、防腐、防渗漏、防护围堤或者隔离操作等设施设备支出；

② 配备、维护、保养应急救援器材、设备支出和应急演练支出；

③ 开展重大危险源和事故隐患评估、监控和整改支出；

④ 安全生产检查、评价(不包括新建、改建、扩建项目安全评价)、咨询和标准化建设支出；

⑤ 配备和更新现场作业人员安全防护用品支出；

⑥ 安全生产宣传、教育、培训支出；

⑦ 安全生产适用的新技术、新标准、新工艺、新装备的推广应用支出；

⑧ 安全设施及特种设备检测检验支出；

⑨ 其他与安全生产直接相关的支出。

在规定的使用范围内，企业应当将安全费用优先用于满足安全生产监督管理部门以及行业主管部门对企业安全生产提出的整改措施或者达到安全生产标准所需的支出。

企业提取的安全费用应当专户核算，按规定范围安排使用，不得挤占、挪用。年度结余资金结转下年度使用，当年计提安全费用不足的，超出部分按正常成本费用渠道列支。

3. 安全费用的管理

企业应当建立健全内部安全费用管理制度，明确安全费用提取和使用的程序、职责及权限，按规定提取和使用安全费用。

企业应当加强安全费用管理，编制年度安全费用提取和使用计划，纳入企业财务预算。企业年度安全费用使用计划和上一年安全费用的提取、使用情况按照管理权限报同级财政部门、安全生产监督管理部门和行业主管部门备案。

八、如何组织和开展安全检查？

安全检查是企业安全管理的基础工作之一，应按照“谁主管、谁负责”和“全员、全过程、全方位、全天候”的原则，明确职责，建立健全企业安全检查制度和保证制度有效执行的管理体系，通过安全检查及时发现、及时消除各类安全生产隐患，保证企业安全生产。

为进一步推动和规范危险化学品企业安全检查和隐患排查治理工作，国家安全监管总局组织制定了《危险化学品企业事故隐患排查治理实施导则》(安监总管三〔2012〕103 号)、《化工(危险化学品)企业安全检查重点指导目录》(安监总管三〔2015〕113 号)。要求危险化学品企业要高度重视并持之以恒做好安全检查和隐患排查治理工作，建立安全检查和隐患排查治理工作责任制，完善安全检查和隐患排查治理制度，规范各项工作程序，建立安全检查和隐患排查治理的常态化机制。

(一) 安全检查的目的

安全检查的目的就是通过预先的计划和安排，按照检查标准，有组织的对生产经营场所的作业活动、设备设施、工艺过程、生产和储存场地等进行检查，发现不安全因素。检查中发现的不安全因素，经过评估，确定隐患等级，按照隐患治理管理制度，进行隐患治理。不安全因素包括：人的不安全行为、物的危险状态、管理上的缺陷。

事故隐患(以下简称隐患)，是指不符合安全生产法律、法规、规章、标准、规程和安全生产管理制度的规定，或者因其他因素在生产经营活动中存在可能导致事故发生或导致事故后果扩大的物的危险状态、人的不安全行为和管理上的缺陷。包括：

(1) 作业场所、设备设施、人的行为及安全管理等方面存在的不符合国家安全生产法律法规、标准规范和相关规章制度规定的情况。

(2) 法律法规、标准规范及相关制度未作明确规定，但企业危害识别过程中识别出作业场所、设备设施、人的行为及安全管理等方面存在的缺陷。

(二) 安全检查的组织

安全检查制度是企业必须建立的安全规章制度。企业主要负责人负有组织制定安全管理制度和督促、检查安全生产的职责。企业安全管理部门应根据职责分工，明确部门和岗位人员在安全检查工作中的职责和作用，按照权限和职责计划和实施安全检查工作。

安全检查要按检查的目的，分专业和部门，明确检查的责任人、检查内容、检查频次和检查结果处理的工作流程。安全检查要建立安全检查记录，记录检查的时间、内容、地点、部门或部位、检查人员、发现的问题。

安全检查要做到计划合理、标准明确、责任到人。定期检查与日常管理相结合，专业检查与综合检查相结合，例行检查与重点检查相结合，确保横向到边、纵向到底、及时发现、不留死角。

技术力量不足或危险化学品安全生产管理经验欠缺的企业应聘请有经验的化工专家或注册安全工程师指导企业开展安全检查工作。

(三) 安全检查的方式

安全检查工作可结合企业生产运行实际，采取定期、不定期的形式。一般有：

(1) 日常安全检查。日常安全检查是指班组、岗位员工的交接班检查和班中巡回检查，以及基层单位领导和工艺、设备、电气、仪表、安全等专业技术人员的日常性检查。

(2) 综合性安全检查。综合性安全检查是指以保障安全生产为目的，以安全责任制、各项专业管理制度和安全生产管理制度落实情况为重点，各有关专业和部门共同参与的全面检查。

(3) 专业性安全检查。专业安全检查主要是指对区域位置及布置、工艺、设备、电气、仪表、储运、消防和公用工程等系统分别进行的专业检查。

(4) 专项安全检查。专项安全检查是指对某项工作或过程进行的检查。如：重大危险源检查、开停车安全检查、放射源安全检查。

(5) 季节性安全检查。季节性安全检查是指根据各季节特点开展的有针对性的检查，主要包括：

春季以防雷、防静电、防解冻泄漏、防解冻坍塌为重点；

夏季以防雷暴、防设备容器高温超压、防台风、防洪、防暑降温为重点；

秋季以防雷暴、防火、防静电、防凝保温为重点；

冬季以防火、防爆、防雪、防冻防凝、防滑、防静电为重点。

(6) 重大活动及节假日前安全检查。在重大活动和节假日前，对装置生产是否存在异常状况和隐患、备用设备状态、备品备件、生产及应急物资储备、保运力量安排、企业保卫、应急工作等进行的检查，特别是要对节日期间干部带班值班、机电仪保运及紧急抢修力量安排、备件及各类物资储备和应急工作进行重点检查。

(7) 发生事故后的安全检查。对企业内和同类企业发生事故后的举一反三的安全检查。

(四) 安全检查的频次

企业进行安全检查的频次应满足：

装置操作人员现场巡检间隔不得大于 2 小时，涉及"两重点一重大"的生产、储存装置和部位的操作人员现场巡检间隔不得大于 1 小时，宜采用不间断巡检方式进行现场巡检。

基层车间(装置、单元)直接管理人员(主任、工艺设备技术人员)、电气、仪表人员每天至少两次对装置现场进行相关专业检查。

基层车间应结合岗位责任制检查，至少每周组织一次安全检查，并和日常交接班检查和班中巡回检查中发现的不安全因素一起进行汇总；基层单位(厂)应结合岗位责任制检查，至少每月组织一次安全检查。

企业应根据季节性特征及本单位的生产实际，每季度开展一次有针对性的季节性安全检查；重大活动及节假日前必须进行一次安全检查。

企业至少每半年组织一次，基层单位至少每季度组织一次综合性安全检查和专业安全检查，两者可结合进行。

当获知同类企业发生伤亡及泄漏、火灾爆炸等事故时，应举一反三，及时进行专项安全检查。

当发生以下情形之一，企业应及时组织进行相关专业的安全检查：

(1) 颁布实施有关新的法律法规、标准规范或原有适用法律法规、标准规范重新修订的；

(2) 组织机构和人员发生重大调整的；

(3) 装置工艺、设备、电气、仪表、公用工程或操作参数发生重大改变的；

(4) 外部安全生产环境发生重大变化；

(5) 发生事故或对事故、事件有新的认识；

(6) 气候条件发生大的变化或预报可能发生重大自然灾害。

(五) 安全检查的内容

根据危险化学品企业的特点，安全检查包括但不限于以下内容：

1. 安全基础管理

(1) 安全生产管理机构建立健全情况、安全生产责任制和安全管理制度建立健全及落实情况；

(2) 安全投入保障情况，参加工伤保险、安全生产责任险的情况；

(3) 安全培训与教育情况；

(4) 风险评价与安全隐患排查治理情况；

(5) 事故管理、变更管理及承包商的管理情况；

(6) 危险作业和检维修的管理情况。

2. 区域位置和布置

(1) 危险化学品重大危险源储存设施与《危险化学品安全管理条例》中规定的重要场所的安全距离；

(2) 可能造成水域环境污染的危险化学品危险源的防范情况；

(3) 企业周边或作业过程中存在的易由自然灾害引发事故灾难的危险点排查、防范和治理情况;

(4) 企业内部重要设施的平面布置以及安全距离;

(5) 建构筑物的安全通道;厂区道路、消防道路、安全疏散通道和应急通道等重要道路(通道)的维护情况;安全警示标志的设置情况等。

3. 工艺系统

(1) 工艺的安全管理情况,工艺风险分析制度的建立和执行,操作规程的编制、审查、使用与控制,工艺安全培训的管理;

(2) 工艺技术及工艺装置的安全控制;

(3) 现场工艺安全状况,工艺指标的现场控制。

4. 设备系统

(1) 设备管理制度的建立与执行情况;

(2) 设备现场的安全运行状况;

(3) 特种设备(包括压力容器及压力管道)的现场管理等。

5. 电气系统

(1) 电气系统的安全管理,电气安全相关管理制度、规程的制定及执行情况;

(2) 供配电系统、电气设备及电气安全设施的设置;

(3) 电气设施、供配电线路及临时用电的现场安全状况等。

6. 仪表系统

(1) 仪表的综合管理,相关管理制度建立和执行情况;安全仪表系统的投用、摘除及变更管理等;

(2) 仪表系统配置情况;

(3) 现场各类仪表完好有效,检验维护及现场标识情况。

7. 危险化学品管理

(1) 危险化学品分类、登记与档案的管理;

(2) 按照国家有关规定对危险化学品进行登记;

(3) 化学品安全信息的编制、培训和应急管理。

8. 储运系统

(1) 储运系统的安全管理情况，储存管理制度以及操作、使用和维护规程制定及执行情况；

(2) 重大危险源罐区现场的安全监控装备；

(3) 储运系统罐区、储罐本体及其安全附件、铁路装卸区、汽车装卸区等设施的完好性。

9. 消防系统

(1) 建设项目消防设施验收情况，消防安全制度的制定和执行情况；

(2) 消防设施与器材的配备情况；

(3) 消防设施与器材的维护和现场管理，消防道路情况。

10. 公用工程系统

(1) 给排水、循环水系统、污水处理系统；

(2) 供热站及供热管道设备设施、安全设施；

(3) 空分装置、空压站设备设施。

第四章 安全教育和培训

一、企业主要负责人应该掌握哪些安全生产基本知识？

按照《化工（危险化学品）企业主要负责人安全生产管理知识重点考核内容》（安监总厅宣教〔2017〕15号）的要求，化工企业主要负责人至少应该掌握以下安全生产基本知识：

（一）掌握国家安全生产方针政策，了解危险化学品安全生产相关法律法规标准体系的框架。

（二）掌握《安全生产法》《危险化学品安全管理条例》对化工企业安全生产的要求，了解其他法律法规对化工企业安全生产的基本要求，熟悉国家有关化工行业安全准入（限制）条件及危险化学品建设项目安全设施“三同时”的要求，熟悉地方政府对化工企业的安全生产要求。

（三）掌握企业主要负责人安全生产责任和义务，掌握本企业安全生产责任制、主要安全生产管理制度，掌握安全生产管理机构设置及人员配备要求，掌握安全费用提取和使用的管理要求，熟悉组织企业安全检查的主要方式。

（四）了解国家对危险化学品特种作业人员的要求，了解政府有关部门对企业安全教育和培训的基本要求。

（五）掌握化工过程安全管理（PSM）的主要要素，熟悉危险化学品安全生产标准化主要内容，了解构建企业安全文化的基本路径、方式方法。

（六）熟悉本企业涉及危险化学品（原料、中间产品、最终产品和主要的辅助材料）的危险特性和防护要求，熟悉本企业工艺技术路线的安全特点，掌握关键装置、要害部位的主要风险及管控措施，掌握本企业重大危险源及其管理要求，了解风险分级管控和隐患排查治理双重预防机制的基本要求。

（七）了解特殊作业的管理要求，熟悉动火作业的分级管理，以及动火、进入受限空间作业的主要风险和管控措施。

（八）了解本企业主要安全设施、特种设备及安全仪表(包括可燃有毒气体泄漏检测报警系统)的基本管理要求。

（九）了解本企业职业病危害及其预防措施。

（十）熟悉本企业应急救援职责和应急处置程序，了解外部应急联动的部门、方式、主要资源。

（十一）掌握事故信息上报的时限、程序、内容等要求，熟悉事故事件调查处理“四不放过”原则。

（十二）了解本行业重特大及典型事故教训。

二、企业安全生产管理人员应该掌握哪些安全生产基本知识？

按照《化工(危险化学品)企业主要负责人安全生产管理知识重点考核内容》(安监总厅宣教〔2017〕15号)的要求，化工企业安全生产管理人员至少应该掌握以下安全生产基本知识：

（一）掌握国家安全生产方针政策，熟悉危险化学品安全生产相关法律法规标准体系框架，掌握有关法律法规、标准和规范性文件的获取渠道。

（二）掌握《安全生产法》《危险化学品安全管理条例》对化工企业安全生产的要求，熟悉其他有关法律法规对化工企业安全生产的要求，熟悉国家危险化学品安全生产的部门规章、标准和安全监管部门有关规范性文件的要求，熟悉地方政府对化工企业安全生产的要求。

（三）掌握安全生产管理人员的安全生产责任和义务。

（四）掌握政府有关部门对企业安全教育和培训的基本要求。

（五）熟悉化工过程安全管理(PSM)要素，掌握全面加强化工企业安全生产的基本途径，掌握危险化学品安全生产标准化的主要内容和要求。

（六）熟悉本企业安全生产责任体系、安全生产管理制度体系和应急预案体系。

（七）掌握燃烧、爆炸、中毒条件，熟悉防火、防爆、防中毒主要措施，熟悉闪点、燃点、沸点、凝固点、爆炸极限等概念及本企业危险化学品的数据，了解静电、雷电的危害及其预防措施。

（八）掌握本企业危险化学品安全技术说明书(SDS)的主要内容。

（九）掌握本企业的工艺过程的主要风险及管控措施，掌握关键装置、要害部位的主要风险及管控措施，掌握本企业主要安全设施、特种设备及安全仪表(包括可燃有毒气体泄漏检测报警系统)的基本管理要求。

（十）掌握工作危害分析(JHA)、安全检查表(SCL)等风险分析方法，涉及“两重点一重大”企业的安全生产管理人员还要熟悉危险与可操作性分析(HAZOP)、保护层分析(LOPA)等风险分析方法，了解安全仪表完整性管理的有关要求，了解国家安全监管总局《危险化学品生产、储存装置个人可接受风险标准和社会可接受风险标准》。

（十一）熟悉本企业的主要风险及分级管控情况，熟悉隐患排查的范围、方法及要求，掌握本企业的隐患排查治理现状。

（十二）熟悉危险化学品重大危险源定义、辨识、分级及管理要求，掌握本企业重大危险源的现状和管控措施。

（十三）熟悉变更管理的内容、程序和要求，熟悉承包商安全管理的主要程序及要求。

（十四）熟悉试生产和开停车安全管理要求，掌握特殊作业的管理要求，以及特殊作业的主要风险、管控措施。

（十五）掌握本企业职业病危害因素及危害特性，熟悉职业病危害因素申报、检测、危害告知与标识、防控措施等要求，熟悉健康体检、职业禁忌症及健康档案等管理要求。

（十六）掌握本企业个体防护装备的分类、选用和管理要求。

（十七）熟悉本企业应急组织机构与职责、应急响应原则与程序、应急物资配备情况。

（十八）掌握应急预案的编制、演练和管理要求，以及本企业应急预案及应急处置措施，了解典型事故应急管理的经验与教训。

（十九）熟悉本行业重特大及典型事故案例，熟悉本行业近期事故情况。

（二十）掌握事故分析的基本知识，熟悉事故、事件的分级及管理要求，掌握事故上报的程序、时限及内容等要求，掌握事故事件调查处理“四不放过”及事故事件档案等管理要求。

三、企业、从业人员在安全生产教育和培训中各自承担的职责与义务是什么？

企业必须对新上岗的临时工、合同工、劳务工、轮换工、协议工等进行强制性安全培训，保证其具备本岗位安全操作、自救互救以及应急处置所需的知识和技能后，方能安排上岗作业。

按照《安全生产法》第二十五条的规定，企业应当对从业人员进行安全生产教育和培训，保证从业人员具备必要的安全生产知识，熟悉有关的安全生产规章制度和安全操作规程，掌握本岗位的安全操作技能，了解事故应急处置措施，知悉自身在安全生产方面的权利和义务。未经安全生产教育和培训合格的从业人员，不得上岗作业。

企业使用被派遣劳动者的，应当将被派遣劳动者纳入本单位从业人员统一管理，对被派遣劳动者进行岗位安全操作规程和安全操作技能的教育和培训。劳务派遣单位应当对被派遣劳动者进行必要的安全生产教育和培训。

企业接收中等职业学校、高等学校学生实习的，应当对实习学生进行相应的安全生产教育和培训，提供必要的劳动防护用品。学校应当协助生产经营单位对实习学生进行安全生产教育和培训。

四、对企业主要负责人、安全管理人员安全培训要求是什么？

化工企业主要负责人和安全生产管理人员，必须接受专门的安全培训，经安全生产监管监督管理部门对其安全生产知识和管理能力考核合格，取得安全合格证书。安全能力培训时间不得少于48学时；每年再培训时间不得少于16学时。

五、对新员工安全培训要求是什么？对转岗、重新上岗人员安全培训要求是什么？

化工企业新上岗的从业人员安全培训时间不得少于72学时，每年接受再培训的时间不得少于20学时。岗前安全培训包括厂级、车间级与班组级。具体培训内容如下：

（一）厂级岗前安全培训

（1）本单位安全生产情况及安全生产基本知识；

（2）本单位安全生产规章制度和劳动纪律；

（3）从业人员安全生产权利和义务；

（4）有关事故案例；

（5）事故应急救援、事故应急预案演练及防范措施；

（6）其他需要培训的内容。

（二）车间（工段）级岗前安全培训

（1）工作环境及危险因素；

（2）所从事工种可能遭受的职业伤害和伤亡事故；

(3) 所从事工种的安全职责、操作技能及强制性标准;

(4) 自救互救、急救方法、疏散和现场紧急情况的处理;

(5) 安全设备设施、个人防护用品的使用和维护;

(6) 本车间(工段、区、队)安全生产状况及规章制度;

(7) 预防事故和职业危害的措施及应注意的安全事项;

(8) 有关事故案例;

(9) 其他需要培训的内容。

(三) 班组级岗前安全培训

(1) 岗位安全操作规程;

(2) 岗位之间工作衔接配合的安全与职业卫生事项;

(3) 有关事故案例;

(4) 其他需要培训的内容。

化工企业从业人员在本企业内调整工作岗位或离岗一年以上重新上岗时,应当重新接受车间(工段)和班组级的安全培训。

六、从业人员的安全生产教育和培训由谁负责?

企业的主要负责人负有"组织制定并实施本单位安全生产教育和培训计划"的职责。

企业的安全生产管理机构以及安全生产管理人员负有"组织或者参与本单位安全生产教育和培训,如实记录安全生产教育和培训情况"的职责。

企业从业人员有义务接受安全生产教育和培训,掌握本职工作所需的安全生产知识,提高安全生产技能,增强事故预防和应急处理能力。

七、企业日常安全教育如何开展?

企业安全生产管理部门或专职安全生产管理人员应结合安全生产

实际，制定管理部门(车间、队)、班组月度安全活动计划，规定活动形式、内容和要求。

企业管理部门(车间、队)、班组应按照月度安全活动计划开展安全活动和基本功训练。班组安全活动每月不少于2次，每次活动时间不少于1学时。班组安全活动应有负责人、有计划、有内容、有记录。企业负责人应每月至少参加1次班组安全活动，基层单位负责人及其管理人员应每月至少参加2次班组安全活动。管理部门安全活动每月不少于1次，每次活动时间不少于2学时。企业安全生产管理部门或专职安全生产管理人员应每月至少1次对安全活动记录进行检查，并签字。

八、企业的安全教育培训组织工作内容至少包括哪些方面?

企业应严格执行安全培训教育制度，依据国家、地方及行业规定和岗位需要，制定适宜的安全培训教育目标和要求。根据不断变化的实际情况和培训目标，定期识别安全培训教育需求，制定安全培训教育计划。企业根据需要编制安全教育培训大纲、教材，并及时更新。

企业应将安全培训工作纳入本单位年度工作计划，组织培训教育，保证安全培训教育所需人员、资金和设施。企业安全培训教育计划变更时，应记录变更情况。

九、当企业生产状况发生变更时，如何进行安全技术培训?

化工企业实施新工艺、新技术或者使用新设备、新材料时，或者实施工艺技术变更、设备设施变更后，应当对有关从业人员重新进行有针对性的安全培训。

新建企业应规定从业人员文化素质要求，加强从业人员专业技能培养。工厂开工建设后，企业就应招录操作人员，使操作人员在上岗前先接受规范的基础知识和专业理论培训，确保管理人员和操作人员考核合格。新装置投用前要完成管理人员和操作人员岗位技能培训。

十、企业如何组织安全教育培训工作？如何对安全培训效果进行评估？

除主要负责人、安全生产管理人员、特种作业人员以外的从业人员的安全培训工作外，安全教育培训由企业组织实施。

具备安全培训条件的企业，应当以自主培训为主；也可以委托具备安全培训条件的机构，对从业人员进行安全培训。

不具备安全培训条件的企业，应当委托具备安全培训条件的机构，对从业人员进行安全培训。

企业应当将安全培训工作纳入本单位年度工作计划。保证本单位安全培训工作所需资金。

企业安全教育培训主管部门应对培训教育效果进行评价，评估方法可包括发放调查表、试卷分析、现场交流等，至少包含培训内容、组织、学员掌握情况、授课方式、对培训的建议等相关内容，并根据评价结果制定改进措施。

十一、从业人员安全教育培训档案内容包括哪些方面？

企业应建立从业人员安全培训教育档案，详细、准确记录培训考核情况，培训记录至少包括新员工基本情况、各级培训通知、时间、内容、学时、培训老师、参加人员、考试成绩、受培训人员签到表、培训效果评价等。

十二、什么是特种作业？危险化学品企业特种作业人员一般有哪些种类？

特种作业，是指容易发生事故，对操作者本人、他人的安全健康及设备、设施的安全可能造成重大危害的作业。特种作业的范围由特种作业目录规定。详见《特种作业人员安全技术培训考核管理规定》（国家安全生产监督管理总局令第 30 号）。

化工企业的特种作业人员是指从事危险化工工艺过程操作及化工自动化控制仪表安装、维修、维护的作业，以及电气运行、设备设施安装维修等相关危险作业，作业中容易发生事故，对操作者本人、他人的安全健康及设备、设施的安全可能造成重大危害的作业。主要涵盖以下类别的作业。

（1）电工作业：高压电工作业、低压电工作业、防爆电气作业；

（2）焊接与热切割作业：熔化焊接与热切割作业、压力焊作业、钎焊作业；

（3）高处作业：登高架设作业、高处安装、维护、拆除作业；

（4）制冷与空调作业：制冷与空调设备运行操作作业、制冷与空调设备安装修理作业；

（5）危险化学品安全作业：光气及光气化工艺作业、氯碱电解工艺作业、氯化工艺作业、硝化工艺作业、合成氨工艺作业、裂解（裂化）工艺作业、氟化工艺作业、加氢工艺作业、重氮化工艺作业、氧化工艺作业、过氧化工艺作业、胺基化工艺作业、磺化工艺作业、聚合工艺作业、烷基化工艺作业、化工自动化控制仪表作业。

（6）安全监管总局认定的其他作业。

十三、对特种设备安全管理人员、检测人员和作业人员的培训有哪些要求？

化工企业作为特种设备使用单位，应当按照《中华人民共和国特种设备安全法》(中华人民共和国主席令第4号)第十三条的规定，配备必要的特种设备安全管理人员、检测人员和作业人员，并对其进行必要的安全教育和技能培训，培训考核合格，取得《中华人民共和国特种作业操作证》后，方可上岗作业。培训包括其所从事的特种作业相应的安全技术理论和实际操作。

省、自治区、直辖市人民政府安全生产监督管理部门或者指定的考核发证机关可以委托设区的市人民政府安全生产监督管理部门或者指定的机构实施特种作业人员的安全技术培训、考核、发证、复审工作。

十四、企业在开展检维修作业时如何开展培训？

企业对设备操作、维修人员要进行专门的培训和资格考核，培训考核情况要记录存档。

在检维修作业前，对检维修人员进行安全培训教育；如涉及特殊作业，还需按照《化学品生产单位特殊作业安全规范》(GB 30871—2014)的要求进行相关培训。

十五、承包商人员培训包括哪些要求？对外来人员的入厂教育有哪些要求？

企业应对承包商的作业人员进行入厂安全培训教育，经考核合格发放入厂证，保存安全培训教育记录。进入作业现场前，作业现场所在基层单位应对施工单位的作业人员进行进入现场前安全培训教育，保存安全培训教育记录。

企业应对外来参观、学习等人员在入厂前进行有关安全规定及安全注意事项的培训或告知。

第五章

危险化学品管理

一、什么是危险物品？什么是危险货物？什么是危险化学品？

《中华人民共和国安全生产法》第一百一十二条中有如下定义：

危险物品，是指易燃易爆物品、危险化学品、放射性物品等能够危及人身安全和财产安全的物品。

《危险货物分类和品名编号》(GB 6944—2012)第 3.1 条中有如下定义：

危险货物，具有爆炸、易燃、毒害、感染、腐蚀、放射性等危险特性，在运输、储存、生产、经营、使用和处置中，容易造成人身伤亡、财产损毁或环境污染而需要特别防护的物质和物品。

《危险化学品安全管理条例》(国务院第 591 号令)第三条中有如下定义：

危险化学品，是指具有毒害、腐蚀、爆炸、燃烧、助燃等性质，对人体、设施、环境具有危害的剧毒化学品和其他化学品。

二、危险物品、危险货物和危险化学品之间是什么关系？

危险物品、危险货物和危险化学品不仅仅是名称不同，定义、范围及分类也有所区别。

危险物品范围最广，通俗讲凡是存在安全隐患、环境污染和危害人体健康的一切有具体形状、颜色和空间的实实在在的物品都称为危险物品。危险物品包括危险货物和危险化学品。

危险化学品和危险货物大部分是一致的，但有一部分危险化学品不属于危险货物，部分危险货物也不属于危险化学品。

危险货物与危险化学品可以从法规和技术两个方面进行区分。

（一）从法规方面区分

我国标准法规中所指的危险货物是根据《联合国关于危险货物运输的建议书规章范本》来判定的，我国将品名表转化为《危险货物品名表》(GB 12268—2012)，判定货物是否为危险货物的方法转化为《危险货物分类和品名编号》(GB 6944—2012)，按照 GB 6944 规定的规则和方法判断其危险性是否足以被列为危险货物并对应到 GB 12668 中。因此，GB 12268 中列名的物质和按照 GB 6944 分类后满足危险货物标准的，都属于危险货物。

我国标准法规中所指的危险化学品是根据行政法规《危险化学品安全管理条例》，由国家安监总局联合交通运输部、公安部等十个部委联合发布的《危险化学品目录》，在此目录中的化学品都被认定为危险化学品，其生产、储存、流通、运输等环节均需符合《危险化学品安全管理条例》的有关规定。《危险化学品目录》是动态的，会适时调整，目前实施的是 2015 版。

（二）从技术方面区分

危险货物的认定主要依据的是运输过程中表现出来的对人类和环境的危害性，强调短期危害性，我国危险货物认定的依据主要是《联合国关于危险货物运输的建议书规章范本》(TDG)。

危险化学品的认定主要依据的是生产、储存、流通、运输等各环节长期或短期接触对人类和环境的危害性，我国危险化学品认定的依据主要来自《全球化学品统一分类和标签制度》(GHS)。

例如甲醇，既是危险货物又是危险化学品；MDI(二苯基甲烷二异氰酸酯)，一种应用很广泛的化学品，具有较低的毒性，长期接触对人体有害，因此是危险化学品，但 MDI 在运输过程中，一旦发生泄漏会与水份发生反应，生成不溶性的脲类化合物并放出二氧化碳，黏度增高，不会造成明显的危害，因此未被列为危险货物；锂电池不属于危险化学品，但属于危险货物；上述三种物质均属于危险物品。

三、什么是重点监管的危险化学品？对重点监管的危险化学品采取的安全措施有哪些？

重点监管的危险化学品系指列入原国家安全监管总局于 2011 年 6 月 21 日公布的《首批重点监管的危险化学品名录》(安监总管三〔2011〕95 号)和 2013 年 2 月 5 日公布的《第二批重点监管的危险化学品名录》(安监总管三〔2013〕12 号)中的危险化学品。其中首批公布的重点监管的危险化学品有 60 种，二批公布的重点监管的危险化学品有 14 种。

除了上述两批《目录》中的危险化学品属于重点监管的危险化学品外，在温度 20℃和标准大气压 101. 3kPa 时满足以下条件的危险化学品也定义为重点监管的危险化学品：

（1）易燃气体类别 1(爆炸下限≤13%或爆炸极限范围≥12%的气体)；

（2）易燃液体类别 1(闭杯闪点<23℃并初沸点≤35℃的液体)；

（3）自燃液体类别 1(与空气接触不到 5min 便燃烧的液体)；

（4）自燃固体类别 1(与空气接触不到 5min 便燃烧的固体)；

（5）遇水放出易燃气体的物质类别 1(在环境温度下与水剧烈反应所产生的气体通常显示自燃的倾向，或释放易燃气体的速度等于或大于每公斤物质在任何 1min 内释放 10L 的任何物质或混合物)；

（6）三光气等光气类化学品。

针对重点监管的危险化学品，原国家安全监管总局办公厅印发了《首批重点监管的危险化学品安全措施和应急处置原则》(安监总厅管三〔2011〕142 号)和《第二批重点监管的危险化学品名录》(安监总管三

〔2013〕12 号)，对每一种重点监管的危险化学品提出了安全措施和应急处置原则要求。主要包括化学品的风险提示、理化特性、危害信息、安全措施、应急处置原则等几方面，安全措施中又细分为操作安全、储存安全和运输安全等。

四、国家对重点监管的危险化学品提出了哪些管理要求?

(1)《国家安全监管总局关于公布首批重点监管的危险化学品名录的通知》(安监总管三〔2011〕95 号)指出：

① 涉及重点监管的危险化学品的生产、储存装置，原则上须由具有甲级资质的化工行业设计单位进行设计。

② 生产、储存重点监管的危险化学品的企业，应根据本企业工艺特点，装备功能完善的自动化控制系统，严格工艺、设备管理。对使用重点监管的危险化学品数量构成重大危险源的企业的生产储存装置，应装备自动化控制系统，实现对温度、压力、液位等重要参数的实时监测。

③ 生产重点监管的危险化学品的企业，应针对产品特性，按照有关规定编制完善的、可操作性强的危险化学品事故应急预案，配备必要的应急救援器材、设备，加强应急演练，提高应急处置能力。

(2)《国家安全监管总局办公厅关于印发首批重点监管的危险化学品安全措施和应急处置原则的通知》(安监总厅管三〔2011〕142 号)要求：生产、储存、使用、经营、运输重点监管危险化学品的企业，要切实落实安全生产主体责任，对照《措施和原则》，全面排查危险化学品安全管理的漏洞和薄弱环节，及时消除安全隐患，提高安全管理水平。要针对本企业安全生产特点和产品特性，从完善安全监控措施、健全安全生产规章制度和各项操作规程、采用先进技术、加强培训教育、加强个体防护等方面，细化并落实《措施和原则》提出的各项安全措施，提高防范危险化学品事故的能力。要按照《措施和原则》提出的应急处置原则，完善本企业危险化学品事故应急预案，配备必要的应急器材，开展应急处置演练和伤员急救培训，提升危险化学品事故应急处置能力。

(3)《国家安全监管总局关于公布第二批重点监管危险化学品名录的通知》(安监总管三〔2013〕12号)要求：生产、储存、使用重点监管的危险化学品的企业，应当积极开展涉及重点监管危险化学品的生产、储存设施自动化监控系统改造提升工作，高度危险和大型装置要依法装备安全仪表系统(紧急停车或安全联锁)，并确保于2014年底前完成。

(4)《关于开展提升危险化学品领域本质安全水平专项行动的通知》(安监总管三〔2012〕87号)要求：开展涉及重点监管危险化学品的生产储存装置自动化控制系统改造完善工作。涉及重点监管危险化学品的生产储存装置必须在2014年底前装备自动化控制系统。将受热、遇明火、摩擦、震动、撞击时可发生爆炸的化学品全部纳入重点监管危险化学品范围。

五、什么是剧毒化学品?

《危险化学品目录》中对剧毒化学品有如下定义：

剧毒化学品，是指具有剧烈毒性危害的化学品，包括人工合成的化学品及其混合物和天然毒素，还包括具有急性毒性易造成公共安全危害的化学品，是危险化学品的一种，其名录列入《危险化学品目录》(2015版)。

六、什么是化学品的"一书一签"?

化学品"一书一签"，"一书"是指化学品安全技术说明书，"一签"是指化学品安全标签。

我国对化学品的"一书一签"的编制制定了相关的标准，即《化学品安全技术说明书内容和项目顺序》(GB/T 16483—2008)和《化学品安全标签编写规定》(GB 15258—2009)。

MSDS(Material Safety Data Sheet 的简称),即物质安全说明书,是化学品生产商和经销商按法律要求必须提供的化学品理化特性(如 pH 值、闪点、易燃度、反应活性等)、毒性、环境危害,以及对使用者健康(如致癌、致畸等)可能产生危害的一份综合性文件。它包括化学品的理化参数、燃爆性能、对健康的危害、安全使用储存、泄漏处置、急救措施以及有关的法律法规等方面信息。

SDS(Safety Data Sheet for Chemical Products 的简称),即化学品安全说明书;《化学品安全技术说明书内容和项目顺序》(GB/T 16483—2008)中已经统一为 SDS;从之前的 MSDS 改为 SDS,性质不变。

根据《化学品安全标签编写规定》(GB 15258—2009),化学品安全标签是用于标示化学品所具有的危险性和安全注意事项的一组文字、象形图和编码的组合。主要包括化学品标识、象形图、信号词、危险性说明、防范说明、应急咨询电话、供应商标识、资料查阅提示语等。象形图和信号词的编写规定参见《化学品分类和标签规范》(GB 30000—2013)。

《危险化学品安全管理条例》第十五条规定:危险化学品生产企业应当提供与其生产的危险化学品相符的化学品安全技术说明书,并在危险化学品包装(包括外包装件)上粘贴或者拴挂与包装内危险化学品相符的化学品安全标签。化学品安全技术说明书和化学品安全标签所载明的内容应当符合国家标准的要求。

危险化学品生产企业发现其生产的危险化学品有新的危险特性的,应当立即公告,并及时修订其化学品安全技术说明书和化学品安全标签。

七、危险化学品的理化参数主要有哪些?

危险化学品的理化参数主要包括闪点、燃点、引燃温度、沸点、凝固点、爆炸极限等。

1. 闪点

在规定的试验条件下，易燃液体能释放出足够的蒸气并在液面上方与空气形成爆炸性混合物，点火时能发生闪燃(一闪即灭)的最低温度。

闪点是可燃性液体储存、运输和使用的一个安全指标，同时也是可燃性液体的挥发性指标。闪点低的可燃性液体，挥发性高，容易着火，安全性较差。

闪点是表征易燃、可燃液体火灾危险性的一项重要参数，在消防工作中有着重要意义：在《建筑设计防火规范》(GB 50016—2014)中闪点是可燃液体生产、储存场所火灾危险性分类的重要依据；在《石油化工企业设计防火规范》(GB 50160—2008)中是甲、乙、丙类危险液体分类的依据。根据测定闪点的方法不同，物质的闪点分为开口闪点(或者称为开杯闪点、克利夫兰得开杯试验)和闭口闪点(或者称为闭杯闪点、宾斯基-马丁闭杯法)。用规定的开口闪点测定器所测得的结果叫做开口闪点，以℃表示，常用于测定润滑油。用规定的闭口闪点测定器所测得的结果叫做闭口闪点，以℃表示，常用于测定煤油、柴油、变压器油等。

每种油品是测闭口闪点还是测开口闪点要按产品质量指标规定进行。一般蒸发性较大的石油产品多测闭口闪点，因为测定开口闪点时，油品受热后所形成的蒸气不断向周围空气扩散，使测得的闪点偏高。对多数润滑油及重质油，由于蒸发性小，则多测开口闪点。同一个油品，其开杯闪点较闭杯闪点高20~30℃。

对液体而言，闪点低于45℃液体称为易燃液体，闪点高于或等于45℃的液体归类为可燃液体。

2. 燃点

燃点是物质在空气中点火时发生燃烧，移去火源仍能继续燃烧的最低温度。对于闪点不超过45℃的易燃液体，燃点仅比闪点高1~5℃，一般只考虑闪点，不考虑燃点。对于闪点比较高的可燃液体和可燃固体，闪点与燃点相差较大，应用时有必要加以考虑。

3. 引燃温度

引燃温度又称自燃点或自燃温度，是指在规定试验条件下，可燃物质不需要外来火源即发生燃烧的最低温度。

4. 沸点

沸腾是在一定温度下液体内部和表面同时发生的剧烈汽化现象。沸点是液体沸腾时候的温度，也就是液体的饱和蒸气压与外界压强相等时的温度。液体浓度越高，沸点越高。不同液体的沸点是不同的。液体的沸点跟外部压强有关，当液体所受的压强增大时，它的沸点升高；压强减小时，沸点降低。

5. 凝固点

凝固点是晶体物质凝固时的温度，不同晶体具有不同的凝固点。在一定压强下，任何晶体的凝固点，与其熔点相同。同一种晶体，凝固点与压强有关。凝固时体积膨胀的晶体，凝固点随压强的增大而降低；凝固时体积缩小的晶体，凝固点随压强的增大而升高。在凝固过程中，液体转变为固体，同时放出热量。所以物质的温度高于熔点时将处于液态；低于熔点时，就处于固态。非晶体物质则无凝固点。

6. 爆炸极限

爆炸极限通常是指爆炸浓度极限。它是在一定的温度和压力下，气体、蒸气、薄雾或粉尘、纤维与空气形成的能够被引燃并传播火焰的浓度范围。通常用可燃气体、蒸气或粉尘在空气中的体积百分比来表示。该范围的最低浓度称为爆炸下限、最高浓度称为爆炸上限。只有在这两个浓度之间，物质才有爆炸的危险。如果可燃气体、蒸气或粉尘在空气中的浓度低于爆炸下限，遇到明火，既不会爆炸，也不会燃烧；高于爆炸极限，遇到明火，虽然不会爆炸，但接触空气却能燃烧。因为低于爆炸下限时，空气所占的比例很大，可燃物质的浓度不够；高于上限时，则含大量的可燃物质，而空气量却不足。

可燃性混合物的爆炸极限范围越宽、爆炸下限越低和爆炸上限越高时，其爆炸危险性越大。这是因为爆炸极限越宽则出现爆炸条件的机会就多；爆炸下限越低则可燃物稍有泄漏就会形成爆炸条件；爆炸上限越高则有少量空气渗入容器，就能与容器内的可燃物混合形成爆炸条件。

八、什么是物质的氧化性、还原性及禁忌性？

1. 物质的氧化性

物质在化学反应中得电的能力。

处于高价态的物质一般具有氧化性，如部分非金属单质：O_2、Cl_2；部分金属阳离子：Fe^{3+}，MnO_4^-等。

2. 物质的还原性

还原性是指在化学反应中原子、分子或离子失去电子的能力。物质含有的粒子失电子能力越强，物质本身的还原性就越强；反之越弱，而其还原性就越弱。

3. 禁忌性

《常用化学危险品贮存通则》(GB 15603—1995)中关于禁忌物料(incinpatible inaterals)的定义：即化学性质相抵触或灭火方法不同的化学物料。具体可参照《常用化学危险品贮存通则》附录 A。

九、什么是沸溢性液体？对沸溢性液体的储存有什么要求？

《建筑设计防火规范》(GB 50016—2014)规定，含水并在燃烧时产生热波作用的油品为沸溢性液体，如原油、渣油、重油等。

《石油化工企业设计防火规范》(GB 50160—2008)规定，沸溢性液体是指当罐内储存介质温度升高时，由于热传递作用，使罐底水层急速汽化，而会发生沸溢现象的粘性烃类混合物。

《石油化工企业设计防火规范》(GB 50160—2008)第 6. 2. 5 条规定，沸溢性液体的储罐不应与非沸溢性液体储罐同组布置。

第 6. 2. 15 条规定，设有防火堤的罐组内应按下列要求设置隔堤，隔堤所分隔的沸溢性液体储罐不应超过 2 个。

十、物质的火灾危险性是如何分类的?

化学品的火灾危险性分类可以参照《建筑设计防火规范》(GB 50016—2014)、《石油化工企业设计防火规范》(GB 50160—2008)。

1.《建筑设计防火规范》(GB 50016—2014)中规定:

生产的火灾危险性应根据生产中使用或产生的物质性质及其数量等因素，分为甲、乙、丙、丁、戊类。

储存物品的火灾危险性应根据储存物品的性质和储存物品中的可燃物数量等因素，分为甲、乙、丙、丁、戊类。

2.《石油化工企业设计防火规范》(GB 50160—2008)中规定:

可燃气体的火灾危险性根据其爆炸下限分成甲类[<10%(V)]、乙类[≥10%(V)]。

液化烃、可燃液体的火灾危险性分成甲、乙、丙类，其中液化烃单独划为$甲_A$类，其他可燃液体根据其闪点温度不同划分为$甲_B$、$乙_A$、$乙_B$、$丙_A$、$丙_B$类。

固体的火灾危险性分类应按照《建筑设计防火规范》有关规定执行。

十一、危险化学品的主要危害和防控措施有哪些?

危险化学品的危害主要有三类，即物理危险、健康危害和环境危害。

(1) 物理危险包括易燃性、腐蚀性和爆炸性等。

(2) 健康危害包括急性毒性和慢性毒性危害，其中慢性毒性又包括致癌性、生殖毒性等危害。

(3) 环境危害就是危险化学品排放到环境中，对土壤、大气和水体的危害。

针对危险化学品的三类危害，必须采取综合防控措施，消除其危害。主要措施包含以下三方面：

（1）管理措施

是指通过各种管理手段，按照国家法律、法规和各类标准而建立起来的管理程序和措施，是预防危险化学品危害发生的一个非常重要的方面。如对作业场所进行危险有害因素识别，建立隐患排查制度，编制事故应急预案，制定操作规程，严格工艺操作、设备运行管理、检维修环节管理，张贴警示标志，编制安全标签、产品安全技术说明书，控制废物处理过程，进行接触监测、医学监督和开展培训教育。

危险化学品从业单位对《安全生产法》《职业病防治法》《危险化学品安全管理条例》《使用有毒物品作业场所劳动保护条例》《危险化学品登记管理办法》等一系列法律法规必须严格贯彻执行。

（2）工程技术措施

工程技术是控制危险化学品危害最直接、最有效的方法，其目的是通过采取相应的工程技术措施消除工作场所中危险化学品的危害或尽可能降低其危害程度，以免危害工人，污染环境。工程技术措施主要包括：

① 危险化学品从业单位进行新建、改建、扩建和技术引进的工程项目建设时，其安全、职业病防护设施建设必须与工程主体同时设计、同时施工、同时投入生产使用。

② 采用新技术、新工艺。危险化学品的生产工艺应尽量采用新技术、新工艺，装备功能完善的自动化控制系统。

③ 采用替代、屏蔽和隔离。减少或消除作业人员直接接触危险化学品。

④ 加强通风，改善作业环境。生产装置尽量采用框架式，现场的泄漏物易于消散；生产厂房应加强全面通风和局部送风，使作业场所的空气一直处于新鲜状态，有毒有害气体、蒸气或粉尘的浓度低于规定值，保证从业人员身体健康，防止火灾、爆炸事故的发生。

（3）个体防护措施

个体防护用品或劳动防护用品是指在劳动生产过程中使劳动者免

遭或减轻事故和职业危害因素的伤害而提供的个人保护用品，直接对人体起到保护作用，也是保护劳动者的最后一道防线。

企业要按照国家的规定发给劳动者合格、有效的个体防护用品，并确保劳动者能正确使用；企业还要通过管理，确保劳动者上岗时佩戴好适宜的个体防护用品；企业要对防护用品做好检查、维护，使其一直处于良好的状态。

十二、我国对危险化学品的管理原则是什么？

我国对危险化学品的管理实行目录管理制度，列入《危险化学品目录》的化学品将依据国家的法律法规通过采取行政许可等手段进行重点管理。

为了全面掌握我国境内危险化学品的危险特性，《危险化学品安全管理条例》第六十六条规定：国家实行危险化学品登记制度，为危险化学品安全管理以及危险化学品事故预防和应急救援提供技术、信息支持。

《化学品物理危险性鉴定与分类管理办法》(安监总局令第60号)第四条规定，对于符合以下三种情况的化学品需要进行进行物理危险性鉴定与分类：

(1) 含有一种及以上列入《危险化学品目录》的组分，体物理危险性尚未确定的化学品；

(2) 未列入《危险化学品目录》，且物理危险性尚未确定的化学品；

(3) 以科学研究或者产品开发为目的，年产量或者使用量超过1吨，且物理危险性尚未确定的化学品。

第十七条规定：化学品单位对确定为危险化学品的化学品以及国家安全生产监督管理总局公告的免予物理危险性鉴定与分类的危险化学品，应当编制化学品安全技术说明书和安全标签，根据《危险化学品登记管理办法》(安监总局令53号)办理危险化学品登记，按照有关危险化学品的法律、法规和标准的要求，加强安全管理。

通过目录管理与鉴别分类等管理方式的结合，形成了对危险化学品安全管理的全覆盖。

《危险化学品安全管理条例》第三条还规定，危险化学品目录，由国务院安全生产监督管理部门会同国务院工业和信息化、公安、环境保护、卫生、质量监督检验检疫、交通运输、铁路、民用航空、农业主管部门，根据化学品危险特性的鉴别和分类标准确定、公布，并适时调整。

十三、法律法规对剧毒化学品、易制爆危险化学品的管理方面有哪些要求?

《危险化学品安全管理条例》第二十三条规定：生产、储存剧毒化学品或者国务院公安部门规定的可用于制造爆炸物品的危险化学品(以下简称易制爆危险化学品)的单位，应当如实记录其生产、储存的剧毒化学品、易制爆危险化学品的数量、流向，并采取必要的安全防范措施，防止剧毒化学品、易制爆危险化学品丢失或者被盗；发现剧毒化学品、易制爆危险化学品丢失或者被盗的，应当立即向当地公安机关报告。

生产、储存剧毒化学品、易制爆危险化学品的单位，应当设置治安保卫机构，配备专职治安保卫人员。

第二十五条规定：储存危险化学品的单位应当建立危险化学品出入库核查、登记制度。

对剧毒化学品以及储存数量构成重大危险源的其他危险化学品，储存单位应当将其储存数量、储存地点以及管理人员的情况，报所在地县级人民政府安全生产监督管理部门(在港区内储存的，报港口行政管理部门)和公安机关备案。

第二十六条规定：危险化学品专用仓库应当符合国家标准、行业标准的要求，并设置明显的标志。储存剧毒化学品、易制爆危险化学品的专用仓库，应当按照国家有关规定设置相应的技术防范设施。

储存危险化学品的单位应当对其危险化学品专用仓库的安全设施、设备定期进行检测、检验。

十四、危险化学品登记工作管理要点有哪些?

《危险化学品登记管理办法》(安监总局令第53号)中对如何办理危险化学品登记进行了规定，规定危险化学品登记实行企业申请、两级审核、统一发证、分级管理的原则。

第四条规定：国家安全生产监督管理总局负责全国危险化学品登记的监督管理工作。县级以上地方各级人民政府安全生产监督管理部门负责本行政区域内危险化学品登记的监督管理工作。

《危险化学品安全管理条例》第六十七条规定：危险化学品生产企业、进口企业，应当向国务院安全生产监督管理部门负责危险化学品登记的机构(以下简称危险化学品登记机构)办理危险化学品登记。

危险化学品登记包括下列内容：

(1) 分类和标签信息；

(2) 物理、化学性质；

(3) 主要用途；

(4) 危险特性；

(5) 储存、使用、运输的安全要求；

(6) 出现危险情况的应急处置措施。

《危险化学品安全管理条例》第六十七条还规定：危险化学品生产企业、进口企业发现其生产、进口的危险化学品有新的危险特性的，应当及时向危险化学品登记机构办理登记内容变更手续。

十五、法律法规对危险化学品的登记方面有哪些规定？

《危险化学品安全管理条例》第六十七条规定：危险化学品生产企业、进口企业，应当向国务院安全生产监督管理部门负责危险化学品登记的机构（以下简称危险化学品登记机构）办理危险化学品登记。

对同一企业生产、进口的同一品种的危险化学品，不进行重复登记。危险化学品生产企业、进口企业发现其生产、进口的危险化学品有新的危险特性的，应当及时向危险化学品登记机构办理登记内容变更手续。

十六、企业在危险化学品安全信息管理方面要开展哪些工作？

《危险化学品从业单位安全标准化通用规范》（AQ 3013—2008）第5.7.1条规定：企业应对所有危险化学品，包括产品、原料和中间产品进行普查，建立危险化学品档案，包括：（1）名称，包括别名、英文名称第；（2）存放、生产、使用地点；（3）数量；（4）危险性分类、危规号、包装类别、登记号；（5）安全技术说明书与安全标签。

第5.7.2条规定：企业应按照国家有关规定对其产品、所有中间产品进行分类，并将分类结果汇入危险化学品档案。

第5.7.3.2条规定：企业采购危险化学品时，应索取安全技术说明书和安全标签，不得采购无安全技术说明书和安全标签的危险化学品。

《危险化学品安全管理条例》第十五条规定：危险化学品生产企业应当提供与其生产的危险化学品相符的化学品安全技术说明书，并在危险化学品包装（包括外包装件）上粘贴或者拴挂与包装内危险化学品相符的化学品安全标签。

危险化学品生产企业发现其生产的危险化学品有新的危险特性的，

应当立即公告，并及时修订其化学品安全技术说明书和化学品安全标签。

第二十七条规定：生产储存危险化学品企业转产、停产、停业或解散时，应当采取有效措施，及时妥善处置危险化学品装置、储存设施以及库存的危险化学品，不得丢弃；处置方案应当报所在地县级人民政府安全生产监督管理部门、工业和信息化主管部门、环境保护主管部门和公安机关备案。

《安全生产法》第二十五条规定：企业应以适当、有效的方式对从业人员及相关方进行宣传，使其了解生产过程中危险化学品的危险特性、活性危害、禁配物等，以及采取的预防及应急处理措施。

《危险化学品登记管理办法》第二十二条规定：生产企业应设立24小时应急咨询服务固定电话，有专业人员值班并负责相关应急咨询。没有条件设立应急咨询服务电话的，应委托危险化学品专业应急机构作为应急咨询服务代理。

十七、危险化学品的仓库存储方式有哪几种?

常用的危险化学品的存储方式有三种，即隔离储存、隔开储存和分离储存。

《常用化学危险品贮存通则》(GB 15603—1995)对危险化学品的三种储存方式有以下定义：

隔离储存(segregated storage)——在同一房间或同一区域内，不同的物料之间分开一定的距离，非禁忌物料间用通道保持空间的储存方式。

隔开储存(cut-off storage)——在同一建筑或同一区域内，用隔板或墙，将其与禁忌物料分离开的储存方式。

分离储存(detached storage)——在不同的建筑物或远离所有建筑的外部区域内的储存方式。

十八、危险化学品的仓库储存环节存在哪些风险?

一是仓库选址不当。合理的仓库的选址可以降低仓库发生事故时对周围的居民、社会其他组织机构、交通线路造成的损害。

二是危险化学品仓库不满足规范要求。如使用废弃的仓库进行储存,仓库自身的安全都没有保证,更加不用说储存的危险化学品了。

三是仓库存储不当。危险化学品仓库的存储存在着混存、不规则堆放、超期存放。不同的化学品有着不同的化学性质,不同的化学品的处理方式也不一样。一旦仓库里的化学品发生火灾,难以用同一种灭火方式进行灭火,这无疑增大了灭火的困难性和复杂性,并且加大了损失,另外特定几种危险化学品之间在一定温度下可能会发生化学反应,这也不利于事故应急救援。

四是作业人员不掌握储存的危险化学品安全信息、作业不规范。了解危险化学品相关知识、如何在仓库里安置好危险化学品、规范作业应是每个危险化学品仓库工作人员的必备技能。

五是仓库自身消防体系不完善。危险化学品仓库一般配备灭火器,然而一般的灭火器对于危险化学品事故而言作用并不大,而且危险化学品事故都是在无人知道危险源的情况下演变成的。从事故的源头上着手,将事故源控制住,也就不会继续演变为大爆炸,有效的降低了损失程度。

六是危险化学品事故应急救援体系不完善。由于危险化学品自身所具有的性质,在存储过程中一旦发生意外可能会产生各种有毒的危险气体,除了对现场作业人员、救援人员产生巨大的威胁,同时这些危险气体也会造成环境的污染。

十九、法律法规对危险化学品的储存有什么要求?

(一)《危险化学品安全管理条例》对危险化学品的储存做了规定:

第十一条规定：国家对危险化学品的生产、储存实行统筹规划、合理布局。国务院工业和信息化主管部门以及国务院其他有关部门依据各自职责，负责危险化学品生产、储存的行业规划和布局。

地方人民政府组织编制城乡规划，应当根据本地区的实际情况，按照确保安全的原则，规划适当区域专门用于危险化学品的生产、储存。

第二十三条规定：生产、储存剧毒化学品或者国务院公安部门规定的可用于制造爆炸物品的危险化学品(以下简称易制爆危险化学品)的单位，应当如实记录其生产、储存的剧毒化学品、易制爆危险化学品的数量、流向，并采取必要的安全防范措施，防止剧毒化学品、易制爆危险化学品丢失或者被盗；发现剧毒化学品、易制爆危险化学品丢失或者被盗的，应当立即向当地公安机关报告。

生产、储存剧毒化学品、易制爆危险化学品的单位，应当设置治安保卫机构，配备专职治安保卫人员。

第二十四条规定：危险化学品应当储存在专用仓库、专用场地或者专用储存室(以下统称专用仓库)内，并由专人负责管理。剧毒化学品以及储存数量构成重大危险源的其他危险化学品，应当在专用仓库内单独存放，并实行双人收发、双人保管制度。

危险化学品的储存方式、方法以及储存数量应当符合国家标准或者国家有关规定。

第二十六条规定：危险化学品专用仓库应当符合国家标准、行业标准的要求，并设置明显的标志。储存剧毒化学品、易制爆危险化学品的专用仓库，应当按照国家有关规定设置相应的技术防范设施。

储存危险化学品的单位应当对其危险化学品专用仓库的安全设施、设备定期进行检测、检验。

《危险化学品安全管理条例》对构成重大危险源的危险化学品储存场所作了规定：

第十九条规定：危险化学品生产装置或者储存数量构成重大危险源的危险化学品储存设施(运输工具、加油站、加气站除外)，与下列场所、设施、区域的距离应当符合国家有关规定：

（1）居住区以及商业中心、公园等人员密集场所；

（2）学校、医院、影剧院、体育场(馆)等公共设施；

（3）饮用水源、水厂以及水源保护区；

（4）车站、码头(依法经许可从事危险化学品装卸作业的除外)、机场以及通信干线、通信枢纽、铁路线路、道路交通干线、水路交通干线、地铁风亭以及地铁站出入口；

（5）基本农田保护区、基本草原、畜禽遗传资源保护区、畜禽规模化养殖场(养殖小区)、渔业水域以及种子、种畜禽、水产苗种生产基地；

（6）河流、湖泊、风景名胜区、自然保护区；

（7）军事禁区、军事管理区；

（8）法律、行政法规规定的其他场所、设施、区域。

第二十五条规定：对剧毒化学品以及储存数量构成重大危险源的其他危险化学品，储存单位应当将其储存数量、储存地点以及管理人员的情况，报所在地县级人民政府安全生产监督管理部门(在港区内储存的，报港口行政管理部门)和公安机关备案。

(二)《常用化学危险品贮存通则》(GB 15603—1995)对危险化学品的储存也有如下规定：

（1）储存化学危险品必须遵照国家法律、法规和其他有关的规定。

（2）化学危险品必须储存在经公安部门批准设置的专门的化学危险品仓库中，经销部门自管仓库储存化学危险品及储存数量必须经公安部门批准。未经批准不得随意设置化学危险品储存仓库。

（3）化学危险品露天堆放，应符合防火、防爆的安全要求，爆炸物品、一级易燃物品、遇湿燃烧物品、剧毒物品不得露天堆放。

（4）储存化学危险品的仓库必须配备有专业知识的技术人员，其库房及场所应设专人管理，管理人员必须配备可靠的个人安全防护用品。

(三)《建筑设计防火规范》(GB 50016—2014)第 3.3.6 条规定：

厂房内设置甲、乙类中间仓库时，其储量不宜超过一昼夜的需要量。

(四)《易燃易爆性商品储存养护技术条件》(GB 17914—2014)对易燃易爆性商品储存养护技术条件、储存条件、入库验收、堆垛、养护技术、安全操作、出库和应急处理等要求进行了规定。

(五)《腐蚀性商品储存养护技术条件》(GB 17915—2013)对腐蚀性商品储存养护技术条件、储存条件、储存要求、养护技术、安全操作、出库、应急处理的要求。

(六)《毒害性商品储存养护技术条件》(GB 17916—2013)对毒害性商品储存养护技术条件、储存条件、入库验收、堆垛、养护技术、安全操作、出库和应急处理等要求进行了规定。

(七)《国家安全监管总局关于印发遏制危险化学品和烟花爆竹重特大事故工作意见的通知》(安监总管三〔2016〕62号)中规定：

(1) 自2017年1月1日起，凡是构成一级、二级重大危险源，未设置紧急停车(紧急切断)功能的危险化学品罐区，一律停止使用；

(2) 自2017年1月1日起，凡是未实现温度、压力、液位等信息的远程不间断采集检测，未设置可燃和有毒有害气体泄漏检测报警装置的构成重大危险源的危险化学品罐区，一律停止使用。

二十、对危险化学品装卸过程中的安全管理要求有哪些？

危险化学品装卸过程中可能发生的事故包括泄漏、火灾、爆炸等，引发这些事故的原因一般有物料装得过满、软管爆裂、静电未消除、操作不当等。

(一)《化工(危险化学品)企业安全检查重点指导目录》(安监总管三〔2015〕113号)中规定以下行为属于违反《安全生产法》第三十八条的行为：

(1) 脱水、装卸、倒罐作业时，作业人员离开现场或油气罐区同一防火堤内切水和动火作业同时进行的；

（2）易燃易爆区域使用非防爆工具或电气的；

（3）液化烃、液氨、液氯等易燃易爆、有毒有害液化气体的充装未使用万向节管道充装系统的。

在国务院安委会办公室《关于进一步加强危险化学品安全生产工作的指导意见》（安委办〔2008〕26号）、国家安全监管总局、工业和信息化部《关于危险化学品企业贯彻落实〈国务院关于进一步加强企业安全生产工作的通知〉的实施意见》（安监总管三〔2010〕186号）和《国家安全监管总局住房城乡建设部关于进一步加强危险化学品建设项目安全设计管理的通知》（安监总管三〔2013〕76号）中均要求，在危险化学品充装环节，使用金属万向管道充装系统代替充装软管，禁止使用软管充装液氯、液氨、液化石油气、液化天然气等液化危险化学品。

（二）《危险化学品企业事故隐患排查实施导则》（安监总管三〔2012〕103号）中规定可燃液体、液化烃装卸设施应满足：

（1）流速应符合防静电规范要求；

（2）甲类、$乙_A$类液体为密闭装车；

（3）汽车、火车和船装卸应有静电接地安全装置；

（4）装车时采用液下装车。

（三）《危险化学品企业事故隐患排查实施导则》（安监总管三〔2012〕103号）中规定，汽车装卸管理应满足：

（1）装运危险品的汽车必须“三证”（驾驶证、危险品准运证、危险品押运证）齐全；

（2）汽车安装阻火器；

（3）液化气槽车定位后必须熄火。充装完毕，确认管线与接头断开后，方能开车；

（4）消防设施齐全；

（5）劳保、着装工具符合要求。

（四）《石油化工企业设计防火规范》（GB 50160—2008）第6.4.1条规定了可燃液体铁路装卸设施应符合的条件，其中“$甲_B$、乙、$丙_A$类液体严禁采用沟槽卸车系统”和“顶部敞口装车的$甲_B$、乙、$丙_A$类液体应采用液下装卸鹤管”为强制标准。

(五)《石油化工企业设计防火规范》(GB 50160—2008)第6.4.2条规定了可燃液体汽车装卸站应符合的条件，其中“甲$_B$、乙、丙$_A$类液体的装卸车应采用液下装卸鹤管”为强制标准。

(六)《石油化工企业设计防火规范》(GB 50160—2008)第6.4.3条规定了液化烃铁路和汽车装卸设施应符的条件，其中“液化烃严禁就地排放”和“低温液化烃装卸鹤位应单独设置”为强制标准。

二十一、在危险化学品运输环节存在的风险主要有哪些？

(1) 不执行或不严格执行国家的危险化学品安全管理法规和条例的有关规定，无视危险化学品运输资质的要求，把危险化学品等同一般货物运输。承运方(运输公司或个体运输户)安全意识淡薄，没有危险品准运证仍承接危险品运输业务；驾驶员及押运人员培训教育不够，没有危险化学品运输资格。

(2)企业危险化学品运输制度不健全，没有制定针对性的安全对策，危险化学品运输无章可循。

(3) 危险化学品的装载和包装不合格，如超载、超高、过量充装、混装、包装有漏洞等。

(4) 在运输危险化学品前没有事先对道路、天气等进行调查，没有慎重选择路线，没有充分考虑到天气可能发生的意外的变化而制定相应的预防措施。

(5) 企业违章自制和改装危险化学品容器，使存在多处缺陷的不合格的危险化学品容器投入使用。

(6) 企业没有制定或没有执行危险化学品运输车辆检查维修制度，没有对危险化学品运输车辆进行严格的定期全面检查、维护及日常出车前的逐项检查。

(7) 缺乏对车辆运输途中活动的管理，运输危险品的车辆在中途随意改变路线，随意停车，在不安全的修车点进行维修维修作业，增大了事故发生的机会。

二十二、对危险化学品的运输管理有什么要求?

(一)《危险化学品安全管理条例》对危险化学品的运输做了规定。

第四十三条规定：从事危险化学品道路运输、水路运输的，应当分别依照有关道路运输、水路运输的法律、行政法规的规定，取得危险货物道路运输许可、危险货物水路运输许可，并向工商行政管理部门办理登记手续。

危险化学品道路运输企业、水路运输企业应当配备专职安全管理人员。

第四十四条规定：危险化学品道路运输企业、水路运输企业的驾驶人员、船员、装卸管理人员、押运人员、申报人员、集装箱装箱现场检查员应当经交通运输主管部门考核合格，取得从业资格。具体办法由国务院交通运输主管部门制定。

第四十五条规定：运输危险化学品，应当根据危险化学品的危险特性采取相应的安全防护措施，并配备必要的防护用品和应急救援器材。

用于运输危险化学品的槽罐以及其他容器应当封口严密，能够防止危险化学品在运输过程中因温度、湿度或者压力的变化发生渗漏、洒漏；槽罐以及其他容器的溢流和泄压装置应当设置准确、起闭灵活。

第四十九条规定：未经公安机关批准，运输危险化学品的车辆不得进入危险化学品运输车辆限制通行的区域。危险化学品运输车辆限制通行的区域由县级人民政府公安机关划定，并设置明显的标志。

第五十条规定：通过道路运输剧毒化学品的，托运人应当向运输始发地或者目的地县级人民政府公安机关申请剧毒化学品道路运输通行证。

第五十二条规定：通过水路运输危险化学品的，应当遵守法律、行政法规以及国务院交通运输主管部门关于危险货物水路运输安全的规定。

第五十四条规定：禁止通过内河封闭水域运输剧毒化学品以及国家规定禁止通过内河运输的其他危险化学品。其他内河水域，禁止运输国家规定禁止通过内河运输的剧毒化学品以及其他危险化学品。禁止通过内河运输的剧毒化学品以及其他危险化学品的范围，由交通运输部会同环境保护部、工业和信息化部、安全监管总局根据危险化学品的危险特性、危险化学品对人体和水环境的危害程度以及消除危害后果的难易程度等因素规定并公布。

（二）《道路危险货物运输管理规定》(交通运输部令 2013 年第 2 号，交通运输部令 2016 年第 36 号修改)第二十八条规定：道路危险货物运输企业或者单位应当严格按照道路运输管理机构决定的许可事项从事道路危险货物运输活动，不得转让、出租道路危险货物运输许可证件。

严禁非经营性道路危险货物运输单位从事道路危险货物运输经营活动。

第三十九条规定：道路危险货物运输途中，驾驶人员不得随意停车。

因住宿或者发生影响正常运输的情况需要较长时间停车的，驾驶人员、押运人员应当设置警戒带，并采取相应的安全防范措施。

运输剧毒化学品或者易制爆危险化学品需要较长时间停车的，驾驶人员或者押运人员应当向当地公安机关报告。

按照《危险化学品安全管理条例》(国务院令第 591 号)有关规定，交通运输部会同环境保护部、工业和信息化部、安全监管总局在《危险化学品目录(2015 版)》基础上制定了《内河禁运危险化学品目录(2015 版)》(试行)自 2015 年 7 月 2 日起实施。

第六章 风险管控和隐患排查治理

一、什么是危险源？什么是危险源辨识？

危险源是指可能导致伤害或疾病、财产损失、工作环境破坏或这些情况组合的根源或状态。

危险源分为两类，分别是第一类危险源和第二类危险源。通常把生产过程中存在的、可能发生意外释放的能量(能源或能量载体)或危险物质称作第一类危险源(根源)，如液氨；把导致能量或危险物质约束、限制措施破坏和失效的各种因素称作第二类危险源(状态)，如液氨储罐因腐蚀泄漏。

在实际生产过程中，一起伤亡事故的发生往往是两类危险源共同作用的结果。第一类危险源是伤亡事故发生的能量主体，决定事故后果的严重程度(S)。第二类危险源是第一类危险源造成事故的必要条件，决定事故发生的可能性(L)。因此，危险源辨识的首要任务是辨识第一类危险源，在此基础上再辨识第二类危险源。

危险源辨识就是识别危险源并确定其特性的过程。危险源辨识不但包括对危险源的识别，而且必须对其性质加以判断，即确定什么情况能发生、它为什么能发生(发生原因)和怎样发生(发生后果)的过程。有两个关键任务：辨识可能发生的、特定的、不期望的后果；识别出能导致这些后果的材料、系统、过程和设备的特性。

从广义上看，危险源辨识是风险分析过程的第一步。完整意义上的风险分析过程，包括危险源辨识、风险评估和风险管理三个部分。

危险源辨识作为风险分析的第一个步骤，不仅限于狭义的识别危险源，而是给予了更为宽泛的内涵，包括识别危险源、分析其原因和可能导致的后果，在此基础上进而分析是否需要开展有针对性的定量风险评估，藉此提出相应的建议或改进措施等。

二、什么是风险？什么是风险管理？

风险是指在一个特定的时间内和一定的环境条件下，人们所期望的目标与实际结果之间客观存在的差异程度。通常用发生特定危害事件的可能性及后果严重程度的乘积表示，即：$R=L\times S$，其中，R 为风险大小，L 为事件发生的可能性，S 为事件后果的严重程度。

风险管理是研究风险发生规律和风险控制技术的一门新兴管理学科。风险管理包括危险源辨识、风险评估和风险控制。通过危险源辨识、风险评估，并在此基础上优化组合各种风险管理技术，对风险实施有效的控制，最大限度地降低风险所导致的损失，期望达到以最少的成本获得最大安全保障的目标。

风险管理是企业管理的重要内容，风险管理的实质是以最经济合理的方式消除风险导致的各种灾害后果。它包括危险源辨识、风险评价、风险控制等一整套系统而科学的管理方法，即运用系统论的观点和方法去研究风险与环境之间的关系，运用安全系统工程的理论和分析方法去辨识危害、评价风险，然后根据成本效益分析，针对企业所存在的风险作出客观而科学的决策，以确定处理风险的最佳方案。风险管理是高层次、高境界的管理过程，强调闭环管理、持续改进，其整个过程是一个循环往复的过程。

三、常用的风险分析方法有哪些？

风险管理包括风险辨识、评估和管控过程，风险管理过程中的风险分析主要是开展危险源辨识(也称风险辨识)和风险评价。常见的风险分析方法也即危险源辨识的方法，主要有安全检查表法(Safety CheckList，缩写 SCL)、工作危害分析法(Job Hazard Analysis，缩写 JHA)、预先危险分析法(Preliminary Hazard Analysis，缩写 PHA)、危险和操作性分析(Hazard and Operability Study，缩写 HAZOP)、保护层分析(Layer of Protection Analysis，缩写 LOPA)、故障类型和影响分析(Failure Mode and Effect Analysis，缩写 FMEA)、事件树分析(Event Tree Analysis，缩写 ETA)、事故树分析(Fault Tree Analysis，缩写 FTA)、作业条件危险性分析法(LEC)等。

四、什么是安全检查表法?

1. 安全检查表的概念

为了系统地发现企业、车间、装置在生产工艺、机械设备、操作过程、管理措施中的不安全因素，事先把检查对象作为一个大系统，并把大系统分解成若干子系统，找出不安全因素后确定检查项目和标准要求，并按系统的构成顺序编制成表，以便进行检查，避免漏检，这种表就叫安全检查表(SCL)。

2. 安全检查表的功能

应用安全检查表法，使安全检查更加系统、全面、规范，做到检查既有内容、又有标准、更有深度，克服了检查工作中的随意性和因个人知识、经验问题造成的片面性，提高安全检查的质量和水平，达到促进安全管理目的。

安全检查表的功能主要体现在以下几个方面：

(1) 检查人员能够根据预定目的、要求和要点，按照表中内容实施检查，避免遗漏、疏忽，便于发现和查明各种危险和隐患。

(2) 针对不同的对象和要求编制相应的安全检查表，可以实现安全检查工作的标准化和规范化，使安全检查更具有针对性。

(3) 依据安全检查表检查，是监督各项安全规章制度实施、制止违章指挥和违章作业的有效方式，也是安全教育经常化的一种手段。

(4) 作为安全检查人员日常工作履行职责的凭据，有利于落实安全生产责任制。

3. 安全检查表的编制依据与步骤

(1) 安全检查表的编制依据

为了使安全检查表能够真正起到识别危险和安全检查的作用，应该依据以下几点进行编制：

① 有关的安全规程、规范、规定、标准和制度；

② 国内外同行业、同系统、同装置发生的事故案例，以及事故原因、损失、教训、防范措施等等；

③ 本单位的经验；

④ 其他分析方法的结果。

(2) 安全检查表的编制步骤

① 成立由熟悉业务的各方面专业技术人员、管理人员和实际操作者组成的安全检查表编制小组。

② 熟悉检查的系统。包括系统的功能、工艺流程、操作条件、设备、结构、消防设施等等。

③ 搜集有关安全法规、规程、标准、制度以及本系统或同类系统发生的事故资料，作为编制安全检查表的重要依据。

④ 按照功能或结构将大系统划分为子系统或单元，逐个分析潜在的危险因素，列出清单。

⑤ 确定安全检查的重点和内容，并按照要求列出表格。

⑥ 针对危险因素清单，对照有关法规、标准等安全技术文件，逐一找出对应的安全要求及应达到的安全指标、应采取的安全措施，形成一一对应的系统安全检查表。

⑦ 有关安全管理机构、安全管理制度方面的检查，可列入安全检

查表中。

安全检查表的编制是一项比较复杂和繁重的工作，检查表的内容要切合实际，突出重点，简明扼要，符合安全要求。

4. 编制、使用安全检查表要注意的主要问题

（1）注意检查内容繁简适当，既要突出重点、抓住要害，又不要漏掉任何可能导致事故发生的关键因素，力求做到系统化、完整化。

（2）注意明确检查内容的定义，避免出现模棱两可、易扯皮的内容。

（3）各类安全检查表由于适用的对象不同，注意检查的内容侧重点不同。

（4）重点要害部位的专业安全检查，应单独编制检查表。

（5）编制过程要先重点、后一般。

（6）安全检查表在经过一段时间使用后，应该随着工艺改造和设备的更新，不断加以修改、完善，使其标准化、规范化。

（7）使用检查表时，每个检查表均需要注明检查时间。检查完毕，检查人员和直接负责人应在表上签字等，以便确定责任。

5. 安全检查表的格式

安全检查表的格式因目的不同，格式不尽相同，各有特点和侧重，没有统一的规定。一般采用以下几种格式：

×××安全检查表(格式一)

检查单位(部位)：　　　　　　　　检查时间：

序号	类别	检查内容(项目)	检查依据	结果确认(是/否，或打分)
1		① ② ③		
2				
3				

安全检查人：(签名)　　　　　　　　安全检查负责人：(签名)

×××安全检查表(格式表二)

检查单位(部位):　　　　　　　　　　　　　　　　检查时间:

序号	检查项目内容	检查结果	备注

安全检查人:(签名)　　　　　　　　　　安全检查负责人:(签名)

×××安全检查表(格式表三)

检查单位(部位):　　　　　　　　　　　　　　　　检查时间:

序号	检查部位	检查内容	安全要求	要求依据	检查结果		改进意见	整改负责人
					合格(√)	不合格(×)		

安全检查人:(签名)　　　　　　　　安全检查负责人:(签名)

五、什么是工作危害分析法?

1. 定义

工作危害分析法(JHA)也称工作安全分析(Job Safety Analysis, JSA),是目前危险化学品企业在安全管理中使用最普遍的一种作业安全分析与控制的管理工具,是为了识别和控制操作危害的预防性工作流程。通过对工作过程的逐步分析,找出其多余的、有危险的工作步骤和工作设备/设施,进行预防和控制。

2. 适用范围

JHA 主要用来进行设备设施安全隐患、作业场所安全隐患、员工不安全行为隐患等的有效识别。

从作业活动清单中选定一项作业活动，将作业活动分解为若干相连的工作步骤，识别每个工作步骤的潜在危害因素，然后通过风险评价，判定风险等级，制定控制措施。

3. 工作危害分析(JHA)基本步骤

工作危害分析法是集中各专业人员的知识，按照作业活动的每一步分段编写，通过表格的形式将一个完整工作中的各要素作出明确的、具体化的描述。

(1) 成立分析评价小组

选定 5 到 9 个小组成员。选定人员应尽可能地从设备、工艺技术、操作、电气、安全、分析等几方面考虑，并不是一定要有这几种人员参加，有的专业也可能一个人都没有，有的专业也许需要 1 至 3 人参加，各单位视具体情况而定，但人数要保证 5 人以上，且所选人员应是有经验的或复合型人才。

(2) 工作危害分析法工作步骤

① 按照工艺流程顺序或按照单位区域，确定分析、评价单元。这个单元，可以是一段工艺流程、一套生产装置或者一定范围的工作区域，也可以是一个独立的行政单位。

② 排查确定的单元内的作业活动(也就是需要干哪些活)，列出作业活动清单。

③ 对作业活动清单中的每项作业活动进行简单的步骤分解，把正常的工作分解为几个主要步骤，即首先做什么、其次做什么等等。作业步骤应按实际作业程序划分，划分的步骤不可过粗，也不可过细，应经评价小组成员讨论后确定下来。作业步骤划分时，应注意避免将进行作业活动时所需采取的安全控制措施列入，如：佩戴防护用品、办理作业票等。

作业步骤的描述，语言要简练，用几个字描述清楚即可，只需说明做什么，而不必描述如何做。

(3) 识别每一步骤的危险、危害因素和主要危害后果

分析每个工作步骤，找出作业活动中具体的危险、危害因素，判定其在现有安全控制措施条件下可能造成后果的严重性。在确定某一具体危险、危害因素时要避免口语化，力求用词准确、句子工整，尽力避免使用简略语句。

主要危害后果的描述比较简单，也应有一定的顺序。一般把最易发生的事故写在最前面，由最初发生的事故引发的次生事故依次排列，其他不易发生的事故附在后面。如先发生火灾事件再发生中毒事件的事故，主要危害后果排序为“1. 火灾；2. 中毒”；若在处理中毒事件时发生火灾事故，主要危害后果排序为“1. 中毒；2. 火灾”，然后将触电、机械伤害、高空坠落等附在后面。

(4) 分析现有安全控制措施

主要是检验现有安全控制措施是否能消除、减弱现有危险、危害因素，控制现有危险、危害因素在相对安全范围内(可接受风险)及预防新的危险、危害因素产生。现有危险、危害因素超出相对安全范围内(不可接受风险)，就是需要整改的重大隐患。从一个单位的现有控制措施可判断其安全管理水平是否满足安全生产的要求。

(5) 提出改进建议

若现有安全控制措施不能满足安全生产的需要或产生了新的危险、危害因素，应制定新的安全控制措施以保证安全生产。

制定控制措施时，应根据危险、危害因素来制定，语言描述要有针对性，内容要符合本单位实际，用词一定要准确，让人一看就知道应该怎样做，尽力避免使用简略语句或模糊词和模糊句子。制定控制措施应有一定的顺序：先列出预防性措施，即防止危害导致事故发生的措施；再列出应急性措施，即事件一旦发生，防止发生造成人员、财产和环境方面事故的措施。

工作危害分析(JHA)记录表

工作任务： 工作岗位：

分析人员及岗位： 日期：

审核人： 日期：

序号	工作步骤	危害	主要后果	现有安全控制措施及发生频率					L	S	风险度 R	建议改正/控制措施
				偏差发生频率	安全检查	操作规程管理方案	员工胜任程度	安全措施				

六、什么是作业条件危险性分析法？

作业条件危险分析法(LEC)由美国安全专家K. J. 格雷厄姆和K. F. 金尼提出，是对具有潜在危险性作业环境中的危险源进行半定量的安全评价方法，用于评价操作人员在具有潜在危险性环境中作业时的危险性、危害性。用公式来表示，则为：$D=LEC$。

式中，D 为作业条件的危险性，L 为事故或危险事件发生的可能性，E 为暴露于危险环境的频率，C 为发生事故或危险事件的可能结果。

(1) 发生事故或危险事件的可能性

若用概率来表示时，绝对不可能发生的概率为0；而必然发生的事件，其概率为1。但在考察一个系统的危险性时，绝对不可能发生事故是不确切的，即概率为0的情况不确切。所以，将实际上不可能发生的情况作为“打分”的参考点，定其分数值为0.1。

事故或危险事件发生可能性分值 L 见下表。

事故或危险事件发生可能性分值 L

分数值	事故发生的可能性	分数值	事故发生的可能性
10	完全可以预料到	0.5	很不可能，可以设想
6	相当可能	0.2	极不可能
3	可能，但不经常	0.1	实际不可能
1	可能性小，完全意外		

(2) 暴露于危险环境的频率

以 10 和 1 为参考点，再在其区间根据在潜在危险作业条件中暴露情况进行划分，并对应地确定其分值。关于人员暴露于潜在危险环境的频繁程度分值 E 见下表。

人员暴露于潜在危险环境的频繁程度分值 E

分数值	人员暴露于危险环境的频繁程度	分数值	人员暴露于危险环境的频繁程度
10	连续暴露	2	每月一次暴露
6	每天工作时间内暴露	1	每年几次暴露
3	每周一次，或偶然暴露	0.5	非常罕见的暴露

(3) 发生事故或危险事件的可能结果

发生事故或危险事件可能造成的后果分值 C 见下表。

发生事故或危险事件可能造成的后果分值 C

分数值	发生事故可能造成的后果	分数值	发生事故可能造成的后果
100	大灾难，许多人死亡，或造成重大财产损失	7	严重，重伤，或较小的财产损失
40	灾难，数人死亡，或造成很大财产损失	3	重大，致残，或很小的财产损失
15	非常严重，一人死亡，或造成一定的财产损失	1	引人注目，不利于基本的安全卫生要求

(4) 危险性

确定了上述 3 个具有潜在危险性的作业条件的分值，并按公式进行计算，即可得危险性分值。据此，要确定其危险性程度时，则按下述标准进行评定。

由经验可知，危险性分值在 20 以下的环境属低危险性，一般可以被人们接受。当危险性分值在 20~70 时，则需要加以注意；危险性分值 70~160 的情况时，则有明显的危险，需要采取措施进行整改；同样，根据经验，当危险性分值在 160~320 的作业条件属高度危险的作业条件，险性分值在 320 分以上时，则表示该作业条件极其危险，应该立即停止作业直到作业条件得到改善为止，危险性等级划分标准分值见表。

危险性等级划分标准分值 *D*

D 值	危险程度	*D* 值	危险程度
>320	极其危险，不能继续作业	20~70	一般危险，需要注意
160~320	高度危险，需立即整改	<20	稍有危险，可以接受
70~160	显著危险，需要整改		

LEC 法评价人们在某种具有潜在危险的作业环境中进行作业的危险程度，该法简单易行，危险程度的级别划分比较清楚、醒目。但由于它主要是根据经验来确定 3 个因素的分值及划分危险程度等级，因此具有一定的局限性。此外，在具体应用时，还可根据自己的经验、具体情况对该评价方法作适当修正。

七、什么是危险与可操作性分析？

1. 定义

HAZOP 分析，是“危险与可操作性分析”的简称。HAZOP 是英文 Hazard and Operability Analysis 的缩写，是以系统工程为基础的一种可用于定性分析或定量评价的危险性评价方法，用于探明生产装置和工艺过程中的危险及其原因，寻求必要对策。通过分析生产运行过程中工艺状态参数的变动，操作控制中可能出现的偏差，以及这些变动与偏差对系统的影响及可能导致的后果，找出出现变动可偏差的原因，明确装置或系统内及生产过程中存在的主要危险、危害因素，并针对变动与偏差的后果提出应采取的措施。常用的 HAZOP 分析工艺参数见表。

常用的 HAZOP 分析工艺参数

流量	时间	次数	混合
压力	组分	黏度	副产物(副反应)
温度	pH 值	电压	分离
液位	速率	数据	反应

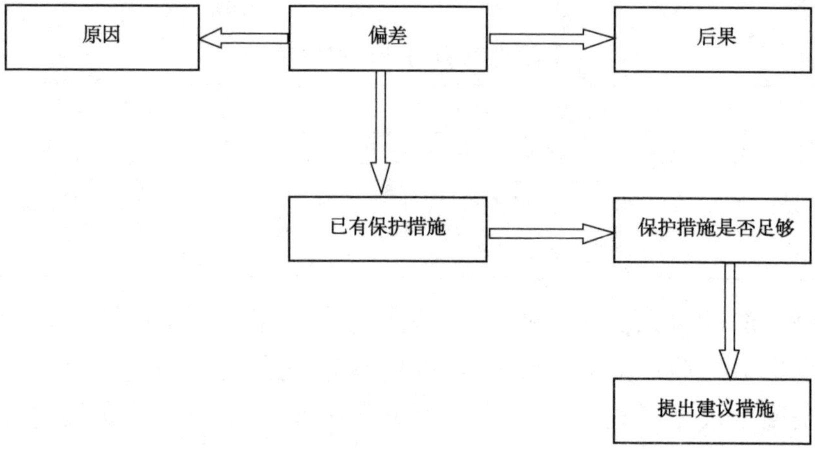

HAZOP 分析方法的原理图

HAZOP 分析需要多人组成的团队实施，而不是一个人实行，这一点有别于其他安全分析方法。分析团队一般由 5~8 人组成，由 HAZOP 分析主席(组长)、设计人员、工艺工程师、过程控制/仪表工程师、记录员、安全工程师、设备工程师、操作人员、其他专业人员组成。采用头脑风暴法来进行工作。

2. HAZOP 分析的特点

(1) 集中“集体智慧”。使用 HAZOP 分析时，由相关专业、不同知识背景的人组成分析团队一起工作，能够辨识出更多的风险。

(2)“引导词激发创新思维”。通过人为制造偏离来识别事故。HAZOP 分析使用的引导词有：增加、减少、无、反向、先、后等。工艺参数有：温度、压力、流量等。不同的工艺参数与不同的引导词可以组合成多组偏差，例如工艺参数温度与引导词增加(高)组合成温度增加(高)。从偏离点沿工艺过程中的危险传播路径，正向识别不利后果，反向识别原因。

(3)“系统化与结构化审查”。HAZOP分析通过“用尽”可行的引导词，“遍历”工艺过程每一个细节，深入揭示和审查系统中潜在的危险事件序列和可操作性问题。

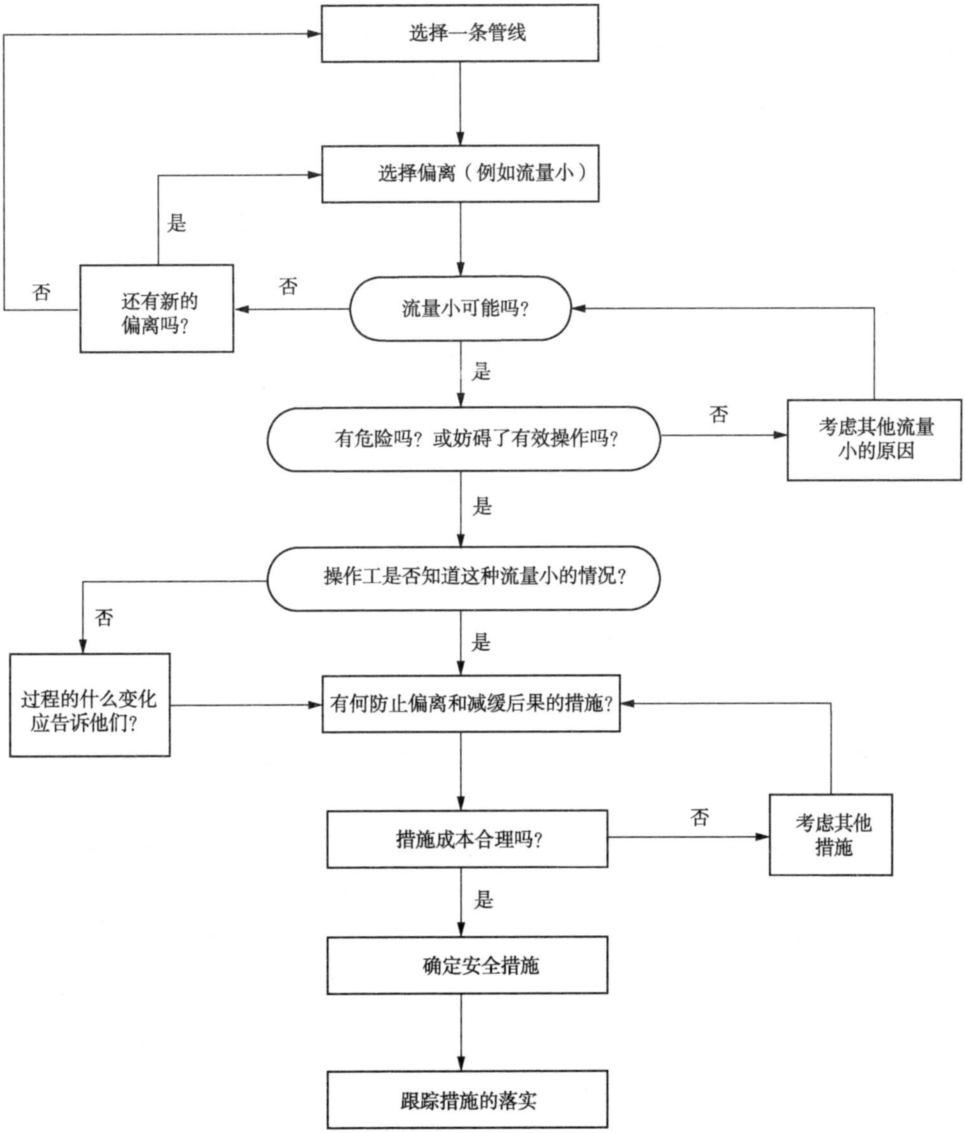

HAZOP分析“系统化与结构化”分析框图

3. HAZOP 分析的基本步骤

采用 HAZOP 分析通常包括以下几个步骤：

(1) 发起阶段：明确工作范围、报告的编制要求及各参与方的职责，并组建分析团队。

(2) 准备阶段：开展分析工作所需时间估计及工作日程安排、准备必要的过程安全信息(图纸文件等)、召集会议。

(3) 会议阶段：分析团队组织会议，通过团队的讨论，识别、评估工艺系统存在的危险，根据需要提出安全措施，并记录会议中讨论的内容。

(4) 报告编制与发布：在分析会议后，编制工作报告，分发给相关方征求意见，并定稿形成正式报告。

4. HAZOP 分析的适用范围

HAZOP 分析适用范围较广泛，可适用于：连续过程、间歇过程、工程设计阶段、生产运行阶段等。

八、什么是保护层分析?

保护层分析(LOPA)是半定量的工艺危害分析方法之一。用于确定发现的危险场景的危险程度，定量计算危害发生的概率，已有保护层的保护能力及失效概率，如果发现保护措施不足，可以推算出需要的保护措施的等级。

保护层分析(LOPA)是由事件树分析发展而来的一种风险分析技术，作为辨识和评估风险的半定量工具，是沟通定性分析和定量分析的重要桥梁与纽带。LOPA 耗费的时间比定量分析少，能够集中研究后果严重或高频率事件，善于识别、揭示事故场景的始发事件及深层次原因，集中了定性和定量分析的优点，易于理解，便于操作，客观性强，用于较复杂事故场景效果甚佳。所以在工业实践中一般在定性的危害分析如 HAZOP，检查表等完成之后，对得到的结果中过于复杂的、过于危险的以及提出了 SIS 要求的部分进行 LOPA，如果结果仍不足以支持最终的决策，则会进一步考虑如 QRA 等定量分析方法。

保护层分析(LOPA)先分析未采取独立保护层之前的风险水平，通过参照一定的风险容许准则，再评估各种独立保护层将风险降低的程度，其基本特点是基于事故场景进行风险研究。

保护层是一类安全保护措施，它是能有效阻止始发事件演变为事故的设备、系统或者动作。兼具独立性、有效性和可审计性的保护层称为独立保护层(Independent Protection Layer，IPL)，它既独立于始发事件，也独立于其他独立保护层。正确识别和选取独立保护层是完成 LOPA 分析的重点内容之一。典型化工装置的独立保护层呈“洋葱”形分布，从内到外一般设计为：过程设计、基本过程控制系统、警报与人员干预、安全仪表系统、物理防护、释放后物理防护、工厂紧急响应以及社区应急响应等(如下图)。

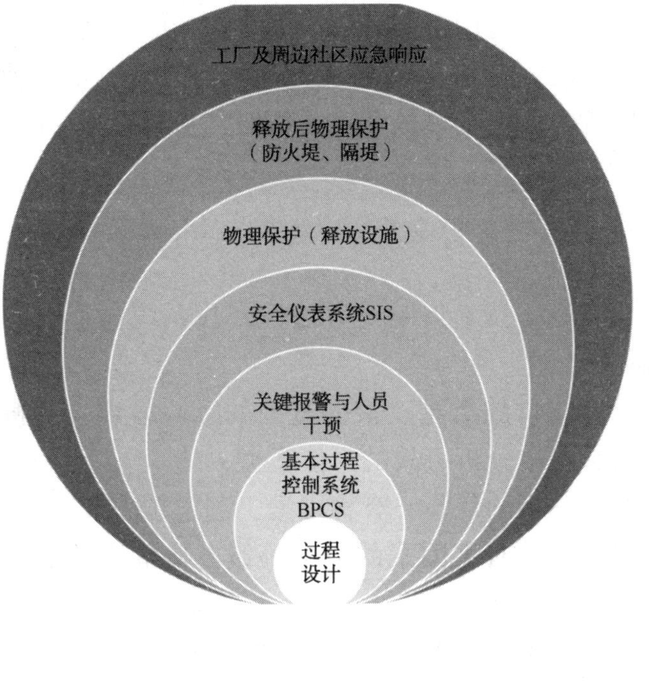

九、什么是预先危险分析法?

1. 定义

预先危险性分析(Preliminary Hazard Analysis, PHA)也称初始危险分析，是安全评价的一种方法。是在每项生产活动之前，特别是在设计的开始阶段，对系统存在危险类别、出现条件、事故后果等进行概略地分析，尽可能评价出潜在的危险性。预先危险性分析是进一步进行危险分析的先导，是一种宏观概略定性分析方法。

2. 优点

在项目发展初期使用 PHA 有以下优点：

① 方法简单易行、经济、有效；

② 能为项目开发组分析和设计提供指南；

③ 能识别可能的危险，用很少的费用、时间就可以实现改进。

3. 适用范围

预先危险性分析适用于固有系统中采取新的方法，接触新的物料、设备和设施的危险性评价。该法一般在项目的发展初期使用。当只希望进行粗略的危险和潜在事故情况分析时，也可以用 PHA 对已建成的装置进行分析。

4. 分析步骤

(1) 危害辨识

通过经验判断、技术诊断等方法，查找系统中存在的危险、有害因素。

(2) 确定可能事故类型。根据过去的经验教训，分析危险、有害因素对系统的影响，分析事故的可能类型。

(3) 针对已确定的危险、有害因素，制定预先危险性分析表。

(4) 确定危险、有害因素的危害等级，按危害等级排定次序，以便按计划处理。

(5) 制定预防事故发生的安全对策措施。

5. 等级划分

为了评判危险、有害因素的危害等级以及它们对系统破坏性的影响大小，预先危险性分析法给出了各类危险性的划分标准。该法将危险性划分为4个等级。

Ⅰ安全的：不会造成人员伤亡及系统损坏；

Ⅱ临界的：处于事故的边缘状态，暂时还不至于造成人员伤亡；

Ⅲ危险的：会造成人员伤亡和系统损坏，要立即采取防范措施；

Ⅳ灾难性的：造成人员重大伤亡及系统严重破坏的灾难性事故，必须予以果断排除并进行重点防范。

6. 注意事项

在进行PHA分析时，应注意的几个要点：

(1) 应考虑生产工艺的特点，列出其危险性和状态：①原料、中间产品、衍生产品和成品的危害特性；②作业环境；③设备、设施和装置；④操作过程；⑤各系统之间的联系；⑥各单元之间的联系；⑦消防和其他安全设施。

(2) PHA分析过程中应考虑的因素：①危险设备和物料，如燃料、高反应活动性物质、有毒物质、爆炸高压系统、其他储运系统；②设备与物料之间与安全有关的隔离装置，如物料的相互作用、火灾、爆炸的产生和发展、控制、停车系统；③影响设备与物料的环境因素，如地震、洪水、振动、静电、湿度等；④操作、测试、维修以及紧急处置规定；⑤辅助设施，如储槽、测试设备等；⑥与安全有关的设施设备，如调节系统、备用设备等。

十、什么是事件树分析？

1. 事件树分析法的定义

事件树分析(ETA)是一种按照事故发展的时间顺序由初始事件开始推论可能得后果，从而进行危险源识别的方法。一起事故的发生，是许多原因事件相继发生的结果，其中，一些事件的发生是以另一些事件首先发生为条件的，而一事件的出现，又会引起另一些事件的出现。在事件发生的顺序上，存在着因果的逻辑关系。事件树分析法是一种时序逻辑的事故分析方法，它以一初始事件为起点，按照事故的发展顺序，分成阶段，一步一步地进行分析，每一事件可能的后续事件只能取完全对立的两种状态(成功或失败，正常或故障，安全或危险等)之一的原则，逐步向结果方面发展，直到达到系统故障或事故为止。所分析的情况用树枝状图表示，故叫事件树。它既可以定性地了解整个事件的动态变化过程，又可以定量计算出各阶段的概率，最终了解事故发展过程中各种状态的发生概率。

2. 事件树分析法的步骤

(1) 编制事件树

① 确定初始事件

事件树分析正确选择初始事件十分重要。初始事件是事故在未发生时，其发展过程中的危害事件或危险事件，可以是系统或设备的故障、人为失误或工艺参数的偏离等，如机器故障、设备损坏、能量外逸或失控、人的错误操作等。可以用两种方法确定初始事件：一种是根据系统设计、系统危险性评价、系统运行经验或事故经验等确定；另一种是根据系统重大故障或事故树分析，从其中间事件或初始事件中选择。

② 判定安全功能

系统中包含许多安全功能，在初始事件发生时消除或减轻其影响以维持系统的安全运行。常见的安全功能如：对初始事件自动采取控制措施的系统，如自动停车系统等；提醒操作者初始事件发生了的报警系统；根据报警或工作程序要求操作者采取的措施；缓冲装置，如减振、压力泄放系统或排放系统等；局限或屏蔽措施等。

③ 绘制事件树

从初始事件开始，按事件发展过程自左向右绘制事件树，用树枝代表事件发展途径。首先考察初始事件一旦发生时最先起作用的安全功能，把可以发挥功能的状态画在上面的分枝，不能发挥功能的状态画在下面的分枝。然后依次考察各种安全功能的两种可能状态，把发挥功能的状态(又称成功状态)画在上面的分枝，把不能发挥功能的状态(又称失败状态)画在下面的分枝，直到到达系统故障或事故为止。

④ 简化事件树

在绘制事件树的过程中，可能会遇到一些与初始事件或与事故无关的安全功能，或者其功能关系相互矛盾、不协调的情况，需要予以辨别，然后从树枝中去掉，即构成简化的事件树。

在绘制事件树时，要在每个树枝上写出事件状态，树枝横线上面写明事件过程内容特征，横线下面注明成功或失败的状况说明。

(2) 事件树的定性分析

事件树定性分析在绘制事件树的过程中就已进行，绘制事件树必须根据事件的客观条件和事件的特征作出符合科学性的逻辑推理，用与事件有关的技术知识确认事件可能状态，所以在绘制事件树的过程中就已对每一发展过程和事件发展的途径作了可能性的分析。事件树画好之后的工作，就是找出发生事故的途径和类型以及预防事故的对策。

① 找出事故连锁

事件树的各分枝代表初始事件一旦发生其可能的发展途径。其中，最终导致事故的途径即为事故连锁。一般地，导致系统事故的途径有很多，即有许多事故连锁。

② 找出预防事故的途径

事件树中最终达到安全的途径指导我们如何采取措施预防事故。在达到安全的途径中，发挥安全功能的事件构成事件树的成功连锁。如果能保证这些安全功能发挥作用，则可以防止事故。一般地，事件树中包含的成功连锁可能有多个，即可以通过若干途径来防止事故发生。显然，成功连锁越多，系统越安全，成功连锁中事件树越少，系统越安全。

由于事件树反映了事件之间的时间顺序，所以应该尽可能地从最先发挥功能的安全功能着手。

(3) 事件树的定量分析

事件树定量分析是由各事件的发生概率，计算系统故障或事故发生概率。一般地，当各事件之间相互统计独立时，其定量分析比较简单。当事件之间相互统计不独立时(如共同原因故障，顺序运行等)，则定量分析变得非常复杂。这里仅讨论前一种情况。

① 各发展途径的概率

各发展途径的概率等于自初始事件开始的各事件发生概率的乘积。如图“缺少冷却水”事件树分析图(如下图所示)。事件树中各种发展途径的概率计算如下：

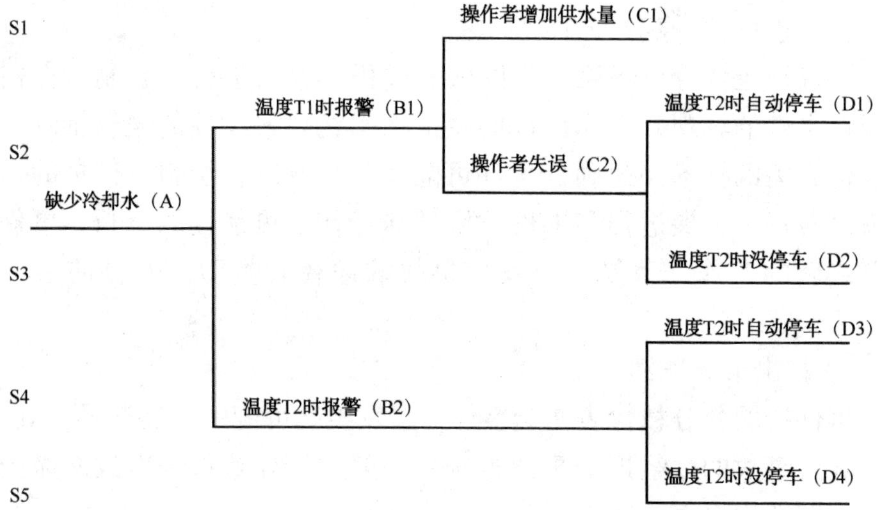

“缺少冷却水”事件树分析图

P[S1]=P[A]·P[B1]·P[C1]

P[S2]=P[A]·P[B1]·P[C2]·P[D1]

P[S3]=P[A]·P[B2]·P[C2]·P[D2]

P[S4]=P[A]·P[B2]·P[C3]

P[S5]=P[A]·P[B2]·P[C4]

② 事故发生概率

事件树定量分析中，事故发生概率等于导致事故的各发展途径的概率和。

定量分析要有事件概率数据作为计算的依据，而且事件过程的状态又是多种多样的，一般都因缺少概率数据而不能实现定量分析。对于“缺少冷却水”事件树分析图所示的事件树，其事故发生概率是：

$$P=P[S3]+P[S5]$$

③ 事故预防

事件树分析把事故的发生发展过程表述得清楚而有条理，对设计事故预防方案，制定事故预防措施提供了有力的依据。

从事件树上可以看出，最后的事故是一系列危害和危险的发展结果，如果中断这种发展过程就可以避免事故发生。因此，在事故发展过程的各阶段，应采取各种可能措施，控制事件的可能性状态，减少危害状态出现概率，增大安全状态出现概率，把事件发展过程引向安全的发展途径。

采取在事件不同发展阶段阻截事件向危险状态转化的措施，最好在事件发展前期过程实现，从而产生阻截多种事故发生的效果。但有时因为技术经济等原因无法控制，这时就要在事件发展后期过程采取控制措施。显然，要在各条事件发展途径上都采取措施才行。

3. 事件树分析实例

以氧化反应釜缺水事件为初始事件，相关的安全功能有以下三种：

(1) 当温度达到 T1 时高温报警提醒操作者；

(2) 操作者增加反应釜冷却水量；

(3) 当温度达到 T2 时自动停车系统停止氧化反应。

该事件中有 2 条事故连锁(A-B1-C2-D2，A-B2-D4)和 3 条防止事故的途径，(A-B1-C1，A-B1-C2-D2，A-B2-D3)。

十一、什么是事故树分析？

1. 事故树分析定义

事故树分析(FTA)又称故障树分析(FTA)，是预测事故和分析事故的一种方法。事故树分析是对既定的生产系统或作业中可能出现的事故条件及可能导致的灾害后果，按照工艺流程或因果关系绘成的程序方框图，它反映了引起事故的诸因素的逻辑关系，用符号表示即成逻辑关系图，可用来分析系统的安全问题或系统的运动功能问题。既可用于定性分析，又可用于定量分析，是安全系统工程的重要分析方法之一。

2. 事故树分析(FTA)的基本步骤

事故树分析的基本程序可分为十个步骤，但在使用中可根据需要予以取舍。

(1) 熟悉系统。根据系统的工艺和操作内容，画出工艺流程图和布置图。

(2) 调查事故。收集以往事故案例和有关事故统计资料，广泛地调查所能预想到的事故。

(3) 确定顶上事件。所谓顶上事件，就是我们所要分析的对象事件，对所调查的事故分析其严重程度和发生的频繁程度，从中找出后果严重，且较易发生的事故，作为我们分析的顶上事件。

(4) 确定目标。根据以往的事故经验和资料，进行统计分析，求出事故发生的概率。然后，根据这一事故的严重程度，确定要控制事故发生概率的目标值。

(5) 调查原因事件。顶上事件确定之后，必须将造成顶上事件的全部直接原因事件找出来(直接原因事件可以是机械故障、人的因素或环境原因等)。方法有：

① 调查与事故有关的所有原因事件和各种因素，包括设备故障、机械故障、操作者的失误、管理和指挥错误、环境因素等等，尽量详细查清原因和影响；

② 召开有关人员座谈会；

③ 根据以往的经验进行分析，确定造成顶上事件的原因。

(6) 编制事故树。在找出造成顶上事件的和各种原因之后，就可以从顶上事件起进行演绎分析，一级一级地找出所有直接原因事件，直到所要分析的深度，再用相应得事件符号和适当的逻辑门把它们从上到下分层连接起来，层层向下，直到最基本的原因事件，这样就构成一个事故树。

(7) 定性分析。按事故树结构，利用布尔代数进行简化，求出最小割集和最小径集，确定各基本事件的结构重要度。

(8) 求出事故发生概率。根据所调查的情况和资料，确定所有原因事件的发生概率，并标在事故树上。根据这些基本数据，求出顶上事件(事故)发生概率。

(9) 进行比较。要根据可维修系统和不可维修系统分别考虑。对可维修系统，把求出的概率与通过统计分析得出的概率进行比较，如果二者不符，重新研究看原因事件是否齐全，事故树逻辑关系是否清楚，基本原因事件的数值是否设定得过高或过低等等。对不可维修系统，求出顶上事件发生概率即可。

(10) 定量分析。定量分析包括下列三个方面的内容：

① 当事故发生概率超过预定的目标值时，要研究降低事故发生概率的所有可能途径，可从最小割集着手，从中选出最佳方案。

② 利用最小径集，找出根除事故的可能性，从中选出最佳方案。

③ 求各基本原因事件的临界重要度系数，从而对暂时不能治理的原因事件按系数大小进行排除，或编出安全检查表，以求加强人为控制。

十二、企业如何开展风险评估？如何判定事故后果的严重程度？

企业开展风险评估可选择国际、国内通行的风险评估方法，对国内首次采用新技术、工艺的建设项目的工艺安全性分析，除选择其他风险评估方法外，尽可能选择危险和可操作性研究法进行。

通常用危害性事件发生可能性和后果严重度来表示风险的大小。

将事故后果的严重程度定性分为若干级，称为危害的严重度等级；事故发生的可能性，可根据危害时间出现的频繁程度，相对地分为若干级，称为危害的可能性等级。例如，风险评价指数矩阵法将严重度(S)分为5级，将危害事件的可能性(L)等级分为5级。以危害事件的严重性等级作为表的列项目，以危害性事件的可能性等级作为表的行项目，制成二维表格，在行列的交叉点上给出定性的加权指数，所有加权指数构成一个矩阵，该矩阵称为风险指数(R)矩阵，见表1。

表1　风险指数矩阵表

风险度(*R*) 严重性(*S*) / 可能性(*L*)	1	2	3	4	5
1	1	2	3	4	5
2	2	4	6	8	10
3	3	6	9	12	15
4	4	8	12	16	20
5	5	10	15	20	25

矩阵中指数的大小按可以接受的程度划分类别，也可称为风险接受准则。危害辨识、风险评价和风险控制的结果应按优先顺序进行排列，根据风险的大小决定哪些要继续维持，哪些需要采取改善的控制措施，并列出风险控制措施计划清单，见表2。

表2　风险控制措施及实施期限表

风险度(*R*)	等级	应采取的行动/控制措施	实施期限
20~25	不可容忍	在采取措施降低危害前，不能继续作业，对改进措施进行评价	立刻
15~16	重大风险	采取紧急措施降低风险，建立运行控制程序，定期检查、测量及评价	立即或近期整改
9~12	中等	可考虑建立目标、建立操作规程，加强培训及沟通	2年内治理

续表

风险度(R)	等级	应采取的行动/控制措施	实施期限
4~8	可容忍	可考虑建立操作规程、作业指导书但需定期检查	有条件、有经费时治理
<4	轻微或可忽略的风险	无需采用控制措施，但需保存记录	—

选择控制措施时应考虑以下因素：

① 若可能，完全消除危害或消灭风险来源，如用安全物质取代危险物质；

② 若不可能消除，则努力降低风险，如使用低压电源；

③ 在可能情况下，使工作适合于人，如考虑人的心理和生理承受能力；

④ 利用技术改进控制措施；

⑤ 保护每个工作人员的措施；

⑥ 将技术管理和程序控制结合起来往往十分必要；

⑦ 要求引入计划的维护措施，如机械安全防护装置；

⑧ 在其他控制方案均与考虑过后，作为最终手段，使用个人防护用品；

⑨ 应急安排的需求及应急设备，考虑建立应急和疏散计划；

⑩ 采用主动测量参数检测是否符合控制。预防性测定指标对于检测控制措施是否符合计划要求十分必要。

十三、什么是事故隐患？事故隐患是如何分级、分类的？

安全生产事故隐患通常简称事故隐患，是指生产经营单位违反安全生产法律、法规、规章、标准、规程和安全生产管理制度的规定，或者因其他因素在生产经营活动中存在可能导致事故发生的物的危险状态、人的不安全行为和管理上的缺陷。

事故隐患分为一般事故隐患和重大事故隐患。一般事故隐患，是指危害和整改难度较小，发现后能够立即整改排除的隐患；重大事故隐患，是指危害和整改难度较大，应当全部或者局部停产停业，并经过一定时间整改治理方能排除的隐患，或者因外部因素影响致使生产经营单位自身难以排除的隐患。

事故隐患一般分为基础管理类隐患和生产现场类隐患。

(1) 生产现场类隐患

生产现场类隐患包括以下方面存在的问题或缺陷：

——设备设施；

——场所环境；

——从业人员操作行为；

——消防及应急设施；

——供配电设施；

——职业卫生防护设施；

——辅助动力系统；

——现场其他方面。

(2) 基础管理类隐患

基础管理类隐患包括以下方面存在的问题或缺陷：

——生产经营单位资质证照；

——安全生产管理机构及人员；

——安全生产责任制；

——安全生产管理制度；

——教育培训；

——安全生产管理档案；

——安全生产投入；

——应急管理；

——职业卫生基础管理；

——相关方安全管理；

——基础管理其他方面。

十四、什么是隐患排查？生产经营单位如何开展隐患排查治理工作？

隐患排查是指生产经营单位组织安全生产管理人员、工程技术人员和其他相关人员，采用检查、分析等方式方法查找、发现本单位的事故隐患的活动和过程。

生产经营单位通过制定事故隐患分类规定、确定事故隐患排查方法和事故隐患风险评价标准，并对不同风险等级的事故隐患采取不同的治理措施，即为隐患排查治理。隐患排查治理措施一般包括：法制措施、管理措施、技术措施、应急措施等四个层次。

生产经营单位应通过开展隐患排查治理，实现对查处的隐患进行彻底整改，遏制产生新的安全隐患，提高安全管理水平。通过实现隐患排查治理制度化、规范化、经常化，形成公司安全生产隐患排查治理的长效机制，促进公司安全工作持续、健康、稳定发展。

十五、企业开展安全检查和隐患排查治理工作的主要依据是什么？

《安全生产法》第四十三条明确规定："生产经营单位的安全生产管理人员应当根据本单位的生产经营特点，对安全生产状况进行经常性检查；对检查中发现的安全问题，应当立即处理；不能处理的，应当及时报告本单位有关负责人，有关负责人应当及时处理。检查及处理情况应当如实记录在案。"

"生产经营单位的安全生产管理人员在检查中发现重大事故隐患，依照前款规定向本单位有关负责人报告，有关负责人不及时处理的，安全生产管理人员可以向主管的负有安全生产监督管理职责的部门报告，接到报告的部门应当依法及时处理。"

为进一步推动和规范危险化学品企业开展安全检查和隐患排查治

理工作，国家安全监管总局组织制定了《危险化学品企业事故隐患排查治理实施导则》(安监总管三〔2012〕103 号)、《化工(危险化学品)企业安全检查重点指导目录》(安监总管三〔2015〕113 号)、《化工和危险化学品生产经营单位重大生产安全事故隐患判定标准(试行)》(安监总管三〔2017〕121 号)等重要的规范性文件。要求危险化学品企业要高度重视并持之以恒做好安全检查和隐患排查治理工作，建立安全检查和隐患排查治理工作责任制，完善安全检查和隐患排查治理制度，规范各项工作程序，建立安全检查和隐患排查治理的常态化机制。

十六、建立隐患排查治理体系的要求是什么？

风险管控措施失效或弱化极易形成隐患，酿成事故。企业要建立完善《隐患排查治理制度》，制定符合企业实际的隐患排查治理清单，明确和细化隐患排查的事项、内容和频次，并将责任逐一分解落实，推动全员参与自主排查隐患，尤其要强化对存在重大风险的场所、环节、部位的隐患排查。要通过与政府部门互联互通的隐患排查治理信息系统，全过程记录报告隐患排查治理情况。对于排查发现的重大事故隐患，应当在向负有安全生产监督管理职责的部门报告的同时，制定并实施严格的隐患治理方案，做到责任、措施、资金、时限和预案“五落实”，实现隐患排查治理的闭环管理。

十七、生产经营单位如何建立隐患排查治理体系？

(一) 编制生产现场类隐患排查清单

生产经营单位应依据确定的各类风险的全部控制措施和基础安全管理要求，编制包含全部应该排查的项目清单。隐患排查项目清单包括生产现场类隐患排查清单和基础管理类隐患排查清单。

应以各类风险点为基本单元，依据风险分级管控体系中各风险点的控制措施和标准、规程要求，编制该排查单元的排查清单。至少应包括：

——与风险点对应的设备设施和作业名称；

——排查内容；

——排查标准；

——排查方法。

（二）组织实施

（1）排查类型

排查类型主要包括日常隐患排查、综合性隐患排查、专业性隐患排查、专项或季节性隐患排查、专家诊断性检查和企业各级负责人履职检查等。

（2）排查要求

隐患排查应做到全面覆盖、责任到人，定期排查与日常管理相结合，专业排查与综合排查相结合，一般排查与重点排查相结合。

（3）组织级别

企业应根据自身组织架构确定不同的排查组织级别和频次。排查组织级别一般包括公司级、部门级、车间级、班组级。

（三）隐患治理要求

隐患治理实行分级治理、分类实施的原则。主要包括岗位纠正、班组治理、车间治理、部门治理、公司治理等。

隐患治理应做到方法科学、资金到位、治理及时有效、责任到人、按时完成。能立即整改的隐患必须立即整改，无法立即整改的隐患，治理前要研究制定防范措施，落实监控责任，防止隐患发展为事故。

按照隐患排查治理要求，企业各相关层级的部门和单位对照隐患排查清单进行隐患排查，填写隐患排查记录。

根据排查出的隐患类别，提出治理建议，一般应包含：

——针对排查出的每项隐患，明确治理责任单位和主要责任人；

——经排查评估后，提出初步整改或处置建议；

——依据隐患治理难易程度或严重程度，确定隐患治理期限。

(四) 隐患治理流程

事故隐患治理流程包括通报隐患信息、下发隐患整改通知、实施隐患治理、治理情况反馈、验收等环节。

隐患排查结束后，将隐患名称、存在位置、不符合状况、隐患等级、治理期限及治理措施要求等信息向从业人员进行通报。隐患排查组织部门应制发隐患整改通知书，应对隐患整改责任单位、措施建议、完成期限等提出要求。隐患存在单位在实施隐患治理前应当对隐患存在的原因进行分析，并制定可靠的治理措施。隐患整改通知制发部门应当对隐患整改效果组织验收。

(1) 一般隐患治理

对于一般事故隐患，根据隐患治理的分级，由企业各级(公司、车间、部门、班组等)负责人或者有关人员负责组织整改，整改情况要安排专人进行确认。

(2) 重大隐患治理

经判定或评估属于重大事故隐患的，企业应当及时组织评估，并编制事故隐患评估报告书。评估报告书应当包括事故隐患的类别、影响范围和风险程度以及对事故隐患的监控措施、治理方式、治理期限的建议等内容。

企业应根据评估报告书制定重大事故隐患治理方案。治理方案应当包括下列主要内容：

——治理的目标和任务；

——采取的方法和措施；

——经费和物资的落实；

——负责治理的机构和人员；

——治理的时限和要求；

——防止整改期间发生事故的安全措施。

(五) 隐患治理验收

隐患治理完成后，应根据隐患级别组织相关人员对治理情况进行验收，实现闭环管理。重大隐患治理工作结束后，企业应当组织对治理情况进行复查评估。对政府督办的重大隐患，按有关规定执行。

（六）文件管理

企业在隐患排查治理体系策划、实施及持续改进过程中，应完整保存体现隐患排查全过程的记录资料，并分类建档管理。至少应包括：

——隐患排查治理制度；

——隐患排查治理台账；

——隐患排查项目清单等内容的文件成果。

重大事故隐患排查、评估记录，隐患整改复查验收记录等，应单独建档管理。

（七）隐患排查的效果

通过隐患排查治理体系的建设，企业应至少在以下方面有所改进：

——风险控制措施全面持续有效；

——风险管控能力得到加强和提升；

——隐患排查治理制度进一步完善；

——各级排查责任得到进一步落实；

——员工隐患排查水平进一步提高；

——对隐患频率较高的风险重新进行评价、分级，并制定完善控制措施；

——生产安全事故明显减少；

——职业健康管理水平进一步提升。

（八）持续改进

（1）评审

企业应适时和定期对隐患排查治理体系运行情况进行评审，以确保其持续适宜性、充分性和有效性。评审应包括体系改进的可能性和对体系进行修改的需求。评审每年应不少于一次，当发生更新时应及时组织评审。应保存评审记录。

（2）更新

企业应主动根据以下情况对隐患排查治理体系的影响，及时更新隐患排查治理的范围、隐患等级和类别、隐患信息等内容，主要包括：

——法律法规及标准规程变化或更新；

——政府规范性文件提出新要求；

——企业组织机构及安全管理机制发生变化；

——企业生产工艺发生变化、设备设施增减、使用原辅材料变化等；

——企业自身提出更高要求；

——事故事件、紧急情况或应急预案演练结果反馈的需求；

——其他情形出现应当进行评审。

十八、安全检查和隐患排查工作应遵循哪些基本原则？

安全检查和隐患排查工作是依据法规、标准、规范、制度而进行的对照性验证活动，为使安全检查和隐患排查活动达到规定的目的、质量和效果，应遵循以下基本原则：

（1）计划性、目的性原则。安全检查和隐患排查是为了实现一定的安全管理目的而进行的管理活动。因此，应事先制定安全检查计划，包括检查范围、检查重点、参加检查的人员及分工、检查的方法等，并按计划组织进行。

（2）按统一的检查标准进行。企业的日常安全检查活动和隐患排查一般有 2 人以上参加，而集团公司级别的安全大检查一般在 10 人以上。众多的检查人员，具有不同的工作经历、专业背景、学历水平，知识、经验、能力等各不相同。因此，应制定统一的安全检查标准和隐患排查依据，使每个检查人员在检查同一检查对象和内容时，都遵循同一个标准，得出一致的结论。

（3）合理设置和抽取检查样本。安全检查和隐患排查目的是发现问题，消除问题，同时依据检查发现的规律性、趋势性问题，而提出系统管理的改进意见。但在企业的安全检查中，有检查抽样不合理，容易出现以偏盖全的不合理现象。因此，在制定安全检查计划和具体实施中，应合理设置检查单位、检查对象的分布和数量，并根据检查问题的典型性、严重性，增加同类检查对象的检查数量，以发现和确定其中的管理原因及管理的趋势、规律。

(4) 注意检查过程的沟通和交流。安全检查和隐患排查过程中，一个客观问题的背后，可能有多重情形、表现和原因。因此，检查中应注意与陪检人员、管理人员、岗位人员的沟通交流，以便于日后的整改。不能主观臆断，不能特立独行，不能为检查而检查。

(5) 检查依据和标准要运用适当。企业安全检查过程中，可能会出现同一个问题或不同的检查时期，因使用的检查依据和标准不同，会得出不同的结论，从而影响被检查者的整改和检查者的权威。因此，要对一些特殊的检查对象诸如适用范围、专业属性、发展阶段等情况，要了解清楚，以便准确地确定检查的依据或标准。

十九、《危险化学品企业事故隐患排查治理实施导则》对生产经营单位是如何要求的？

为了推动和规范危险化学品企业隐患排查治理工作，国家安全监管总局下发《关于〈危险化学品企业事故隐患排查治理实施导则〉的通知》(安监总管三〔2012〕103 号)。《通知》要求，危险化学品企业要高度重视并持之以恒做好隐患排查治理工作。要按照《实施导则》要求，建立隐患排查治理工作责任制，完善隐患排查治理制度，规范各项工作程序，实时监控重大隐患，逐步建立隐患排查治理的常态化机制。强化《实施导则》的宣传培训，确保企业员工了解《实施导则》的内容，积极参与隐患排查治理工作。

《实施导则》是指导企业建立隐患排查治理工作责任制，完善隐患排查治理制度，规范各项工作程序，实时监控重大隐患，逐步建立隐患排查治理的常态化机制的规范性文件。《实施导则》的内容全面系统、规定的工作具体明晰，具有重要的指导意义。

二十、《危险化学品企业事故隐患排查治理实施导则》规定的企业开展隐患排查的主要内容有哪些?

根据危险化学品企业的特点，企业开展安全检查和隐患排查包括但不限于以下内容：

1. 安全基础管理

(1) 安全生产管理机构建立健全情况、安全生产责任制和安全管理制度建立健全及落实情况；

(2) 安全投入保障情况，参加工伤保险、安全生产责任险的情况；

(3) 安全培训与教育情况；

(4) 风险评价与安全隐患排查治理情况；

(5) 事故管理、变更管理及承包商的管理情况；

(6) 危险作业和检维修的管理情况。

2. 区域位置和布置

(1) 危险化学品重大危险源储存设施与《危险化学品安全管理条例》中规定的重要场所的安全距离；

(2) 可能造成水域环境污染的危险化学品危险源的防范情况；

(3) 企业周边或作业过程中存在的易由自然灾害引发事故灾难的危险点排查、防范和治理情况；

(4) 企业内部重要设施的平面布置以及安全距离；

(5) 建构筑物的安全通道；厂区道路、消防道路、安全疏散通道和应急通道等重要道路(通道)的维护情况；安全警示标志的设置情况等。

3. 工艺系统

(1) 工艺的安全管理情况，工艺风险分析制度的建立和执行，操作规程的编制、审查、使用与控制，工艺安全培训的管理；

(2) 工艺技术及工艺装置的安全控制；

(3) 现场工艺安全状况，工艺指标的现场控制。

4. 设备系统

（1）设备管理制度的建立与执行情况；

（2）设备现场的安全运行状况；

（3）特种设备(包括压力容器及压力管道)的现场管理等。

5. 电气系统

（1）电气系统的安全管理，电气安全相关管理制度、规程的制定及执行情况；

（2）供配电系统、电气设备及电气安全设施的设置；

（3）电气设施、供配电线路及临时用电的现场安全状况等。

6. 仪表系统

（1）仪表的综合管理，相关管理制度建立和执行情况；安全仪表系统的投用、摘除及变更管理等；

（2）仪表系统配置情况；

（3）现场各类仪表完好有效，检验维护及现场标识情况。

7. 危险化学品管理

（1）危险化学品分类、登记与档案的管理；

（2）按照国家有关规定对危险化学品进行登记；

（3）化学品安全信息的编制、培训和应急管理。

8. 储运系统

（1）储运系统的安全管理情况，储存管理制度以及操作、使用和维护规程制定及执行情况；

（2）重大危险源罐区现场的安全监控装备；

（3）储运系统罐区、储罐本体及其安全附件、铁路装卸区、汽车装卸区等设施的完好性。

9. 消防系统

（1）建设项目消防设施验收情况，消防安全制度的制定和执行情况；

（2）消防设施与器材的配备情况；

（3）消防设施与器材的维护和现场管理，消防道路情况。

10. 公用工程系统

(1) 给排水、循环水系统、污水处理系统;

(2) 供热站及供热管道设备设施、安全设施;

(3) 空分装置、空压站设备设施。

二十一、《化工(危险化学品)企业安全检查重点指导目录》的主要内容是什么? 对企业提出的要求是什么?

为了进一步提高化工企业的隐患排查治理工作效率,提高工作的针对性,国家安全监管总局制定发布了《化工(危险化学品)企业安全检查重点指导目录》(安监总管三〔2015〕113 号),作为政府安全生产监管部门对企业进行安全督查的依据性文件。同时要求企业参照《目录》,制定安全检查重点内容,开展全面的自查自改。

《目录》从人员和资质管理、工艺管理、设备设施管理、安全管理四个方面设定了 40 条重点检查要求,内容如下:

(一) 人员和资质管理

(1) 企业安全生产行政许可手续不齐全或不在有效期内的。

(2) 企业未依法明确主要负责人、分管负责人安全生产职责或主要负责人、分管负责人未依法履行其安全生产职责的。

(3) 企业未设置安全生产管理机构或配备专职安全生产管理人员的。

(4) 企业的主要负责人、安全负责人及其他安全生产管理人员未按照规定经考核合格的。

(5) 企业未对从业人员进行安全生产教育培训或者安排未经安全生产教育和培训合格的从业人员上岗作业的。

(6) 从业人员对本岗位涉及的危险化学品危险特性不熟悉的。

(7) 特种作业人员未按照国家有关规定经专门的安全作业培训并取得相应资格上岗作业的。

（8）选用不符合资质的承包商或未对承包商的安全生产工作统一协调、管理的。

（9）将火种带入易燃易爆场所或存在脱岗、睡岗、酒后上岗行为的。

（二）工艺管理

（10）在役化工装置未经正规设计且未进行安全设计诊断的。

（11）新开发的危险化学品生产工艺未经逐级放大试验到工业化生产或首次使用的化工工艺未经省级人民政府有关部门组织安全可靠性论证的。

（12）未按规定制定操作规程和工艺控制指标的。

（13）生产、储存装置及设施超温、超压、超液位运行的。

（14）在厂房、围堤、窨井等场所内设置有毒有害气体排放口且未采取有效防范措施的。

（15）涉及液化烃、液氨、液氯、硫化氢等易燃易爆及有毒介质的安全阀及其他泄放设施直排大气的（环氧乙烷的排放应采取安全措施）。

（16）液化烃、液氨、液氯等易燃易爆、有毒有害液化气体的充装未使用万向节管道充装系统的。

（17）浮顶储罐运行中浮盘落底的。

（三）设备设施管理

（18）安全设备的安装、使用、检测、维修、改造和报废不符合国家标准或行业标准；或使用国家明令淘汰的危及生产安全的工艺、设备的。

（19）油气储罐未按规定达到以下要求的：

① 液化烃的储罐应设液位计、温度计、压力表、安全阀，以及高液位报警和高高液位自动联锁切断进料措施；全冷冻式液化烃储罐还应设真空泄放设施和高、低温度检测，并应与自动控制系统相联；

② 气柜应设上、下限位报警装置，并宜设进出管道自动联锁切断装置；

③ 液化石油气球形储罐液相进出口应设置紧急切断阀，其位置宜靠近球形储罐；

④ 丙烯、丙烷、混合 C_4、抽余 C_4 及液化石油气的球形储罐应设置注水措施。

(20) 涉及危险化工工艺、重点监管危险化学品的装置未设置自动化控制系统；或者涉及危险化工工艺的大型化工装置未设置紧急停车系统的。

(21) 有毒有害、可燃气体泄漏检测报警系统未按照标准设置、使用或定期检测校验；以及报警信号未发送至有操作人员常驻的控制室、现场操作室进行报警的。

(22) 安全联锁未正常投用或未经审批摘除以及经审批后临时摘除超过一个月未恢复的。

(23) 工艺或安全仪表报警时未及时处置的。

(24) 在用装置(设施)安全阀或泄压排放系统未正常投用的。

(25) 涉及放热反应的危险化工工艺生产装置未设置双重电源供电或控制系统未设置不间断电源(UPS)的。

(四) 安全管理

(26) 未建立变更管理制度或未严格执行的。

(27) 危险化学品生产装置、罐区、仓库等设施与周边的安全距离不符合要求的。

(28) 控制室或机柜间面向具有火灾、爆炸危险性装置一侧有门窗的。(2017 年前必须整改完成)。

(29) 生产、经营、储存、使用危险化学品的车间、仓库与员工宿舍在同一座建筑内或与员工宿舍的距离不符合安全要求的。

(30) 危险化学品未按照标准分区、分类、分库存放，或存在超量、超品种以及相互禁忌物质混放混存的。

(31) 危险化学品厂际输送管道存在违章占压、安全距离不足和违规交叉穿越问题的。

(32) 光气、氯气(液氯)等剧毒化学品管道穿(跨)越公共区域的。

（33）动火作业未按规定进行可燃气体分析；受限空间作业未按规定进行可燃气体、氧含量和有毒气体分析；以及作业过程无人监护的。

（34）脱水、装卸、倒罐作业时，作业人员离开现场或油气罐区同一防火堤内切水和动火作业同时进行的。

（35）在有较大危险因素的生产经营场所和有关设施、设备上未设置明显的安全警示标志的。

（36）危险化学品生产企业未提供化学品安全技术说明书，未在包装（包括外包装件）上粘贴、拴挂化学品安全标签的。

（37）对重大危险源未登记建档，或者未进行评估、有效监控的。

（38）未对重大危险源的安全生产状况进行定期检查，采取措施消除事故隐患的。

（39）易燃易爆区域使用非防爆工具或电气的。

（40）未在存在有毒气体的区域配备便携式检测仪、空气呼吸器等器材和设备或者不能正确佩戴、使用个体防护用品和应急救援器材的。

二十二、在《化工和危险化学品生产经营单位重大生产安全事故隐患判定标准》中列出了哪些情形属于重大事故隐患？

依据有关法律法规、部门规章和国家标准，国家安全监管总局下发《关于印发〈化工和危险化学品生产经营单位重大生产安全事故隐患判定标准（试行）〉和〈烟花爆竹生产经营单位重大生产安全事故隐患判定标准（试行）〉的通知》（安监总管三〔2017〕121 号），把以下 20 种情形判定为重大事故隐患：

（1）危险化学品生产、经营单位主要负责人和安全生产管理人员未依法经考核合格。

（2）特种作业人员未持证上岗。

（3）涉及“两重点一重大”的生产装置、储存设施外部安全防护距离不符合国家标准要求。

(4) 涉及重点监管危险化工工艺的装置未实现自动化控制，系统未实现紧急停车功能，装备的自动化控制系统、紧急停车系统未投入使用。

(5) 构成一级、二级重大危险源的危险化学品罐区未实现紧急切断功能；涉及毒性气体、液化气体、剧毒液体的一级、二级重大危险源的危险化学品罐区未配备独立的安全仪表系统。

(6) 全压力式液化烃储罐未按国家标准设置注水措施。

(7) 液化烃、液氨、液氯等易燃易爆、有毒有害液化气体的充装未使用万向管道充装系统。

(8) 光气、氯气等剧毒气体及硫化氢气体管道穿越除厂区(包括化工园区、工业园区)外的公共区域。

(9) 地区架空电力线路穿越生产区且不符合国家标准要求。

(10) 在役化工装置未经正规设计且未进行安全设计诊断。

(11) 使用淘汰落后安全技术工艺、设备目录列出的工艺、设备。

(12) 涉及可燃和有毒有害气体泄漏的场所未按国家标准设置检测报警装置，爆炸危险场所未按国家标准安装使用防爆电气设备。

(13) 控制室或机柜间面向具有火灾、爆炸危险性装置一侧不满足国家标准关于防火防爆的要求。

(14) 化工生产装置未按国家标准要求设置双重电源供电，自动化控制系统未设置不间断电源。

(15) 安全阀、爆破片等安全附件未正常投用。

(16) 未建立与岗位相匹配的全员安全生产责任制或者未制定实施生产安全事故隐患排查治理制度。

(17) 未制定操作规程和工艺控制指标。

(18) 未按照国家标准制定动火、进入受限空间等特殊作业管理制度，或者制度未有效执行。

(19) 新开发的危险化学品生产工艺未经小试、中试、工业化试验直接进行工业化生产；国内首次使用的化工工艺未经过省级人民政府有关部门组织的安全可靠性论证；新建装置未制定试生产方案投料开车；精细化工企业未按规范性文件要求开展反应安全风险评估。

(20) 未按国家标准分区分类储存危险化学品，超量、超品种储存危险化学品，相互禁配物质混放混存。

二十三、如何准确理解《化工和危险化学品生产经营单位重大生产安全事故隐患判定标准》？

为准确判定、及时整改化工和危险化学品生产经营单位重大生产安全事故隐患(以下简称重大隐患)，有效防范遏制重特大事故，根据《安全生产法》和《中共中央国务院关于推进安全生产领域改革发展的意见》，国家安全监管总局制定印发了《化工和危险化学品生产经营单位重大生产安全事故隐患判定标准(试行)》(以下简称《判定标准》)。《判定标准》依据有关法律法规、部门规章和国家标准，吸取了近年来化工和危险化学品重大及典型事故教训，从人员要求、设备设施和安全管理三个方面列举了二十种应当判定为重大事故隐患的情形。

为进一步明确《判定标准》每一种情形的内涵及依据，便于有关企业和安全监管部门应用，规范推动《判定标准》有效执行，现逐条进行简要解释说明如下：

(1) 危险化学品生产、经营单位主要负责人和安全生产管理人员未依法经考核合格。

近年来，在化工(危险化学品)事故调查过程中发现，事故企业不同程度地存在主要负责人和安全管理人员法律意识与安全风险意识淡薄、安全生产管理知识欠缺、安全生产管理能力不能满足安全生产需要等共性问题，危险化学品安全生产是一项科学性、专业性很强的工作，企业的主要负责人和安全生产管理人员只有牢固树立安全红线意识、风险意识，掌握危险化学品安全生产的基础知识、具备安全生产管理的基本技能，才能真正落实企业的安全生产主体责任。

《安全生产法》《危险化学品安全管理条例》《生产经营单位安全培训规定》(国家安全监管总局令第3号)均对危险化学品生产、经营单位从业人员培训和考核作出了明确要求。2017年1月25日，国家安全监管总局印发了《化工(危险化学品)企业主要负责人安全生产管理知识重点考核内容(第一版)》和《化工(危险化学品)企业安全生产管理人员安全生产管理知识重点考核内容(第一版)》(安监总厅宣教〔2017〕15号)，对有关企业主要负责人和安全管理人员重点考核重点内容提出了明确要求，负有安全生产监督管理的部门应当按照相关法律法规要求对有关企业人员进行考核。

(2) 特种作业人员未持证上岗。

特种作业岗位安全风险相对较大，对人员专业能力要求较高。近年来，由于特种作业岗位人员由未经培训、未取得相关资质造成的事故时有发生。

《安全生产法》《特种作业人员安全技术培训考核管理规定》(国家安全监管总局令第30号)均对特种作业人员的培训和相应资格提出了明确要求，从事特种作业的人员，均须经过培训考核取得特种作业操作证。未持证上岗的应纳入重大事故隐患。

(3) 涉及"两重点一重大"的生产装置、储存设施外部安全防护距离不符合国家标准要求。

本条款的主要目的是要求有关单位依据法规标准设定外部安全防护距离作为缓冲距离，防止危险化学品生产装置、储存设施在发生火灾、爆炸、毒气泄漏事故时造成重大人员伤亡和财产损失。外部安全防护距离既不是防火间距，也不是卫生防护距离，应在危险化学品品种、数量、个人和社会可接受风险标准的基础上科学界定。

2014年5月，国家安全监管总局发布第13号公告《危险化学品生产、储存装置个人可接受风险标准和社会可接受风险标准(试行)》，明确了陆上危险化学品企业新建、改建、扩建和在役生产、储存装置的外部安全防护距离的标准。

(4) 涉及重点监管危险化工工艺的装置未实现自动化控制，系统未实现紧急停车功能，装备的自动化控制系统、紧急停车系统未投入使用。

近年来，涉及重点监管危险化工工艺的企业采用自动化控制系统和紧急停车系统减少了装置区等高风险区域的操作人员数量，提高了生产装置的本质安全水平。然而，仍有部分涉及重点监管危险化工工艺的企业没有按照要求实现自动化控制和紧急停车功能，或设置了自动化控制和紧急停车系统但不正常投入使用。《危险化学品生产企业安全生产许可证实施办法》(国家安全监管总局令第41号)要求，“涉及危险化工工艺、重点监管危险化学品的装置装设自动化控制系统；涉及危险化工工艺的大型化工装置装设紧急停车系统”。

(5) 构成一级、二级重大危险源的危险化学品罐区未实现紧急切断功能；涉及毒性气体、液化气体、剧毒液体的一级、二级重大危险源的危险化学品罐区未配备独立的安全仪表系统。

构成一级、二级重大危险源的危险化学品罐区，因事故后果严重，各储罐均应设置紧急停车系统，实现紧急切断功能。对与上游生产装置直接相连的储罐，如果设置紧急切断可能导致生产装置超压等异常情况时，可以通过设置紧急切换的方式避免储罐造成超液位、超压等后果，实现紧急切断功能。

(6) 全压力式液化烃储罐未按国家标准设置注水措施。

当全压力式液化烃储罐发生泄漏时，向储罐注水使液化烃液面升高，将泄漏点置于水面下，可减少或防止液化烃泄漏，将事故消灭在萌芽状态。《石油化工企业设计防火规范》(GB 50160—2008)第6.3.16要求，“全压力式储罐应采取防止液化烃泄漏的注水措施”。《液化烃球形储罐安全设计规范》(SH 3136—2003)第7.4要求，“丙烯、丙烷、混合 C_4、抽余 C_4 及液化石油气的球形储罐应设注水设施”。

全压力式液化烃储罐注水措施的设置应经过正规的设计、施工和验收程序。注水措施的设计应以安全、快速有效、可操作性强为原则，设置带手动功能的远程控制阀，符合国家相关标准的规定。要求设置注水设施的液化烃储罐主要是常温的全压力式液化烃储罐，对半冷冻压力式液化烃储罐(如乙烯)、部分遇水发生反应的液化烃(如氯甲烷)储罐可以不设置注水措施。此外，设置的注水措施应保障充足的注水水源，满足紧急情况下的注水要求，充分发挥注水措施的作用。

(7) 液化烃、液氨、液氯等易燃易爆、有毒有害液化气体的充装未使用万向管道充装系统。

液化烃、液氨、液氯等易燃易爆、有毒有害液化气体充装安全风险高，一旦泄漏容易引发爆炸燃烧、人员中毒等事故。万向管道充装系统旋转灵活、密封可靠性高、静电危害小、使用寿命长，安全性能远高于金属软管，且操作使用方便，能有效降低液化烃、液氨、液氯等易燃易爆、有毒有害液化气体充装环节的安全风险。

《国家安全监管总局 工业和信息化部关于危险化学品企业贯彻落实〈国务院关于进一步加强企业安全生产工作的通知〉的实施意见》(安监总管三〔2010〕186号)要求，在危险化学品充装环节，推广使用金属万向管道充装系统代替充装软管，禁止使用软管充装液氯、液氨、液化石油气、液化天然气等液化危险化学品。《石油化工企业设计防火规范》(GB 50160—2008)对液化烃、可燃液体的装卸要求较高，规范第6.4.2条第六款以强制性条文要求“甲$_B$、乙、丙$_A$类液体的装卸车应采用液下装卸车鹤管”。

(8) 光气、氯气等剧毒气体及硫化氢气体管道穿越除厂区(包括化工园区、工业园区)外的公共区域。

《危险化学品输送管道安全管理规定》(国家安全监管总局令第43号)要求，禁止光气、氯气等剧毒化学品管道穿(跨)越公共区域，严格控制氨、硫化氢等其他有毒气体的危险化学品管道穿(跨)越公共区域。

随着我国经济的快速发展，城市化进程不断加快，一些危险化学品输送管道从原来的地处偏远郊区逐渐被新建的居民和商业区所包围，一旦穿过公共区域的毒性气体管道发生泄漏，会对周围居民生命安全带来极大威胁。同时，氯气、光气、硫化氢密度均比空气大，腐蚀性强，均能腐蚀设备，易导致设备、管道腐蚀失效，一旦泄漏，很容易引发恶性事故。

(9) 地区架空电力线路穿越生产区且不符合国家标准要求。

地区架空电力线电压等级一般为35kV以上，若穿越生产区，一旦发生倒杆、断线或导线打火等意外事故，有可能影响生产并引发火灾造成人员伤亡和财产损失。反之，生产厂区内一旦发生火灾或爆炸事故，对架空电力线也有威胁。本条款涉及的国家标准是指《石油化工企业设计防火规范》(GB 50160—2008)和《建筑设计防火规范》(GB 50016—2014)。其中，《石油化工企业设计防火规范》第4.1.6条要求，“地区架空电力线路严禁穿越生产区”，因此石油化工企业及其他按照《石油化工企业设计防火规范》设计的化工和危险化学品生产经营单位均严禁地区架空电力线穿越企业生产、储存区域。其他化工和危险化学品生产经营单位则应按照《建筑设计防火规范》(GB 50016—2014)第10.2.1条规定执行。

(10) 在役化工装置未经正规设计且未进行安全设计诊断。

本条款的主要目的是鉴于一些地区部分早期建成的化工装置，由于未经正规设计或者未经具备相应资质的设计单位进行设计，导致规划、布局、工艺、设备、自动化控制等不能满足安全要求，安全风险未知或较大。

对未经正规设计的在役化工装置进行安全设计诊断是从源头控制化工和危险化学品生产经营单位安全风险，满足安全生产条件，提高在役化工装置本质安全水平。2012年6月，国家安全监管总局、国家发展改革委、工业和信息化部、住房城乡建设部联合下发的《关于开展提升危险化学品领域本质安全水平专项行动的通知》(安监总管三〔2012〕87号)要求，对未经正规设计的在役化工装置进行安全设计诊断，全面消除安全设计隐患。2012年，河北赵县“2·28”重大爆炸事故企业克尔化工有限公司未经正规设计，装置布局、工艺技术及流程、设备管道、安全设施、自动化控制等均存在明显缺陷。

(11) 使用淘汰落后安全技术工艺、设备目录列出的工艺、设备。

《安全生产法》第三十五条规定，“国家对严重危及生产安全的工艺、设备实行淘汰制度，具体目录由国务院安全生产监督管理部门会同国务院有关部门制定并公布。法律、行政法规对目录的制定另有规定的，适用其规定。省、自治区、直辖市人民政府可以根据本地区实际情况制定并公布具体目录，对前款规定以外的危及生产安全的工艺、设备予以淘汰。生产经营单位不得使用应当淘汰的危及生产安全的工艺设备”。本条款中的“淘汰落后安全技术工艺、设备目录”是指列入国家安全监管总局《关于印发淘汰落后安全技术装备目录(2015 年第一批)的通知》(安监总厅科技〔2015〕43 号)、《关于印发淘汰落后安全技术工艺、设备目录(2016 年)的通知》(安监总科技〔2016〕137 号)等相关文件被淘汰的工艺、设备。各地区也可自行制定并公布具体目录。

(12) 涉及可燃和有毒有害气体泄漏的场所未按国家标准设置检测报警装置，爆炸危险场所未按国家标准安装使用防爆电气设备。

本条款中规定的国家标准是指《石油化工可燃气体和有毒气体检测报警设计规范》(GB 50493—2009)、《爆炸性环境第 1 部分：设备通用要求》(GB 3836. 1—2010)和《爆炸性气体环境用电气设备 第 16 部分：电气装置的检查和维护(煤矿除外)》(GB 3836. 16—2006)。其中，《石油化工可燃气体和有毒气体检测报警设计规范》要求，化工和危险化学品企业涉及可燃气体和有毒气体泄漏的场所应按照上述法规标准要求设置检测报警装置；《爆炸性环境 第 1 部分：设备通用要求》(GB 3836. 1—2010)和《爆炸性气体环境用电气设备第 16 部分：电气装置的检查和维护(煤矿除外)》(GB 3836. 16—2006)对防爆区域的分类进行了明确的界定，对防爆区域电气设备的选型、安装和使用提出了明确要求。

(13) 控制室或机柜间面向具有火灾、爆炸危险性装置一侧不满足国家标准关于防火防爆的要求。

本条款的主要目的是要求企业落实控制室、机柜间等重要设施防火防爆的安全防护要求，在火灾、爆炸事故中，能有效地保护控制室内作业人员的生命安全、控制室及机柜间内重要自控系统、设备设施的安全。涉及的国家标准包括《石油化工企业设计防火规范》(GB 50160—2008)和《建筑设计防火规范》(GB 50016—2014)。具有火灾、爆炸危险性的化工和危险化学品企业控制室或机柜间应满足以下要求：

① 其面向具有火灾、爆炸危险性装置一侧的安全防护距离应符合《石油化工企业设计防火规范》(GB 50160—2008)表 4. 2. 12 等标准规范条款提出的防火间距要求，且控制室、机柜间的建筑、结构满足《石油化工控制室设计规范》(SH/T 3006—2012)第 4. 4. 1 条等提出的抗爆强度要求；

② 面向具有火灾、爆炸危险性装置一侧的外墙应为无门窗洞口、耐火极限不低于 3 小时的不燃烧材料实体墙。

(14) 化工生产装置未按国家标准要求设置双重电源供电，自动化控制系统未设置不间断电源。

本条款的主要目的是从硬件角度出发，通过对化工生产装置设置双重电源供电，以及对自动化控制系统设置不间断电源，提高化工装置重要负荷和控制系统的安全性。涉及的标准主要有《供配电系统设计规范》(GB 50052—2009)和《石油化工装置电力设计规范》(SH 3038—2000)。如 2017 年 2 月 21 日，内蒙古阿拉善盟立信化工公司对硝基苯胺车间发生反应釜爆炸事故，系事故企业在应急电源不完备的情况下擅自复产，由于大雪天气工业园区全面停电，企业应急电源无法使用，致使对硝基苯胺车间反应釜无法冷却降温，发生爆炸。

(15) 安全阀、爆破片等安全附件未正常投用。

本条款是通过规范具有泄压排放功能的安全阀、爆破片等安全附件的管理，保障企业安全设施的完好性。

《石油化工企业设计防火规范》(GB 50160—2008)第 5. 5 部分“泄压排放和火炬系统”对化工和危险化学品企业具有泄压排放功能的安全阀、爆破片等安全附件的设计、安装与设置等提出了明确要求。安全阀、爆破片等安全附件同属于压力容器的安全卸压装置，是保证压力容器安全使用的重要附件，其合理的设置、性能的好坏、完好性的保障直接关系到化工和危险化学品企业生产、储存设备和人身的安全。

(16) 未建立与岗位相匹配的全员安全生产责任制或者未制定实施生产安全事故隐患排查治理制度。

安全生产责任制是企业中最基本的一项安全制度，也是企业安全生产管理制度的核心，发生事故后倒查企业管理原因，多与责任制不健全和隐患排查治理不到位有关。本条款的主要目的是督促化工和危险化学品企业制定落实与岗位职责相匹配的全员安全生产责任制，根据本单位生产经营特点、风险分布、危险有害因素的种类和危害程度等情况，制定隐患排查治理制度，推进企业建立安全生产长效机制。

(17) 未制定操作规程和工艺控制指标。

《安全生产法》第十八条规定，“生产经营单位的主要负责人应负责组织制定本单位安全生产规章制度和操作规程”。化工和危险化学品企业未制定操作规程和工艺控制指标，或制定的操作规程和工艺控制指标不符合要求的，都应纳入重大事故隐患进行管理。

(18) 未按照国家标准制定动火、进入受限空间等特殊作业管理制度，或者制度未有效执行。

近年来，化工和危险化学品生产经营单位在动火、进入受限空间作业等特殊作业环节事故占到全部事故的近50%。本条款的主要目的是促进化学品生产经营单位在设备检修及相关作业过程中可能涉及的动火作业、进入受限空间作业以及其他特殊作业的安全进行。涉及的国家标准是指《化学品生产单位特殊作业安全规范》(GB 30871—2014)。

(19) 新开发的危险化学品生产工艺未经小试、中试、工业化试验直接进行工业化生产；国内首次使用的化工工艺未经过省级人民政府有关部门组织的安全可靠性论证；新建装置未制定试生产方案投料开车；精细化工企业未按规范性文件要求开展反应安全风险评估。

新工艺安全风险未知，若没有安全可靠性论证、逐级放大试验、严密的试生产方案，风险很难辨识，管控措施很难到位，容易发生“想不到”的事故。本条款中“精细化工企业未按规范性文件要求开展反应安全风险评估”，规范性文件是指国家安全监管总局于2017年1月发布《关于加强精细化工反应安全风险评估工作的指导意见》(安监总管三〔2017〕1 号）要求，企业中涉及重点监管危险化工工艺和金属有机物合成反应（包括格氏反应）的间歇和半间歇反应，有以下情形之一的，要开展反应安全风险评估：

① 国内首次使用的新工艺、新配方投入工业化生产的以及国外首次引进的新工艺且未进行过反应安全风险评估的；

② 现有的工艺路线、工艺参数或装置能力发生变更，且没有反应安全风险评估报告的；

③ 因反应工艺问题，发生过事故的。

精细化工生产中反应失控是发生事故的重要原因，开展精细化工反应安全风险评估、确定风险等级并采取有效管控措施，对于保障企业安全生产具有重要意义。

（20）未按国家标准分区分类储存危险化学品，超量、超品种储存危险化学品，相互禁配物质混放混存。

禁配物质混放混存，安全风险大。本条款的主要目的是着力解决危险化学品储存场所存在的危险化学品混存堆放、超量超品种储存等突出问题，遏制重特大事故发生。涉及的国家标准主要有《建筑设计防火规范》（GB 50016—2014）、《常用危险化学品贮存通则》（GB 15603—1995）、《易燃易爆性商品储存养护技术条件》（GB 17914—2013）、《腐蚀性商品储存养护技术条件》（GB 17915—2013）和《毒害性商品储存养护技术条件》（GB 17916—2013）等。

二十四、什么是双重预防机制？建立双重预防机制的目的是什么？

国务院安委会办公室关于《实施遏制重特大事故工作指南构建双重预防机制的意见》（安委办〔2016〕11 号）指出：企业的安全风险分级管控和隐患排查治理体系被称之为双重预防机制。

建立风险分级管控与隐患排查治理体系，是“基于风险”的过程安全管理理念的具体实践，是实现事故"纵深防御"和"关口前移"的有效手段，是企业落实安全生产主体责任的核心内容，是企业主要负责人的主要安全生产职责要求之一。

二十五、国家对建立健全双重预防机制的要求有哪些？

1.《国务院安委会办公室关于印发标本兼治遏制重特大事故工作指南的通知》(安委办〔2016〕3号)

坚持标本兼治、综合治理，把安全风险管控挺在隐患前面，把隐患排查治理挺在事故前面，扎实构建事故应急救援最后一道防线。构建形成点、线、面有机结合、无缝对接的安全风险分级管控和隐患排查治理双重预防性工作体系。

2.《国务院安委会办公室关于实施遏制重特大事故工作指南构建双重预防机制的意见》(安委办〔2016〕11号)

(1) 尽快建立健全安全风险分级管控和隐患排查治理的工作制度和规范，实现企业安全风险自辨自控、隐患自查自治，形成政府领导有力、部门监管有效、企业责任落实、社会参与有序的工作格局，提升安全生产整体预控能力，夯实遏制重特大事故的坚强基础。

(2) 建立实行安全风险分级管控机制。按照"分区域、分级别、网格化"原则，实施安全风险差异化动态管理，明确落实每一处重大安全风险和重大危险源的安全管理与监管责任，强化风险管控技术、制度、管理措施，把可能导致的后果限制在可防、可控范围之内。健全安全风险公告警示和重大安全风险预警机制，定期对红色、橙色安全风险进行分析、评估、预警。落实企业安全风险分级管控岗位责任，建立企业安全风险公告、岗位安全风险确认和安全操作"明白卡"制度。

(3) 各类企业按照有关制度和规范，针对本企业类型和特点，制定科学的安全风险辨识程序和方法，全面开展安全风险辨识。企业要组织专家和全体员工，采取安全绩效奖惩等有效措施，全方位、全过程辨识生产工艺、设备设施、作业环境、人员行为和管理体系等方面存在的安全风险，做到系统、全面、无遗漏，并持续更新完善。

（4）风险辨识：企业要对辨识出的安全风险进行分类梳理，参照《企业职工伤亡事故分类》（GB 6441—1986），综合考虑起因物、引起事故的诱导性原因、致害物、伤害方式等，确定安全风险类别。对不同类别的安全风险，采用相应的风险评估方法确定安全风险等级。安全风险评估过程要突出遏制重特大事故，高度关注暴露人群，聚焦重大危险源、劳动密集型场所、高危作业工序和受影响的人群规模。安全风险等级从高到低划分为巨大风险、重大风险、较大风险、一般风险和低风险，分别用红、橙、黄、蓝四种颜色标示。其中，重大安全风险应填写清单、汇总造册，按照职责范围报告属地负有安全生产监督管理职责的部门。要依据安全风险类别和等级建立企业安全风险数据库，绘制企业“红橙黄蓝”四色安全风险空间分布图。

（5）有效管控：企业要根据风险评估的结果，针对安全风险特点，从组织、制度、技术、应急等方面对安全风险进行有效管控。要通过隔离危险源、采取技术手段、实施个体防护、设置监控设施等措施，达到回避、降低和监测风险的目的。要对安全风险分级、分层、分类、分专业进行管理，逐一落实企业、车间、班组和岗位的管控责任，尤其要强化对重大危险源和存在重大安全风险的生产经营系统、生产区域、岗位的重点管控。企业要高度关注运营状况和危险源变化后的风险状况，动态评估、调整风险等级和管控措施，确保安全风险始终处于受控范围内。

（6）建立完善隐患排查治理体系：风险管控措施失效或弱化极易形成隐患，酿成事故。企业要建立完善隐患排查治理制度，制定符合企业实际的隐患排查治理清单，明确和细化隐患排查的事项、内容和频次，并将责任逐一分解落实，推动全员参与自主排查隐患，尤其要强化对存在重大风险的场所、环节、部位的隐患排查。

3.《中共中央国务院关于推进安全生产领域改革发展的意见》（中发〔2016〕32号）

坚持源头防范。严格安全生产市场准入，经济社会发展要以安全为前提，把安全生产贯穿城乡规划布局、设计、建设、管理和企业生产经营活动全过程。构建风险分级管控和隐患排查治理双重预防工作机制，严防风险演变、隐患升级导致生产安全事故发生。

4.《国家安全监管总局关于印发遏制危险化学品和烟花爆竹重特大事故工作意见的通知》（安监总管三〔2016〕62号）

深入分析总结事故规律，准确把握风险、隐患与事故的内在联系，深刻认识事故是由隐患发展积累导致的，隐患的根源在于风险，风险得不到有效管控就会演变成隐患从而导致事故发生。因此，要把防范事故关口前移，全面排查安全风险，强化风险管控。不断完善排查风险和隐患的方式方法与体制机制，通过网格化排查，做到全覆盖、无死角、无遗漏。

5.《国家安全监管总局办公厅关于开展危险化学品重大危险源在线监控及事故预警系统建设试点工作的通知》（安监总厅管三〔2016〕110号）

在全面排查、摸清底数的基础上，按照《标本兼治遏制重特大事故工作指南》要求，绘制省、市、县三级以及企业的危险化学品和烟花爆竹重大危险源分布电子图、安全风险等级分布电子图，建立安全风险和事故隐患数据库。

国家安全监管总局开发完成功能统一、标准一致的在线监控及事故预警系统有关软件系统。建立层次分明、责任清晰的在线监控及事故预警系统技术体系，并切实发挥应有作用。

二十六、企业风险分级管控的要求是什么?

企业要根据风险评价的结果，针对安全风险特点，从组织、制度、技术、应急等方面对安全风险进行有效管控。要通过隔离危险源、采取技术手段、实施个体防护、设置监控设施等措施，达到规避、降低和监测风险的目的。要对安全风险分级、分层、分类、分专业进行管理，逐一落实企业、车间、班组和岗位的管控责任，尤其要强化对重大危险源和存在重大安全风险的生产经营系统、生产区域、岗位的重点管控。企业要高度关注运营状况和危险源变化后的风险状况，动态评估、调整风险等级和管控措施，确保安全风险始终处于受控范围内。

1. 划分风险分级管控原则

A 级/5 级：稍有危险，需要注意(或可忽略的)。员工应引起注意，各工段、班组负责 A 级危害因素的控制管理，可根据是否在生产场所或实际需要来确定是否制定控制措施及保存记录。需要控制措施的纳入蓝色风险监控。

B 级/4 级：蓝色风险/轻度(一般)危险，可以接受(或可容许的)。车间、科室应引起关注，负责 B 级危害因素的控制管理，所属工段、班组具体落实；不需要另外的控制措施，应考虑投资效果更佳的解决方案或不增加额外成本的改进措施，需要监视来确保控制措施得以维持现状，保留记录。

C 级/3 级：黄色风险/中度(显著)危险，需要控制整改。公司、部室(车间上级单位)应引起关注，负责 C 级危害因素的控制管理，所属车间、科室具体落实；应制定管理制度、规定进行控制，努力降低风险，应仔细测定并限定预防成本，在规定期限内实施降低风险措施。在严重伤害后果相关的场合，必须进一步进行评价，确定伤害的可能性和是否需要改进的控制措施。

D 级/2 级：橙色风险/高度危险(重大风险)，必须制定措施进行控制管理。公司对重大及以上风险危害因素应重点控制管理，具体由安全主管部门和各职能部门根据职责分工具体落实。当风险涉及正在进行中的工作时，应采取应急措施，并根据需求为降低风险制定目标、指标、管理方案或配给资源、限期治理，直至风险降低后才能开始工作。

E 级/1 级：红色风险/不可容许的(巨大风险)，极其危险，必须立即整改，不能继续作业。只有当风险已降低时，才能开始或继续工作。如果无限的资源投入也不能降低风险，就必须禁止工作，立即采取隐患治理措施。

2. 制定风险管控等级及控制措施

风险等级		应采取的行动/控制措施	实施期限
E/1 级	极其危险(红色)	在采取措施降低危害前，不能继续作业，对改进措施进行评估	立刻
D/2 级	高度危险(橙色)	采取紧急措施降低风险，建立运行控制程序，定期检查、测量及评估	立即或近期整改
C/3 级	显著危险(黄色)	可考虑建立目标、建立操作规程，加强培训及沟通	2 年内治理
B/4 级	轻度危险(蓝色)	可考虑建立操作规程、作业指导书但需定期检查	有条件、有经费时治理
A/5 级	稍有危险(绿色)	无需采用控制措施	需保存记录

3. 风险控制措施

对不同级别的风险都要结合实际采取多种措施进行控制，并逐步降低风险，直至可以接受。风险控制措施包括工程技术措施、管理措施、教育措施、个体防护措施。

二十七、为什么要发布《危险化学品生产、储存装置个人可接受风险标准和社会可接受风险标准(试行)》?

随着我国经济社会快速发展，石化、化工产业布局与工业化、城镇化的矛盾日益突出，城区、居民区与部分危险化学品企业的安全防护距离不足带来的安全风险有不断加剧趋势。从风险防范的角度出发，国际上通常采用可接受风险标准来控制危险源与防护目标间的外部安全防护距离，确保防护目标增加的风险在可接受范围内。

目前我国相关法规、标准中有关危险化学品企业防护距离的概念主要有消防部门牵头组织制定的防火间距和卫生部门牵头组织制定的卫生防护距离。但由于制定的目的不同，实践发现在预防重特大事故时有一定的局限性。如：防火间距主要是针对非爆炸性的火灾事故，以火灾预防和火灾初期扑救为目的来设定，不考虑危险物质泄漏后的毒性危害。其主要标准《建筑设计防火规范》(GB 50016—2014)、《石油化工企业设计防火规范》(GB 50160—2008)规定的石化企业与居民区等的防火间距一般不超过120m。2014年5月，国家安全监管总局以13号公告的形式发布了《危险化学品生产、储存装置个人可接受风险标准和社会可接受风险标准(试行)》(以下简称《可接受风险标准》)。《可接受风险标准》中明确将危险化学品生产、储存装置(以下简称危化装置)在发生火灾、爆炸、有毒气体泄漏时，为避免事故造成重大人员伤亡和财产损失而设定的缓冲距离作为外部安全防护距离。同时，针对重点监管、爆炸品和非重点监管三类危化装置分别研究提出定量风险评价法、后果计算法和危险指数法三种外部安全防护距离确定方法，用于危险化学品新建企业选址、高风险企业搬迁和化工园区规划布局时，更为科学、合理。

二十八、我国的风险可接受标准是怎么确定的?

1. 个人与社会可接受风险标准确定原则

坚持“以人为本、安全第一”的理念。风险可接受标准是针对人员安全而设定，根据不同防护目标处人群的疏散难易将防护目标分为低密度、高密度和特殊高密度三类场所，分别制定相应的个人可接受风险标准。将老人、儿童、病人等自我保护能力较差的特定脆弱性人群作为敏感目标优先考虑，制定了相对严格的可接受风险标准。

遵循与国际接轨、符合中国国情的原则。我国新建装置的个人可接受风险标准在现有公布可接受风险标准的国家中处于中等偏上水平。由于我国现有在役危化装置较多，并综合考虑其工艺技术、周边环境和城市规划等历史客观原因，《可接受风险标准》对在役装置设定的风险标准比新建装置相对宽松。

2. 个人可接受风险标准

国际上通常采用国家人口分年龄段死亡率最低值乘以一定的风险

可允许增加系数，作为个人可接受风险的标准值。如：荷兰、英国、中国香港等不同国家(地区)均颁布了个人可接受风险标准(见表1)。

表1　不同国家(地区)所制定的个人可接受风险标准表

各发达国家或地区		可接受风险(每年)		
		医院等	居住区	商业区
荷兰	新建装置	1×10^{-6}	1×10^{-6}	1×10^{-6}
	在役装置	1×10^{-5}	1×10^{-5}	1×10^{-5}
英国(新建和在役装置)		3×10^{-7}	1×10^{-6}	1×10^{-5}
香港(新建和在役装置)		1×10^{-5}	1×10^{-5}	1×10^{-5}
新加坡(新建和在役装置)		1×10^{-6}	1×10^{-6}	5×10^{-5}
马来西亚(新建和在役装置)		1×10^{-6}	1×10^{-6}	1×10^{-5}
澳大利亚(新建和在役装置)		5×10^{-7}	1×10^{-6}	5×10^{-5}
加拿大(新建和在役装置)		1×10^{-6}	1×10^{-5}	1×10^{-5}
巴西	新建装置	1×10^{-6}	1×10^{-6}	1×10^{-6}
	在役装置	1×10^{-5}	1×10^{-5}	1×10^{-5}

我国与欧美国家相比，可利用土地资源缺乏，人口密度高，危险化学品生产储存装置密集，在确定风险标准时，一方面要考虑提供充分的安全保障，另一方面要考虑稀缺土地资源的有效利用。因此对于普通民用建筑、一般居住场所的风险标准略宽松，但特殊高密度场所(大于100人)的风险标准较为严格。

我国不同防护目标的个人可接受风险标准是由分年龄段死亡率最低值乘以相应的风险控制系数得出的。风险控制系数的确定参考丹麦等国的相关做法，分别选定10%，3%，1%和0.1%应用于不同防护目标，是公众对意外风险可接受水平的直观体现。最终确定了我国个人可接受风险标准，见表2。

与其他国家或地区的个人可接受风险标准对比可看出，我国新建装置对居民区的个人可接受风险标准低于英国、新加坡、澳大利亚、荷兰、马来西亚、巴西的要求，但高于加拿大以及中国香港地区的要求。我国新建装置对于医院等高敏感场所的个人可接受风险标准与英国一致，高于所有其他发达国家或地区。我国新建装置对商业区等的个人可接受风险标准低于巴西、荷兰的要求，与英国、马来西亚、加拿大以及中国香港地区一致，高于新加坡和澳大利亚的要求。

表 2　我国个人可接受风险标准值表

防护目标	个人可接受风险标准	
	新建装置（每年）≤	在役装置（每年）≤
低密度人员场所（人数<30 人）：单个或少量暴露人员	1×10^{-5}	3×10^{-5}
居住类高密度场所（30 人≤人数<100 人）：居民区、宾馆、度假村等。 公众聚集类高密度场所（30 人≤人数<100 人）：办公场所、商场、饭店、娱乐场所等	3×10^{-6}	1×10^{-5}
高敏感场所：学校、医院、幼儿园、养老院、监狱等。 重要目标：军事禁区、军事管理区、文物保护单位等。 特殊高密度场所（人数≥100 人）：大型体育场、大型交通枢纽、大型露天市场、大型居住区、大型宾馆、大型度假村、大型办公场所、大型商场、大型饭店、大型娱乐场所等	3×10^{-7}	3×10^{-6}

对于在役装置，英国、新加坡、马来西亚、澳大利亚、加拿大以及中国香港地区都采取与新建装置一样的风险标准，荷兰和巴西则在役装置的个人可接受风险标准比新建装置要求低，相差一个数量级。我国城区内现有危化装置比较多，针对国内现有的危险化学品企业，考虑其工艺技术、周边环境和城市规划等历史客观原因，《可接受风险标准》中按新建装置、在役装置分别列出风险标准，在役装置要比新建装置（包括新建、改建和扩建装置）的风险标准更为宽松。但现有装置一旦进行改建和扩建则其整体要执行新建装置的风险标准，避免老企业盲目发展引发新的安全距离不足问题。

3. 社会可接受风险标准

社会可接受风险标准是对个人可接受风险标准的补充，是在危险源周边区域的实际人口分布的基础上，为避免群死群伤事故的发生概率超过社会和公众的可接受范围而制定的。通常用累积频率和死亡人数之间的关系曲线(F-N 曲线)表示，如图 1 所示。社会风险曲线中横坐标对应的是死亡人数，纵坐标对应的是所有超过该死亡人数事故的累积概率。即 $F(30)$ 对应的是该装置造成超过 30 人以上死亡事故的概率，也就是特别重大事故的发生概率。

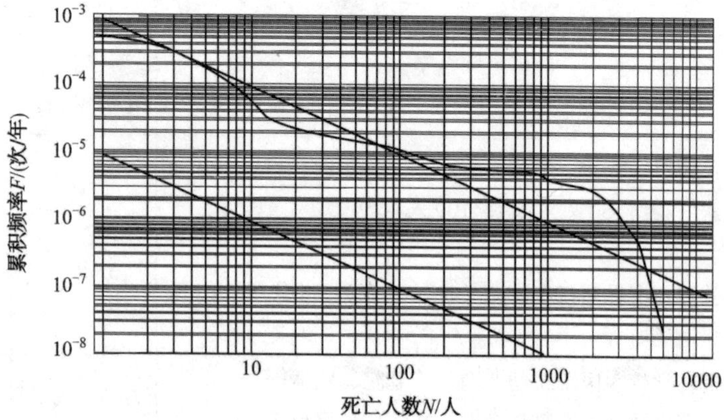

图 1　社会风险曲线图

社会可接受风险标准并不是每个执行定量风险评价的国家都在用，例如：匈牙利、巴西等国家虽然设定了个人可接受风险标准但没有制定社会可接受风险标准。在设置社会可接受风险标准的国家和地区中，英国、荷兰以及中国香港地区的社会可接受风险标准较具有代表性(如图 2~图 5 所示)。

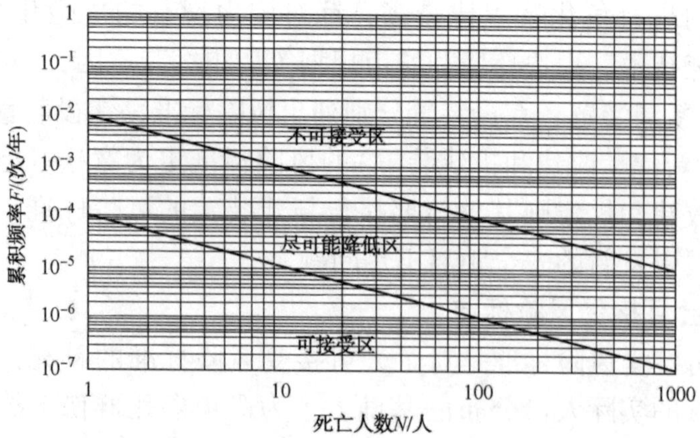

图 2　英国社会可接受风险标准图

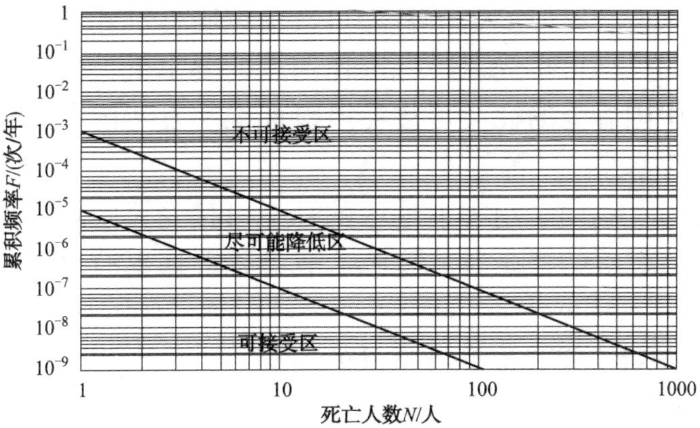

图 3 荷兰社会可接受风险标准图

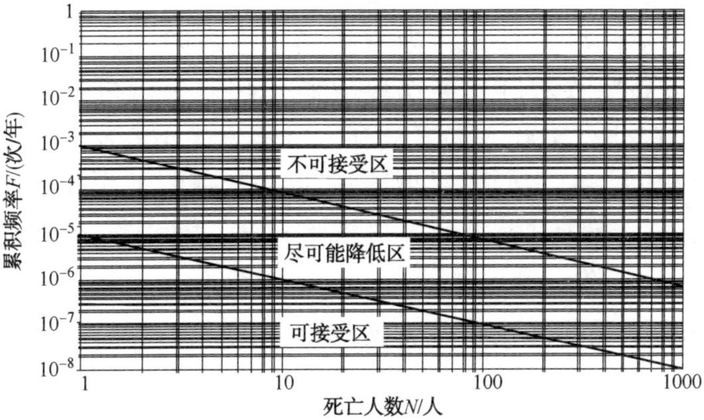

图 4 中国香港地区社会可接受风险标准图

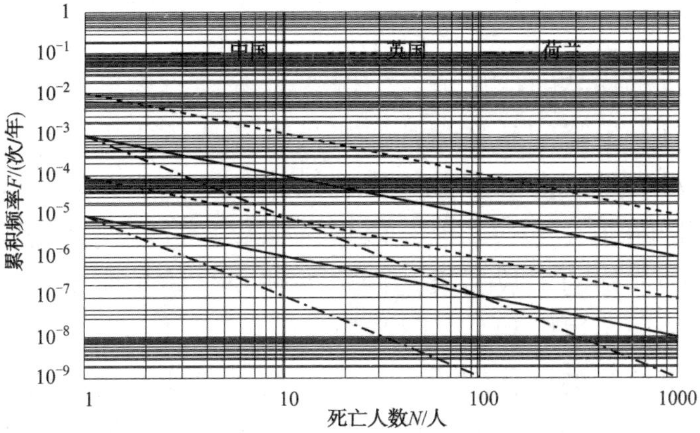

图 5 各国家地区的社会可接受风险标准对比图

将三个典型国家(地区)的社会可接受风险标准相比较，可看出中国香港地区的社会可接受风险标准比荷兰的要求低，但比英国的要求高。总体看中国香港的社会可接受风险标准在发达国家和地区的风险标准处于中等水平。

综合考虑，我国采用香港地区的社会可接受风险标准值，作为个人可接受风险标准的补充对危险源造成群死群伤事故风险的可接受程度进行评估。

4. 个人与社会可接受风险标准的关系

个人可接受风险标准描述的是危化装置周围某一固定位置处单个人员对风险的可接受水平，社会可接受风险标准是危化装置周边一定范围内社会公众整体对风险的可接受水平。社会可接受风险标准是对个人可接受风险标准的补充，为避免当个人风险满足标准要求时，由于人口密度过高导致的群死群伤事故概率超过公众可接受范围。例如100 年发生 1 次死亡 100 人的事故和 100 年发生 100 次 1 人死亡的事故的个人风险相同，但我们要采取措施进一步避免 1 次死亡 100 人的事故发生，因此对危险源周边的人口密集区域需要从社会风险的角度提出补充要求。

5. 外部安全防护距离推荐方法选择依据

通过综合考虑我国目前危险化学品生产经营单位的监管现状、装置涉及危险化学品和工艺的危险特性，将危化装置分为涉及爆炸品的、重点监管的和非重点监管三类，分别推荐了相应的外部安全防护距离确定方法。

(1) 涉及爆炸品的危化装置。爆炸品不需要借助外界提供氧，仅靠自身就可以发生瞬间整体爆炸，对外界造成危害的时间很短，防护目标处人员没有采取撤离疏散等应急措施的可能，并且爆炸事故造成的社会负面影响较大。基于以上因素，爆炸品危化装置需要单独作为一类选取最为严格的事故后果法确定外部安全防护距离，这样可以最大限度地保护周边居民和公共财产的安全。

(2) 重点监管的危化装置。由于该类装置涉及危险化学品的危险性较高，装置规模通常较大，加上工艺复杂多样，不同装置之间安全水平参差不齐，在选取外部安全防护距离确定方法时既要考虑科学性又要考虑针对性，因此推荐选用在发达国家已被广泛应用的定量风险评价法。定量风险评价法不仅可以科学地评价出装置的实际安全水平，而且可以提出针对性的建议措施提升装置的本质安全水平，体现了科学性和针对性。

自《危险化学品重大危险源监督管理暂行规定》(国家安全监督管理总局令第40号，以下简称“40号令”)公布以后，定量风险评价法在涉及毒性气体、爆炸品、液化易燃气体的危险化学品重大危险源的安全评估方面进行了广泛应用，积累了宝贵的经验。本次将定量风险评价应用于外部安全防护距离的确定，是在《化工企业定量风险评价导则》(AQ/T 3046—2013)公布以后，对40号令第九条有关规定的扩展延伸。与40号令第九条规定相比，采用定量风险评价法确定外部安全防护距离的装置范围更广，依据的个人可接受风险标准更适用于危险性稍低于40号令第九条所列的装置。因此当危化装置符合40号令第九条规定的情形，需按照40号令中规定的风险标准执行。

(3) 非重点监管的危化装置。该类装置的特点是工艺简单，数量众多，规模不一，很多属于规模较小、品种单一的中小企业。如果按照定量风险评价法来确定外部安全防护距离，可能造成评估成本较大；如果按照事故后果方法按最严重事故场景来确定外部安全防护距离，可能会造成外部安全防护距离过大，致使因外部安全防护距离不足而搬迁的企业范围扩大，因此建议采用简单便捷的危险指数法，根据危化装置中危险化学品的数量、性质、位置、生产类型和周围环境条件，评估和计算危化装置的危险指数，然后通过简单查表确定外部安全防护距离。

6. 与其他标准的关系

国家安全监管总局第13号公告中的可接受风险标准只用于限定危化装置与厂区外部防护目标之间的距离，主要目的是减小危化装置发生火灾、爆炸、毒气泄漏等事故对周边社会公众的影响。考虑的是事故状态下，危化装置周边社会公众的人身安全，并不针对环境危害和正常生产对周边人员长期、慢性的健康问题。因此在执行相关距离标准时，应在满足本公告要求的基础上，执行其他有关强制性标准的要求。

第七章 变更管理

一、什么是变更管理？变更管理的范围和类型有哪些？

《企业安全生产标准化基本规范》(GB/T 33000—2016)中将变更管理定义为：对机构、人员、管理、工艺、技术、设备设施、作业环境等永久性或暂时性的变化进行有计划的控制，以避免或减轻对安全生产的影响。

同类替代不属于变更的范畴。使用符合某个物体设计规格的物体(如设备、化学品、执行程序等)来更换该物体，属于同类替代。同类替代特点是：替代物对所替换的物体的功能或安全性不产生任何不利影响。这是一个等同的更换或符合设计规格的替代。如：

(1) 设备的检修和维护；

(2) 更换同一型号的设备和管线；

(3) 更换同一型号的配件；

(4) 清扫容器、管线或其他设备；

(5) 日常的设备、设施防腐保温处理；

(6) 修理或重新校验仪器、仪表；

(7) 工艺参数在控制指标范围内的调整；

(8) 工艺流程、生产方案在工艺技术规程或岗位操作法范围内的调整；

(9) 在具有同等能力的人群中重新分配紧急响应角色。

一般的维护作业不涉及任何修改原设计的，不属于变更范围。

工艺控制范围内的调整、设备设施的维护或更换同类型设备不属于变更管理的范围。

按照变更的内容分为工艺技术变更、设备设施变更、管理变更。按照变更的时限分为永久性变更、暂时性(临时性)变更。

二、为什么要加强化工企业的变更管理工作？

化工和石化行业不少灾难性事故都是由于不恰当的变更管理而造成的。发生在1974年的英国Flixborough泄漏爆炸事故，就是典型的由于工厂缺乏管理工艺系统变更的制度而导致的事故，促使人们开始重视对变更的管理。

变更在化工企业中比较普遍，尤其是工艺技术变更，在生产工况出现变化或某些操作、某个参数影响工艺生产稳定，生产成本增加时，企业多会考虑对工艺控制过程或使用的原辅材料进行改变。

任何工艺的改变都有可能带来运行风险的变化，尤其是如果变更后造成风险增大，有可能会造成事故发生的概率增加。变更带来的风险需要进行评估和控制，否则会带来事故。纵观化工企业发生的事故，很多都是与变更管理执行的不严格或不执行变更管理有关。如2010年7月16日发生的大连国际储运有限公司输油管道爆炸火灾事故，即存在变更管理严重缺失现象。再如2014年7月1日宁夏瑞泰科技股份有限公司的爆炸事故，也是与随意变更有关。

企业因变更原因造成的事故多发现象，给人们敲响了警钟，充分认识到必须高度重视变更管理工作，同时政府部门对变更管理也提出了强制性要求。《国家安全监管总局关于加强化工过程安全管理的指导意见》(安监总管三〔2013〕88号)第(二十二)条规定，将工艺、设备、仪表、电气、公用工程、备件、材料、化学品、生产组织方式和人员等方面发生的所有变化，都要纳入变更管理。

三、变更管理涉及的规范性文件和标准主要有哪些？对变更管理是如何要求的？

变更管理涉及的规范性文件及各自要求主要有：

1.《国家安全监管总局关于加强化工过程安全管理的指导意见》(安监总管三〔2013〕88号)

《指导意见》规定，企业要建立变更管理制度，将工艺、设备、仪表、电气、公用工程、备件、材料、化学品、生产组织方式和人员等方面发生的所有变化，都要纳入变更管理范围。

2.《国家安全监管总局 工业和信息化部关于危险化学品企业贯彻落实<国务院关于进一步加强企业安全生产工作的通知>的实施意见》(安监总管三〔2010〕186号)

第12条规定，企业应加强变更管理。企业要制定并严格执行变更管理制度。对采用的新工艺、新设备、新材料、新方法等，要严格履行申请、安全论证审批、实施、验收的变更程序，实施变更前应对变更过程产生的风险进行分析和控制。任何未履行变更程序的变更，不得实施。任何超出变更批准范围和时限的变更必须重新履行变更程序。

3.《危险化学品生产企业安全生产许可证实施办法》(国家安全监管总局令第41号)

企业安全生产许可证申领条件之一：建立"变更管理制度"。

4.《危险化学品安全使用许可证实施办法》(国家安全监管总局令第57号)

标准及其要求主要有：

(1)《企业安全生产标准化基本规范》(GB/T 33000—2016)。《企业安全生产标准化基本规范》(GB/T 33000—2016)要求，企业应制定变更管理制度。变更前应对变更过程及变更后可能产生的安全风险进行分析，制定控制措施，履行审批及验收程序，并告知和培训相关从业人员。

(2)《危险化学品从业单位安全标准化通用规范》(AQ 3013—2008)。

（3）《化工企业工艺安全管理实施导则》（AQ/T 3034—2010）。《化工企业工艺安全管理实施导则》（AQ/T 3034—2010）规定，变更管理应考虑以下方面内容：

① 变更的技术基础；

② 变更对员工安全和健康的影响；

③ 是否修改操作规程；

④ 为变更选择正确的时间；

⑤ 为计划变更授权。

（4）《石油化工企业安全管理体系导则》（AQ/T 3012—2008）。

四、变更管理制度应包含哪些内容？

《国家安全监管总局关于加强化工过程安全管理的指导意见》（安监总管三〔2013〕88 号）中规定，变更管理制度至少应包含以下内容：变更的事项、起始时间、变更的技术基础、可能带来的安全风险、消除和控制安全风险的措施、是否修改操作规程、变更审批权限、变更实施后的安全验收等。

五、工艺技术变更的内容主要包括哪些？

《国家安全监管总局关于加强化工过程安全管理的指导意见》（安监总管三〔2013〕88 号）中规定：工艺技术变更主要包括生产能力，原辅材料（包括助剂、添加剂、催化剂等）和介质（包括成分比例的变化），工艺路线、流程及操作条件，工艺操作规程或操作方法，工艺控制参数，仪表控制系统（包括安全报警和联锁整定值的改变），水、电、汽、风等公用工程方面的改变等。

六、设备设施变更的内容主要包括哪些?

《国家安全监管总局关于加强化工过程安全管理的指导意见》(安监总管三〔2013〕88号)中规定，设备设施变更主要包括设备设施的更新改造、非同类型替换(包括型号、材质、安全设施的变更)、布局改变，备件、材料的改变，监控、测量仪表的变更，计算机及软件的变更，电气设备的变更，增加临时的电气设备等。

七、管理变更的内容主要包括哪些?

《国家安全监管总局关于加强化工过程安全管理的指导意见》(安监总管三〔2013〕88号)中规定，管理变更主要包括人员、供应商和承包商、管理机构、管理职责、管理制度和标准发生变化等。

八、变更管理的工作流程是什么?

《国家安全监管总局关于加强化工过程安全管理的指导意见》(安监总管三〔2013〕88号)中规定了变更管理的程序。

(1) 申请。按要求填写变更申请表，由专人进行管理。

(2) 审批。变更申请表应逐级上报企业主管部门，并按管理权限报主管负责人审批。

(3) 实施。变更批准后，由企业主管部门负责实施。没有经过审查和批准，任何临时性变更都不得超过原批准范围和期限。

(4) 验收。变更结束后，企业主管部门应对变更实施情况进行验收并形成报告，及时通知相关部门和有关人员。及时对相关人员进行培训，使其掌握新的工作程序和操作方法。

(5) 关闭。变更验收结束后，按照文件管理要求，相关部门应及时修订操作规程和工艺控制参数，制定、完善管理制度，载入变更管理档案，并将新的文件资料按照有关程序及时发至有关部门和人员手中，关闭变更。

企业实施变更管理的工作流程图如下：

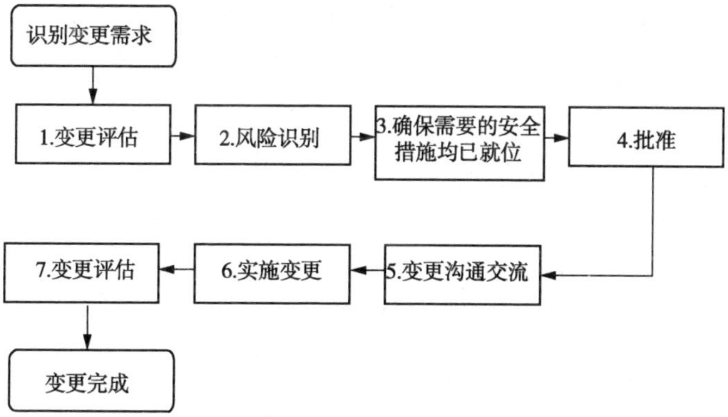

九、化工企业如何实施变更管理？

实施变更管理，可以在变更实施之前，针对装置设计、操作、组织架构及其他活动所进行的评估和控制过程，以确保在变更实施过程中不会引入新的危害，并且保证当前已存在的危害对员工、公众及周边环境的影响不会增加。

根据变更管理的工作流程，化工企业实施变更管理应按照下列要求进行：

1. 变更申请

变更申请人应根据企业现状，识别变更需求，初步判断变更类型、影响因素、范围等情况，按分类做好实施变更前的各项准备工作，提出变更申请。

2. 变更审批

（1）变更应充分考虑健康安全环境影响，并确认是否需要工艺危害分析。对需要做工艺危害分析的，分析结果应经过审核批准。

(2) 变更应实施分级管理。应根据变更影响范围的大小以及所需调配资源的多少，决定变更审批权限。

(3) 在满足所有相关工艺安全管理要求的情况下批准人或授权批准人方能批准。

(4) 对变更可能引起其他连带的影响，如工艺安全信息、管理程序、培训要求等发生变化，申请人必须对此逐项确认，审批人督导落实变更影响项目的整改责任人和完成日期。

(5) 变更申请审批内容有：

——变更目的；

——变更涉及的相关技术资料；

——变更内容；

——健康安全环境的影响(确认是否需要工艺危害分析，如需要，应提交符合工艺危害分析管理要求且经批准的工艺危害分析报告)；

——涉及操作规程修改的，审批时应提交修改后的操作规程；

——对人员培训和沟通的要求；

——变更的限制条件(如时间期限、物料数量等)；

——强制性批准和授权要求。

3. 变更实施

(1) 在变更实施前应当将相关的工艺安全信息更新，如变更引起的工艺流程图、管线与仪表图、设备数据表、报警设置和联锁值、操作与维修程序、操作与维修保养记录表、新增加的材料安全技术说明书(MSDS)等。对于紧急变更，工艺安全信息的更新，可以在变更的实施过程中进行。

(2) 在变更通过审查批准后，由申请单位负责落实变更的实施，并就变更的内容及技术安全审查提出的建议，与变更的执行单位进行沟通，并指定变更实施的监督人，必要时可以成立变更项目监督小组。

(3) 变更实施过程中应当遵守公司安全工作许可证、特种作业许可等相关管理标准。

(4) 在变更完成之前必须将更新的工艺安全信息、操作维修程序、变更要到达的目的、技术与安全审查的结果传达给相关的操作与维护维修人员，完成培训。

（5）完成变更的工艺、设备，在运行前应对变更影响或涉及的如下人员进行培训或沟通。必要时，针对变更制定培训计划，培训内容包括变更目的、作用、程序、变更内容，变更中可能的风险和影响，以及同类事故案例。

变更涉及的人员都参与培训，包括：

——变更所在区域的人员，如维修人员、操作人员等；

——变更管理涉及的人员，如设备管理人员、培训人员等；

——承包商；

——外来人员；

——供应商；

——相邻装置(单位)或社区的人员；

——其他相关的人员。

4. 变更验收

变更实施完成后，在变更的技术与安全审查过程中已确定需要进行投运前安全审查的，必须执行工艺设备投运前安全审查管理标准。并对变更是否符合规定内容，以及是否达到预期目的进行验证，提交工艺设备变更结项报告，并完成以下工作：

——所有与变更相关的工艺技术信息都已更新；

——规定了期限的变更，期满后应恢复变更前状况；

——试验结果已记录在案；

——确认变更结果；

5. 变更关闭

（1）变更结束后，变更申请单位应负责将变更的相关数据存盘，包括变更审批表、工艺安全分析报告以及建议的解决方案等。

（2）变更更新的工艺流程图，管线与仪表图，设备数据表，报警设置值，操作与维修程序，操作与维修保养记录表，新增加的材料安全技术说明书(MSDS)等，必须在变更申请单位、专业主管部门及公司数据室各存档一份，同时废止变更前的旧档。

附 1：某公司变更申请表样板

×××公司

变更申请表

<table>
<tr><td>申请单位
(盖章)</td><td></td><td>申请日期</td><td></td></tr>
<tr><td>变更名称</td><td></td><td>变更计划完成期限</td><td></td></tr>
<tr><td>变更类别</td><td></td><td colspan="2">1. 永久；2. 临时；3. 紧急；4. 是否停车</td></tr>
<tr><td colspan="4">变更原因、内容及技术依据(可另附纸张)：</td></tr>
<tr><td colspan="4">变更所需材料及费用预算(可另附纸张)：</td></tr>
<tr><td colspan="4">变更中及变更后可能存在的风险：</td></tr>
<tr><td colspan="4">安全控制措施：</td></tr>
<tr><td colspan="2">申请单位负责人意见：
签字： 年 月 日</td><td colspan="2">主管部室审核意见：
签字： 年 月 日</td></tr>
<tr><td colspan="2">其他单位审核意见：
签字： 年 月 日</td><td colspan="2">公司分管副总经理审批意见：
签字： 年 月 日</td></tr>
<tr><td colspan="4">公司总经理批准意见(涉及公司重大决策的变更由公司总经理批准)：
公司总经理签字： 年 月 日</td></tr>
</table>

注：1. 部门保管期限 5 年。2. 本表一式二份，变更申请单位及主管部室各一份。

附 2：某公司变更验收表样板

×××公司
变更验收表

<table>
<tr><td>变更名称</td><td colspan="3"></td></tr>
<tr><td>变更编号</td><td></td><td>验收时间</td><td></td></tr>
<tr><td colspan="4">参加验收人员：</td></tr>
</table>

<table>
<tr><td>预移交检查</td><td>是</td><td>否</td><td>无关</td></tr>
<tr><td>按照变更的要求，完成了操作的培训</td><td></td><td></td><td></td></tr>
<tr><td>按照变更的要求，完成了维修的培训</td><td></td><td></td><td></td></tr>
<tr><td>安全关键设备检查完毕</td><td></td><td></td><td></td></tr>
<tr><td>充分的急救和紧急反应装置就位</td><td></td><td></td><td></td></tr>
<tr><td>机械检查完成</td><td></td><td></td><td></td></tr>
<tr><td>仪表电气检查完成</td><td></td><td></td><td></td></tr>
<tr><td>用于移交给操作的所有适当的程序/说明</td><td></td><td></td><td></td></tr>
<tr><td colspan="4">验收意见：</td></tr>
<tr><td colspan="4">变更项目是否可以试车和移交给变更部门

是　否</td></tr>
<tr><td colspan="4">接受人：

年　月　日</td></tr>
</table>

注：1. 部门保管期限 5 年。2. 本表一式二份，变更接受单位及主管部室各一份。

十、哪些变更属于紧急变更？如何实施紧急变更管理？

正常的变更流程无法执行时，如在夜间、节假日或应急的情况下，需要实施的工艺及设备变更，应申请紧急变更。

企业应建立紧急变更实施管理程序，明确实施紧急变更的的情形和工作流程。申请必须经紧急变更程序中规定的职责部门和人员的核准及授权后，填写紧急变更审批表，方可执行变更。

紧急变更完成后，变更申请人应按照变更管理程序补充相应变更审批表单，并归档。

第八章
关键装置、重点部位和重大危险源

一、什么是关键装置和重点部位？

《危险化学品从业单位安全标准化通用规范》(AQ 3013—2008)中指出：关键装置是指在易燃、易爆、有毒、有害、易腐蚀、高温、高压、真空、深冷、临氢、烃氧化等条件下进行工艺操作的生产装置。

重点部位是指生产、储存、使用易燃易爆、剧毒等危险化学品场所，以及可能形成爆炸、火灾场所的罐区、装卸台(站)、油库、仓库等；对关键装置安全生产起关键作用的公用工程系统等。

二、对关键装置和重点部位有什么管理要求？

《危险化学品从业单位安全标准化通用规范》(AQ 3013—2008)标准中要求：

(1) 企业应加强对关键装置、重点部位安全管理，实行企业领导干部联系点管理机制。

(2) 联系人对所负责的关键装置、重点部位负有安全监督与指导责任，包括：

——指导安全承包点实现安全生产；

——监督安全生产方针、政策、法规、制度的执行和落实；

——定期检查安全生产中存在的问题；

——督促隐患项目治理；

——监督事故处理原则的落实;

——解决影响安全生产的突出问题等。

(3) 联系人应每月至少到联系点进行一次安全活动，活动形式包括参加基层班组安全活动、安全检查、督促治理事故隐患、安全工作指示等。

(4) 企业应建立关键装置、重点部位档案，建立企业、管理部门、基层单位及班组监控机制，明确各级组织、各专业的职责，定期进行监督检查，并形成记录。

(5) 企业应制定关键装置、重点部位应急预案，至少每半年进行一次演练，确保关键装置、重点部位的操作、检修、仪表、电气等人员能够识别和及时处理各种事件及事故。

三、什么是危险化学品重大危险源?

《危险化学品重大危险源辨识》(GB 18218—2009)中将危险化学品重大危险源定义为长期地或临时地生产、加工、使用或储存危险化学品，且危险化学品的数量等于或超过临界量的单元。

一个(套)生产装置、设施或场所，或同属一个生产经营单位的且边缘距离小于500m的几个(套)生产装置、设施或场所称为危险化学品单元。

临界量系指对于某种或某类危险化学品规定的数量，若单元中的危险化学品数量等于或超过该数量，则该单元定为重大危险源。

《危险化学品重大危险源监督管理暂行规定》(国家安全生产监督管理总局令第40号)规定，危险化学品重大危险源是指按照《危险化学品重大危险源辨识》(GB 18218)标准辨识确定，生产、储存、使用或者搬运危险化学品的数量等于或者超过临界量的单元(包括场所和设施)。

四、我国法律法规对重大危险源管理主要有哪些要求？

1.《国务院关于进一步加强企业安全生产工作的通知》(国发〔2010〕23号)第16条要求企业要对重大危险源和重大隐患要报当地安全生产监管监察部门、负有安全生产监管职责的有关部门和行业管理部门备案。

2.《国务院关于坚持科学发展安全发展促进安全生产形势持续稳定好转的意见》(国发〔2011〕40号)第13条要求各地区要建立重大危险源管理档案，实施动态全程监控。

3.《危险化学品安全管理条例》(国务院令第591号)第十九条规定：危险化学品生产装置或者储存数量构成重大危险源的危险化学品储存设施(运输工具加油站、加气站除外)，与下列场所、设施、区域的距离应当符合国家有关规定：

(1) 居住区以及商业中心、公园等人员密集场所；

(2) 学校、医院、影剧院、体育场(馆)等公共设施；

(3) 饮用水源、水厂以及水源保护区；

(4) 车站、码头(依法经许可从事危险化学品装卸作业的除外)、机场以及通信干线、通信枢纽、铁路线路、道路交通干线、水路交通干线、地铁风亭以及地铁站出入口；

(5) 基本农田保护区、基本草原、畜禽遗传资源保护区、畜禽规模化养殖场(养殖小区)、渔业水域以及种子、种畜禽、水产苗种生产基地；

(6) 河流、湖泊、风景名胜区、自然保护区；

(7) 军事禁区、军事管理区；

(8) 法律、行政法规规定的其他场所、设施、区域。

已建危险化学品的生产装置和储存数量构成重大危险源的储存设施不符合前款规定的，由所在地设区的市级人民政府负责危险化学品安全监督管理综合工作的部门监督其在规定期限内进行整顿；需要转产、停产、搬迁、关闭的，报本级人民政府批准后实施。

4.《危险化学品安全管理条例》第二十四条要求，剧毒化学品以及储存数量构成重大危险源的其他危险化学品，应当在专用仓库内单独存放，并实行双人收发、双人保管制度。

第二十五条规定，对剧毒化学品以及储存数量构成重大危险源的其他危险化学品，储存单位应当将其储存数量、储存地点以及管理人员的情况，报所在地县级人民政府安全生产监督管理部门(在港区内储存的，报港口行政管理部门)和公安机关备案。

第四十八条规定，危险化学品生产、储存企业以及使用剧毒化学品和数量构成重大危险源的其他危险化学品的单位，应当向国务院经济贸易综合管理部门负责危险化学品登记的机构办理危险化学品登记。

5.《安全生产法》第三十七条规定，生产经营单位对重大危险源应当登记建档，进行定期检测、评估、监控，并制定应急预案，告知从业人员和相关人员在紧急情况下应当采取的应急措施。生产经营单位应当按照国家有关规定将本单位重大危险源及有关安全措施、应急措施报有关地方人民政府安全生产监督管理部门和有关部门备案。

6.《关于开展提升危险化学品领域本质安全水平专项行动的通知》(安监总管三〔2012〕87号)要求：开展危险化学品重大危险源自动化监控系统改造工作要按照《危险化学品重大危险源监督管理暂行规定》(国家安全监管总局令第40号)的要求，改造危险化学品重大危险源的自动化监测监控系统，完善监控措施，2014年底前全面实现危险化学品重大危险源温度、压力、液位、流量、可燃有毒气体泄漏等重要参数自动监测监控、自动报警和连续记录。

五、涉及重大危险源安全管理的部门规章主要有哪些？都是如何要求的？

(一)《国家安全监管总局 住房城乡建设部关于进一步加强危险化学品建设项目安全设计管理的通知》(安监总管三〔2013〕76号)要求有：

第二条规定，涉及重点监管危险化工工艺、重点监管危险化学品和危险化学品重大危险源(以下简称“两重点一重大”)的大型建设项目，其设计单位资质应为工程设计综合资质或相应工程设计化工石化医药、石油天然气(海洋石油)行业、专业资质甲级。

第七条规定，涉及“两重点一重大”建设项目的工艺包设计文件应当包括工艺危险性分析报告。

第十四条规定，对涉及“两重点一重大”的建设项目，应至少满足下列现行标准规范的要求，并以最严格的安全条款为准：

(1)《工业企业总平面设计规范》(GB 50187)；

(2)《化工企业总图运输设计规范》(GB 50489)；

(3)《石油化工企业设计防火规范》(GB 50160)；

(4)《石油天然气工程设计防火规范》(GB 50183)；

(5)《建筑设计防火规范》(GB 50016)；

(6)《石油库设计规范》(GB 50074)；

(7)《石油化工可燃气体和有毒气体检测报警设计规范》(GB 50493)；

(8)《化工建设项目安全设计管理导则》(AQ/T 3033)。

(二)《国家安全监管总局关于加强化工仪表系统管理的指导意见》(安监总管三〔2014〕116号)第(十三)条要求，从2018年1月1日起，所有新建涉及“两重点一重大”的化工装置和危险化学品储存设施要设计符合要求的安全仪表系统。

(三)《危险化学品重大危险源监督管理暂行规定》(国家安监总局令第40号)分别从总则、辨识与评估、安全管理、监督检查、法律责任、附则等几方面对危险化学品重大危险源的管理提出了要求。

(四)《危险化学品生产企业安全生产许可证实施办法》(国家安监总局令第41号)第八条第二款要求，危险化学品生产装置或者储存危险化学品数量构成重大危险源的储存设施，与《危险化学品安全管理条例》第十九条第一款规定的八类场所、设施、区域的距离符合有关法律、法规、规章和国家标准或者行业标准的规定。

第十一条要求，企业应当依据《危险化学品重大危险源辨识》(GB 18218)，对本企业的生产、储存和使用装置、设施或者场所进行重大危险源辨识。

对已确定为重大危险源的生产和储存设施，应当执行《危险化学品重大危险源监督管理暂行规定》。

(五)《危险化学品建设项目安全监督管理办法》(国家安监总局令第45号)第七条要求，涉及重点监管危险化工工艺、重点监管危险化学品或者危险化学品重大危险源的建设项目，应当由具有石油化工医药行业相应资质的设计单位设计。

六、《危险化学品重大危险源监督管理暂行规定》的适用范围是如何规定的?

《危险化学品重大危险源监督管理暂行规定》(国家安监总局令第40号)的适用范围主要依据《危险化学品重大危险源辨识》(GB 18218)标准所涵盖的范围。城镇燃气、用于国防科研生产的危险化学品重大危险源以及港区内危险化学品重大危险源的安全监督管理，不适用本规定。

民用爆炸品、烟花爆竹重大危险源的安全监管应依据《民用爆炸物品安全管理条例》《烟花爆竹安全管理条例》的有关要求，同时也应符合《危险化学品重大危险源监督管理暂行规定》的有关要求。

七、危险化学品重大危险源管理的责任主体是如何规定的?

《危险化学品重大危险源监督管理暂行规定》(国家安监总局令第40号)第四条规定，危险化学品单位是本单位重大危险源安全管理的责任主体，其主要负责人对本单位的重大危险源安全管理工作负责，并保证重大危险源安全生产所必需的安全投入。

《安全生产法》第二十二条第三款规定生产经营单位的安全生产管理机构以及安全生产管理人员应履行督促落实本单位重大危险源的安全管理措施的职责。

八、危险化学品重大危险源辨识标准何时发布实施的？辨识依据是如何规定的？

我国危险化学品重大危险源辨识的标准是《危险化学品重大危险源辨识》(GB 18218—2009)，2000 年首次发布，2009 年 3 月发布了第一次修订版，并于 2009 年 12 月 1 日实施。

《危险化学品重大危险源辨识》(GB 18218—2009)中规定危险化学品重大危险源的辨识依据是危险化学品的危险特性及其数量。具体见表 1 和表 2。

危险化学品临界量的确定方法如下：

(1) 在表 1 范围内的危险化学品，其临界量按表 1 确定；

(2) 未在表 1 范围内的危险化学品，依据其危险性，按表 2 确定临界量；若一种危险化学品具有多种危险性，按其中最低的临界量确定。

表 1　危险化学品名称及其临界量

序号	类别	危险化学品名称和说明	临界量/t
1	爆炸品	叠氮化钡	0.5
2		叠氮化铅	0.5
3		雷酸汞	0.5
4		三硝基苯甲醚	5
5		三硝基甲苯	5
6		硝化甘油	1
7		硝化纤维素	10
8		硝酸铵(含可燃物>0.2%)	5

续表

序号	类别	危险化学品名称和说明	临界量/t
9	易燃气体	丁二烯	5
10		二甲醚	50
11		甲烷，天然气	50
12		氯乙烯	50
13		氢	5
14		液化石油气(含丙烷、丁烷及其混合物)	50
15		一甲胺	5
16		乙炔	1
17		乙烯	50
18	毒性气体	氨	10
19		二氟化氧	1
20		二氧化氮	1
21		二氧化硫	20
22		氟	1
23		光气	0.3
24		环氧乙烷	10
25		甲醛(含量>90%)	5
26		磷化氢	1
27		硫化氢	5
28		氯化氢	20
29		氯	5
30		煤气(CO，CO 和 H_2、CH_4 的混合物等)	20
31		砷化三氢(胂)	12
32		锑化氢	1
33		硒化氢	1
34		溴甲烷	10

续表

序号	类别	危险化学品名称和说明	临界量/t
35	易燃液体	苯	50
36		苯乙烯	500
37		丙酮	500
38		丙烯腈	50
39		二硫化碳	50
40		环己烷	500
41		环氧丙烷	10
42		甲苯	500
43		甲醇	500
44		汽油	200
45		乙醇	500
46		乙醚	10
47		乙酸乙酯	500
48		正己烷	500
49	易于自燃的物质	黄磷	50
50		烷基铝	1
51		戊硼烷	1
52	遇水放出易燃气体的物质	电石	100
53		钾	1
54		钠	10
55	氧化性物质	发烟硫酸	100
56		过氧化钾	20
57		过氧化钠	20
58		氯酸钾	100
59		氯酸钠	100
60		硝酸(发红烟的)	20
61		硝酸(发红烟的除外，含硝酸>70%)	100
62		硝酸铵(含可燃物≤0.2%)	300
63		硝酸铵基化肥	1000

续表

序号	类别	危险化学品名称和说明	临界量/t
64	有机过氧化物	过氧乙酸(含量≥60%)	10
65		过氧化甲乙酮(含量≥60%)	10
66	毒性物质	丙酮合氰化氢	20
67		丙烯醛	20
68		氟化氢	1
69		环氧氯丙烷(3-氯-1,2-环氧丙烷)	20
70		环氧溴丙烷(表溴醇)	20
71		甲苯二异氰酸酯	100
72		氯化硫	1
73		氰化氢	1
74		三氧化硫	75
75		烯丙胺	20
76		溴	20
77		乙撑亚胺	20
78		异氰酸甲酯	0.75

表 2　未在表 1 中列举的危险化学品类别及其临界量

类别	危险性分类及说明	临界量/t
爆炸品	1.1A 项爆炸品	1
	除 1.1A 项外的其他 1.1 项爆炸品	10
	除 1.1 项外的其他爆炸品	50
气体	易燃气体：危险性属于 2.1 项的气体	10
	氧化性气体：危险性属于 2.2 项非易燃无毒气体且次要危险性为 5 类的气体	200
	剧毒气体：危险性属于 2.3 项且急性毒性为类别 1 的毒性气体	5
	有毒气体：危险性属于 2.3 项的其他毒性气体	50

续表

类别	危险性分类及说明	临界量/t
易燃液体	极易燃液体：沸点≤35℃且闪点<0℃的液体；或保存温度一直在其沸点以上的易燃液体	10
	高度易燃液体：闪点<23℃的液体(不包括极易燃液体)；液态退敏爆炸品	1000
	易燃液体：23℃≤闪点<61℃的液体	5000
易燃固体	危险性属于4.1项且包装为Ⅰ类的物质	200
易于自燃的物质	危险性属于4.2项且包装为Ⅰ或Ⅱ类的物质	200
遇水放出易燃气体的物质	危险性属于4.3项且包装为Ⅰ或Ⅱ的物质	200
氧化性物质	危险性属于5.1项且包装为Ⅰ类的物质	50
	危险性属于5.1项且包装为Ⅱ或Ⅲ类的物质	200
有机过氧化物	危险性属于5.2项的物质	50
毒性物质	危险性属于6.1项且急性毒性为类别1的物质	50
	危险性属于6.1项且急性毒性为类别2的物质	500

注：以上危险化学品危险性类别及包装类别依据GB 12268确定，急性毒性类别依据GB 20592确定。

九、危险化学品重大危险源辨识指标是如何规定的?

《危险化学品重大危险源辨识》(GB 18218—2009)中规定重大危险源的辨识指标为：单元内存在危险化学品的数量等于或超过表1、表2规定的临界量，即被定为重大危险源。

单元内存在的危险化学品的数量根据处理危险化学品种类的多少区分为以下两种情况：

单元内存在的危险化学品为单一品种，则该危险化学品的数量即为单元内危险化学品的总量，若等于或超过相应的临界量，则定为重大危险源。

单元内存在的危险化学品为多品种时，则按式(1)计算，若满足式(1)，则定为重大危险源：

$$q_1/Q_1 + q_2/Q_2 + \cdots + q_n/Q_n \geqslant 1 \qquad (1)$$

式中 q_1，q_2，…，q_n——每种危险化学品实际存在量，t；

Q_1，Q_2，…，Q_n——与各危险化学品相对应的临界量，t。

十、危险化学品重大危险源是如何分级的?

《危险化学品重大危险源监督管理暂行规定》(国家安监总局令第40号)第八条要求危险化学品单位应当对重大危险源进行安全评估并确定重大危险源等级。重大危险源根据其危险程度，分为一级、二级、三级和四级，一级为最高级别。

1. 分级原则

采用单元内各种危险化学品实际存在(在线)量与其在《危险化学品重大危险源辨识》(GB 18218)中规定的临界量比值，经校正系数校正后的比值之和 R 作为分级指标。

2. R 的计算方法

$$R = \alpha\left(\beta_1 \frac{q_1}{Q_1} + \beta_2 \frac{q_2}{Q_2} + \cdots + \beta_n \frac{q_n}{Q_n}\right)$$

式中 q_1，q_2，…，q_n——每种危险化学品实际存在(在线)量，t；

Q_1，Q_2，…，Q_n——与各危险化学品相对应的临界量，t；

β_1，β_2，…，β_n——与各危险化学品相对应的校正系数；

α——该危险化学品重大危险源厂区外暴露人员的校正系数。

3. 校正系数 β 及 R 值分级区间的确定

根据单元内危险化学品的类别不同，设定校正系数(β)值，见表1和表2。

表1　校正系数 β 取值表

危险化学品类别	毒性气体	爆炸品	易燃气体	其他类危险化学品
β	见表2	2	1.5	1

注：危险化学品类别依据《危险货物品名表》中分类标准确定。

表2　常见毒性气体校正系数 β 值取值表

毒性气体名称	一氧化碳	二氧化硫	氨	环氧乙烷	氯化氢	溴甲烷	氯
β	2	2	2	2	3	3	4
毒性气体名称	硫化氢	氟化氢	二氧化氮	氰化氢	碳酰氯	磷化氢	异氰酸甲酯
β	5	5	10	10	20	20	20

注：未在表2中列出的有毒气体可按 $\beta=2$ 取值，剧毒气体可按 $\beta=4$ 取值。

4. 校正系数 α 的取值

根据重大危险源的厂区边界向外扩展500m范围内常住人口数量，设定厂外暴露人员校正系数(α)值，见表3：

表3　校正系数 α 取值表

厂外可能暴露人员数量	α
100人以上	2.0
50~99人	1.5
30~49人	1.2
1~29人	1.0
0人	0.5

5. 分级标准

根据计算出来的 R 值，按表4确定危险化学品重大危险源的级别。

表4　危险化学品重大危险源级别和 R 值的对应关系

危险化学品重大危险源级别	R 值
一级	$R\geqslant100$
二级	$100>R\geqslant50$
三级	$50>R\geqslant10$
四级	$R<10$

十一、危险化学品重大危险源单元内危险物质的最大量如何确定?

单元内危险物质的量按照以下原则确定:

对于存放危险物质储罐和其他容器的储存区重大危险源来说,危险物质的量应当是储罐或者其他容器的最大容积量。

对于存放危险物质储罐和其他容器的生产场所重大危险源来说,危险物质的量应当是目前储罐或者其他容器的实际存在最大量。

对于危险物质的包装存储区来说,危险物质的量应当是目前实际存在的物质最大量。这些数据应当从每天、每季度或者自身规定的时间段内的登记情况来获取。注意这个量不同于储存区的最大容积量,这一点生产经营单位必须在申报表格中进行详细的说明。

对于管道来说,危险物质的量应当是发生重大事故后,生产区域外管道所能泄漏出的物质最大量。

在确定危险化学品最大量的时候需考虑一个生产装置、设施或场所,或同属一个生产经营单位的且边缘距离小于500m的几个生产装置、设施或场所的危险化学品可能的存储最大量。

十二、对危险化学品企业重大危险源的评估有何规定?对重大危险源核销管理有何规定?

1.《危险化学品重大危险源监督管理暂行规定》(国家安监总局令第40号)中对危险化学品重大危险源的评估有如下规定:

第八条规定:危险化学品单位应当对重大危险源进行安全评估并确定重大危险源等级。危险化学品单位可以组织本单位的注册安全工程师、技术人员或者聘请有关专家进行安全评估,也可以委托具有相应资质的安全评价机构进行安全评估。

依照法律、行政法规的规定，危险化学品单位需要进行安全评价的，重大危险源安全评估可以与本单位的安全评价一起进行，以安全评价报告代替安全评估报告，也可以单独进行重大危险源安全评估。

第九条规定：重大危险源有下列情形之一的，应当委托具有相应资质的安全评价机构，按照有关标准的规定采用定量风险评价方法进行安全评估，确定个人和社会风险值。

（一）构成一级或者二级重大危险源，且毒性气体实际存在(在线)量与其在《危险化学品重大危险源辨识》中规定的临界量比值之和大于或等于1的；

（二）构成一级重大危险源，且爆炸品或液化易燃气体实际存在(在线)量与其在《危险化学品重大危险源辨识》中规定的临界量比值之和大于或等于1的。

2.《危险化学品重大危险源监督管理暂行规定》(国家安监总局令第40号)第二十七规定，重大危险源经过安全评价或者安全评估不再构成重大危险源的，危险化学品单位应当向所在地县级人民政府安全生产监督管理部门申请核销。

申请核销重大危险源应当提交下列文件、资料：

（一）载明核销理由的申请书；

（二）单位名称、法定代表人、住所、联系人、联系方式；

（三）安全评价报告或者安全评估报告。

十三、何种情况下，要对危险化学品重大危险源进行重新评估和分级？

《危险化学品重大危险源监督管理暂行规定》(国家安监总局令〔2011〕第40号)中第十一条规定，有下列情形之一的，危险化学品单位应当对重大危险源重新进行辨识、安全评估及分级：

(一) 重大危险源安全评估已满三年的;

(二) 构成重大危险源的装置、设施或者场所进行新建、改建、扩建的;

(三) 危险化学品种类、数量、生产、使用工艺或者储存方式及重要设备、设施等发生变化,影响重大危险源级别或者风险程度的;

(四) 外界生产安全环境因素发生变化,影响重大危险源级别和风险程度的;

(五) 发生危险化学品事故造成人员死亡,或者 10 人以上受伤,或者影响到公共安全的;

(六) 有关重大危险源辨识和安全评估的国家标准、行业标准发生变化的。

十四、危险化学品重大危险源的评估报告主要包括哪些内容?

《危险化学品重大危险源监督管理暂行规定》(国家安监总局令第 40 号)中第十条要求重大危险源安全评估报告应当客观公正、数据准确、内容完整、结论明确、措施可行,并包括下列内容:

(一) 评估的主要依据;

(二) 重大危险源的基本情况;

(三) 事故发生的可能性及危害程度;

(四) 个人风险和社会风险值(仅适用定量风险评价方法);

(五) 可能受事故影响的周边场所、人员情况;

(六) 重大危险源辨识、分级的符合性分析;

(七) 安全管理措施、安全技术和监控措施;

(八) 事故应急措施;

(九) 评估结论与建议。

危险化学品单位以安全评价报告代替安全评估报告的,其安全评价报告中有关重大危险源的内容应当符合本条第一款规定的要求。

十五、什么是个人风险？可容许个人风险标准是如何规定的？

《危险化学品重大危险源监督管理暂行规定》（国家安监总局令第40号）规定：个人风险是指因危险化学品重大危险源各种潜在的火灾、爆炸、有毒气体泄漏事故造成区域内某一固定位置人员的个体死亡概率，即单位时间内（通常为年）的个体死亡率。通常用个人风险等值线表示。

通过定量风险评价，危险化学品单位周边重要目标和敏感场所承受的个人风险应满足下表中可容许风险标准要求。

可容许个人风险标准表

危险化学品单位周边重要目标和敏感场所类别	可容许风险（每年）
（1）高敏感场所（如学校、医院、幼儿园、养老院等）； （2）重要目标（如党政机关、军事管理区、文物保护单位等）； （3）特殊高密度场所（如大型体育场、大型交通枢纽等）	$<3\times10^{-7}$
（1）居住类高密度场所（如居民区、宾馆、度假村等）； （2）公众聚集类高密度场所（如办公场所、商场、饭店、娱乐场所等）	$<1\times10^{-6}$

十六、什么是社会风险？可容许社会风险标准是如何规定的？

《危险化学品重大危险源监督管理暂行规定》（国家安监总局令第

40 号)规定：社会风险是指能够引起大于等于 N 人死亡的事故累积频率(F)，也即单位时间内(通常为年)的死亡人数。通常用社会风险曲线(F-N 曲线)表示。

可容许社会风险标准采用 ALARP(As Low As Reasonable Practice)原则作为可接受原则。ALARP 原则通过两个风险分界线将风险划分为 3 个区域，即：不可容许区、尽可能降低区(ALARP)和可容许区。

(1) 若社会风险曲线落在不可容许区，除特殊情况外，该风险无论如何不能被接受。

(2) 若落在可容许区，风险处于很低的水平，该风险是可以被接受的，无需采取安全改进措施。

(3) 若落在尽可能降低区，则需要在可能的情况下尽量减少风险，即对各种风险处理措施方案进行成本效益分析等，以决定是否采取这些措施。

通过定量风险评价，危险化学品重大危险源产生的社会风险应满足图中可容许社会风险标准要求。

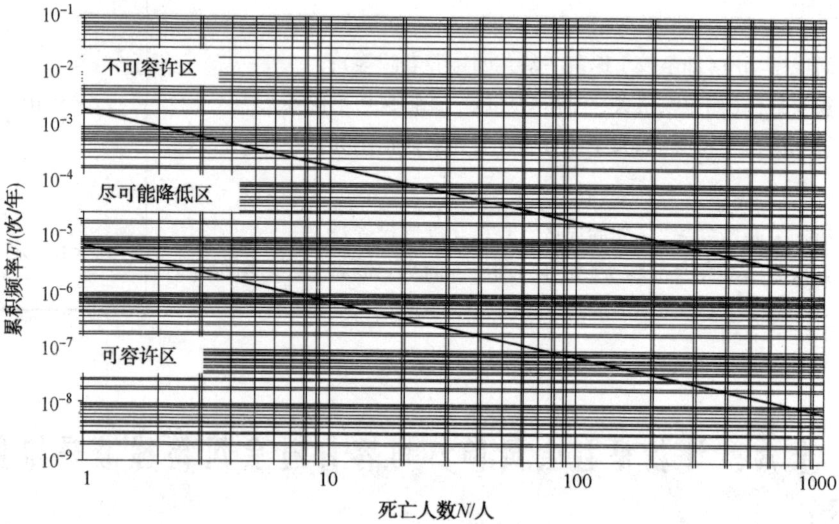

可容许社会风险标准(F-N)曲线图

十七、对危险化学品重大危险源采取的安全控制措施有什么要求？

《危险化学品重大危险源监督管理暂行规定》(国家安监总局令〔2011〕第40号)第十三条规定：危险化学品单位应当根据构成重大危险源的危险化学品种类、数量、生产、使用工艺(方式)或者相关设备、设施等实际情况，按照下列要求建立健全安全监测监控体系，完善控制措施：

(一) 重大危险源配备温度、压力、液位、流量、组分等信息的不间断采集和监测系统以及可燃气体和有毒有害气体泄漏检测报警装置，并具备信息远传、连续记录、事故预警、信息存储等功能；一级或者二级重大危险源，具备紧急停车功能。记录的电子数据的保存时间不少于30天。

(二) 重大危险源的化工生产装置装备满足安全生产要求的自动化控制系统；一级或者二级重大危险源，装备紧急停车系统。

(三) 对重大危险源中的毒性气体、剧毒液体和易燃气体等重点设施，设置紧急切断装置；毒性气体的设施，设置泄漏物紧急处置装置。涉及毒性气体、液化气体、剧毒液体的一级或者二级重大危险源，配备独立的安全仪表系统(SIS)。

(四) 重大危险源中储存剧毒物质的场所或者设施，设置视频监控系统。

(五) 安全监测监控系统符合国家标准或者行业标准的规定。

十八、企业应如何做好危险化学品重大危险源管理工作？

《危险化学品重大危险源监督管理暂行规定》(国家安监总局令〔2011〕第40号)要求危险化学品单位应当进行如下工作：

(1) 建立完善重大危险源安全管理规章制度和安全操作规程，并采取有效措施保证其得到执行。

(2) 通过定量风险评价确定的重大危险源的个人和社会风险值，不得超过本规定附件2列示的个人和社会可容许风险限值标准。

超过个人和社会可容许风险限值标准的，危险化学品单位应当采取相应的降低风险措施。

(3) 按照国家有关规定，定期对重大危险源的安全设施和安全监测监控系统进行检测、检验，并进行经常性维护、保养，保证重大危险源的安全设施和安全监测监控系统有效、可靠运行。维护、保养、检测应当作好记录，并由有关人员签字。

(4) 明确重大危险源中关键装置、重点部位的责任人或者责任机构，并对重大危险源的安全生产状况进行定期检查，及时采取措施消除事故隐患。事故隐患难以立即排除的，应当及时制定治理方案，落实整改措施、责任、资金、时限和预案。

(5) 对重大危险源的管理和操作岗位人员进行安全操作技能培训，使其了解重大危险源的危险特性，熟悉重大危险源安全管理规章制度和安全操作规程，掌握本岗位的安全操作技能和应急措施。

(6) 在重大危险源所在场所设置明显的安全警示标志，写明紧急情况下的应急处置办法。

(7) 将重大危险源可能发生的事故后果和应急措施等信息，以适当方式告知可能受影响的单位、区域及人员。

(8) 依法制定重大危险源事故应急预案，建立应急救援组织或者配备应急救援人员，配备必要的防护装备及应急救援器材、设备、物资，并保障其完好和方便使用；配合地方人民政府安全生产监督管理部门制定所在地区涉及本单位的危险化学品事故应急预案。对存在吸入性有毒、有害气体的重大危险源，应当配备便携式浓度检测设备、空气呼吸器、化学防护服、堵漏器材等应急器材和设备；涉及剧毒气体的重大危险源，还应当配备两套以上(含本数)气密型化学防护服；

涉及易燃易爆气体或者易燃液体蒸气的重大危险源，还应当配备一定数量的便携式可燃气体检测设备。

(9) 制定重大危险源事故应急预案演练计划，并按照下列要求进行事故应急预案演练：

① 对重大危险源专项应急预案，每年至少进行一次；

② 对重大危险源现场处置方案，每半年至少进行一次。

应急预案演练结束后，危险化学品单位应当对应急预案演练效果进行评估，撰写应急预案演练评估报告，分析存在的问题，对应急预案提出修订意见，并及时修订完善。

(10) 应当对辨识确认的重大危险源及时、逐项进行登记建档。

(11) 应在完成重大危险源安全评估报告或者安全评价报告后15日内，应当填写重大危险源备案申请表，连同本规定第二十二条规定的重大危险源档案材料(其中第二款第五项规定的文件资料只需提供清单)，报送所在地县级人民政府安全生产监督管理部门备案。

(12) 新建、改建和扩建危险化学品建设项目，应当在建设项目竣工验收前完成重大危险源的辨识、安全评估和分级、登记建档工作，并向所在地县级人民政府安全生产监督管理部门备案。

十九、企业未按要求对重大危险源进行有效管理应承担的法律责任有哪些？

1.《安全生产法》第九十八条第二款规定，生产经营单位对重大危险源未登记建档，或者未进行评估、监控，或者未制定应急预案的行为，责令限期改正，可以处十万元以下的罚款；逾期未改正的，责令停产停业整顿，并处十万元以上二十万元以下的罚款，对其直接负责的主管人员和其他直接责任人员处二万元以上五万元以下的罚款；构成犯罪的，依照刑法有关规定追究刑事责任。

2.《危险化学品安全管理条例》中涉及危险化学品重大危险源的法

律责任有：

第七十八条　有下列情形之一的，由安监部门责令改正，可以处5万元以下的罚款；拒不改正的，处5万元以上10万元以下的罚款；情节严重的，责令停产停业整顿：对储存数量构成重大危险源的其他危险化学品未实行双人收发、双人保管制度的；

第八十条　生产、储存、使用危险化学品的单位有下列情形之一的，由安监部门责令改正，处5万元以上10万元以下的罚款；拒不改正的，责令停产停业整顿直至由原发证机关吊销其相关许可证件，并由工商行政部门责令其办理经营范围变更登记或者吊销其营业执照；有关责任人员构成犯罪的，依法追究刑事责任：未将储存数量构成重大危险源的其他危险化学品在专用仓库内单独存放的；

第八十一条　有下列情形之一的，由公安机关责令改正，可以处1万元以下的罚款；拒不改正的，处1万元以上5万元以下的罚款：

储存危险化学品的单位未将储存数量构成重大危险源的其他危险化学品的储存数量、储存地点以及管理人员的情况报安监部门备案的。

3.《危险化学品重大危险源监督管理暂行规定》(国家安全生产监督管理总局令第40号)规定：

第三十二条　危险化学品单位有下列行为之一的，由县级以上人民政府安全生产监督管理部门责令限期改正；逾期未改正的，责令停产停业整顿，可以并处2万元以上10万元以下的罚款：

(一) 未按照本规定要求对重大危险源进行安全评估或者安全评价的；

(二) 未按照本规定要求对重大危险源进行登记建档的；

(三) 未按照本规定及相关标准要求对重大危险源进行安全监测监控的；

(四) 未制定重大危险源事故应急预案的。

第三十三条　危险化学品单位有下列行为之一的，由县级以上人民政府安全生产监督管理部门责令限期改正；逾期未改正的，责令停产停业整顿，并处5万元以下的罚款：

(一) 未在构成重大危险源的场所设置明显的安全警示标志的；

（二）未对重大危险源中的设备、设施等进行定期检测、检验的。

第三十四条　危险化学品单位有下列情形之一的，由县级以上人民政府安全生产监督管理部门给予警告，可以并处 5000 元以上 3 万元以下的罚款：

（一）未按照标准对重大危险源进行辨识的；

（二）未按照本规定明确重大危险源中关键装置、重点部位的责任人或者责任机构的；

（三）未按照本规定建立应急救援组织或者配备应急救援人员，以及配备必要的防护装备及器材、设备、物资，并保障其完好的；

（四）未按照本规定进行重大危险源备案或者核销的；

（五）未将重大危险源可能引发的事故后果、应急措施等信息告知可能受影响的单位、区域及人员的；

（六）未按照本规定要求开展重大危险源事故应急预案演练的；

（七）未按照本规定对重大危险源的安全生产状况进行定期检查，采取措施消除事故隐患的。

二十、重点监管的危险化工工艺包括哪些？在管理方面主要有哪些法律法规及部门规章？

国家安全监管总局分别于 2009 年 6 月下发《国家安全监管总局关于公布首批重点监管的危险化工工艺目录的通知》（安监总管三〔2009〕116 号）文件，其中规定了重点监管的危险化工工艺有光气及光气化工艺、电解工艺（氯碱）、氯化工艺、硝化工艺、合成氨工艺、裂解（裂化）工艺、氟化工艺、加氢工艺、重氮化工艺、氧化工艺、过氧化工艺、胺基化工艺、磺化工艺、聚合、烷基化工艺等共 15 种危险工艺。

2013 年 1 月，国家安全监管总局又下发《关于公布第二批重点监管危险化工工艺目录和调整首批重点监管危险工艺》（安监总管三〔2013〕3 号），新公布 3 种重点监管的危险化工工艺，分别是新型煤化工工艺、电石生产工艺、偶氮化工艺。

目前，国家安全监管总局已公布的重点监管的危险化工工艺共有18种。

我国对重点监管的危险化工工艺方面管理的法律法规及部门规章主要有：

(1)《国家安全监管总局关于公布首批重点监管的危险化工工艺目录的通知》(安监总管三〔2009〕116号)

(2)《关于公布第二批重点监管危险化工工艺目录和调整首批重点监管危险工艺》(安监总管三〔2013〕3号)

(3)《危险化学品生产企业安全生产许可证实施办法》(国家安监总局令〔2011〕第41号)

(4)《危险化学品建设项目安全监督管理办法》(国家安监总局令〔2012〕第45号)

(5)《国家安全监管总局关于加强化工过程安全管理的指导意见》(安监总管三〔2013〕88号)

(6)《关于加强精细化工反应安全风险评估工作的指导意见》(安监总管三〔2017〕1号)

(7)《关于开展提升危险化学品领域本质安全水平专项行动的通知》(安监总管三〔2012〕87号)

二十一、重点监管的危险化工工艺危险特点和安全控制要求分别有哪些？

(一) 光气及光气化工艺安全控制要求

反应类型	放热反应	重点监控单元	光气化反应釜、光气储运单元
工艺简介			
光气及光气化工艺包含光气的制备工艺，以及以光气为原料制备光气化产品的工艺路线，光气化工艺主要分为气相和液相两种。			

续表

反应类型	放热反应	重点监控单元	光气化反应釜、光气储运单元
工艺危险特点			
(1) 光气为剧毒气体，在储运、使用过程中发生泄漏后，易造成大面积污染、中毒事故； (2) 反应介质具有燃爆危险性； (3) 副产物氯化氢具有腐蚀性，易造成设备和管线泄漏使人员发生中毒事故。			
典型工艺			
一氧化碳与氯气的反应得到光气； 光气合成双光气、三光气； 采用光气作单体合成聚碳酸酯； 甲苯二异氰酸酯(TDI)的制备； 4,4′-二苯基甲烷二异氰酸酯(MDI)的制备等。			
重点监控工艺参数			
一氧化碳、氯气含水量；反应釜温度、压力；反应物质的配料比；光气进料速度；冷却系统中冷却介质的温度、压力、流量等。			
安全控制的基本要求			
事故紧急切断阀；紧急冷却系统；反应釜温度、压力报警联锁；局部排风设施；有毒气体回收及处理系统；自动泄压装置；自动氨或碱液喷淋装置；光气、氯气、一氧化碳监测及超限报警；双电源供电。			
宜采用的控制方式			
光气及光气化生产系统一旦出现异常现象或发生光气及其剧毒产品泄漏事故时，应通过自控联锁装置启动紧急停车并自动切断所有进出生产装置的物料，将反应装置迅速冷却降温，同时将发生事故设备内的剧毒物料导入事故槽内，开启氨水、稀碱液喷淋，启动通风排毒系统，将事故部位的有毒气体排至处理系统。			

(二) 电解工艺(氯碱)安全控制要求

反应类型	吸热反应	重点监控单元	电解槽、氯气储运单元
工艺简介			
电流通过电解质溶液或熔融电解质时，在两个极上所引起的化学变化称为电解反应。涉及电解反应的工艺过程为电解工艺。许多基本化学工业产品(氢、氧、氯、烧碱、过氧化氢等)的制备，都是通过电解来实现的。			

续表

反应类型	吸热反应	重点监控单元	电解槽、氯气储运单元
工艺危险特点			
(1) 电解食盐水过程中产生的氢气是极易燃烧的气体，氯气是氧化性很强的剧毒气体，两种气体混合极易发生爆炸，当氯气中含氢量达到5%以上，则随时可能在光照或受热情况下发生爆炸； (2) 如果盐水中存在的铵盐超标，在适宜的条件(pH<4.5)下，铵盐和氯作用可生成氯化铵，浓氯化铵溶液与氯还可生成黄色油状的三氯化氮。三氯化氮是一种爆炸性物质，与许多有机物接触或加热至90℃以上以及被撞击、摩擦等，即发生剧烈的分解而爆炸； (3) 电解溶液腐蚀性强； (4) 液氯的生产、储存、包装、输送、运输可能发生液氯的泄漏。			
典型工艺			
氯化钠(食盐)水溶液电解生产氯气、氢氧化钠、氢气； 氯化钾水溶液电解生产氯气、氢氧化钾、氢气。			
重点监控工艺参数			
电解槽内液位；电解槽内电流和电压；电解槽进出物料流量；可燃和有毒气体浓度；电解槽的温度和压力；原料中铵含量；氯气杂质含量(水、氢气、氧气、三氯化氮等)等。			
安全控制的基本要求			
电解槽温度、压力、液位、流量报警和联锁；电解供电整流装置与电解槽供电的报警和联锁；紧急联锁切断装置；事故状态下氯气吸收中和系统；可燃和有毒气体检测报警装置等。			
宜采用的控制方式			
将电解槽内压力、槽电压等形成联锁关系，系统设立联锁停车系统。 安全设施，包括安全阀、高压阀、紧急排放阀、液位计、单向阀及紧急切断装置等。			

(三) 氯化工艺安全控制要求

反应类型	放热反应	重点监控单元	氯化反应釜、氯气储运单元
工艺简介			
氯化是化合物的分子中引入氯原子的反应，包含氯化反应的工艺过程为氯化工艺，主要包括取代氯化、加成氯化、氧氯化等。			

续表

反应类型	放热反应	重点监控单元	氯化反应釜、氯气储运单元

工艺危险特点

(1) 氯化反应是一个放热过程，尤其在较高温度下进行氯化，反应更为剧烈，速度快，放热量较大；

(2) 所用的原料大多具有燃爆危险性；

(3) 常用的氯化剂氯气本身为剧毒化学品，氧化性强，储存压力较高，多数氯化工艺采用液氯生产是先汽化再氯化，一旦泄漏危险性较大；

(4) 氯气中的杂质，如水、氢气、氧气、三氯化氮等，在使用中易发生危险，特别是三氯化氮积累后，容易引发爆炸危险；

(5) 生成的氯化氢气体遇水后腐蚀性强；

(6) 氯化反应尾气可能形成爆炸性混合物。

典型工艺

(1) 取代氯化

氯取代烷烃的氢原子制备氯代烷烃；

氯取代苯的氢原子生产六氯化苯；

氯取代萘的氢原子生产多氯化萘；

甲醇与氯反应生产氯甲烷；

乙醇和氯反应生产氯乙烷(氯乙醛类)；

醋酸与氯反应生产氯乙酸；

氯取代甲苯的氢原子生产苄基氯等。

(2) 加成氯化

乙烯与氯加成氯化生产 1,2-二氯乙烷；

乙炔与氯加成氯化生产 1,2-二氯乙烯；

乙炔和氯化氢加成生产氯乙烯等。

(3) 氧氯化

乙烯氧氯化生产二氯乙烷；

丙烯氧氯化生产 1,2-二氯丙烷；

甲烷氧氯化生产甲烷氯化物；

丙烷氧氯化生产丙烷氯化物等。

(4) 其他工艺

硫与氯反应生成一氯化硫；

四氯化钛的制备；

黄磷与氯气反应生产三氯化磷、五氯化磷等。

续表

反应类型	放热反应	重点监控单元	氯化反应釜、氯气储运单元
重点监控工艺参数			
氯化反应釜温度和压力；氯化反应釜搅拌速率；反应物料的配比；氯化剂进料流量；冷却系统中冷却介质的温度、压力、流量等；氯气杂质含量(水、氢气、氧气、三氯化氮等)；氯化反应尾气组成等。			
安全控制的基本要求			
反应釜温度和压力的报警和联锁；反应物料的比例控制和联锁；搅拌的稳定控制；进料缓冲器；紧急进料切断系统；紧急冷却系统；安全泄放系统；事故状态下氯气吸收中和系统；可燃和有毒气体检测报警装置等。			
宜采用的控制方式			
将氯化反应釜内温度、压力与釜内搅拌、氯化剂流量、氯化反应釜夹套冷却水进水阀形成联锁关系，设立紧急停车系统。 安全设施，包括安全阀、高压阀、紧急放空阀、液位计、单向阀及紧急切断装置等。			

(四) 硝化工艺安全控制要求

反应类型	放热反应	重点监控单元	硝化反应釜、分离单元
工艺简介			
硝化是有机化合物分子中引入硝基($—NO_2$)的反应，最常见的是取代反应。硝化方法可分成直接硝化法、间接硝化法和亚硝化法，分别用于生产硝基化合物、硝胺、硝酸酯和亚硝基化合物等。涉及硝化反应的工艺过程为硝化工艺。			
工艺危险特点			
(1) 反应速度快，放热量大。大多数硝化反应是在非均相中进行的，反应组分的不均匀分布容易引起局部过热导致危险。尤其在硝化反应开始阶段，停止搅拌或由于搅拌叶片脱落等造成搅拌失效是非常危险的，一旦搅拌再次开动，就会突然引发局部激烈反应，瞬间释放大量的热量，引起爆炸事故； (2) 反应物料具有燃爆危险性； (3) 硝化剂具有强腐蚀性、强氧化性，与油脂、有机化合物(尤其是不饱和有机化合物)接触能引起燃烧或爆炸； (4) 硝化产物、副产物具有爆炸危险性。			

续表

反应类型	放热反应	重点监控单元	硝化反应釜、分离单元
典型工艺			
(1) 直接硝化法 丙三醇与混酸反应制备硝酸甘油； 氯苯硝化制备邻硝基氯苯、对硝基氯苯； 苯硝化制备硝基苯； 蒽醌硝化制备 1-硝基蒽醌； 甲苯硝化生产三硝基甲苯(俗称梯恩梯，TNT)； 丙烷等烷烃与硝酸通过气相反应制备硝基烷烃等。 (2) 间接硝化法 苯酚采用磺酰基的取代硝化制备苦味酸等。 (3) 亚硝化法 2-萘酚与亚硝酸盐反应制备 1-亚硝基-2-萘酚； 二苯胺与亚硝酸钠和硫酸水溶液反应制备对亚硝基二苯胺等。			
重点监控工艺参数			
硝化反应釜内温度、搅拌速率；硝化剂流量；冷却水流量；pH 值；硝化产物中杂质含量；精馏分离系统温度；塔釜杂质含量等。			
安全控制的基本要求			
反应釜温度的报警和联锁；自动进料控制和联锁；紧急冷却系统；搅拌的稳定控制和联锁系统；分离系统温度控制与联锁；塔釜杂质监控系统；安全泄放系统等。			
宜采用的控制方式			
将硝化反应釜内温度与釜内搅拌、硝化剂流量、硝化反应釜夹套冷却水进水阀形成联锁关系，在硝化反应釜处设立紧急停车系统，当硝化反应釜内温度超标或搅拌系统发生故障，能自动报警并自动停止加料。分离系统温度与加热、冷却形成联锁，温度超标时，能停止加热并紧急冷却。 硝化反应系统应设有泄爆管和紧急排放系统。			

(五) 合成氨工艺安全控制要求

反应类型	吸热反应	重点监控单元	合成塔、压缩机、氨储存系统
工艺简介			
氮和氢两种组分按一定比例(1∶3)组成的气体(合成气)，在高温、高压下(一般为 400~450℃，15~30MPa)经催化反应生成氨的工艺过程。			

续表

反应类型	吸热反应	重点监控单元	合成塔、压缩机、氨储存系统

工艺危险特点

(1) 高温、高压使可燃气体爆炸极限扩宽，气体物料一旦过氧(亦称透氧)，极易在设备和管道内发生爆炸；

(2) 高温、高压气体物料从设备管线泄漏时会迅速膨胀与空气混合形成爆炸性混合物，遇到明火或因高流速物料与裂(喷)口处摩擦产生静电火花引起着火和空间爆炸；

(3) 气体压缩机等转动设备在高温下运行会使润滑油挥发裂解，在附近管道内造成积炭，可导致积炭燃烧或爆炸；

(4) 高温、高压可加速设备金属材料发生蠕变、改变金相组织，还会加剧氢气、氮气对钢材的氢蚀及渗氮，加剧设备的疲劳腐蚀，使其机械强度减弱，引发物理爆炸；

(5) 液氨大规模事故性泄漏会形成低温云团引起大范围人群中毒，遇明火还会发生空间爆炸。

典型工艺

(1) 节能 AMV 法；

(2) 德士古水煤浆加压汽化法；

(3) 凯洛格法；

(4) 甲醇与合成氨联合生产的联醇法；

(5)纯碱与合成氨联合生产的联碱法；

(6) 采用变换催化剂、氧化锌脱硫剂和甲烷催化剂的“三催化”气体净化法等。

重点监控工艺参数

合成塔、压缩机、氨储存系统的运行基本控制参数，包括温度、压力、液位、物料流量及比例等。

安全控制的基本要求

合成氨装置温度、压力报警和联锁；物料比例控制和联锁；压缩机的温度、入口分离器液位、压力报警联锁；紧急冷却系统；紧急切断系统；安全泄放系统；可燃、有毒气体检测报警装置。

宜采用的控制方式

将合成氨装置内温度、压力与物料流量、冷却系统形成联锁关系；将压缩机温度、压力、入口分离器液位与供电系统形成联锁关系；紧急停车系统。

合成单元自动控制还需要设置以下几个控制回路：

(1) 氨分、冷交液位；(2)废锅液位；(3)循环量控制；(4)废锅蒸汽流量；(5)废锅蒸汽压力。

安全设施，包括安全阀、爆破片、紧急放空阀、液位计、单向阀及紧急切断装置等。

（六）裂解（裂化）工艺安全控制要求

反应类型	高温吸热反应	重点监控单元	裂解炉、制冷系统、压缩机、引风机、分离单元

工艺简介

裂解是指石油系的烃类原料在高温条件下，发生碳链断裂或脱氢反应，生成烯烃及其他产物的过程。产品以乙烯、丙烯为主，同时副产丁烯、丁二烯等烯烃和裂解汽油、柴油、燃料油等产品。

烃类原料在裂解炉内进行高温裂解，产出组成为氢气、低/高碳烃类、芳烃类以及馏分为288℃以上的裂解燃料油的裂解气混合物。经过急冷、压缩、激冷、分馏以及干燥和加氢等方法，分离出目标产品和副产品。

在裂解过程中，同时伴随缩合、环化和脱氢等反应。由于所发生的反应很复杂，通常把反应分成两个阶段。第一阶段，原料变成的目的产物为乙烯、丙烯，这种反应称为一次反应。第二阶段，一次反应生成的乙烯、丙烯继续反应转化为炔烃、二烯烃、芳烃、环烷烃，甚至最终转化为氢气和焦炭，这种反应称为二次反应。裂解产物往往是多种组分混合物。影响裂解的基本因素主要为温度和反应的持续时间。化工生产中用热裂解的方法生产小分子烯烃、炔烃和芳香烃，如乙烯、丙烯、丁二烯、乙炔、苯和甲苯等。

工艺危险特点

（1）在高温（高压）下进行反应，装置内的物料温度一般超过其自燃点，若漏出会立即引起火灾；

（2）炉管内壁结焦会使流体阻力增加，影响传热，当焦层达到一定厚度时，因炉管壁温度过高，而不能继续运行下去，必须进行清焦，否则会烧穿炉管，裂解气外泄，引起裂解炉爆炸；

（3）如果由于断电或引风机机械故障而使引风机突然停转，则炉膛内很快变成正压，会从窥视孔或烧嘴等处向外喷火，严重时会引起炉膛爆炸；

（4）如果燃料系统大幅度波动，燃料气压力过低，则可能造成裂解炉烧嘴回火，使烧嘴烧坏，甚至会引起爆炸；

（5）有些裂解工艺产生的单体会自聚或爆炸，需要向生产的单体中加阻聚剂或稀释剂等。

典型工艺

热裂解制烯烃工艺；

重油催化裂化制汽油、柴油、丙烯、丁烯；

乙苯裂解制苯乙烯；

二氟一氯甲烷（HCFC-22）热裂解制得四氟乙烯（TFE）；

二氟一氯乙烷（HCFC-142b）热裂解制得偏氟乙烯（VDF）；

四氟乙烯和八氟环丁烷热裂解制得六氟乙烯（HFP）等。

续表

反应类型	高温吸热反应	重点监控单元	裂解炉、制冷系统、压缩机、引风机、分离单元
重点监控工艺参数			
裂解炉进料流量；裂解炉温度；引风机电流；燃料油进料流量；稀释蒸汽比及压力；燃料油压力；滑阀差压超驰控制、主风流量控制、外取热器控制、机组控制、锅炉控制等。			
安全控制的基本要求			
裂解炉进料压力、流量控制报警与联锁；紧急裂解炉温度报警和联锁；紧急冷却系统；紧急切断系统；反应压力与压缩机转速及入口放火炬控制；再生压力的分程控制；滑阀差压与料位；温度的超驰控制；再生温度与外取热器负荷控制；外取热器汽包和锅炉汽包液位的三冲量控制；锅炉的熄火保护；机组相关控制；可燃与有毒气体检测报警装置等。			
宜采用的控制方式			
将引风机电流与裂解炉进料阀、燃料油进料阀、稀释蒸汽阀之间形成联锁关系，一旦引风机故障停车，则裂解炉自动停止进料并切断燃料供应，但应继续供应稀释蒸汽，以带走炉膛内的余热。 将燃料油压力与燃料油进料阀、裂解炉进料阀之间形成联锁关系，燃料油压力降低，则切断燃料油进料阀，同时切断裂解炉进料阀。 分离塔应安装安全阀和放空管，低压系统与高压系统之间应有逆止阀并配备固定的氮气装置、蒸汽灭火装置。 将裂解炉电流与锅炉给水流量、稀释蒸汽流量之间形成联锁关系；一旦水、电、蒸汽等公用工程出现故障，裂解炉能自动紧急停车。 反应压力正常情况下由压缩机转速控制，开工及非正常工况下由压缩机入口放火炬控制。 再生压力由烟机入口蝶阀和旁路滑阀(或蝶阀)分程控制。 再生、待生滑阀正常情况下分别由反应温度信号和反应器料位信号控制，一旦滑阀差压出现低限，则转由滑阀差压控制。 再生温度由外取热器催化剂循环量或流化介质流量控制。 外取热汽包和锅炉汽包液位采用液位、补水量和蒸发量三冲量控制。 带明火的锅炉设置熄火保护控制。 大型机组设置相关的轴温、轴震动、轴位移、油压、油温、防喘振等系统控制。 在装置存在可燃气体、有毒气体泄漏的部位设置可燃气体报警仪和有毒气体报警仪。			

（七）氟化工艺安全控制要求

反应类型	放热反应	重点监控单元	氟化剂储运单元

工艺简介

氟化是化合物的分子中引入氟原子的反应，涉及氟化反应的工艺过程为氟化工艺。氟与有机化合物作用是强放热反应，放出大量的热可使反应物分子结构遭到破坏，甚至着火爆炸。氟化剂通常为氟气、卤族氟化物、惰性元素氟化物、高价金属氟化物、氟化氢、氟化钾等。

工艺危险特点

（1）反应物料具有燃爆危险性；

（2）氟化反应为强放热反应，不及时排除反应热量，易导致超温超压，引发设备爆炸事故；

（3）多数氟化剂具有强腐蚀性、剧毒，在生产、储存、运输、使用等过程中，容易因泄漏、操作不当、误接触以及其他意外而造成危险。

典型工艺

（1）直接氟化

黄磷氟化制备五氟化磷等。

（2）金属氟化物或氟化氢气体氟化

SbF_3、AgF_2、CoF_3等金属氟化物与烃反应制备氟化烃；

氟化氢气体与氢氧化铝反应制备氟化铝等。

（3）置换氟化

三氯甲烷氟化制备二氟一氯甲烷；

2,4,5,6-四氯嘧啶与氟化钠制备2,4,6-三氟-5-氟嘧啶等。

（4）其他氟化物的制备

浓硫酸与氟化钙（萤石）制备无水氟化氢等。

重点监控工艺参数

氟化反应釜内温度、压力；氟化反应釜内搅拌速率；氟化物流量；助剂流量；反应物的配料比；氟化物浓度。

安全控制的基本要求

反应釜内温度和压力与反应进料、紧急冷却系统的报警和联锁；搅拌的稳定控制系统；安全泄放系统；可燃和有毒气体检测报警装置等。

续表

反应类型	放热反应	重点监控单元	氟化剂储运单元
宜采用的控制方式			
氟化反应操作中，要严格控制氟化物浓度、投料配比、进料速度和反应温度等。必要时应设置自动比例调节装置和自动联锁控制装置。 将氟化反应釜内温度、压力与釜内搅拌、氟化物流量、氟化反应釜夹套冷却水进水阀形成联锁控制，在氟化反应釜处设立紧急停车系统，当氟化反应釜内温度或压力超标或搅拌系统发生故障时自动停止加料并紧急停车。安全泄放系统。			

（八）加氢工艺安全控制要求

反应类型	放热反应	重点监控单元	加氢反应釜、氢气压缩机
工艺简介			
加氢是在有机化合物分子中加入氢原子的反应，涉及加氢反应的工艺过程为加氢工艺，主要包括不饱和键加氢、芳环化合物加氢、含氮化合物加氢、含氧化合物加氢、氢解等。			
工艺危险特点			
（1）反应物料具有燃爆危险性，氢气的爆炸极限为4%~75%，具有高燃爆危险特性； （2）加氢为强烈的放热反应，氢气在高温高压下与钢材接触，钢材内的碳分子易与氢气发生反应生成碳氢化合物，使钢制设备强度降低，发生氢脆； （3）催化剂再生和活化过程中易引发爆炸； （4）加氢反应尾气中有未完全反应的氢气和其他杂质在排放时易引发着火或爆炸。			
典型工艺			
（1）不饱和炔烃、烯烃的三键和双键加氢 环戊二烯加氢生产环戊烯等。 （2）芳烃加氢 苯加氢生成环己烷； 苯酚加氢生产环己醇等。 （3）含氧化合物加氢 一氧化碳加氢生产甲醇； 丁醛加氢生产丁醇； 辛烯醛加氢生产辛醇等。 （4）含氮化合物加氢 己二腈加氢生产己二胺； 硝基苯催化加氢生产苯胺等。 （5）油品加氢 馏分油加氢裂化生产石脑油、柴油和尾油； 渣油加氢改质； 减压馏分油加氢改质； 催化(异构)脱蜡生产低凝柴油、润滑油基础油等。			

续表

反应类型	放热反应	重点监控单元	加氢反应釜、氢气压缩机
重点监控工艺参数			
加氢反应釜或催化剂床层温度、压力；加氢反应釜内搅拌速率；氢气流量；反应物质的配料比；系统氧含量；冷却水流量；氢气压缩机运行参数、加氢反应尾气组成等。			
安全控制的基本要求			
温度和压力的报警和联锁；反应物料的比例控制和联锁系统；紧急冷却系统；搅拌的稳定控制系统；氢气紧急切断系统；加装安全阀、爆破片等安全设施；循环氢压缩机停机报警和联锁；氢气检测报警装置等。			
宜采用的控制方式			
将加氢反应釜内温度、压力与釜内搅拌电流、氢气流量、加氢反应釜夹套冷却水进水阀形成联锁关系，设立紧急停车系统。加入急冷氮气或氢气的系统。当加氢反应釜内温度或压力超标或搅拌系统发生故障时自动停止加氢，泄压，并进入紧急状态。安全泄放系统。			

（九）重氮化工艺安全控制要求

反应类型	绝大多数是放热反应	重点监控单元	重氮化反应釜、后处理单元
工艺简介			
一级胺与亚硝酸在低温下作用，生成重氮盐的反应。脂肪族、芳香族和杂环的一级胺都可以进行重氮化反应。涉及重氮化反应的工艺过程为重氮化工艺。通常重氮化试剂是由亚硝酸钠和盐酸作用临时制备的。除盐酸外，也可以使用硫酸、高氯酸和氟硼酸等无机酸。脂肪族重氮盐很不稳定，即使在低温下也能迅速自发分解，芳香族重氮盐较为稳定。			
工艺危险特点			
（1）重氮盐在温度稍高或光照的作用下，特别是含有硝基的重氮盐极易分解，有的甚至在室温时亦能分解。在干燥状态下，有些重氮盐不稳定，活性强，受热或摩擦、撞击等作用能发生分解甚至爆炸； （2）重氮化生产过程所使用的亚硝酸钠是无机氧化剂，175℃时能发生分解、与有机物反应导致着火或爆炸； （3）反应原料具有燃爆危险性。			

续表

反应类型	绝大多数是放热反应	重点监控单元	重氮化反应釜、后处理单元
典型工艺			
(1) 顺法 对氨基苯磺酸钠与2-萘酚制备酸性橙-II染料； 芳香族伯胺与亚硝酸钠反应制备芳香族重氮化合物等。 (2) 反加法 间苯二胺生产二氟硼酸间苯二重氮盐； 苯胺与亚硝酸钠反应生产苯胺基重氮苯等。 (3) 亚硝酰硫酸法 2-氰基-4-硝基苯胺、2-氰基-4-硝基-6-溴苯胺、2,4-二硝基-6-溴苯胺、2,6-二氰基-4-硝基苯胺和2,4-二硝基-6-氰基苯胺为重氮组分与端氨基含醚基的偶合组分经重氮化、偶合成单偶氮分散染料； 2-氰基-4-硝基苯胺为原料制备蓝色分散染料等。 (4) 硫酸铜触媒法 邻、间氨基苯酚用弱酸(醋酸、草酸等)或易于水解的无机盐和亚硝酸钠反应制备邻、间氨基苯酚的重氮化合物等。 (5) 盐析法 氨基偶氮化合物通过盐析法进行重氮化生产多偶氮染料等。			
重点监控工艺参数			
重氮化反应釜内温度、压力、液位、pH值；重氮化反应釜内搅拌速率；亚硝酸钠流量；反应物质的配料比；后处理单元温度等。			
安全控制的基本要求			
反应釜温度和压力的报警和联锁；反应物料的比例控制和联锁系统；紧急冷却系统；紧急停车系统；安全泄放系统；后处理单元配置温度监测、惰性气体保护的联锁装置等。			
宜采用的控制方式			
将重氮化反应釜内温度、压力与釜内搅拌、亚硝酸钠流量、重氮化反应釜夹套冷却水进水阀形成联锁关系，在重氮化反应釜处设立紧急停车系统，当重氮化反应釜内温度超标或搅拌系统发生故障时自动停止加料并紧急停车。安全泄放系统。 重氮盐后处理设备应配置温度检测、搅拌、冷却联锁自动控制调节装置，干燥设备应配置温度测量、加热热源开关、惰性气体保护的联锁装置。 安全设施，包括安全阀、爆破片、紧急放空阀等。			

（十）氧化工艺安全控制要求

反应类型	放热反应	重点监控单元	氧化反应釜

工艺简介

氧化为有电子转移的化学反应中失电子的过程，即氧化数升高的过程。多数有机化合物的氧化反应表现为反应原料得到氧或失去氢。涉及氧化反应的工艺过程为氧化工艺。常用的氧化剂有：空气、氧气、双氧水、氯酸钾、高锰酸钾、硝酸盐等。

工艺危险特点

（1）反应原料及产品具有燃爆危险性；

（2）反应气相组成容易达到爆炸极限，具有闪爆危险；

（3）部分氧化剂具有燃爆危险性，如氯酸钾，高锰酸钾、铬酸酐等都属于氧化剂，如遇高温或受撞击、摩擦以及与有机物、酸类接触，皆能引起火灾爆炸；

（4）产物中易生成过氧化物，化学稳定性差，受高温、摩擦或撞击作用易分解、燃烧或爆炸。

典型工艺

乙烯氧化制环氧乙烷；

甲醇氧化制备甲醛；

对二甲苯氧化制备对苯二甲酸；

异丙苯经氧化-酸解联产苯酚和丙酮；

环己烷氧化制环己酮；

天然气氧化制乙炔；

丁烯、丁烷、C_4馏分或苯的氧化制顺丁烯二酸酐；

邻二甲苯或萘的氧化制备邻苯二甲酸酐；

均四甲苯的氧化制备均苯四甲酸二酐；

苊的氧化制 1，8-萘二甲酸酐；

3-甲基吡啶氧化制 3-吡啶甲酸（烟酸）；

4-甲基吡啶氧化制 4-吡啶甲酸（异烟酸）；

2-乙基己醇（异辛醇）氧化制备 2-乙基己酸（异辛酸）；

对氯甲苯氧化制备对氯苯甲醛和对氯苯甲酸；

甲苯氧化制备苯甲醛、苯甲酸；

对硝基甲苯氧化制备对硝基苯甲酸；

环十二醇/酮混合物的开环氧化制备十二碳二酸；

环己酮/醇混合物的氧化制己二酸；

乙二醛硝酸氧化法合成乙醛酸；

丁醛氧化制丁酸；

氨氧化制硝酸等。

续表

反应类型	放热反应	重点监控单元	氧化反应釜
重点监控工艺参数			
氧化反应釜内温度和压力；氧化反应釜内搅拌速率；氧化剂流量；反应物料的配比；气相氧含量；过氧化物含量等。			
安全控制的基本要求			
反应釜温度和压力的报警和联锁；反应物料的比例控制和联锁及紧急切断动力系统；紧急断料系统；紧急冷却系统；紧急送入惰性气体的系统；气相氧含量监测、报警和联锁；安全泄放系统；可燃和有毒气体检测报警装置等。			
宜采用的控制方式			
将氧化反应釜内温度和压力与反应物的配比和流量、氧化反应釜夹套冷却水进水阀、紧急冷却系统形成联锁关系，在氧化反应釜处设立紧急停车系统，当氧化反应釜内温度超标或搅拌系统发生故障时自动停止加料并紧急停车。配备安全阀、爆破片等安全设施。			

（十一）过氧化工艺安全控制要求

反应类型	吸热反应或放热反应	重点监控单元	过氧化反应釜
工艺简介			
向有机化合物分子中引入过氧基(—O—O—)的反应称为过氧化反应，得到的产物为过氧化物的工艺过程为过氧化工艺。			
工艺危险特点			
(1) 过氧化物都含有过氧基(—O—O—)，属含能物质，由于过氧键结合力弱，断裂时所需的能量不大，对热、振动、冲击或摩擦等都极为敏感，极易分解甚至爆炸； (2) 过氧化物与有机物、纤维接触时易发生氧化、产生火灾； (3) 反应气相组成容易达到爆炸极限，具有燃爆危险。			
典型工艺			
双氧水的生产； 乙酸在硫酸存在下与双氧水作用，制备过氧乙酸水溶液； 酸酐与双氧水作用直接制备过氧二酸； 苯甲酰氯与双氧水的碱性溶液作用制备过氧化苯甲酰； 异丙苯经空气氧化生产过氧化氢异丙苯等。			
重点监控工艺参数			
过氧化反应釜内温度；pH 值；过氧化反应釜内搅拌速率；(过)氧化剂流量；参加反应物质的配料比；过氧化物浓度；气相氧含量等。			

续表

反应类型	吸热反应或放热反应	重点监控单元	过氧化反应釜
安全控制的基本要求			
反应釜温度和压力的报警和联锁；反应物料的比例控制和联锁及紧急切断动力系统；紧急断料系统；紧急冷却系统；紧急送入惰性气体的系统；气相氧含量监测、报警和联锁；紧急停车系统；安全泄放系统；可燃和有毒气体检测报警装置等。			
宜采用的控制方式			
将过氧化反应釜内温度与釜内搅拌电流、过氧化物流量、过氧化反应釜夹套冷却水进水阀形成联锁关系，设置紧急停车系统。 过氧化反应系统应设置泄爆管和安全泄放系统。			

（十二）胺基化工艺安全控制要求

反应类型	放热反应	重点监控单元	胺基化反应釜
工艺简介			
胺化是在分子中引入胺基（R_2N—）的反应，包括 R—CH_3烃类化合物（R：氢、烷基、芳基）在催化剂存在下，与氨和空气的混合物进行高温氧化反应，生成腈类等化合物的反应。涉及上述反应的工艺过程为胺基化工艺。			
工艺危险特点			
（1）反应介质具有燃爆危险性； （2）在常压下20℃时，氨气的爆炸极限为15%~27%，随着温度、压力的升高，爆炸极限的范围增大。因此，在一定的温度、压力和催化剂的作用下，氨的氧化反应放出大量热，一旦氨气与空气比失调，就可能发生爆炸事故； （3）由于氨呈碱性，具有强腐蚀性，在混有少量水分或湿气的情况下无论是气态或液态氨都会与铜、银、锡、锌及其合金发生化学作用； （4）氨易与氧化银或氧化汞反应生成爆炸性化合物（雷酸盐）。			
典型工艺			
邻硝基氯苯与氨水反应制备邻硝基苯胺； 对硝基氯苯与氨水反应制备对硝基苯胺； 间甲酚与氯化铵的混合物在催化剂和氨水作用下生成间甲苯胺； 甲醇在催化剂和氨气作用下制备甲胺； 1-硝基蒽醌与过量的氨水在氯苯中制备1-氨基蒽醌； 2,6-蒽醌二磺酸氨解制备2,6-二氨基蒽醌； 苯乙烯与胺反应制备*N*-取代苯乙胺； 环氧乙烷或亚乙基亚胺与胺或氨发生开环加成反应，制备氨基乙醇或二胺； 甲苯经氨氧化制备苯甲腈； 丙烯氨氧化制备丙烯腈等。			

续表

反应类型	放热反应	重点监控单元	胺基化反应釜

重点监控工艺参数

胺基化反应釜内温度、压力；胺基化反应釜内搅拌速率；物料流量；反应物质的配料比；气相氧含量等。

安全控制的基本要求

反应釜温度和压力的报警和联锁；反应物料的比例控制和联锁系统；紧急冷却系统；气相氧含量监控联锁系统；紧急送入惰性气体的系统；紧急停车系统；安全泄放系统；可燃和有毒气体检测报警装置等。

宜采用的控制方式

将胺基化反应釜内温度、压力与釜内搅拌、胺基化物料流量、胺基化反应釜夹套冷却水进水阀形成联锁关系，设置紧急停车系统。

安全设施，包括安全阀、爆破片、单向阀及紧急切断装置等。

(十三) 磺化工艺安全控制要求

反应类型	放热反应	重点监控单元	磺化反应釜

工艺简介

磺化是向有机化合物分子中引入磺酰基($—SO_3H$)的反应。磺化方法分为三氧化硫黄化法、共沸去水磺化法、氯磺酸磺化法、烘焙磺化法和亚硫酸盐磺化法等。涉及磺化反应的工艺过程为磺化工艺。磺化反应除了增加产物的水溶性和酸性外，还可以使产品具有表面活性。芳烃经磺化后，其中的磺酸基可进一步被其他基团[如羟基(—OH)、氨基($—NH_2$)、氰基(—CN)等]取代，生产多种衍生物。

工艺危险特点

(1) 应原料具有燃爆危险性；磺化剂具有氧化性、强腐蚀性；如果投料顺序颠倒、投料速度过快、搅拌不良、冷却效果不佳等，都有可能造成反应温度异常升高，使磺化反应变为燃烧反应，引起火灾或爆炸事故；

(2) 氧化硫易冷凝堵管，泄漏后易形成酸雾，危害较大。

典型工艺

(1) 三氧化硫黄化法

气体三氧化硫和十二烷基苯等制备十二烷基苯磺酸钠；

硝基苯与液态三氧化硫制备间硝基苯磺酸；

甲苯磺化生产对甲基苯磺酸和对位甲酚；

对硝基甲苯磺化生产对硝基甲苯邻磺酸等。

续表

反应类型	放热反应	重点监控单元	磺化反应釜

典型工艺

(2) 共沸去水磺化法

苯磺化制备苯磺酸；

甲苯磺化制备甲基苯磺酸等。

(3) 氯磺酸磺化法

芳香族化合物与氯磺酸反应制备芳磺酸和芳磺酰氯；

乙酰苯胺与氯磺酸生产对乙酰氨基苯磺酰氯等。

(4) 烘焙磺化法

苯胺磺化制备对氨基苯磺酸等。

(5) 亚硫酸盐磺化法

2,4-二硝基氯苯与亚硫酸氢钠制备2,4-二硝基苯磺酸钠；

1-硝基蒽醌与亚硫酸钠作用得到α-蒽醌硝酸等。

重点监控工艺参数

磺化反应釜内温度；磺化反应釜内搅拌速率；磺化剂流量；冷却水流量。

安全控制的基本要求

反应釜温度的报警和联锁；搅拌的稳定控制和联锁系统；紧急冷却系统；紧急停车系统；安全泄放系统；三氧化硫泄漏监控报警系统等。

宜采用的控制方式

将磺化反应釜内温度与磺化剂流量、磺化反应釜夹套冷却水进水阀、釜内搅拌电流形成联锁关系，紧急断料系统，当磺化反应釜内各参数偏离工艺指标时，能自动报警、停止加料，甚至紧急停车。

磺化反应系统应设有泄爆管和紧急排放系统。

(十四) 聚合工艺安全控制要求

反应类型	放热反应	重点监控单元	聚合反应釜、粉体聚合物料仓

工艺简介

聚合是一种或几种小分子化合物变成大分子化合物(也称高分子化合物或聚合物，通常分子量为$1\times10^4\sim1\times10^7$)的反应，涉及聚合反应的工艺过程为聚合工艺。聚合工艺的种类很多，按聚合方法可分为本体聚合、悬浮聚合、乳液聚合、溶液聚合等。

续表

反应类型	放热反应	重点监控单元	聚合反应釜、粉体聚合物料仓
工艺危险特点			
(1) 聚合原料具有自聚和燃爆危险性； (2) 如果反应过程中热量不能及时移出，随物料温度上升，发生裂解和暴聚，所产生的热量使裂解和暴聚过程进一步加剧，进而引发反应器爆炸； (3) 部分聚合助剂危险性较大。			
典型工艺			
(1) 聚烯烃生产 聚乙烯生产； 聚丙烯生产； 聚苯乙烯生产等。 (2) 聚氯乙烯生产 (3) 合成纤维生产 涤纶生产； 锦纶生产； 维纶生产； 腈纶生产； 尼龙生产等。 (4) 橡胶生产 丁苯橡胶生产； 顺丁橡胶生产； 丁腈橡胶生产等。 (5) 乳液生产 醋酸乙烯乳液生产； 丙烯酸乳液生产等。 (6) 涂料黏合剂生产 醇酸油漆生产； 聚酯涂料生产； 环氧涂料黏合剂生产； 丙烯酸涂料黏合剂生产等。 (7) 氟化物聚合 四氟乙烯悬浮法、分散法生产聚四氟乙烯； 四氟乙烯(TFE)和偏氟乙烯(VDF)聚合生产氟橡胶和偏氟乙烯-全氟丙烯共聚弹性体(俗称26型氟橡胶或氟橡胶-26)等。			

续表

反应类型	放热反应	重点监控单元	聚合反应釜、粉体聚合物料仓
重点监控工艺参数			
聚合反应釜内温度、压力，聚合反应釜内搅拌速率；引发剂流量；冷却水流量；料仓静电、可燃气体监控等。			
安全控制的基本要求			
反应釜温度和压力的报警和联锁；紧急冷却系统；紧急切断系统；紧急加入反应终止剂系统；搅拌的稳定控制和联锁系统；料仓静电消除、可燃气体置换系统，可燃和有毒气体检测报警装置；高压聚合反应釜设有防爆墙和泄爆面等。			
宜采用的控制方式			
将聚合反应釜内温度、压力与釜内搅拌电流、聚合单体流量、引发剂加入量、聚合反应釜夹套冷却水进水阀形成联锁关系，在聚合反应釜处设立紧急停车系统。当反应超温、搅拌失效或冷却失效时，能及时加入聚合反应终止剂。安全泄放系统。			

（十五）烷基化工艺安全控制要求

反应类型	放热反应	重点监控单元	烷基化反应釜
工艺简介			
把烷基引入有机化合物分子中的碳、氮、氧等原子上的反应称为烷基化反应。涉及烷基化反应的工艺过程为烷基化工艺，可分为C-烷基化反应、N-烷基化反应、O-烷基化反应等。			
工艺危险特点			
（1）反应介质具有燃爆危险性； （2）烷基化催化剂具有自燃危险性，遇水剧烈反应，放出大量热量，容易引起火灾甚至爆炸； （3）烷基化反应都是在加热条件下进行，原料、催化剂、烷基化剂等加料次序颠倒、加料速度过快或者搅拌中断停止等异常现象容易引起局部剧烈反应，造成跑料，引发火灾或爆炸事故。			
典型工艺			
（1）C-烷基化反应 乙烯、丙烯以及长链 α-烯烃，制备乙苯、异丙苯和高级烷基苯；			

续表

反应类型	放热反应	重点监控单元	烷基化反应釜
典型工艺			
苯系物与氯代高级烷烃在催化剂作用下制备高级烷基苯； 用脂肪醛和芳烃衍生物制备对称的二芳基甲烷衍生物； 苯酚与丙酮在酸催化下制备2,2-对(对羟基苯基)丙烷(俗称双酚A)； 乙烯与苯发生烷基化反应生产乙苯等。 (2) N-烷基化反应 苯胺和甲醚烷基化生产苯甲胺； 苯胺与氯乙酸生产苯基氨基乙酸； 苯胺和甲醇制备 *N*,*N*-二甲基苯胺； 苯胺和氯乙烷制备 *N*,*N*-二烷基芳胺； 对甲苯胺与硫酸二甲酯制备 *N*,*N*-二甲基对甲苯胺； 环氧乙烷与苯胺制备 *N*-(β-羟乙基)苯胺； 氨或脂肪胺和环氧乙烷制备乙醇胺类化合物； 苯胺与丙烯腈反应制备 *N*-(β-氰乙基)苯胺等。 (3) O-烷基化反应 对苯二酚、氢氧化钠水溶液和氯甲烷制备对苯二甲醚； 硫酸二甲酯与苯酚制备苯甲醚； 高级脂肪醇或烷基酚与环氧乙烷加成生成聚醚类产物等。			
重点监控工艺参数			
烷基化反应釜内温度和压力；烷基化反应釜内搅拌速率；反应物料的流量及配比等。			
安全控制的基本要求			
反应物料的紧急切断系统；紧急冷却系统；安全泄放系统；可燃和有毒气体检测报警装置等。			
宜采用的控制方式			
将烷基化反应釜内温度和压力与釜内搅拌、烷基化物料流量、烷基化反应釜夹套冷却水进水阀形成联锁关系，当烷基化反应釜内温度超标或搅拌系统发生故障时自动停止加料并紧急停车。 安全设施包括安全阀、爆破片、紧急放空阀、单向阀及紧急切断装置等。			

(十六) 新型煤化工工艺安全控制要求

反应类型	放热反应	重点监控单元	煤气化炉

工艺简介

以煤为原料，经化学加工使煤直接或者间接转化为气体、液体和固体燃料、化工原料或化学品的工艺过程。主要包括煤制油(甲醇制汽油、费-托合成油)、煤制烯烃(甲醇制烯烃)、煤制二甲醚、煤制乙二醇(合成气制乙二醇)、煤制甲烷气(煤气甲烷化)、煤制甲醇、甲醇制醋酸等工艺。

工艺危险特点

(1) 反应介质涉及一氧化碳、氢气、甲烷、乙烯、丙烯等易燃气体，具有燃爆危险性；

(2) 反应过程多为高温、高压过程，易发生工艺介质泄漏，引发火灾、爆炸和一氧化碳中毒事故；

(3) 反应过程可能形成爆炸性混合气体；

(4) 多数煤化工新工艺反应速度快，放热量大，造成反应失控；

(5) 反应中间产物不稳定，易造成分解爆炸。

典型工艺

煤制油(甲醇制汽油、费-托合成油)；

煤制烯烃(甲醇制烯烃)；

煤制二甲醚；

煤制乙二醇(合成气制乙二醇)；

煤制甲烷气(煤气甲烷化)；

煤制甲醇；

甲醇制醋酸。

重点监控工艺参数

反应器温度和压力；反应物料的比例控制；料位；液位；进料介质温度、压力与流量；氧含量；外取热器蒸汽温度与压力；风压和风温；烟气压力与温度；压降；H_2/CO 比；NO/O_2比；NO/醇比；H_2、H_2S、CO_2含量等。

安全控制的基本要求

反应器温度、压力报警与联锁；进料介质流量控制与联锁；反应系统紧急切断进料联锁；料位控制回路；液位控制回路；H_2/CO 比例控制与联锁；NO/O_2比例控制与联锁；外取热器蒸汽热水泵联锁；主风流量联锁；可燃和有毒气体检测报警装置；紧急冷却系统；安全泄放系统。

续表

反应类型	放热反应	重点监控单元	煤气化炉
宜采用的控制方式			
将进料流量、外取热蒸汽流量、外取热蒸汽包液位、H_2/CO 比例与反应器进料系统设立联锁关系，一旦发生异常工况启动联锁，紧急切断所有进料，开启事故蒸汽阀或氮气阀，迅速置换反应器内物料，并将反应器进行冷却、降温。 安全设施，包括安全阀、防爆膜、紧急切断阀及紧急排放系统等。			

（十七）电石生产工艺安全控制要求

反应类型	吸热反应	重点监控单元	电石炉
工艺简介			
电石生产工艺是以石灰和炭素材料(焦炭、兰炭、石油焦、冶金焦、白煤等)为原料，在电石炉内依靠电弧热和电阻热在高温进行反应，生成电石的工艺过程。电石炉型式主要分为两种：内燃型和全密闭型。			
工艺危险特点			
（1）电石炉工艺操作具有火灾、爆炸、烧伤、中毒、触电等危险性； （2）电石遇水会发生激烈反应，生成乙炔气体，具有燃爆危险性； （3）电石的冷却、破碎过程具有人身伤害、烫伤等危险性； （4）反应产物一氧化碳有毒，与空气混合到12.5%~74%时会引起燃烧和爆炸； （5）生产中漏糊造成电极软断时，会使炉气出口温度突然升高，炉内压力突然增大，造成严重的爆炸事故。			
典型工艺			
石灰和炭素材料(焦炭、蓝炭、石油焦、冶金焦、白煤等)反应制备电石。			
重点监控工艺参数			
炉气温度；炉气压力；料仓料位；电极压放量；一次电流；一次电压；电极电流；电极电压；有功功率；冷却水温度、压力；液压箱油位、温度；变压器温度；净化过滤器入口温度、炉气组分分析等。			
安全控制的基本要求			
设置紧急停炉按钮；电炉运行平台和电极压放视频监控、输送系统视频监控和启停现场声音报警；原料称重和输送系统控制；电石炉炉压调节、控制；电极升降控制；电极压放控制；液压泵站控制；炉气组分在线检测、报警和联锁；可燃和有毒气体检测和声光报警装置；设置紧急停车按钮等。			

续表

反应类型	吸热反应	重点监控单元	电石炉
宜采用的控制方式			
将炉气压力、净化总阀与放散阀形成联锁关系；将炉气组分氢、氧含量高与净化系统形成联锁关系；将料仓超料位、氢含量与停炉形成联锁关系。 安全设施，包括安全阀、重力泄压阀、紧急放空阀、防爆膜等。			

（十八）偶氮化工艺安全控制要求

反应类型	放热反应	重点监控单元	偶氮化反应釜、后处理单元
工艺简介			
合成通式为 R—N═N—R 的偶氮化合物的反应为偶氮化反应，式中 R 为脂烃基或芳烃基，两个 R 基可相同或不同。涉及偶氮化反应的工艺过程为偶氮化工艺。脂肪族偶氮化合物由相应的肼经过氧化或脱氢反应制取。芳香族偶氮化合物一般由重氮化合物的偶联反应制备。			
工艺危险特点			
（1）部分偶氮化合物极不稳定，活性强，受热或摩擦、撞击等作用能发生分解甚至爆炸； （2）偶氮化生产过程所使用的肼类化合物，高毒，具有腐蚀性，易发生分解爆炸，遇氧化剂能自燃； （3）反应原料具有燃爆危险性。			
典型工艺			
（1）脂肪族偶氮化合物合成：水合肼和丙酮氰醇反应，再经液氯氧化制备偶氮二异丁腈；次氯酸钠水溶液氧化氨基庚腈，或者甲基异丁基酮和水合肼缩合后与氰化氢反应，再经氯气氧化制取偶氮二异庚腈；偶氮二甲酸二乙酯 DEAD 和偶氮二甲酸二异丙酯 DIAD 的生产工艺。 （2）芳香族偶氮化合物合成：由重氮化合物的偶联反应制备的偶氮化合物。			
重点监控工艺参数			
偶氮化反应釜内温度、压力、液位、pH 值；偶氮化反应釜内搅拌速率；肼流量；反应物质的配料比；后处理单元温度等。			
安全控制的基本要求			
反应釜温度和压力的报警和联锁；反应物料的比例控制和联锁系统；紧急冷却系统；紧急停车系统；安全泄放系统；后处理单元配置温度监测、惰性气体保护的联锁装置等。			

续表

反应类型	放热反应	重点监控单元	偶氮化反应釜、后处理单元
宜采用的控制方式			
将偶氮化反应釜内温度、压力与釜内搅拌、肼流量、偶氮化反应釜夹套冷却水进水阀形成联锁关系。在偶氮化反应釜处设立紧急停车系统，当偶氮化反应釜内温度超标或搅拌系统发生故障时，自动停止加料，并紧急停车。 后处理设备应配置温度检测、搅拌、冷却联锁自动控制调节装置，干燥设备应配置温度测量、加热热源开关、惰性气体保护的联锁装置。 安全设施，包括安全阀、爆破片、紧急放空阀等。			

第九章

设备完好性和特种设备安全

一、化工企业的设备是如何分类的?

化工企业的设备没有固定的、严格的分类，一般情况下，广义的化工设备按专业可分为机械、电气、仪表、分析设备等类别。具体到化工机械包括两部分，其一是化工机器，主要是指诸如流体输送的风机、压缩机、各种机泵等设备，其主要部件是运动的机械，也就是通常所说的动设备；其二是化工设备，主要是指部件是静止的机械，诸如塔器、容器、反应器设备等，也就是通常所说的静设备，有时也称为非标准设备。在化工过程中，化工机器和化工设备间没有严格的区分，例如一些反应器也常常装有运动的机器。化工企业的设备有时也按其功用进行分类；如安全设备、储运设备。而特种设备则是按照特定的管理要求来分的。

二、《安全生产法》中规定的安全设备指的是什么?

安全设备主要是指为了保护从业人员等生产经营参与者的安全，防止生产安全事故发生以及在发生生产安全事故时用于救援而安装使用的机械设备和器械。安全设备有的是作为生产经营装备的附属设备，需要与这些装备配合使用；有的则是能够在保证安全生产方面独立发挥作用。

三、《安全生产法》对安全设备的设计、维护、保养、检测等方面有什么规定?

《安全生产法》第三十三条规定，安全设备的设计、制造、安装、使用、检测、维修、改造和报废，应当符合国家标准或者行业标准。

生产经营单位必须对安全设备进行经常性维护、保养，并定期检测，保证正常运转。维护、保养、检测应当作好记录，并由有关人员签字。

四、保持设备完好性，在设备台账管理制度方面有何要求?

企业要对所有设备进行编号，建立设备台账、技术档案和备品配件管理制度，编制设备操作和维护规程。设备操作、维修人员要进行专门的培训和资格考核，培训考核情况要记录存档。

五、保持设备完好性，在装置泄漏监(检)测管理制度方面有何要求?

企业要统计和分析可能出现泄漏的部位、物料种类和最大量。定期监(检)测生产装置动静密封点，发现问题及时处理。定期标定各类泄漏检测报警仪器，确保准确有效。要加强防腐蚀管理，确定检查部位，定期检测，建立检测数据库。对重点部位要加大检测检查频次，及时发现和处理管道、设备壁厚减薄情况；定期评估防腐效果和核算设备剩余使用寿命，及时发现并更新更换存在安全隐患的设备。

六、保持设备完好性，在电气及仪表自动化控制系统安全管理制度方面有何要求？

企业要编制电气设备设施操作、维护、检修等管理制度。定期开展企业电源系统安全可靠性分析和风险评估。要制定防爆电气设备、线路检查和维护管理制度。

新(改、扩)建装置和大修装置的仪表自动化控制系统投用前、长期停用的仪表自动化控制系统再次启用前，必须进行检查确认。要建立健全仪表自动化控制系统日常维护保养制度，建立安全联锁保护系统停运、变更专业会签和技术负责人审批制度。

七、加强设备管理，保证设备完好的主要环节有哪些？

设备管理工作的好坏关系到能否保证设备的完好；能否减少装置突发的故障；是化工生产装置安全稳定运转的前提条件。设备故障一方面会直接导致安全事件，另一方面会造成装置的停车，带来停、开车的安全风险。企业主要负责人应充分认识到设备管理工作的重要性，关注、抓好影响设备完好的主要环节。

在设备安全运行管理方面，企业应重点抓好两方面的工作：

(一) 加强动设备管理

企业要编制动设备操作规程，确保动设备始终具备规定的工况条件。自动监测大机组和重点动设备的转速、振动、位移、温度、压力、腐蚀性介质含量等运行参数，及时评估设备运行状况。加强动设备润滑管理，确保动设备运行可靠。

(二) 开展设备预防性维修

关键设备要装备在线监测系统。要定期监(检)测检查关键设备、连续监(检)测检查仪表，及时消除静设备密封件、动设备易损件的安全隐患。定期检查压力管道阀门、螺栓等附件的安全状态，及早发现和消除设备缺陷。

(1) 提高预判能力，落实计划检修

提高预判能力应做好以下几点：一是做好设备的定期检查、检验；二是做好翔实的检查、检验记录；三是充实必要的检验仪器，提高检查、检验手段；四是提升设备管理人员的业务技能，强化责任心。

企业应结合故障诊断及状态监测结果及检修规程的规定，做好计划检修工作，实施科学检修。设备管理人员应了解重点设备和对装置安全运行构成危胁的设备、设施的检修周期，进行预防性维修，杜绝设备疲劳或带隐患运行，避免设备故障造成的意外停车，减少开、停车环节，降低安全风险。

(2) 强化检修质量

很多企业的设备检修工作往往出现重时间、进度，轻检修质量的倾向，这就要求检修人员提高质量意识，检修过程中要严格执行检修规程、规范，严格控制检修质量验收技术指标，检修一台设备要保证一个检修周期。

工作中应强调严格执行检修规程，检修内容、检修周期以及检修质量要符合规程要求。必要时，要用技术数据或专业报告判定检修质量。

把好备件质量关，备件质量是检修质量的重要一环，检修人员有核查备件质量的义务。同时做好备品备件的计划及落实，保证检修需要。

(3) 完善档案管理

档案管理可以促进设备现场管理。这方面经常存在的问题是设备档案记录不全，设备报表、检修记录的真实性和及时性存在问题，进而不能对设备的计划检修提供支持和帮助。因此在工作中，要注重加强设备检修记录、润滑台账(加油记录)、运行台账等管理，确保及时、真实、准确；同时强化巡检记录，主要是包机人在巡检过程中重点关注运行参数的记录，如油位、温度、振动、泄漏及有无异常情况等。对动设备及边缘设备的记录要全面。对于静设备及管道应由属地单位按规程、规范要求考虑巡检内容和方式。切忌流于形式，严禁做假报表。

目前很多企业，尤其是大型石化企业都实行了电子化办公，但应保持必要的纸质原始记录。

(4) 重视检修技能

充分认识到检修队伍(人员)技能的重要，加强检修队伍(人员)技能培训，不断提升检修队伍(人员)的素质和能力。

(5) 明确管理责任

加强设备管理的层级管理是提升设备管理工作的重要一环，属地(车间)是企业的一个重要生产维护单元，要强化属地(车间)对设备维护的主动性和责任意识。

强化各属地(车间)的设备检修及管理的主体责任意识。外委单位的检修是设备管理工作的薄弱环节，而很多企业对于外来施工队伍的检修存在依附心里，造成管理脱节。对此，要求各属地(车间)在对于外来施工队伍承担的设备检修工作的安全、质量方面，提高责任意识。形成真正意义上的设备检修层级管理。

要明确界定检修(维护)单位与属地(车间)的巡检、维护职责；科学划分各专业(层级)人员的"巡检包机制"内容，这既包括动静设备、也包括电仪设备、设施，以及管廊(管道)。

(6) 加强公用工程、动力系统管理

公用工程、动力系统设备、设施的管理很容易被企业忽视，然而其一旦出现问题，对生产装置稳定运行的威胁很大，企业应高度重视。供电、供热、供水、供汽、供气及污水处理等设施必须符合国家标准，要制定并落实公用工程、动力系统维修计划，定期对公用工程、动力系统设施进行维护、检查。使用外部公用工程的企业应与公用工程的供应单位建立规范的联系制度，明确检修维护、信息传递、应急处置等方面的程序和责任。

设备管理工作是企业管理的重要组成部分，企业对于设备管理工作的执行与落实情况应严格进行检查、考核。

保持设备完好性，加强设备管理工作，是化工企业的一项复杂的系统工程，企业要结合自身实际不断探索、改进。对于出现的设备事件，且不可单纯的处罚了事，而是要对事件的原因从管理层面进行分析，找出问题的根原因，哪怕是一个小的设备事件，也不可放过，以持续改进企业的设备管理工作。

八、大型机组的划分标准是什么？

大型机组是根据生产实际情况按照一定划分标准经研究确定、并列入相应管理范围的机组。大型机组具有功率大，在生产中有主要作用。一般把同时满足下列条件者列为大型机组。

(1) 机组功率大于或等于500kW；

(2) 机组有独立的润滑系统；

(3) 工艺生产中起重要作用、结构复杂、技术密集的机组。

九、储罐沉降观测的基本要求是什么？

按照《钢制储罐地基基础设计规范》(GB 50473—2008)的规定，地基变形观测应符合下列要求：

(1) 在储罐充水预(试)压和投产使用期间，应对储罐的地基变形进行观测；变形观测应在储罐基础完工后、储罐充水前、充水过程、充满水稳压阶段、放水过程、放水后及投产使用等各个时段进行。

(2) 充水预压地基应进行沉降观测，软土地基尚宜进行水平位移观测、倾斜观测及孔隙水压力测试等。

(3) 变形观测应设专人定期进行，在充水预压阶段每天应不少于1次并作好记录，测量精度宜采用Ⅱ级水准测量。

(4) 充水预压过程中如发现储罐地基基础沉降有异常，应立即停止充水，并应待处理后继续充水。

(5) 充水预压的监测报告的编制尚应符合国家现行标准《石油化工

钢制储罐地基充水预压监测规程》(SH/T 3123)的有关规定。

储罐地基变形允差值应按《钢制储罐地基基础设计规范》(GB 50473)采用。

十、什么是特种设备?《特种设备目录》中对特种设备范围是如何规定的?

《中华人民共和国特种设备安全法》所称的特种设备是指对人身和财产安全有较大危险性的锅炉、压力容器(含气瓶)、压力管道、电梯、起重机械、客运索道、大型游乐设施、场(厂)内专用机动车辆,以及法律、行政法规规定的其他特种设备。

国家质检总局于 2014 年 10 月 30 日公布的《特种设备目录》对锅炉、压力容器、压力管道及压力管道元件、起重机械、场(厂)内专用机动车辆、电梯、安全附件等的范围进行了具体规定。

(一) 锅炉

锅炉,是指利用各种燃料、电或者其他能源,将所盛装的液体加热到一定的参数,并通过对外输出介质的形式提供热能的设备,其范围规定为设计正常水位容积大于或者等于 30L,且额定蒸汽压力大于或者等于 0.1MPa(表压)的承压蒸汽锅炉;出口水压大于或者等于 0.1MPa(表压),且额定功率大于或者等于 0.1MW 的承压热水锅炉;额定功率大于或者等于 0.1MW 的有机热载体锅炉。

(二) 压力容器

压力容器,是指盛装气体或者液体,承载一定压力的密闭设备,其范围规定为最高工作压力大于或者等于 0.1MPa(表压)的气体、液化气体和最高工作温度高于或者等于标准沸点的液体、容积大于或者等于 30L 且内直径(非圆形截面指截面内边界最大几何尺寸)大于或者等于 150mm 的固定式容器和移动式容器;盛装公称工作压力大于或者等于 0.2MPa(表压),且压力与容积的乘积大于或者等于 1.0MPa · L

的气体、液化气体和标准沸点等于或者低于60℃液体的气瓶；氧舱。

关于气瓶，应注意的几点：

(1) 气瓶，不含仅在灭火时承受压力、储存时不承受压力的灭火用气瓶。

(2) 关于气瓶及气瓶阀门制造许可。手提式干粉灭火器、手提式水基型灭火器按照《关于部分消防产品实施强制性产品认证的公告》(2014年第12号)规定管理，制造其焊接结构的筒体不需要取得气瓶制造许可。制造其他消防灭火用气瓶仍需取得气瓶制造许可。

(三) 压力管道及压力管道元件

压力管道，是指利用一定的压力，用于输送气体或者液体的管状设备，其范围规定为最高工作压力大于或者等于0.1MPa(表压)，介质为气体、液化气体、蒸汽或者可燃、易爆、有毒、有腐蚀性、最高工作温度高于或者等于标准沸点的液体，且公称直径大于或者等于50mm的管道。公称直径小于150mm，且其最高工作压力小于1.6MPa(表压)的输送无毒、不可燃、无腐蚀性气体的管道和设备本体所属管道除外。其中，石油天然气管道的安全监督管理还应按照《安全生产法》《石油天然气管道保护法》等法律法规实施。

压力管道定义中"公称直径小于150mm，且其最高工作压力小于1.6MPa(表压)的输送无毒、不可燃、无腐蚀性气体的管道"所指的无毒、不可燃、无腐蚀性气体，不包括液化气体、蒸汽和氧气。

压力管道元件包括压力管道管子、压力管道管件、压力管道阀门、压力管道法兰、压力管道补偿器、压力管道密封元件、压力管道特种元件(防腐管道元件、元件组合装置)等。

压力管道元件公称直径均应大于等于50mm。

(四) 起重机械

起重机械，是指用于垂直升降或者垂直升降并水平移动重物的机电设备，其范围规定为额定起重量大于或者等于0.5t的升降机；额定起重量大于或者等于3t(或额定起重力矩大于或者等于40t·m的塔式起重机，或生产率大于或者等于300t/h的装卸桥)，且提升高度大于或者等于 2m 的起重机；层数大于或者等于 2 层的机械式停车设备。

(五) 场(厂)内专用机动车辆

场(厂)内专用机动车辆，是指除道路交通、农用车辆以外仅在工厂厂区、旅游景区、游乐场所等特定区域使用的专用机动车辆。

企业所涉及的场(厂)内专用机动车辆为叉车。

(六) 电梯

电梯，是指动力驱动，利用沿刚性导轨运行的箱体或者沿固定线路运行的梯级(踏步)，进行升降或者平行运送人、货物的机电设备，包括载人(货)电梯、自动扶梯、自动人行道等。非公共场所安装且仅供单一家庭使用的电梯除外。

(七) 安全附件

安全附件包括安全阀、爆破片装置、紧急切断阀、气瓶阀门。

十一、《特种设备安全法》对特种设备的生产、经营、使用单位的一般要求包括哪些内容?

(一) 特种设备安全工作应当坚持安全第一、预防为主、节能环保、综合治理的原则。

特种设备生产、经营、使用单位应当遵守本法和其他有关法律、法规，建立、健全特种设备安全和节能责任制度，加强特种设备安全和节能管理，确保特种设备生产、经营、使用安全，符合节能要求。

特种设备生产、经营、使用、检验、检测应当遵守有关特种设备安全技术规范及相关标准。

(二) 特种设备生产、经营、使用单位及其主要负责人对其生产、经营、使用的特种设备安全负责。

特种设备生产、经营、使用单位应当按照国家有关规定配备特种设备安全管理人员、检测人员和作业人员，并对其进行必要的安全教育和技能培训。

（三）特种设备安全管理人员、检测人员和作业人员应当按照国家有关规定取得相应资格，方可从事相关工作。特种设备安全管理人员、检测人员和作业人员应当严格执行安全技术规范和管理制度，保证特种设备安全。

（四）特种设备生产、经营、使用单位对其生产、经营、使用的特种设备应当进行自行检测和维护保养，对国家规定实行检验的特种设备应当及时申报并接受检验。

（五）国家鼓励投保特种设备安全责任保险。

十二、《特种设备安全法》对特种设备使用单位的具体要求有哪些？

（一）特种设备使用单位应当使用取得许可生产并经检验合格的特种设备。

禁止使用国家明令淘汰和已经报废的特种设备。

（二）特种设备使用单位应当在特种设备投入使用前或者投入使用后三十日内，向负责特种设备安全监督管理的部门办理使用登记，取得使用登记证书。登记标志应当置于该特种设备的显著位置。

（三）特种设备使用单位应当建立岗位责任、隐患治理、应急救援等安全管理制度，制定操作规程，保证特种设备安全运行。

（四）特种设备使用单位应当建立特种设备安全技术档案。安全技术档案应当包括以下内容：

（1）特种设备的设计文件、产品质量合格证明、安装及使用维护保养说明、监督检验证明等相关技术资料和文件；

（2）特种设备的定期检验和定期自行检查记录；

（3）特种设备的日常使用状况记录；

（4）特种设备及其附属仪器仪表的维护保养记录；

（5）特种设备的运行故障和事故记录。

（五）特种设备的使用应当具有规定的安全距离、安全防护措施。

与特种设备安全相关的建筑物、附属设施，应当符合有关法律、行政法规的规定。

（六）特种设备属于共有的，共有人可以委托物业服务单位或者其他管理人管理特种设备，受托人履行本法规定的特种设备使用单位的义务，承担相应责任。共有人未委托的，由共有人或者实际管理人履行管理义务，承担相应责任。

（七）特种设备使用单位应当对其使用的特种设备进行经常性维护保养和定期自行检查，并作出记录。

特种设备使用单位应当对其使用的特种设备的安全附件、安全保护装置进行定期校验、检修，并作出记录。

（八）特种设备使用单位应当按照安全技术规范的要求，在检验合格有效期届满前一个月向特种设备检验机构提出定期检验要求。

未经定期检验或者检验不合格的特种设备，不得继续使用。

（九）特种设备安全管理人员应当对特种设备使用状况进行经常性检查，发现问题应当立即处理；情况紧急时，可以决定停止使用特种设备并及时报告本单位有关负责人。

特种设备作业人员在作业过程中发现事故隐患或者其他不安全因素，应当立即向特种设备安全管理人员和单位有关负责人报告；特种设备运行不正常时，特种设备作业人员应当按照操作规程采取有效措施保证安全。

（十）特种设备出现故障或者发生异常情况，特种设备使用单位应当对其进行全面检查，消除事故隐患，方可继续使用。

（十一）锅炉使用单位应当按照安全技术规范的要求进行锅炉水（介）质处理，并接受特种设备检验机构的定期检验。

从事锅炉清洗，应当按照安全技术规范的要求进行，并接受特种设备检验机构的监督检验。

（十二）特种设备进行改造、修理，按照规定需要变更使用登记的，应当办理变更登记，方可继续使用。

(十三)特种设备存在严重事故隐患，无改造、修理价值，或者达到安全技术规范规定的其他报废条件的，特种设备使用单位应当依法履行报废义务，采取必要措施消除该特种设备的使用功能，并向原登记的负责特种设备安全监督管理的部门办理使用登记证书注销手续。

前款规定报废条件以外的特种设备，达到设计使用年限可以继续使用的，应当按照安全技术规范的要求通过检验或者安全评估，并办理使用登记证书变更，方可继续使用。允许继续使用的，应当采取加强检验、检测和维护保养等措施，确保使用安全。

(十四)移动式压力容器、气瓶充装单位，应当具备下列条件，并经负责特种设备安全监督管理的部门许可，方可从事充装活动：

(1) 有与充装和管理相适应的管理人员和技术人员；

(2) 有与充装和管理相适应的充装设备、检测手段、场地厂房、器具、安全设施；

(3) 有健全的充装管理制度、责任制度、处理措施。

充装单位应当建立充装前后的检查、记录制度，禁止对不符合安全技术规范要求的移动式压力容器和气瓶进行充装。

气瓶充装单位应当向气体使用者提供符合安全技术规范要求的气瓶，对气体使用者进行气瓶安全使用指导，并按照安全技术规范的要求办理气瓶使用登记，及时申报定期检验。

十三、《特种设备安全法》对特种设备的事故应急救援有哪些要求?

特种设备使用单位应当制定特种设备事故应急专项预案，并定期进行应急演练。

特种设备发生事故后，事故发生单位应当按照应急预案采取措施，组织抢救，防止事故扩大，减少人员伤亡和财产损失，保护事故现场和有关证据，并及时向事故发生地县级以上人民政府负责特种设备安全监督管理的部门和有关部门报告。

与事故相关的单位和人员不得迟报、谎报或者瞒报事故情况，不得隐匿、毁灭有关证据或者故意破坏事故现场。

事故责任单位应当依法落实整改措施，预防同类事故发生。事故造成损害的，事故责任单位应当依法承担赔偿责任。

十四、特种设备使用单位有哪些法律责任？

《特种设备安全法》规定了特种设备使用单位的法律责任。

（一）特种设备使用单位有下列行为之一的，责令限期改正；逾期未改正的，责令停止使用有关特种设备，处一万元以上十万元以下罚款：

（1）使用特种设备未按照规定办理使用登记的；

（2）未建立特种设备安全技术档案或者安全技术档案不符合规定要求，或者未依法设置使用登记标志、定期检验标志的；

（3）未对其使用的特种设备进行经常性维护保养和定期自行检查，或者未对其使用的特种设备的安全附件、安全保护装置进行定期校验、检修，并作出记录的；

（4）未按照安全技术规范的要求及时申报并接受检验的；

（5）未按照安全技术规范的要求进行锅炉水(介)质处理的；

（6）未制定特种设备事故应急专项预案的。

（二）特种设备使用单位有下列行为之一的，责令停止使用有关特种设备，处三万元以上三十万元以下罚款：

（1）使用未取得许可生产，未经检验或者检验不合格的特种设备，或者国家明令淘汰、已经报废的特种设备的；

（2）特种设备出现故障或者发生异常情况，未对其进行全面检查、消除事故隐患，继续使用的；

（3）特种设备存在严重事故隐患，无改造、修理价值，或者达到安全技术规范规定的其他报废条件，未依法履行报废义务，并办理使用登记证书注销手续的。

(三) 移动式压力容器、气瓶充装单位有下列行为之一的，责令改正，处二万元以上二十万元以下罚款；情节严重的，吊销充装许可证：

(1) 未按照规定实施充装前后的检查、记录制度的；

(2) 对不符合安全技术规范要求的移动式压力容器和气瓶进行充装的。

违反本法规定，未经许可，擅自从事移动式压力容器或者气瓶充装活动的，予以取缔，没收违法充装的气瓶，处十万元以上五十万元以下罚款；有违法所得的，没收违法所得。

(四) 特种设备生产、经营、使用单位有下列情形之一的，责令限期改正；逾期未改正的，责令停止使用有关特种设备或者停产停业整顿，处一万元以上五万元以下罚款：

(1) 未配备具有相应资格的特种设备安全管理人员、检测人员和作业人员的；

(2) 使用未取得相应资格的人员从事特种设备安全管理、检测和作业的；

(3) 未对特种设备安全管理人员、检测人员和作业人员进行安全教育和技能培训的。

(五) 发生特种设备事故，有下列情形之一的，对单位处五万元以上二十万元以下罚款；对主要负责人处一万元以上五万元以下罚款；主要负责人属于国家工作人员的，并依法给予处分：

(1) 发生特种设备事故时，不立即组织抢救或者在事故调查处理期间擅离职守或者逃匿的；

(2) 对特种设备事故迟报、谎报或者瞒报的。

(六) 发生事故，对负有责任的单位除要求其依法承担相应的赔偿等责任外，依照下列规定处以罚款：

(1) 发生一般事故，处十万元以上二十万元以下罚款；

(2) 发生较大事故，处二十万元以上五十万元以下罚款；

（3）发生重大事故，处五十万元以上二百万元以下罚款。

（七）对事故发生负有责任的单位的主要负责人未依法履行职责或者负有领导责任的，依照下列规定处以罚款；属于国家工作人员的，并依法给予处分：

（1）发生一般事故，处上一年年收入百分之三十的罚款；

（2）发生较大事故，处上一年年收入百分之四十的罚款；

（3）生重大事故，处上一年年收入百分之六十的罚款。

（八）特种设备安全管理人员、检测人员和作业人员不履行岗位职责，违反操作规程和有关安全规章制度，造成事故的，吊销相关人员的资格。

（九）特种设备生产、经营、使用单位或者检验、检测机构拒不接受负责特种设备安全监督管理的部门依法实施的监督检查的，责令限期改正；逾期未改正的，责令停产停业整顿，处二万元以上二十万元以下罚款。

（十）特种设备生产、经营、使用单位擅自动用、调换、转移、损毁被查封、扣押的特种设备或者其主要部件的，责令改正，处五万元以上二十万元以下罚款；情节严重的，吊销生产许可证，注销特种设备使用登记证书。

第十章

安全设施和安全仪表

一、什么是安全设施?

根据《国家安全监管总局办公厅关于印发〈危险化学品建设项目安全设施设计专篇编制导则〉的通知》(安监总厅管三〔2013〕39号)规定,安全设施是指在生产经营活动中用于预防、控制、减少与消除事故影响采用的设备、设施、装备及其他技术措施的总称。

二、危险化学品建设项目安全设备设施和技术措施包含哪些内容?

1. 工艺系统

(1) 工艺过程用于防泄漏、防火、防爆、防尘、防毒、防腐蚀等措施的设备设施;

(2) 正常工况与非正常工况下用于危险物料安全控制措施的设备设施,如实现联锁保护、安全泄压、紧急切断、事故排放、反应失控等措施的设备设施,重点监管的危险化工工艺应采取的控制系统等;

(3) 采取的其他工艺安全措施的设备设施。

2. 总平面布置

(1) 建设项目与厂/界外设施的主要间距、采取的防护措施的设备设施;

(2) 全厂及装置(设施)平面及竖向布置的主要安全考虑,包括功能分区、风速、风向、间距、高程、危险化学品运输等；

（3）平面布置的主要防火间距；

（4）厂区消防道路、安全疏散通道及出口；

（5）采取的其他安全措施的设备设施。

3. 设备及管道

（1）压力容器、设备及管道；

（2）用于设备、管道防护、检验检测的设备设施；

（3）采取的其他安全措施的设备设施。

4. 电气

（1）供电电源、应急或备用电源；

（2）防雷、防静电接地设施；

（3）采取的其他电气安全措施的设备设施。

5. 自控仪表及火灾报警

（1）应急或备用电源、气源；

（2）实现自动控制和安全功能的设备设施，包括紧急停车系统、安全仪表系统等；

（3）可燃及有毒气体检测和报警设施；

（4）实现生产控制、消防控制、应急控制等的设备设施；

（5）火灾报警系统、工业电视监控系统及应急广播系统等；

（6）采取的其他安全措施的设备设施。

6. 建(构)筑物

（1）防火、防爆、抗爆、防腐、耐火保护等设施；

（2）通风、排烟、除尘、降温等设施；

（3）采取的其他安全措施的设备设施。

7. 其他防范设施

（1）防洪、防台风、防地质灾害、抗震等设施；

（2）防噪声、防灼烫、防护栏、安全标志、风向标等设备设施；

（3）个体防护装备；

（4）采取的其他安全防范设施的设备设施。

8. 事故应急措施

(1) 采用的主要事故应急救援设施，包括消防站、气防站、医疗急救设施等；

(2) 发生事故时，防止污水排出厂/界外的事故应急措施的设备设施。

三、安全设施是如何分类的？

(一) 预防事故设施

(1) 检测、报警设施：压力、温度、液位、流量、组分等报警设施，可燃气体、有毒有害气体、氧气等检测和报警设施，用于安全检查和安全数据分析等检验检测设备、仪器。

(2) 设备安全防护设施：防护罩、防护屏、负荷限制器、行程限制器，制动、限速、防雷、防潮、防晒、防冻、防腐、防渗漏等设施，传动设备安全锁闭设施，电气过载保护设施，静电接地设施。

(3) 防爆设施：各种电气、仪表的防爆设施，抑制助燃物品混入(如氮封)、易燃易爆气体和粉尘形成等设施，阻隔防爆器材，防爆工器具。

(4) 作业场所防护设施：作业场所的防辐射、防静电、防噪声、通风(除尘、排毒)、防护栏(网)、防滑、防灼烫等设施。

(5) 安全警示标志：包括各种指示、警示作业安全和逃生避难及风向等警示标志。

(二) 控制事故设施

(6) 泄压和止逆设施：用于泄压的阀门、爆破片、放空管等设施，用于止逆的阀门等设施，真空系统的密封设施。

(7) 紧急处理设施：紧急备用电源，紧急切断、分流、排放(火炬)、吸收、中和、冷却等设施，通入或者加入惰性气体、反应抑制剂等设施，紧急停车、仪表联锁等设施。

(三) 减少与消除事故影响设施

(8) 防止火灾蔓延设施：阻火器、安全水封、回火防止器、防油

(火)堤，防爆墙、防爆门等隔爆设施，防火墙、防火门、蒸汽幕、水幕等设施，防火材料涂层。

(9) 灭火设施：水喷淋、惰性气体、蒸汽、泡沫释放等灭火设施，消火栓、高压水枪(炮)、消防车、消防水管网、消防站等。

(10) 紧急个体处置设施：洗眼器、喷淋器、逃生器、逃生索、应急照明等设施。

(11) 应急救援设施：堵漏、工程抢险装备和现场受伤人员医疗抢救装备。

(12) 逃生避难设施：逃生和避难的安全通道(梯)、安全避难所(带空气呼吸系统)、避难信号等。

(13) 劳动防护用品和装备：包括头部、面部、视觉、呼吸、听觉器官、四肢、躯干防火、防毒、防灼烫、防腐蚀、防噪声、防光射、防高处坠落、防砸击、防刺伤等免受作业场所物理、化学因素伤害的劳动防护用品和装备。

四、安全设施的采用要求和设计原则是什么?

安全设施的采用是设计单位根据建设项目的特点和过程危险源及危险和有害因素分析的结果，严格执行现行国家、行业及地方相关法规、标准、规范、规定的要求，基于本质安全理念、事故预防优先、可靠性优先等设计原则，采取具有针对性、可操作性和经济合理的安全设施。过程危险源及危险和有害因素分析需采用部门规章、行业标准推荐的技术方法严格、严肃进行。

安全设施设计必须符合有关法律、法规、规章和国家标准或者行业标准、技术规范的规定，并尽可能采用先进适用的工艺、技术和可靠的设备、设施。

五、建设项目安全设施的"三同时"要求主要包括哪些内容?

《安全生产法》第二十八条规定：生产经营单位新建、改建、扩建工程项目(以下统称建设项目)的安全设施，必须与主体工程同时设计、同时施工、同时投入生产和使用。安全设施投资应当纳入建设项目概算。

生产、储存危险化学品(包括使用长输管道输送危险化学品，下同)的建设项目在进行可行性研究时，生产经营单位应当按照国家规定，进行安全预评价；建设项目安全设施设计应当充分考虑建设项目安全预评价报告提出的安全对策措施。

建设项目安全设施的施工应当由取得相应资质的施工单位进行，并与建设项目主体工程同时施工。施工单位应当严格按照安全设施设计和相关施工技术标准、规范施工。

建设项目安全设施竣工或者试运行完成后，生产经营单位应当委托具有相应资质的安全评价机构对安全设施进行验收评价，以保证其达到要求的安全绩效。

建设项目竣工投入生产或者使用前，生产经营单位应当组织对安全设施进行竣工验收，并形成书面报告备查。安全设施竣工验收合格后，方可投入生产和使用。

六、雷电静电的危害有哪些? 防雷防静电的措施有哪些?

1. 雷电的危害

雷电流放电电流大，幅值高达数十至数百千安；放电时间极短，大约只有(50~100)μs；波头陡度高，可达50kA/s，属于高频冲击波。雷电感应所产生的电压可高达(300~500)kV。直击雷冲击电压高达

MV 级，放电时产生的温度达 2000K。雷电的危害有三种。

① 机械效应：雷电流流过建筑物时，使被击建筑物缝隙中的气体剧烈膨胀，水分充分汽化，导致被击建筑物破坏或炸裂甚至击毁，以致伤害人畜及设备。

② 热效应：雷电流通过导体时，在极短的时间内产生大量的热能，可烧断导线，烧坏设备，引起金属熔化、飞溅而造成火灾及停电事故。

③ 电气效应：雷电引起大气过电压，使得电气设备和线路的绝缘破坏，产生闪烁放电，以致开关掉闸，线路停电，甚至高压窜入低压，造成人身伤亡。

2. 雷电危害的防控措施

防雷装置是避免发生雷击的首要措施。常见的防雷装置有避雷针、避雷网、避雷带、避雷线、避雷器等。防雷装置主要由接闪器、引下线和接地体三部分组成。主要是利用其高出被保护物体的突出地位，把雷电引向自身，然后通过引下线和接地装置，把雷电流泄入大地，以保护人身或建(构)筑物免受雷击的损伤。

3. 静电的危害

(1) 引起爆炸和火灾

静电能量虽然不大，但因其电压很高而容易发生放电，出现静电火花，在有可燃液体的作业场所，可能由静电火花引起火灾；在有气体、蒸气爆炸性混合物或有粉尘纤维爆炸性混合物的场所，可能由静电火花引起爆炸。此外，在带电绝缘体与接地体之间产生的表面放电导致着火的概率亦很高。

(2) 静电电击

静电造成的电击，可能发生在人体接近带电物体的时候，也可能发生在带静电电荷的人体接近接地体的时候。电击程度与所储存的静电能量有关，能量愈大，电击愈严重。但由于一般情况下，静电的能量较小，虽然不会直接使人致命，但会在电击后产生恐惧心理，工作效率下降。

(3) 静电妨碍生产

在某些生产过程中，如不消除静电，将会妨碍生产或降低产品质量。

4. 静电危害的防控措施

静电危害的防止措施主要有减少静电的产生、设法导走或消散静电和防止静电放电等。其方法有接地法、中和法和防止人体带静电等。

接地：接地是消除静电最简单最基本的方法，它可以迅速地导走静电。

静电中和：绝缘体上的静电不能用接地的方法来消除，但可以利用极性相反的电荷来中和，目前“中和静电”的方法是采用感应式消电器。

防止人体带静电：人在行走、穿、脱衣服或座椅上起立时，都会产生静电。因此，在易燃的环境中，最好不要穿化纤类衣物，在放有危险性很大的炸药、氢气、乙炔等物质的场所，应穿用导电纤维制成的防静电工作服和导电橡胶做成的防静电鞋。

七、什么是安全仪表系统？什么是安全仪表功能？

安全仪表系统(Safety Instrumented System，SIS)是指用于执行一个或多个安全仪表功能(Safety Instrumented Function，SIF)的仪表系统。SIS是由传感器(如各类开关、变送器等)、逻辑控制器、以及最终元件(如电磁阀、电动门等)的组合组成。SIS可以包括，也可以不包括软件。另外，当操作人员的手动操作被视为SIS的有机组成部分时，必须在安全规格书(Safety Requirement Specification，SRS)中对人员操作动作的有效性和可靠性做出明确规定，并包括在SIS的绩效计算中。

安全仪表功能是指具有特定安全完整性等级(SIL)的，用于使设备设施达到功能安全的安全功能，它既可以是一个由机械的、固态的电子电气设备和可编程检测、控制电子设备集成的仪表安全保护功能，也可以是一个由机械的、固态的电子电气设备和可编程检测、控制电子设备集成仪表控制功能。

《过程工业领域安全仪表系统的功能安全》(GB/T 21109)把安全仪表功能(SIF)的安全完整性等级(SIL)划分为4个等级，最低SIL1级，最高SIL4级，对应企业不同风险降低的需求。化工行业通常应用的最高级为3级，即通常所说的SIL3。

八、什么是基本过程控制系统?

《过程工业领域安全仪表系统的功能安全》(GB/T 21109)把基本过程控制系统(BPCS)定义为：对来自过程的、系统相关设备的、其他可编程系统的和/操作员的输入信号进行相应，并产生使过程和系统相关设备按要求方式运行的系统。基本过程控制系统(BPCS)不执行具有被声明的安全完整性等级SIL≥1的安全仪表功能。

九、什么是功能安全?什么是功能安全评估?

《过程工业领域安全仪表系统的功能安全》(GB/T 21109)把功能安全定义为：与过程和基本控制系统(BPCS)有关的整体安全的组成部分，它取决于SIS和其他保护层功能的正确执行。

《过程工业领域安全仪表系统的功能安全》(GB/T 21109)把功能安全评估定义为：基于证据的调查，以判断由一个或多个保护层所实现的功能安全。功能安全评估工作是安全仪表系统全生命周期管理的一部分，它贯穿安全仪表系统全生命周期管理整个过程，该项工作执行后应出具“安全仪表系统功能安全评估报告”。

“安全仪表系统功能安全评估报告”至少应包含安全仪表功能(SIF)定级并输出“安全要求规格书”、安全仪表功能验证并输出“安全仪表功能验证计算书”以及实现安全仪表功能相关设备设施检查、维护、测试程序文件。

安全仪表功能在设计完成后、安装调试后、工艺技术路线和设备及设施变更后需进行安全仪表功能的功能安全评估，原则上 SIL1 级的 SIF 可由独立个人完成，SIL2 级的 SIF 须由独立部门完成，SIL3 级的 SIF 须有独立组织完成。

十、安全仪表系统涵盖哪些范围?

按照《国家安全监管总局关于加强化工安全仪表系统管理的指导意见》(安监总管三〔2014〕116 号)SIS 的定义，下述系统均属于安全仪表系统：

安全联锁系统(Safety Interlock System，SIS)；

安全关联系统(Safety Related System，SRS)；

仪表保护系统(Instrument Protective System，IPS)；

透平压缩机集成控制系统(Integrated Turbo & Compressor Control System，ITCC)；

火灾及气体检测系统(Fire and Gas Systems，F&G)；

紧急停车系统(Emergency Shutdown Device，ESD)；

燃烧管理系统(Burner Management System，BMS)等。

十一、安全仪表系统全生命周期管理主要包括哪些内容?

安全仪表系统全生命周期管理包括三个阶段内容，分别为安全仪表功能安全完整性等级定级、设计和工程、投用及运行中的的安全完整性保持、验证、停用管理。安全仪表系统的功能安全评估贯穿其整个生命周期。

安全完整性等级定级是在企业工艺技术路线和主体设备设施确定后，采用风险分析方法(如 HAZOP+LOPA 分析)，参照组织可接受风险标准而确定的对安全仪表功能执行成功概率的要求。

十二、为什么要加强安全仪表系统管理?

加强化工安全仪表系统管理，是基于风险管控理论，系统地评估危险化学品生产及储存装置需要哪些安全相关系统，包括物理的、机械的、电子电气的安全保护和安全控制措施、设施需求，并且只有它们都通过生命周期管理实现各自的安全绩效，才能达到要求的风险降低，实现安全生产目标。

安全仪表系统的功能安全是应制造业风险降低的需求，在电子技术、控制技术、通讯技术、机械制造技术、集成技术、网络安全技术高速发展的基础上产生的。加强化工安全仪表系统生命周期管理是企业提升安全管理水平，保证安全生产的技术手段，是化工安全生产监管的重要抓手之一。

十三、国家对企业加强安全仪表系统管理的主要要求是什么?

《国家安全监管总局关于加强化工安全仪表系统管理的指导意见》(安监总管三〔2014〕116 号)指出：企业应加快安全仪表系统功能安全相关技术和管理人才的培养，具备专业技术能力、掌握相关标准规范，满足开展和加强化工安全仪表系统功能安全管理工作的需要。

新上、改造设计安全仪表系统之前，应明确安全仪表系统过程安全要求、设计意图和依据。要通过过程危险分析，充分辨识危险与危险事件，科学确定必要的安全仪表功能，并根据国家法律法规和标准规范对安全风险进行评估，确定必要的风险降低要求。根据所有安全仪表功能的功能性和完整性要求，编制安全仪表系统安全要求技术文件。

企业应严格按照安全仪表系统安全要求技术文件设计与实现安全仪表功能。通过仪表设备合理选择、结构约束(冗余容错)、检验测试周期以及诊断技术等手段，优化安全仪表功能设计，确保实现风险降低要求。要合理确定安全仪表功能(或子系统)检验测试周期，需要在线测试时，必须设计在线测试手段与相关措施。详细设计阶段要明确每个安全仪表功能(或子系统)的检验测试周期和测试方法等要求。

企业应制定完善的安装调试与联合确认计划并保证有效实施，详细记录调试(单台仪表调试与回路调试)、确认的过程和结果，并建立管理档案。施工单位按照设计文件安装调试完成后，企业在投运前应依据国家法律法规、标准规范、行业和企业安全管理规定以及安全要求技术文件，组织对安全仪表系统进行审查和联合确认，确保安全仪表功能具备既定的功能和满足完整性要求，具备安全投用条件。

企业应编制安全仪表系统操作维护计划和规程，保证安全仪表系统能够可靠执行所有安全仪表功能，实现功能安全。

企业应按照符合安全完整性要求的检验测试周期，对安全仪表功能进行定期全面检验测试，并详细记录测试过程和结果。要加强安全仪表系统相关设备故障管理(包括设备失效、联锁动作、误动作情况等)和分析处理，逐步建立相关设备失效数据库。要规范安全仪表系统相关设备选用，建立安全仪表设备准入和评审制度以及变更审批制度，并根据企业应用和设备失效情况不断修订完善。

企业要制定和完善安全仪表系统相关管理制度或企业内部技术规范，把功能安全管理融入企业安全管理体系，不断提升过程安全管理水平。

加强过程报警管理，制定企业报警管理制度并严格执行。与安全仪表功能安全完整性要求相关的报警可以参照安全仪表功能进行管理和检验测试。

加强基本过程控制系统的管理，与安全完整性要求相关的控制回路，参照安全仪表功能进行管理和检验测试，并保证自动控制回路的投用率。

严格按照相关标准设计和实施有毒有害和可燃气体检测保护系统，

为确保其功能可靠，相关系统应独立于基本过程控制系统。

从2018年1月1日起，所有新建涉及“两重点一重大”的化工装置和危险化学品储存设施要设计符合要求的安全仪表系统。其他新建化工装置、危险化学品储存设施安全仪表系统，从2020年1月1日起，应执行功能安全相关标准要求，设计符合要求的安全仪表系统。

涉及“两重点一重大”在役生产装置或设施的化工企业和危险化学品储存单位，要在全面开展过程危险分析(如危险与可操作性分析)基础上，通过风险分析确定安全仪表功能及其风险降低要求，并尽快评估现有安全仪表功能是否满足风险降低要求。

企业应在评估基础上，制定安全仪表系统管理方案和定期检验测试计划。对于不满足要求的安全仪表功能，要制定相关维护方案和整改计划，2019年底前完成安全仪表系统评估和完善工作。其他化工装置、危险化学品储存设施，要参照安监总管三〔2014〕116号文要求实施。

十四、企业应如何配备安全设施?

企业安全设施的配备应满足法律法规及标准规范的规定，基本要求有：

(1) 依据《石油化工可燃气体和有毒气体检测报警设计规范》(GB 50493)，按照设计资料，在易燃、易爆、有毒区域设置固定式可燃气体和/或有毒有害气体泄漏的检测报警设施，报警信号应发送至工艺装置、储运设施等有人值守控制室或操作室，实现独立、持续的就地和远传声、光报警；

(2) 按照《储罐区防火堤设计规范》(GB 50351)在可燃液体罐区设置防火堤，在酸、碱罐区设置围堤并进行防腐处理；

(3) 宜按照《石油化工静电接地设计规范》(SH 3097)在输送易燃物料的设备、管道上安装防静电设施；

(4) 按照《建筑物防雷设计规范》(GB 50057)在厂区安装防雷设施;

(5) 按照《建筑设计防火规范》(GB 50016)、《建筑灭火器配置设计规范》(GB 50140)配置消防设施与器材;

(6) 按照《爆炸危险环境电力装置设计规范》(GB 50058)设置电力装置;

(7) 按照《个体防护装备选用规范》(GB 11651)配备个体防护设施;

(8) 厂房、库房建筑应符合《建筑设计防火规范》(GB 50016)、《石油化工企业设计防火规范》(GB 50160)的有关要求;

(9) 按《危险化学品从业单位安全生产标准化评审标准》要求,在工艺装置上可能引起火灾、爆炸的部位设置超温、超压等检测仪表、声和/或光报警和安全联锁装置等设施;

(10) 按《危险化学品从业单位安全生产标准化评审标准》要求,化工装置设置自动化控制系统,在设计阶段进行仪表系统安全完整性等级评估,选用安全可靠的仪表、联锁控制系统;涉及危险化工工艺和重点监管危险化学品的化工生产装置根据风险状况设置安全联锁或紧急停车系统,根据企业风险降低要求设置安全仪表系统等;

(11) 按《危险化学品从业单位安全生产标准化评审标准》要求,专家诊断按标准、规范应设置的其他安全设施。

十五、企业应如何管理安全设施?

企业应建立安全设施台账和技术档案,制定安全设施完好标准以及为保持其安全绩效的管理制度和日常检查、维护保养及小、中、大修的程序文件。

安全设施管理制度至少应包含适用范围、工作目标、责任部门、执行部门、考核方法及标准。责任部门和执行部门应落实责任岗位及岗位职责，依据设备设施安全手册、操作说明书制定安全设施的维护保养制度，编制工作计划、日常检查及检验测试方案并监督执行。

安全设施台账中至少包含设备设施的名称、位号、安全功能描述、完好指标、制造厂(者)、规格型号、出厂编号、初次使用日期、更新日期、上次检修日期、档案编号、台账维护人等。

企业应根据建设项目安全设施设计资料中对从业人员教育培训的要求配置满足职业素养和技能要求的从业人员，并按安全设施的管理制度和日常检查、维护保养及小、中、大修的程序文件规定完成日常检查、维护保养及小、中、大修作业以及相关归档和备案工作。

参照《危险化学品从业单位安全生产标准化评审标准》的要求，企业应：

(1) 建立安全设施管理制度，建立安全设施管理台账。

(2) 建立安全设施维护保养制度，建立安全设施日常巡检制度，根据安全设施安全手册制定安全设施完好标准，规定检查内容并做好记录存档，对不完好的安全设施要及时维护维修，保持其完好性。

(3) 将安全设施编入设备检维修计划，定期检维修。安全设施不得随意拆除、挪用或弃置不用，因检维修拆除的，检维修完毕后应立即复原。

(4) 制定监视和测量设备管理制度；建立监视和测量设备台账；存档监视和测量设备检验报告；完善监视和测量设备的完整性及校验合格标志。

(5) 对风险较高的系统或装置，要加强在线检测或功能测试，保证设备、设施的完好性。

(6) 建立报警处置管理制度和报警处置台账。配备相应能力的人员，按照《可燃气体检测报警器检定规程》(JJG 693)规定的方法和时间周期对辖区内设置的可燃气体检测报警器进行检定，并将检定报告存档。对辖区内设置的可燃气体检测报警器进行日常维护保养。

第十一章

检维修和开停车安全

一、通常所说的设备管理的“五个结合”指的是什么？

我国设备管理的“五个结合”指的是：设计、制造与使用相结合；维护与计划检修相结合；修理、改造与更新相结合；专业管理与群众管理相结合；技术管理与经济管理相结合。

二、设备维护管理的三级维护保养制主要内容是什么？

(一) 日常维护保养(日保)

保养人：操作工人。

要点：班前检查 、加油润滑 、随手清洁 、处理异常、班后维护、真实记录。

(二) 一级保养(一保)

保养人：操作工人(主)+维修工人(辅)

要点：定期计划 、重点拆解 、清洗检查 、擦拭润滑、间隙调整 、紧固复位 、行为规范 、记录检查。

(三) 二级保养(二保)

保养人：维修人员(主)+操作工人(辅)

要点：定期计划 、系统检查 、校验仪表 、全部润滑、修复缺陷 、调整精度 、损件更换 、消除泄漏 、认真记录 、制订对策 、标准验查。

三、什么是设备点检？设备点检工作的“五定”内容是什么？

为了维持生产设备的原有性能，通过人的“五感”(视、听、嗅、味、触)或简单的工具、仪器，按照预先设定的周期和方法，对设备上的规定部位(点)进行有无异常的预防性周密检查的过程，以使设备的隐患和缺陷能够得到早期的发现，早期预防，早期处理，这样的设备检查称为点检。

设备点检工作的“五定”内容：

(1) 定点——设定检查的部位、项目和内容；

(2) 定法——设定检查方法，是采用“五感”还是工具、仪器；

(3) 定标——制定维修标准；

(4) 定期——设定检查的周期；

(5) 定人——确定点检项目由谁实施。

设备点检工作有时也按如下内容进行要求：

定点：确定点检设备关键部位，薄弱环节；

定项：确定点检项目即检查内容(技术水平匹配，仪器仪表配套)；

定标：确定点检检查项目的判定标准(设备技术要求、实践经验)；

定周期：确定点检周期(安全、耗损、工艺、负荷、经验、可调)；

定法：确定点检方法(解体、非解体、停机、非停机、五感、仪表)；

定人：确定点检人员(按照不同点检分类确定)；

定表：确定点检表格；

定记录：确定点检记录内容项目及相关分析。

四、设备润滑管理的“五定”“三过滤”管理内容什么？

润滑“五定”管理：定点，定质，定量，定人，定期。

润滑“三过滤”管理：领油过滤(从油库)，转桶过滤(从大桶到油壶)，加油过滤(从油壶到设备)。

“三级过滤”是为了减少油液中的杂质含量，防止尘屑等杂质随油进入设备而采取的净化措施。

领油过滤：油液经过输入库，泵入油罐储存时，必须经过严格过滤。

转桶过滤：油液注入润滑容器时要过滤。

加油过滤：油液加入设备储油部位时也必须先过滤。

五、企业检维修工作的“五定”指的是什么？如何执行检维修工作的“五定”？

企业检维修工作的“五定”即定检修方案、定检修人员、定安全措施、定检修质量、定检修进度原则。

一般讲设备的检维修重点要关注的是安全(环保)、质量、进度、费用四个方面。其中费用是在做好前三个方面工作的基础上进行控制。所以化工企业检维修工作的“五定”包括了定安全措施、定检修质量、定检修进度。对于其中的安全措施，首先要在作业许可证中明确，包括设备交出的安全措施、应急措施，以及监护要求。对于特殊作业还必须明确作业过程中的安全措施；对于一般检维修作业，如机泵检修作业、拆运到检修场地的容器的试压，检修过程中的安全措施可以在检修方案中做出规定(或按列入企业文件的检修规程中的安全措施执行)。检修质量主要是指要明确检修质量的验收指标(标准)。检修进度要在满足安全、质量要求的前提下做出科学的、明确的时间要求。

定检修方案、定检修人员是做好安全、质量、进度的保证措施。企业可在确定检修项目计划时结合安全、质量、进度的要求，明确提出需要编制专门检修方案的项目，以保证检维修项目的安全、质量、进度。比如从安全角度讲，容器的气压试验、重物为40t的吊装，相关的安全规范中需要有明确的方案要求。定检修人员一般要包括检修项目属地的责任人和检修作业的责任人。

六、设备维修方式有哪些?

通常，化工企业开展设备维修的方式主要有：

(1) 事后修理(冗余、非主线设备);

(2) 定期修理(耗损周期明显设备);

(3) 强制性修理(安全性、故障后果严重型、流程设备);

(4) 检查后修理(无固定负荷、精、稀、关设备);

(5) 状态监测修理(实施状态监测和倾向管理设备);

(6) 机会修理(有生产空闲、节假日并周期不明显设备、项修设备);

(7) 针对性修理(项修、局部维修，负荷及运动不平均设备);

(8) 改造性修理(耗损严重、重复故障、先天不足设备)。

七、企业在进行检维修作业时，应执行哪些基本程序?

(1) 检维修前：

——进行危险、有害因素识别；

——编制检维修方案；

——办理工艺、设备设施交付检维修手续；

——对检维修人员进行安全培训教育；

——检维修前对安全控制措施进行确认；

——为检维修作业人员配备适当的劳动保护用品；

——办理各种作业许可证；

(2) 对检维修现场进行安全检查；

(3) 检维修后办理检维修交付生产手续。

八、检维修过程中的危险作业活动主要有哪些？为什么要对危险性作业活动实施作业许可管理？

化工企业检维修过程中的危险作业活动主要有：(1)动火作业；(2)进入受限空间作业；(3)破土作业；(4)临时用电作业；(5)高处作业；(6)断路作业；(7)吊装作业；(8)设备检修作业；(9)抽堵盲板作业；(10)其他危险性作业。

化工企业必须对检维修过程中的危险性作业活动实施作业许可管理，这是法规规范的要求，也是安全管理的需要。

(一) 法规规范的要求

《危险化学品从业单位安全标准化通用规范》(AQ 3013—2008)第5.6.1条在所列举的必须实施作业许可管理的危险性作业活动中，除列举了各种特殊作业之外，还专门列出了设备检修作业。

(二) 安全管理的需要

化工企业的设备检修作业，特别是涉及管道打开的作业，所要检修的管道、设备在运行时，往往伴随着一定的工作温度、压力；涉及的物料多为有腐蚀性、有毒、易燃易爆介质，在这种情况下，所要检修的管道、设备是否彻底具备检修条件直接关系到作业的安全，所以办理作业许可也就成为必然。

因此，企业应对危险性作业活动实施作业许可管理，严格履行审批手续，各种作业许可证中应有危险、有害因素识别和安全措施内容。

九、企业应如何开展设备预防性和预测性维修工作？

一是企业应建立设备异常原因及可靠度分析机制，开展以可靠性为中心的维护(RCM)，实现设备预防性和预测性维修。静设备应通过开展基于风险的检验(RBI)、动设备应通过开展故障模式与影响分析

（FMEA），根据风险状况有针对性地采取措施，确保其在运行过程中的完好性。同时，加强动设备（液态烃、高温油泵）的密封、压力容器和压力管道的管理工作。通过对设备的定期检测、在线检测或巡检来识别设备缺陷，并及时记录、分析、报告和处理；当发现设备故障时，应及时维修或停运。

（1）定期对设备设施进行检查和检测，检查、检测的内容和频率应符合国家法律法规和设备厂家的建议及设备设施安全运行的要求。企业不能按照计划对设备设施进行检验或检查时，应进行风险评估并经管理层批准。

（2）对收集的各种设备设施数据和设备故障频率及重要程度进行分析，并根据分析结果编制设备设施维护和预防性维修方案，及时处置，保证设备设施的完好。

（3）对关键设备应建立标准运行参数库，按"定设备、定测点、定周期、定标准、定参数"的原则进行监测，对设备状态监测的数据及故障原因做定期分析，提出维修建议。

二是企业应定期对设备运行的维护工作进行审查，发现问题及时处理，并记录存档。储备运行维护需要的备件和材料，并对备件供应商的选择、备件制造、备件储存等环节进行控制。

十、设备设施拆除和报废时的安全要求是什么？

（1）企业应严格执行生产设施拆除和报废管理制度。拆除作业前，拆除作业负责人应与需拆除设施的主管部门和使用单位共同到现场进行对接，作业人员进行危险、有害因素识别，制定拆除计划或方案，办理拆除设施交接手续。

（2）企业凡需拆除的容器、设备和管道，应首先与在用系统采用盲板进行隔离，然后再对欲拆除的容器、设备和管道清洗干净，分析、验收合格后方可进行拆除作业。

(3) 企业欲报废的容器、设备和管道内仍存有危险化学品的，应清洗干净，分析、验收合格后，方可报废处置。

十一、装置停车作业的安全管理要求主要有哪些？

(1) 企业要制定停车安全条件检查确认制度，明确范围、职责、工作流程、审查内容等。制定停车方案前，企业要进行风险辨识分析，编制安全措施和停车步骤确认表，经生产和安全管理部门审查同意后，要严格执行并将相关资料存档备查。

(2) 停车方案一经确定，应严格按停车方案确定的停车时间、停车程序以及各项安全措施有秩序地进行停车。企业要落实停车安全管理责任，严格执行停车方案，建立重要作业责任人签字确认制度。

(3) 系统卸压要缓慢，由高压降至低压，应注意压力不得降至零，更不能造成负压，一般要求系统内保持微弱正压。在未做好卸压前，不得拆动设备。降温应按规定的降温速率进行降温，须保证达到规定要求。高温设备不能急骤降温，避免造成设备损伤，以切断热源后强制通风或自然冷却为宜，一般要求设备内介质温度要低于60℃。

(4) 停车过程中的设备、管线低点的排放要按照顺序缓慢进行，并做好个人防护。如物料确实不能完全排净，应在“安全检修交接书”中详细记录，并进一步采取安全措施，排放残留物必须严格按规定地点和方法进行，不得随意放空或排入下水道，以免污染环境或发生事故。

十二、装置停车后的安全处理有哪些步骤？各步骤安全处理要点是什么？

生产装置停车后的安全处理主要步骤有：隔绝，置换、吹扫与清洗，以及检修前生产部门与检修部门应严格办理安全检修交接手续等。

1. 隔绝

由于隔绝不可靠致使有毒、易燃易爆、有腐蚀、令人窒息和高温介质进入检修设备而造成的重大事故时有发生，因此，检修设备必须进行可靠隔绝。视具体情况，最安全可靠的隔绝办法是拆除管线或抽插盲板。拆除管线是将与检修设备相连接的管道、管道上的阀门、伸缩接头等可拆卸部分拆下，然后在管路侧的法兰上装设盲板。如果无可拆卸部分或拆卸十分困难，则应关严阀门，在和检修设备相连的管道法兰连接处插入盲板，这种方法操作方便，安全可靠，广为采用。抽插盲板属于危险作业，应办理“抽插盲板作业许可证”，并同时落实各项安全措施：

① 应绘制抽插盲板作业图，按图进行抽插作业，并做好记录和检查。加入盲板的部位要有明显的挂牌标志，严防漏插、漏抽。拆除法兰螺栓时要逐步缓慢松开，防止管道内余压或残余物料喷出，以免发生意外事故。加盲板的位置一般在来料阀后部法兰处，盲板两侧均应加垫片并用螺栓紧固，做到无泄漏。

② 盲板必须符合安全要求并进行编号。根据现场实际情况制作合适的盲板：盲板的尺寸应符合阀门或管道的口径；盲板的厚度需通过计算确定，原则上盲板厚度不得低于管壁厚度。盲板及垫片的材质，要根据介质特性、温度、压力选定。盲板应有大的突耳并涂上特别颜色，用于挂牌编号和识别。

③ 抽插盲板现场安全措施：确认系统物料排尽，压力、温度降至规定要求；要注意防火防爆，凡在禁火区、抽插易燃易爆介质窗口或管道盲板时，应使用防爆工具和防爆灯具，在规定范围内严禁用火，作业中应有专人巡回检查和监护；在室内抽插盲板时，必须打开窗户或采用符合安全要求的通风设备强制通风；抽插有毒介质管路盲板时，作业人员应按规定佩戴合适的个体防护用品，防止中毒；在高处抽插盲板作业时，应同时满足高处作业安全要求，并佩戴安全帽、安全带；危险性特别大的作业，应有抢救后备措施及气防站，医务人员、救护车应在现场；操作人员在抽插盲板连续作业中，时间不宜过长，应轮

换休息。

2. 置换、吹扫与清洗

(1) 置换

为保证检修动火和进入设备内作业安全，在检修范围内的所有设备和管线中的易燃易爆、有毒有害气体应进行置换。对易燃、有毒气体的置换，大多采用蒸汽、氮气等惰性气体作为置换介质，也可采用注水排气法，将易燃、有毒气体排出。置换作业安全注意事项：

① 被置换的设备、管道等必须与系统进行可靠隔绝。

② 置换前应制定置换方案，绘制置换流程图，根据置换和被置换介质密度不同，合理选择置换介质入口、被置换介质排出口及取样部位，防止出现死角。

③ 置换要求。用水作为置换介质时，一定要保证设备内注满水，严禁注水未满。用惰性气体作置换介质时，必须保证惰性气体用量(一般为被置换介质容积的 3 倍以上)。

④ 按置换流程图规定的取样点取样、分析，并应达到合格。

(2) 吹扫

对设备和管道内没有排净的易燃、有毒液体，一般采用以蒸汽或惰性气体进行吹扫的方法清除。吹扫作业安全注意事项：

① 吹扫作业应该根据停车方案中规定的吹扫流程图，按管段号和设备位号逐一进行，并填写登记表，在登记表上注明管段号、设备位号、吹扫压力、进气点、排气点、负责人等。

② 吹扫结束时应先关闭物料闸，再停气，以防管路系统介质倒流。

③ 吹扫结束应取样分析，合格后及时与运行系统隔绝。

清洗和铲除。对置换和吹扫都无法清除的粘结在设备内壁的易燃、有毒物质的沉积物及结垢等，还必须采用清洗和铲除的办法进行处理。

3. 清洗

清洗一般有蒸煮和化学清洗两种。

① 蒸煮。一般说来，较大的设备和容器在清除物料后，都应用蒸

汽、高压热水喷扫或用碱液(氢氧化钠溶液)通入蒸汽煮沸，采用蒸汽宜用低压饱和蒸汽；被喷扫设备应有静电接地，防止产生静电火花引起燃烧、爆炸事故，防止烫伤及碱液灼伤。

② 化学清洗。常用碱洗法、酸洗法、碱洗与酸洗交替使用等方法。碱洗和酸洗交替使用法适于单纯对设备内氧化铁沉积物的清洗，若设备内有油垢，先用碱洗去油垢，然后清水洗涤，接着进行酸洗，氧化铁沉积即溶解。若沉积物中除氧化铁外还有铜、氧化铜等物质，仅用酸洗法不能清除，应先用氨溶液除去沉积物中的铜成分，然后进行酸洗。采用化学清洗后的废液应予以处理后方可排放。

对某些设备内的沉积物，也可用人工铲刮的方法予以清除。进行此项作业时，应符合进设备作业安全规定，特别应注意的是，对于可燃物的沉积物的铲刮应使用铜质、木质等不产生火花的工具，并对铲刮下来的沉积物妥善处理。

4. 其他

① 清理检修现场和通道。检修现场应根据《安全标志及其使用导则》(GB 2894)的规定，设立相应的安全标志，并且检修现场应有专人负责监护；与检修无关人员禁止入内；在易燃易爆和有毒物品输送管道附近不得设临时检修办公室、休息室、仓库、施工棚等建筑物；影响检修安全的坑、井、洼、沟、陡坡等均应填平或铺设与地面平齐的盖板，或设置围栏和危险标志，夜间应设危险信号灯；检修现场必须保持排水通畅，不得有积水，检修现场应保持道路通畅，路面平整，路基牢固及良好的照明措施；检修现场道路应设置交通安全标志。

② 切断待检设备的电源，并经启动复查确认无电后，在电源开关处挂上“禁止启动”的安全标志并加锁。

③ 及时与公用工程系统(水、电、气、汽)联系并妥善处置。

④ 安全交接。检修前生产部门与检修部门应严格办理安全检修交接手续。交接双方按上述要求进行认真检查和确认，符合安全检修交接条件后，双方负责人在“安全交接书”上签字认可，生产车间在不停车情况下进行检修或抢修，也应详细填写“安全交接书”。

十三、装置开车安全管理的要求主要有哪些?

(1) 企业要制定开车安全条件检查确认制度,明确范围、职责、工作流程、审查内容等。开车前,要进行安全条件检查确认(即开车前安全审查)。开车前,企业要进行风险辨识分析,制定开车方案,编制安全措施和开车步骤确认表,经生产和安全管理部门审查同意后,要严格执行并将相关资料存档备查。

(2) 企业要落实开车安全管理责任,严格执行开车方案,建立重要作业责任人签字确认制度。开车过程中装置依次进行吹扫、清洗、气密试验时,要制定有效的安全措施;引进蒸汽、氮气、易燃易爆介质前,要指定有经验的专业人员进行流程确认;引进物料时,要随时监测物料流量、温度、压力、液位等参数变化情况,确认流程是否正确。要严格控制进退料顺序和速率,现场安排专人不间断巡检,监控有无泄漏等异常现象。

十四、开车前安全审查适用的主要场合有哪些?

开车前安全审查,简单的定义就是工艺设备开始使用前进行的最终检查。开车前安全审查适用场合有:

(1) 新、改、扩建项目以及在役装置检修后,投料前应进行开车前的安全审查。

(2) 发生重大事故或重大变更后,再次投料前应进行开车前的安全审查。在正常开停车、紧急停车后的再次开车前也要进行安全审查。

十五、开车前安全审查准备主要工作有哪些?

(1) 明确开车前安全审查的范围、日程安排。

（2）编制或选择合适的开车前安全审查清单，并经相应负责人批准。

（3）组建开车前安全审查小组，明确职责。小组应由熟悉以下内容的人员组成：

——相关的工艺过程，装置内化学品特性。

——相关的政策、法规、标准。

——相关设备(仪表)，能够判断设备的设计与安装是否符合设计要求。

——装置的生产和维修。

——消防和应急。

——企业的风险控制目标。

企业应积极吸纳具有丰富操作经验的员工加入安全审查小组。

十六、开车前安全审查实施工作包括哪些内容？

（1）安全审查小组应根据安全审查清单完成开车前的安全审查，审查确认安装的设备、管道、仪表及其他辅助设备设施是否符合设计安装要求，员工培训、操作规程、维修程序、应急准备等完成情况，安全、环保、职业卫生措施落实情况等。

（2）审查过程中应确保装置的所有部分均已采用合适的过程危害分析方法进行了分析，并且所提出的建议措施均已完善，关闭。

（3）审查中发现的必改项(导致不能投产或开车时可能引发安全、环境事故、开车后无法进行整改的问题)，应在开车前完成整改；其他的问题作为遗留项，应在开车后限定的期限内(一般为3个月)完成整改。

（4）现场审查完成后，审查小组应编制开车前安全审查报告，记录审查清单中所要求整改项目的完成情况，明确整改项、整改时间和整改责任人。

(5) 在装置投产前，开车负责人应核查必改项完成情况。装置投产后，检查确认开车前安全审查遗留项的整改情况，直至全部完成。开车前安全检查报告与必改项、遗留项完成报告一并存档。

(6) 对采用专利技术的装置，安全审查报告还要经专利供应商书面确认。

十七、开车前安全审查清单表应包括哪些内容?

化工企业在进行开车前安全审查工作之前，应编制相应的安全审查表。开车前安全审查应包括的内容参见“表A 开车前安全检查清单(示例)”和“表B 未完项记录表”。

表A 开车前安全检查清单(示例)

1. 人身安全

序号	项目	检查人	是	否	不适用	备注
1.1	是否准确全面识别了现场的危害，并对有关人员(操作，维护，技术，主管)进行安全培训，危害告知?					
1.2	个人防护					
1.2.1	个人安全防护设施配备是否符合现场危害特性?					
1.2.2	个人安全防护设施足够吗?					
1.2.3	个人安全防护设施检验合格且在有效期内?					
1.2.4	个人安全防护设施是否放在合适和容易取到的位置?					
1.2.5	个人安全防护设施相应人员都已受训并能正确使用吗?					
(略)						

2. 职业卫生

序号	项目	检查人	是	否	不适用	备注
2.1	产生气体、液体、粉尘、悬浮液、潮气等卫生危害的场所是否都已评估？					
2.2	评估出的职业卫生危害因素都采取了足够的消除或控制措施？					
2.3	是否已确定职业卫生监测点，并制订监测计划？					
2.4	是否能够按照职业卫生监测计划实施监测？					
2.5	工作间是否有足够的通风？					
2.6	对所有室内通风系统的风道、过滤器是否有定期检查计划？					
（略）						

3. 人机工程

序号	项目	检查人	是	否	不适用	备注
3.1	工作站、工作空间或设备考虑了人机工程学，以尽量消除、减少弯曲、伸长、交叉或过高等作业？					
3.2	控制按钮、开关、阀门的位置设置是否方便人员操作？（防止人员过度伸展或弯腰）					
3.3	显示屏，控制指示盘，起、停、紧急按钮是否容易看清、易懂、操作方便，不易发生错误操作？					
（略）						

4. 过程安全信息（PSI）

序号	项目	检查人	是	否	不适用	备注
4.1	化学材料安全技术说明书（MSDS）是最新的吗？在现场可以找到吗？					
4.2	是否有区域化学品的清单和相互反应矩阵或说明？					
4.3	是否依据 PHA 的结果定义和划分安全关键组件、设备、系统，并列入工艺技术资料内？					
（略）						

5. 过程安全分析(PHA)

序号	项目	检查人	是	否	不适用	备注
5.1	针对新建或改造设备是否进行了各阶段工艺风险分析 PHA(可研、初设、详设阶段)?					
5.2	各阶段所进行的 PHAs 及最终项目安全报告是否得到评审(核准)?					
5.3	是否针对工艺设备设施变更进行了 PHA?					
(略)						

6. 操作规程/标准/方案

序号	项目	检查人	是	否	不适用	备注
6.1	工艺装置的标准操作条件(工艺指标)是否已建立并得到批准?					
6.2	工艺操作规程是否制定、更新和得到批准?					
6.3	工艺操作过程中所有与安全相关的要求是否已经加入到操作规程中?					
(略)						

7. 工艺/设备变更

序号	项目	检查人	是	否	不适用	备注
7.1	装置/区域历次所发生的工艺设备变更是否集中清楚记录(如清单)?					
7.2	所有工艺/设备变更是否得到批准?					
7.3	是否所有变更都按照程序作了 PHA 或危害识别分析?					
(略)						

8. 质量保证

序号	项目	检查人	是	否	不适用	备注
8.1	设计质量					
8.1.1	设计是否符合专利商的全部要求？不一致之处是否得到各方的共同认可？					
8.1.2	设计采标是否清晰明确？所有设计采标是否是最新标准？设计合同中是否都明确了上述标准？					
（略）						

9. 机械完整性

序号	项目	检查人	是	否	不适用	备注
9.1	所有设备/设施的维护维修程序是否已经建立？					
9.2	全部新设备的防护维修计划是否已修订？					
9.3	维护维修材料、备件的质量和数量控制程序是否已经建立并得到执行？					
（略）						

10. 设施安全

序号	项目	检查人	是	否	不适用	备注
10.1	对所有的可触摸到的转动部件或危险区域是否有提供正确的防护、联锁、围护措施？					
10.2	是否针对以下风险情况提供正确的安全防护措施：					
10.2.1	冷/热表面；					
10.2.2	物料喷溅；					
（略）						

11. 电气安全

序号	项目	检查人	是	否	不适用	备注
11.1	防爆区域是否分级明确，符合工艺及物料要求，并符合规范，图纸是否已经完成?					
11.2	防爆区域分级是否为操作、维护、技术管理人员所熟知?					
11.3	电气设备是否符合所在区域的防爆等级标准?					
(略)						

12. 仪表/联锁系统

序号	项目	检查人	是	否	不适用	备注
12.1	防爆区域是否分级明确，符合工艺及物料要求，并符合规范，图纸是否已经完成?					
12.2	防爆区域分级是否为操作、维护、技术管理人员所熟知?					
12.3	仪表设备是否符合所在区域的防爆等级标准?					
(略)						

13. 消防

序号	项目	检查人	是	否	不适用	备注
13.1	消防系统和设施是否符合设计要求?					
13.2	消防计划(灭火预案)是否已准备就绪?					
13.3	火灾隔离设施是否已经设立并得到维护以正确的阻止火灾扩散(如防火墙，防爆门等，包括操作与储存区域的隔离)?					
(略)						

14. 事故调查

序号	项目	检查人	是	否	不适用	备注
14.1	类似本项目的以往事故调查报告是否已收集?其建议是否已经在本项目上得以落实?					
14.2	本项目是否因发生事故后针对事故调查结果的要求提出的?					
14.3	如果是，是否所有提出的建议已经落实?					
(略)						

15. 培训

序号	项目	检查人	是	否	不适用	备注
15.1	是否对操作人员(操作工、DCS操作员)进行了其工作任务所需技能的培训并确认?					
15.2	是否对维修人员(机械维修工、仪电维修人员)进行了其工作任务所需技能的培训并确认?					
15.3	是否对主管、工程师等进行了其工作任务所需技能的培训?					
(略)						

16. 承包商

序号	项目	检查人	是	否	不适用	备注
16.1	参与启动的承包商及其人员是否已确定?					
16.2	每个承包商人员的工作任务和地点(区域)是否均已明确?					
16.3	是否对承包商员工进行了其工作任务所需技能的培训?					
(略)						

17. 应急准备

序号	项目	检查人	是	否	不适用	备注
17.1	是否已识别启动后可能发生的重大危险事件?					
17.2	应急计划/预案(方案)中是否针对或包含上述危险事件?					
17.3	应急物资的配置是否满足应急响应的需要?					
(略)						

18. 环境

序号	项目	检查人	是	否	不适用	备注
18.1	环境保护的设计是否已全部满足环境评价的建议和要求?					
18.2	环境保护设施是否足够并能正常投用?					
18.3	环境监测点是否已设置并满足取样监测的条件?					
(略)						

表 B　未完项记录表

序号	日期	未完成项	原因	类别(A/B/C)	负责人	完成日期

注:A 类——公用工程引进前须完成;B 类——物料引进开车前须完成;C 类——开车后3个月内须完成。

第十二章 特殊作业安全

一、什么是特殊作业?

化学品生产单位设备检修过程中可能涉及的动火、进入受限空间、盲板抽堵、高处作业、吊装、临时用电、动土、断路等，对操作者本人、他人及周围建(构)筑物、设备、设施的安全可能造成危害的作业称为特殊作业。

二、为什么要进行特殊作业安全管理?

化工生产具有工艺反应复杂、反应过程处于高(低)温、高(负)压，化工原料、产品(中间产品)易燃、易爆、易中毒、易腐蚀的特点，因此化工行业生产的安全风险要高于其他工业生产行业，化工生产对工艺操作及检修作业都有很高的技术和安全要求，化工装置发生的生产安全事故可分为生产操作事故和生产检修作业事故，而绝大部分生产检修作业事故都与特殊作业有关联，因此需要对特殊作业进行专门的安全管理。

三、特殊作业工作程序包括几个部分?

特殊作业工作流程主要包括作业申请、作业审批、作业实施和作业关闭等四个环节。

（一）作业申请

1. 作业许可证申请

作业前申请人应向生产单位提出作业申请，并提供作业内容、工作前安全分析、经审批的安全作业施工方案等相关资料。

2. 作业风险评估

作业前作业单位和生产单位应对作业现场和作业过程中可能存在的危险、有害因素进行辨识，制定相应的安全措施。

3. 安全措施实施

（1）作业条件安全措施实施

① 对设备、管线进行隔绝、清洗、置换，并确认满足动火、进入受限空间等作业安全要求；

② 对放射源采取相应的安全处置措施；

③ 对作业现场的地下隐蔽工程进行交底；

④ 腐蚀性介质的作业场所配备人员应急冲洗水源；

⑤ 夜间作业的场所设置满足要求的照明装置；

⑥ 会同作业单位组织作业人员到作业现场，了解和熟悉现场环境，进一步核实安全措施的可靠性，熟悉应急救援器材的位置及分布。

（2）作业环境及工器具检查

① 作业现场消防通道、行车通道应保持畅通；影响作业安全的杂物应清理干净；

② 作业现场的梯子、栏杆、平台、箅子板、盖板等设施应完整、牢固，采用的临时设施应确保安全；

③ 作业现场可能危及安全的坑、井、沟、孔洞等应采取有效防护措施，并设警示标志，夜间应设警示红灯；需要检修的设备上的电器电源应可靠断电，在电源开关处加锁并加挂安全警示牌；

④ 作业使用的个体防护器具、消防器材、通信设备、照明设备等应完好；

⑤ 作业使用的脚手架、起重机械、电气焊用具、手持电动工具等

各种工器具应符合作业安全要求；超过安全电压的手持式、移动式电动工器具应逐个配置漏电保护器和电源开关；

⑥ 进入作业现场的人员应正确佩戴符合《安全帽》(GB 2811)要求的安全帽，作业时，作业人员应遵守本工种安全技术操作规程，并按规定着装及正确佩戴相应的个体防护用品，多工种、多层次交叉作业应统一协调；

⑦ 特种作业和特种设备作业人员应持证上岗。患有职业禁忌症者不应参与相应作业。

(3) 安全交底及安全教育

作业前，应对参加作业的人员进行安全教育，主要内容如下：

① 有关作业的安全规章制度；

② 作业现场和作业过程中可能存在的危险、有害因素及应采取的具体安全措施；

③ 作业过程中所使用的个体防护器具的使用方法及使用注意事项；

④ 事故的预防、避险、逃生、自救、互救等知识；

⑤ 相关事故案例和经验、教训。

(二) 作业审批

1. 安全措施的检查

在安全措施落实完成后，作业批准人应组织申请人及相关人员(含相关方人员)到许可证所涉及的工作区域对采取的安全措施进行实地检查，确认各项安全措施的落实情况。主要内容包括：

(1) 与作业有关的设备、工具、材料等的合格情况；

(2) 现场作业人员资质及能力满足情况；

(3) 系统隔离、置换、吹扫、检测合格情况；

(4) 个人防护用品的配备情况；

(5) 安全消防设施的配备，应急措施的落实情况；

(6) 作业人员的培训情况；

(7) 与相关单位(包括相关方)的沟通情况；

(8) 安全工作方案中提出的其他安全措施落实情况；

(9) 确认安全设施的完好性。

2. 安全作业证审批

(1) 现场核查通过之后，申请方和受影响的相关各方均应在安全作业证上签字，作业批准人签字后作业证生效；

(2) 同一作业涉及动火、进入受限空间、盲板抽堵、高处作业、吊装、临时用电、动土、断路中的两种或两种以上时，除应同时执行相应的作业要求外，还应同时办理相应的作业审批手续。

(三) 作业实施

(1) 负责人对特殊作业实施负全面责任，必须按照批准的安全作业方案指挥作业人员作业。

(2) 作业从员应严格按照作业规程作业，正确使用工器具，一旦出现异常或危险情况，可能危及作业人员安全时，作业人员应停止作业，迅速撤离。

(3) 监护人应佩戴明显标志，合理行使自己的职权，对作业人违章作业不听劝阻的，有权收回作业证制止作业。一旦作业现场出现异常情况，有权立即停止作业，组织人员撤离。

(四) 作业关闭

(1) 作业完毕，应对作业质量进行检查验收。

(2) 应恢复作业时拆移的盖板、箅子板、扶手、栏杆、防护罩等安全设施的安全使用功能；将作业用的工器具、脚手架、临时电源、临时照明设备等及时撤离现场；将废料、杂物、垃圾、油污等清理干净，确认现场没有遗留任何安全隐患，已恢复到正常状态。

四、如何使用和管理特殊作业票证?

(1) 票证申请：作业单位向相关部门提出作业申请，并按要求填写安全作业票证，申请内容应包括作业部位、作业方式、作业时间，存在的危险、采取的安全措施、技术要求等。

(2) 票证审批：当完成作业前的所有准备工作后，根据不同作业级别签批要求，签批人落实安全措施后进行签批。

(3) 票证的分发：作业许可审批完后，将安全作业票证按每联的持有要求发给作业人、监护人和审批人(审批单位)。

(4) 许可证的保存：作业完成验收后，各相关人员(单位)对《安全作业证》妥善保管一年。

(5) 其他注意事项。

① 特殊作业应按规定办理相应级别的《安全作业证》。

②《安全作业证》的“作业地点”栏的填写必须具体；“作业方式”栏要明确填写采取何类机具、作业方式、是否动火等相关内容。

③《安全作业证》实行一个作业点、一个作业周期内同一作业内容一张《安全作业证》的管理方式。

④《安全作业证》不应随意涂改和转让、不应变更作业内容、扩大使用范围、转移作业部位或异地使用。

⑤ 作业内容变更，作业范围扩大、作业地点转移或超过有效期限，以及作业条件、作业环境条件或工艺条件改变时，应重新办理《安全作业证》。

⑥ 作业审批人要亲临现场对《安全作业证》上的安全措施、包括补充的其他安全措施进行逐条检查，未完全落实不得签发《安全作业证》。

五、什么是动火作业?

动火作业是指在直接或间接产生明火的工艺设备以外的禁火区内可能产生火焰、火花或炽热表面的非常规作业，如使用电焊、气焊(割)、喷灯、电钻、砂轮等进行的作业。

由于危险化学品企业动火作业本身的特点，在作业过程中极易引发火灾、爆炸及次生人身伤害事故，因此，动火作业的安全管理是危险化学品企业现场检维修作业安全监督工作的重中之重。

《化学品生产单位特殊作业安全规程》(GB 30871—2014)规定了动火作业票证的格式模板。

六、如何对动火作业进行分级管理?

危险化学品企业动火作业分为“二区三级”，二区即指固定动火区及禁火区，三级即指二级动火、一级动火、特殊动火三个级别。

二级动火作业：除特殊动火作业和一级动火作业以外的动火作业。凡生产装置或系统全部停车，装置经清洗、置换、分析合格并采取安全隔离措施后，可根据其火灾、爆炸危险性大小，经所在单位安全管理部门批准，动火作业可按二级动火作业管理。

一级动火作业：在易燃易爆场所进行的除特殊动火作业以外的动火作业。装置区管廊上的动火作业按一级动火作业管理。

特殊动火作业：在生产运行状态下的易燃易爆生产装置、输送管道、储罐、容器等部位上及其他特殊危险场所进行的动火作业，带压不置换动火作业按特殊动火作业管理。

如果在夜间(每天20时至次日8时)、国家固定节日、假日内进行动火作业，应按规定进行升级管理。

特殊动火和一级动火《动火安全作业证》的有效时限不超过8小时。二级动火《动火安全作业证》的有效时限不超过72小时；每日动火前要进行动火分析。动火作业超过有效期限应重新办理动火作业证。

七、动火作业的风险管控措施有哪些?

(一) 一级和二级动火作业的风险管控措施

(1) 动火作业必须办理动火安全作业证，进入设备内、高处等进行动火作业，还须办理进入受限空间和高处作业等相关的作业证并采取相应的安全措施。

(2) 将动火设备、管道有效隔离，将其内部的物料清洗、置换，经分析合格。动火点周围或其下方的地面如有可燃物、空洞、窨井、地沟、水封等，应检查分析并采取清理或封盖等措施；对于动火点周围有可能泄漏易燃、可燃物料的设备，应采取隔离措施。

(3) 在有可燃物构件和使用可燃物做防腐内衬的设备内部进行动火作业时，应采取防火隔绝措施。

(4) 高处动火作业要采取防止火花飞溅措施。

(5) 在生产、使用、储存氧气的设备上进行动火作业时，设备内氧含量不应超过23.5%。

(6) 动火期间距动火点30m内不应排放可燃气体；距动火点15m内不应排放可燃液体；在动火点10m范围内及用火点下方不应同时进行可燃溶剂清洗或喷漆等作业。

(7) 铁路沿线25m以内的动火作业，如遇有装有危险化学品的火车通过或停留时，应立即停止作业。

(8) 使用气焊、气割动火作业时，乙炔瓶应直立放置，氧气瓶与乙炔瓶之间距不应小于5m，二者与作业地点间距不应小于10m，并应设置防晒设施。

(9) 五级以上(含五级)天气，原则上禁止露天动火作业，因生产确需动火，动火作业应升级管理。

(10) 动火作业应有专人监火，作业前应清除动火现场及周围的易燃物品，或采取其他有效安全防火措施，并配备消防器材，满足作业现场应急需求。

(11) 动火作业完毕，应清理现场，确认无残留火种后，方可离开。

(二) 特殊动火作业要求

特殊动火作业在符合一、二级动火规定的同时，还应符合以下规定：

(1) 应在正压条件下进行作业；在生产不稳定的情况下不应进行

带压不置换动火作业。

（2）作业单位与生产单位应预先制定作业方案，落实安全防火措施，并得到相应的审批人批准，方可实施。

（3）动火点所在生产单位应制定应急预案，配备好应急人员、应急器材，并做好应急准备，专职消防队到现场监护，并通知公司应急管理部门，使之在异常情况下能及时采取相应的应急措施。

（4）应保持作业现场通排风良好。

八、动火分析都有哪些要求？合格标准是什么？

（一）分析范围和内容

对用火人员不需要进入设备的情况，要作可燃物含量分析，并应在不小于动火点 10m 范围内进行动火分析；对于需要用火人进入设备的情况，还要做氧含量分析和毒物分析。取样要有代表性和全面性。

（二）分析间隔时间

动火分析与动火作业间隔一般不超过 30min，如现场条件不允许，间隔时间可适当放宽，但不应超过 60min。作业中断时间超过 60min，应重新分析，每日动火前均应进行动火分析；特殊动火作业期间应随时进行检测。

（三）动火分析合格标准

（1）当被测气体或蒸气的爆炸下限大于或等于 4%时，其被测浓度应不大于 0.5%（体积分数）。

（2）当被测气体或蒸气的爆炸下限小于 4%时，其被测浓度应不大于 0.2%（体积分数）。

（3）在生产、使用、储存氧气的设备上进行动火作业时，设备内氧含量不应超过 23.5%。

九、什么是受限空间和受限空间作业？受限空间作业有哪些风险？

受限空间是指进出口受限，通风不良，可能存在易燃易爆、有毒有害物质或缺氧，对进入人员的身体健康和生命安全构成威胁的封闭、半封闭设施及场所，如反应器、塔、釜、槽、罐、炉膛、锅筒、管道以及地下室、窨井、坑(池)、下水道或其他封闭、半封闭场所。

受限空间作业就是进入或探入受限空间进行的作业。

受限空间作业的风险有中毒窒息、物体打击伤害、高处坠落、机械伤害、触电伤害、火灾爆炸、坍塌、未按要求做好个人防护造成事故等。

《化学品生产单位特殊作业安全规程》(GB 30871—2014)规定了受限空间作业票证的格式模板。

十、受限空间作业有哪些安全管控措施？

(1) 安全隔绝。受限空间与其他系统连通的可能危及安全作业的管道应采取有效隔离措施。与受限空间连通的可能危及安全作业的管道应采用插入盲板或拆除一段管道进行隔绝。与受限空间连通的可能危及安全作业的孔、洞应进行严密地封堵。受限空间内用电设备应停止运行并有效切断电源，在电源开关处上锁并加挂警示牌。

(2) 清洗或置换。受限空间应达到如下要求：氧含量为18%~21%，富氧环境下不应大于23.5%。有毒气体(物质)浓度应符合GBZ 2.1的规定。可燃气体浓度要求同动火作业规定。

(3) 通风。打开人孔、手孔、料孔、风门、烟门等与大气相通的设施进行自然通风。必要时，应采用风机强制通风或管道送风，管道送风前应对管道内介质和风源进行分析确认。

(4) 照明及用电安全。受限空间照明电压应小于或等于36V，在潮湿容器、狭小容器内作业电压应小于或等于12V。在潮湿容器中，作业人员应站在绝缘板上，同时保证金属容器接地可靠。

(5) 作业前对参加作业的人员进行安全教育，内容包括有关作业的安全规章制度；作业现场和作业过程中可能存在的危险、有害因素及应采取的具体安全措施；作业过程中所使用的个体防护器具的使用方法及使用注意事项；事故的预防、避险、逃生、自救、互救等知识；相关事故案例和经验、教训。

(6) 作业监护。在受限空间外应设有专人监护，作业期间监护人员不应离开。在风险较大的受限空间作业时，应增设监护人员，并随时与受限空间内作业人员保持联络。

(7) 现场安全管理。受限空间外应设置安全警示标志。受限空间出入口应保持畅通。作业前后应清点作业人员和作业工器具。作业人员不应携带与作业无关的物品进入受限空间。作业中不应抛掷材料、工器具等物品；在有毒、缺氧环境下不应摘下防护面具；不应向受限空间充氧气或富氧空气；离开受限空间时应将气割(焊)工器具带出。难度大、劳动强度大、时间长的受限空间作业应采取轮换作业方式。

(8) 应急管理。作业现场应备有空气呼吸器(氧气呼吸器)、消防器材和清水等相应的应急用品。作业人员发生紧急状况时，救援人员一定先再穿戴好防护装备，确保自身安全的情况下进行施救。

(9) 作业延期。最长作业时限不应超过24h，特殊情况超过时限的应办理作业延期手续。

(10) 作业结束。作业结束后，受限空间所在单位和作业单位共同检查受限空间内外，确认无问题后方可封闭受限空间。

十一、对受限空间作业的气体检测有什么要求?

(1) 作业前30min内，应对受限空间进行气体采样分析，分析合格后方可进入，如现场条件不允许，时间可适当放宽，但不应超过 60min。

（2）监测点应有代表性，容积较大的受限空间，应对上、中、下各部位进行监测分析。分析仪器应在校验有效期内，使用前应保证其处于正常工作状态。

（3）监测人员深入或探入受限空间采样时应采取个体防护措施。

（4）作业中应定时监测，至少每 2h 监测一次，如监测分析结果有明显变化，应立即停止作业，撤离人员，对现场进行处理，分析合格后方可恢复作业。

（5）对可能释放有害物质的受限空间，应连续监测，情况异常时应立即停止作业，撤离人员，对现场处理，分析合格后方可恢复作业。

（6）涂刷具有挥发性溶剂的涂料时，应做连续分析，并采取强制通风措施。

（7）作业中断时间超过 30min 时，应重新进行取样分析。

（8）进入受限空间分析合格标准：

① 氧含量为 18%~21%，在富氧环境下不应大于 23.5%。

② 有毒气体（物质）浓度应符合《工作场所有害因素职业接触限值》中第 1 部分化学有害因素的规定。

③ 可燃气体浓度要求：当被测气体或蒸气的爆炸下限大于或等于 4%时，其被测浓度应不大于 0.5%（体积）；当被测气体或蒸气的爆炸下限小于 4%时，其被测浓度应不大于 0.2%（体积）。

十二、受限空间作业需要落实哪些个体防护措施？

（1）缺氧或有毒的受限空间经清洗或置换仍达不到要求的，应佩戴隔离式呼吸器，必要时应拴带救生绳。

（2）易燃易爆的受限空间经清洗或置换仍达不到要求的，应穿防静电工作服及防静电工作鞋，使用防爆型低压灯具及防爆工具。

（3）酸碱等腐蚀性介质的受限空间，应穿戴防酸碱防护服、防护鞋、防护手套等防腐蚀护品。

(4) 有噪声产生的受限空间，应配戴耳塞或耳罩等防噪声护具。

(5) 有粉尘产生的受限空间，应配戴防尘口罩、眼罩等防尘护具。

(6) 高温的受限空间，进入时应穿戴高温防护用品，必要时采取通风、隔热、佩戴通信设备等防护措施。低温的受限空间，进入时应穿戴低温防护用品，必要时采取供暖、佩戴通信设备等措施。

十三、什么是盲板抽堵作业？盲板抽堵作业有哪些风险？

盲板抽堵作业是指在设备抢修、检修及设备开停工过程中，设备管道内可能存有物料(气、液、固态)及一定温度、压力情况时的盲板抽堵，或设备、管道内物料经吹扫、置换、清洗后的盲板抽堵。

盲板抽堵作业有发生物体打击、高空坠落、火灾、爆炸、中毒窒息等事故的风险。

在作业过程中，使用工具有缺陷、操纵失误可能造成物体打击事故。高处作业时，安全带、脚手架缺陷、操作失误可能发生高处坠落事故和高处坠物。设备置换、清理不彻底，残留易燃易爆或有毒有害介质，工具不防爆可能会发生火灾爆炸和中毒窒息事故。

《化学品生产单位特殊作业安全规程》(GB 30871—2014)规定了盲板抽堵作业票证的格式模板。

十四、盲板抽堵作业的安全措施有哪些？

(1) 要根据工艺介质的特性选用符合国家规定的盲板。

(2) 在拆装盲板前，应将管道压力泄至常压或微正压；工艺介质温度应小于60℃；严禁在同一管道上同时进行两处及两处以上抽堵盲板作业。

(3) 作业人员严禁正对危险有害物质(能量)可能突出的方向作业，并作好个人防护。

(4) 在易燃易爆场所进行盲板抽堵作业时，作业人员应穿防静电工作服、工作鞋，并应使用防爆灯具和防爆工具。

(5) 在强腐蚀性介质的管道、设备上进行盲板抽堵作业时，作业人员应采取防止酸碱灼伤的措施。在可能释放有害物质的管道、设备上进行盲板抽堵作业时，作业人员应佩戴个体防护用具，并连续进行有毒气体检测。

(6) 在易燃易爆场所作业时，作业地点30m内不得有动火作业；工作照明使用防爆灯具；使用防爆工具，禁止用铁器敲打管线、法兰等。

(7) 作业时应有专人监护，作业结束前监护人不得离开作业现场。

(8) 监护人应熟悉现场环境和检查确认安全措施落实到位，具备相关安全知识和应急技能，与岗位保持联系，随时掌握工况变化。

(9) 作业复杂、危险性大的场所，除监护人外，其他相关部门人员应到现场，作好应急准备。

(10) 若涉及动火、受限空间、高处等危险作业时，应同时办理相关作业许可证。

(11) 若作业条件发生重大变化，应重新办理《抽堵盲板作业证》。

十五、什么是高处作业？高处作业有哪些风险？

高处作业指凡在坠落高度基准面2m以上(含2m)有可能坠落的高处进行的作业。高处作业要求承载时建筑物或支承处应承住吊篮的载荷，理论上来说高处作业有一定的风险。

建筑施工中的高处作业主要包括临边、洞口、攀登、悬空、交叉等五种基本类型，这些类型的高处作业是高处作业伤亡事故可能发生的主要地点。

根据作业高度将高处作业分为四个区段；$2m \leqslant h \leqslant 5m$；$5m < h \leqslant$

15m；15m<h≤30m；h>30m。

高处作业的主要风险有两类，一类是由于人员、作业环境、材料等因素造成的人员高处坠落风险。另一类是由于高处作业导致的高处坠物风险。

《化学品生产单位特殊作业安全规程》(GB 30871—2014)规定了高处安全作业票证的格式模板。

十六、高处作业的安全措施有哪些？

(1) 患有职业禁忌症和年老体弱、疲劳过度、视力不佳、酒后人员及其他健康状况不良者，不准高处作业。

(2) 高处作业必须办理《高处安全作业证》。若涉及动火、抽堵盲板等危险作业时，应同时办理相关作业许可证。

(3) 作业人员必须经安全教育，熟悉现场环境和施工安全要求，按《高处安全作业证》内容检查确认安全措施落实到位后，方可作业。

(4) 作业人员必须戴安全帽，系安全带，穿防滑鞋。作业前要检查其符合相关安全标准，作业中应正确使用。

(5) 搭设的脚手架、防护围栏应符合相关安全规程。在石棉瓦、瓦檩板等轻型材料上作业时，应搭设并站在固定承重板上作业。

(6) 高处作业使用的工具、材料、零件必须装入工具袋，上下时手中不得持物。不准空中抛接工具、材料及其他物品。易滑动、易滚动的工具、材料堆放在脚手架上时，应采取措施防止坠落。

(7) 在电气设备(线路)旁高处作业应符合安全距离要求。在采取地(零)电位或等(同)电位作业方式进行带电高处作业时，必须使用绝缘工具。

(8) 高处作业正下方严禁站人，与其他作业交叉进行时，必须按指定的路线上下，禁止上下垂直作业。若必须垂直进行作业时，应采取可靠的隔离措施。

(9) 高处作业应有足够的照明；30m 以上高处作业应配备通信、

联络工具，指定专人负责联系，并将联络相关事宜填入《高处作业证》安全防范措施补充栏内。

（10）作业监护人应熟悉现场环境和检查确认安全措施落实到位，具备相关安全知识和应急技能，与岗位保持联系，随时掌握工况变化，并坚守现场。

（11）如遇暴雨、大雾、六级以上大风等恶劣气象条件应停止高处作业。

（12）若作业条件发生重大变化，应重新办理《高处作业证》。

十七、什么是吊装作业？吊装作业有什么风险？

吊装作业是指在检维修过程中利用各种吊装机具将设备、工件、器具、材料等吊起，使其发生位置变化的作业过程。

吊装作业过程存在的风险主要有：

（1）法律风险：主要指单位、车辆、人员是否有资质。

（2）人员风险：主要指人员是否经培训取证上岗作业。

（3）吊装机具风险：指吊车和吊索具是否合格且是否满足吊装负荷。

（4）作业风险：指违章操作的风险。

（5）作业环境风险：指是否存在极端作业，地面及空中环境是否满足吊装安全要求，是否存在交叉作业。

《化学品生产单位特殊作业安全规程》（GB 30871—2014）规定了吊装作业票证的格式模板。

十八、吊装作业的安全措施有哪些？

（1）有经批准的吊装方案，在吊装现场要划定警戒线，设置安全标志，禁止非施工人员入内。

(2) 吊装和指挥人员必须经过专业培训，持证上岗；吊装现场专人统一指挥，信号明确。

(3) 严格执行吊装作业“十不吊”规定：

① 指挥信号不明或乱指挥不吊；

② 超负荷或物件重量不明不吊；

③ 斜拉重物不吊；

④ 光线不足，看不清重物不吊；

⑤ 重物下站人不吊；

⑥ 重物埋在地下不吊；

⑦ 重物紧固不牢，绳打结，绳不齐不吊；

⑧ 棱刃物件没有放垫措施不吊；

⑨ 安全装置失灵不吊；

⑩ 重物超过人头不吊。

(4) 吊装过程中如需阻断道路交通，应办理《断路作业证》。

(5) 作业人员在吊装现场登 2m 以上高处作业时，应办理《高处作业证》。

(6) 夜间作业现场要有足够的照明。遇暴雨、大雾及 6 级以上大风等恶劣气象条件，须停止作业。

(7) 涉及其他危险作业须办理相关作业证。

(8) 吊装现场必须要有专人对吊装作业过程进行监护。

十九、什么是临时用电作业？临时用电作业有什么风险？

临时用电作业指在正式运行的电源上接非永久性用电的作业。

临时用电作业时，如果没有有效的个人防护装备和防护措施、设备，容易发生触电、电弧烧伤等事故，造成人员伤亡，同时还有可能造成火灾爆炸。

《化学品生产单位特殊作业安全规程》(GB 30871—2014)规定了临时用电作业票证的格式模板。

二十、临时用电的风险控制措施有哪些?

(1) 必须办理临时用电作业证，接、拆线作业人员必须持有电气安全作业证；

(2) 在开关上接引、拆除临时用电线路时，其上级开关应断电上锁并加挂安全警示标牌；

(3) 临时用电应设置保护开关，使用前应检查电气装置和保护设施的可靠性。所有的临时用电均应设置接地保护；

(4) 用电设备、线路容量、负荷应符合要求，严禁超负荷作业；

(5) 火灾爆炸危险场所应使用相应防爆等级的电源及电气元件，并采取相应的防爆安全措施；

(6) 临时用电线路及设备应有良好的绝缘，所有临时用电线路，不得采用裸线；

(7) 临时用电线路经过有高温、振动、腐蚀、积水及产生机械损伤等区域，不应有接头，并应采取相应的保护措施；

(8) 临时用电架空线应在作业现场不低于 2. 5m，穿越机动车道不低于 5m；

(9) 穿越公路时应加设防护套管并加设警示标志；

(10) 现场临时用电配电盘、箱应有电压标识和危险标识，应有防雨措施，盘、箱、门应能牢靠关闭并能上锁；

(11) 行灯电压不应超过 36V，在特别潮湿的场所或塔、釜、槽、罐等金属设备内作业，临时照明行灯电压不应超过 12V；

(12) 临时用电设施应安装符合规范要求的漏电保护器，移动工具、手持式电动工具应逐个配置漏电保护器和电源开关；

(13) 临时用电单位不应擅自向其他单位转供电或增加用电负荷，

以及变更用电地点和用途。

二十一、什么是动土作业?动土作业有哪些风险?

凡是影响到地下电缆、管道等设施安全的地上作业都包括在动土作业的范围之内。如挖土、打桩、埋设接地极等入地超过0.5m的作业。使用推土机、压路机等施工机械进行填土或平整场地等可能对地下隐蔽设施产生影响的作业。

不明地下设施情况而进行动土作业,容易导致挖断电缆、击穿管道、土石塌方、人员跌落,造成人员伤亡或全厂停电等重大事故。

《化学品生产单位特殊作业安全规程》(GB 30871—2014)规定了动土作业票证的格式模板。

二十二、动土作业的风险管控措施有哪些?

(1) 动土作业必须办理动土作业证,必须经过专业管理人员确认地下隐蔽设施(电力线路、工艺管线、供排水管线)的分布情况。

(2) 必须制定详细的施工方案及安全防护措施方案。

(3) 要对作业现场设置护栏、盖板和警告标志,夜间应悬挂警示灯。

(4) 作业过程中要严格执行作业规程:

① 多人同时挖土应保持一定的安全距离。

② 挖掘土方应自上而下进行,不准采用挖地脚的办法,挖出的土方不准堵塞下水道和窨井。

③ 开挖没有边坡的沟、坑等必须设支撑,开挖前,设法排除地表水,当挖到地下水位以下时,要采取排水措施。

④ 采取放坡处理和固壁支撑等措施防止出现塌方,并采取修边坡、梯子等撤离保护措施。

⑤ 作业人员必须戴安全帽。坑、槽、井、沟上端边沿不准人员站立、行走。

(5) 在坑、槽、井、沟的边缘安放机械、铺设轨道及通行车辆时，应保持适当距离，采取有效的固壁措施，确保安全。

(6) 如暴露出电缆、管线以及不能辨认的物品时，应立即停止作业，妥善加以保护，报告动土审批单位处理，经采取措施后方可继续动土作业。

(7) 对可能出现可燃气体、有毒介质的施工场所，应设有可燃气体检测仪、有毒介质检测仪进行检测，并佩备防护器具，如意外情况发生，要立即停止作业，撤离作业现场。

二十三、什么是断路作业？断路作业有哪些风险？

在化学品生产单位内交通主、支路与车间引道上进行工程施工、吊装、吊运等各种影响正常交通的作业属于断路作业。

断路作业的风险有：标识不明，信息沟通不畅，作业期间无适当安全措施或不到位，作业结束后现场清理不彻底，变更未经审批，都可能引发交通事故。

《化学品生产单位特殊作业安全规程》(GB 30871—2014)规定了断路作业票证的格式模板。

二十四、断路作业的安全措施有哪些？

(1) 断路作业申请单位应会同本单位相关主管部门制定交通组织方案，方案应能保证消防车和其他重要车辆的通行，并满足应急救援要求。

(2) 作业单位应根据作业方案中规定时间、作业内容进行作业，并在需要在断路的路口和相关道路上设置交通警示标志，在作业区附近设置路栏、道路作业警示灯、导向标等交通警示设施。

(3) 断路作业过程中，施工单位应负责在施工现场设置围栏、交通警告牌，在夜间或雨、雪、雾天进行作业应设置符合安全要求的道路作业警示灯。

(4) 在断路施工作业时，施工单位应设置安全巡检员，保证在应急情况下公路的随时畅通。

(5) 断路作业应按《断路安全作业证》的内容进行，严禁涂改、转借《断路安全作业证》，严禁擅自变更作业内容、扩大作业范围或转移作业部位。

(6) 在《断路安全作业证》规定的时间内未完成断路作业时，由断路申请单位重新办理。

(7) 若涉及高处、动土等危险作业时，应同时办理相关作业许可证。

(8) 断路作业结束后，作业单位应清理现场，撤除作业区、路口设置的路栏、道路作业警示灯、导向标等交通警示设施。申请断路单位应检查核实，并报告有关部门恢复交通。

二十五、《化学品生产单位特殊作业安全规程》(GB 30871—2014)规定的特殊作业票证的格式模板有哪些?

《化学品生产单位特殊作业安全规程》(GB 30871—2014)规定的特殊作业票证有：动火安全作业证、受限空间安全作业证、高处安全作业证、吊装安全作业证、临时用电安全作业证、盲板抽堵安全作业证、动土安全作业证和断路安全作业证，详情如下：

动火安全作业证

作业证编号：S—B—012—01

<table>
<tr><td>申请单位</td><td colspan="4"></td><td colspan="2">申请人</td><td colspan="3"></td></tr>
<tr><td>动火作业级别</td><td colspan="4">特级动火□、一级动火□、二级动火□</td><td colspan="2">动火地点</td><td colspan="3"></td></tr>
<tr><td>动火方式</td><td colspan="9"></td></tr>
<tr><td>动火时间</td><td colspan="9">自　年　月　日　时　分始至　年　月　日　时　分止，共　小时</td></tr>
<tr><td>动火作业负责人</td><td colspan="4"></td><td colspan="2">动火人</td><td colspan="3"></td></tr>
<tr><td>动火分析时间</td><td colspan="3">年　月　日　时</td><td colspan="3">年　月　日　时</td><td colspan="3">年　月　日　时</td></tr>
<tr><td>分析点名称</td><td>可燃气</td><td>氧含量</td><td></td><td>可燃气</td><td>氧含量</td><td></td><td>可燃气</td><td>氧含量</td><td></td></tr>
<tr><td>分析数据</td><td></td><td></td><td></td><td></td><td></td><td></td><td></td><td></td><td></td></tr>
<tr><td>分析人</td><td colspan="3"></td><td colspan="3"></td><td colspan="3"></td></tr>
<tr><td>涉及的其他特殊作业</td><td colspan="3"></td><td colspan="3"></td><td colspan="3"></td></tr>
<tr><td>危害辨识</td><td colspan="9"></td></tr>
<tr><td>序号</td><td colspan="8">安 全 措 施</td><td>确认人</td></tr>
<tr><td>1</td><td colspan="8">动火设备内部构件清理干净，蒸汽吹扫或水洗合格，达到用火条件</td><td></td></tr>
<tr><td>2</td><td colspan="8">断开与动火设备相连接的所有管线，加盲板(　　　)块</td><td></td></tr>
<tr><td>3</td><td colspan="8">动火点周围的下水井、地漏、地沟、电缆沟等已清除易燃物，并已采取覆盖、铺沙、水封等手段进行隔离</td><td></td></tr>
<tr><td>4</td><td colspan="8">罐区内动火点同一围堰和防火间距内的油罐不同时进行脱水作业</td><td></td></tr>
</table>

续表

5	高处作业已采取防火花飞溅措施				
6	动火点周围易燃物已清除				
7	电焊回路线已接在焊件上，把线未穿过下水井或其他设备搭接				
8	乙炔气瓶(直立放置)、氧气瓶与火源间的距离大于10m				
9	现场配备消防蒸汽带(　　)根，灭火器(　　)台，铁锹(　　)把，石棉布(　　)块				
10	其他安全措施： 编制人：				
生产单位负责人		监火人		动火初审人	
实施安全教育人					
申请单位意见		签字：		年　月　日　时　分	
安全管理部门意见		签字：		年　月　日　时　分	
动火审批人意见		签字：		年　月　日　时　分	
动火前，岗位当班班长验票		签字：		年　月　日　时　分	
完工验收		签字：		年　月　日　时　分	

注：特级动火作业和一级动火作业的《作业证》有效期不能超过8小时，二级动火作业的《作业证》有效期不能超过72小时。

受限空间安全作业证

作业证编号：S—B—013—01

<table>
<tr><td>申请单位</td><td colspan="3"></td><td colspan="2">申请人</td><td colspan="2"></td></tr>
<tr><td>受限空间
所属单位</td><td colspan="3"></td><td colspan="2">受限空间
名称</td><td colspan="2"></td></tr>
<tr><td>作业内容</td><td colspan="3"></td><td colspan="2">受限空间内
原有介质名称</td><td colspan="2"></td></tr>
<tr><td>作业时间</td><td colspan="7">自　　年　月　日　时　分始至　　年　月　日　时　分止，共　小时</td></tr>
<tr><td>作业单位
负责人</td><td colspan="7"></td></tr>
<tr><td>监护人</td><td colspan="7"></td></tr>
<tr><td>作业人</td><td colspan="7"></td></tr>
<tr><td>涉及的其他
特殊作业</td><td colspan="7"></td></tr>
<tr><td>危害辨识</td><td colspan="7"></td></tr>
<tr><td rowspan="7">分析</td><td>分析项目</td><td>有毒有害介质</td><td>可燃气</td><td>氧含量</td><td rowspan="2">时间</td><td rowspan="2">部位</td><td rowspan="2">分析人</td></tr>
<tr><td>分析标准</td><td>符合 GBZ 2.1</td><td></td><td>19%～23%</td></tr>
<tr><td rowspan="5">分析数据</td><td></td><td></td><td></td><td></td><td></td><td></td></tr>
<tr><td></td><td></td><td></td><td></td><td></td><td></td></tr>
<tr><td></td><td></td><td></td><td></td><td></td><td></td></tr>
<tr><td></td><td></td><td></td><td></td><td></td><td></td></tr>
<tr><td></td><td></td><td></td><td></td><td></td><td></td></tr>
</table>

续表

序　号	安 全 措 施	确认人
1	对进入受限空间危险性进行分析	
2	所有与受限空间有联系的阀门、管线加盲板隔离，列出盲板清单，落实抽堵盲板责任人	
3	设备经过置换、吹扫、蒸煮	
4	设备打开通风孔进行自然通风，温度适宜人员作业；必要时采用强制通风或佩戴空气呼吸器，不能用通氧气或富氧空气的方法补充氧	
5	相关设备进行处理，带搅拌机的设备已切断电源，电源开关处加锁或挂“禁止合闸”标志牌，设专人监护	
6	检查受限空间内部已具备作业条件，清罐时(无需用/已采用)防爆工具	
7	检查受限空间进出口通道，无阻碍人员进出的障碍物	
8	分析盛装过可燃有毒液体、气体的受限空间内的可燃、有毒有害气体含量	
9	作业人员清楚受限空间内存在的其他危险因素，如内部附件、集渣坑等	
10	作业监护措施：消防器材(　　)、救生绳(　　)、气防装备(　　)	
11	其他安全措施： 编制人：	
实施安全教育人		
申请单位意见	签字：　　　年　月　日　时　分	
审批单位意见	签字：　　　年　月　日　时　分	
完工验收	签字：　　　年　月　日　时　分	

注：作业中应定时监测，至少每2小时监测一次，涉及到有害物质的，必须连续监测，发现异常，必须立即撤离人员。

高处安全作业证

作业证编号：S—B—015—01

申请单位			申请人		
作业时间	自　　年　月　日　时　分始至　　年　月　日　时　分止，共　小时				
作业地点					
作业内容					
作业高度	m	作业级别	一级□、二级□、三级□、特级□		
作业单位			监护人		
作业人			涉及的其他特殊作业		
危害辨识					
序　号	安全措施				确认人
1	作业人员身体条件符合要求				
2	作业人员着装符合工作要求				
3	作业人员佩戴合格的安全帽				
4	作业人员佩戴安全带、安全带高挂低用				
5	作业人员携带有工具袋及安全绳				
6	作业人员佩戴：A. 过滤式防毒面具或口罩，B. 空气呼吸器				
7	现场搭设的脚手架、防护网、围栏符合安全规定				
8	垂直分层作业中间有隔离设施				
9	梯子、绳子符合安全规定				
10	石棉瓦等轻型棚的承重梁、柱能承重负荷的要求				
11	作业人员在石棉瓦等不承重物作业所搭设的承重板稳定牢固				
12	采光、夜间作业照明符合作业要求，(需采用并已采用/无需采用)防爆灯				
13	30m 以上高处作业配备通信、联络工具				
14	其他安全措施： 编制人：				
实施安全教育人					
生产单位作业负责人意见			签字：　　年　月　日　时　分		
作业单位负责人意见			签字：　　年　月　日　时　分		
审核部门意见			签字：　　年　月　日　时　分		
审批部门意见			签字：　　年　月　日　时　分		
完工验收			签字：　　年　月　日　时　分		

注：五级以上强风、浓雾等恶劣气候不应进行高处作业。

吊装安全作业证

作业证编号：

吊装地点		吊装工具名称		
吊装人员及特殊工种作业证号		监护人		
吊装指挥及特殊工种作业证号		起吊重物质量(t)		
作业时间	自　　年　月　日　时　分始至　　年　月　日　时　分止，共　小时			
吊装内容				
危害辨识				
序　号	安 全 措 施			确认人
1	吊装质量大于等于40t的重物和土建工程主体结构；吊装物体虽不足40t，但形状复杂、刚度小、长径比大、精密贵重，作业条件特殊，已编制吊装作业方案，且经作业主管部门和安全管理部门审查，报主管(副总经理/总工程师批准)			
2	指派专人监护，并监守岗位，非作业人员禁止入内			
3	作业人员已按规定佩戴防护器具和个体防护用品			
4	已与班组负责人取得联系，建立联系信号			
5	已在吊装现场设置安全警戒标志，无关人员不许进入作业现场			
6	夜间作业采用足够的照明			
7	室外作业遇到(大雪/暴雨/大雾/六级以上大风)，已停止作业			
8	检查起重吊装设备、钢丝绳、缆风绳、链条、吊钩等各种机具，保证安全可靠			
9	明确分工、坚守岗位，并按规定的联络信号，统一指挥			
10	将建筑物、构筑物作为锚点，需经审查核算并批准			
11	吊装绳索、缆风绳、拖拉绳等避免同带电线路接触，并保持安全距离			
12	人员随同吊装重物或吊装机械升降，应采取可靠的安全措施，并经过现场指挥人员批准			
13	利用管道、管架、电杆、机电设备等作吊装锚点，不准吊装			

续表

14	悬吊重物下方站人、通行和工作，不准吊装	
15	超负荷或重物质量不明，不准吊装	
16	斜拉重物、重物埋在地下或重物坚固不牢，绳打结、绳不齐，不准吊装	
17	棱角重物没有衬垫措施，不准吊装	
18	安全装置失灵，不准吊装	
19	用定型起重吊装机械(履带吊车/轮胎吊车/轿式吊车等)进行吊装作业，遵守该定型机械的操作规程	
20	作业过程中应先用低高度、短行程试吊	
21	作业现场出现危险品泄漏，立即停止作业，撤离人员	
22	作业完成后现场杂物已清理	
23	吊装作业人员持有法定的有效的证件	
24	地下通信电(光)缆、局域网络电(光)缆、排水沟的盖板，承重吊装机械的负重量已确认，保护措施已落实	
25	起吊物的质量(　　)t，经确认，在吊装机械的承重范围	
26	在吊装高度的管线、电缆桥架已做好防护措施	
27	作业现场围栏、警戒线、警告牌、夜间警示灯已按要求设置	
28	作业高度和转臂范围内，无架空线路	
29	人员出入口和撤离安全措施已落实：A. 指示牌；B. 指示灯	
30	在爆炸危险生产区域内作业，机动车排气管已装火星熄灭器	
31	现场夜间有充足照明：36V、24V、12V 防水型灯；36V、24V、12V 防爆型灯	
32	作业人员已佩戴防护器具	
33	其他安全措施： 编制人：	

实施安全教育人			
生产单位安全部门负责人(签字)：		生产单位负责人(签字)：	
作业单位安全部门负责人(签字)：		作业单位负责人(签字)：	
审批部门意见 签字：　　年　月　日　时　分			

临时用电安全作业证

作业证编号：S—B—014—01

申请单位		申请人	
作业时间	自　年　月　日　时　分始至　年　月　日　时　分止		
作业地点			
电源接入点		工作电压	
用电设备及功率			
作业人		电工证号	
危害辨识			
序　号	安 全 措 施		确认人
1	安装临时线路人员持有电工作业操作证		
2	在防爆场所使用的临时电源、元器件和线路达到相应的防爆等级要求		
3	临时用电的单项和混用线路采用五线制		
4	临时用电线路在装置内不低于 2. 5m，道路不低于 5m		
5	临时用电线路架空进线未采用裸线，未在树或脚手架上架设		
6	暗管埋设及地下电缆线路设有“走向标志”和“安全标志”，电缆埋深大于 0. 7m		
7	现场临时用配电盘、箱有防雨措施		
8	临时用电设施有漏电保护器，移动工具、手持工具“一机一闸一保护”		
9	用电设备、线路容量、负荷符合要求		
10	其他安全措施： 编制人：		
实施安全教育人			
作业单位意见 签字：　年　月　日　时　分			
配送电单位意见 签字：　年　月　日　时　分			
审批部门意见 签字：　年　月　日　时　分			
完工验收 签字：　年　月　日　时　分			

注：临时用电作业的《作业证》有效期不能超过 7 天，超过 7 天的需重新办理《作业证》。

盲板抽堵安全作业证

作业证编号：

<table>
<tr><td>申请单位</td><td colspan="6"></td><td colspan="3">申请人</td><td colspan="3"></td></tr>
<tr><td rowspan="2">设备管道名称</td><td rowspan="2">介质</td><td rowspan="2">温度</td><td rowspan="2">压力</td><td colspan="3">盲板</td><td colspan="2">实施时间</td><td colspan="2">作业人</td><td colspan="2">监护人</td></tr>
<tr><td>材质</td><td>规格</td><td>编号</td><td>堵</td><td>抽</td><td>堵</td><td>抽</td><td>堵</td><td>抽</td></tr>
<tr><td></td><td></td><td></td><td></td><td></td><td></td><td></td><td></td><td></td><td></td><td></td><td></td><td></td></tr>
<tr><td>生产单位
作业指挥</td><td colspan="12"></td></tr>
<tr><td>作业单位
负责人</td><td colspan="12"></td></tr>
<tr><td>涉及的其他
特殊作业</td><td colspan="12"></td></tr>
<tr><td colspan="13">盲板位置图及编号：

编制人：　　　　　　年　　月　　日</td></tr>
</table>

序　号	安 全 措 施	确认人
1	在有毒介质的管道、设备上作业时，尽可能降低系统压力，作业点应为常压	
2	在有毒介质的管道、设备上作业时，作业人员穿戴适合的防护用具	
3	易燃易爆场所，作业人员穿防静电工作服、工作鞋；作业时使用防爆灯具和防爆工具	
4	易燃易爆场所，距作业地点 30m 内无其他动火作业	

续表

<table>
<tr><td>5</td><td colspan="2">在强腐蚀性介质的管道、设备上作业时，作业人员已采取防止酸碱灼伤的措施</td><td></td></tr>
<tr><td>6</td><td colspan="2">介质温度较高、可能造成烫伤的情况下，作业人员已采取防烫措施</td><td></td></tr>
<tr><td>7</td><td colspan="2">同一管道上不同时进行两处以上的盲板抽堵作业</td><td></td></tr>
<tr><td>8</td><td colspan="2">其他安全措施：
编制人：</td><td></td></tr>
<tr><td>实施安全教育人</td><td></td><td></td><td></td></tr>
<tr><td colspan="4">生产部门意见
签字：　　年　月　日</td></tr>
<tr><td colspan="4">作业单位意见
签字：　　年　月　日</td></tr>
<tr><td colspan="4">审批单位意见
签字：　　年　月　日</td></tr>
<tr><td colspan="4">盲板抽堵作业单位确认情况
签字：　　年　月　日</td></tr>
<tr><td colspan="4">生产部门确认情况
签字：　　年　月　日</td></tr>
</table>

动土安全作业证

作业证编号：

<table>
<tr><td>申请单位</td><td colspan="2"></td><td>申请人</td><td></td></tr>
<tr><td>监护人</td><td colspan="4"></td></tr>
<tr><td>作业时间</td><td colspan="4">自　　年　月　日　时　分始至　　年　月　日　时　分止</td></tr>
<tr><td>作业地点</td><td colspan="4"></td></tr>
<tr><td>作业单位</td><td colspan="4"></td></tr>
<tr><td>涉及的其他特殊作业</td><td colspan="4"></td></tr>
<tr><td colspan="5">作业范围、内容、方式(包括深度、面积、并附件图)：

签字：　　　　　　年　　月　　日　　时　分</td></tr>
<tr><td>危害辨识</td><td colspan="4"></td></tr>
<tr><td>序　号</td><td colspan="3">安 全 措 施</td><td>确认人</td></tr>
<tr><td>1</td><td colspan="3">作业人员作业前已进行了安全教育</td><td></td></tr>
<tr><td>2</td><td colspan="3">作业地点处于易燃易爆场所，需要动火时已办理了动火证</td><td></td></tr>
<tr><td>3</td><td colspan="3">地下电力电缆已确认保护措施已落实</td><td></td></tr>
<tr><td>4</td><td colspan="3">地下通信电(光)缆，局域网络电(光)缆已确认保护措施已落实</td><td></td></tr>
<tr><td>5</td><td colspan="3">地下供排水、消防管线、工艺管线已确认保护措施已落实</td><td></td></tr>
<tr><td>6</td><td colspan="3">已按作业方案图规划线和立桩</td><td></td></tr>
<tr><td>7</td><td colspan="3">动土地点有电线、管道等地下设施，已向作业单位交待并派人监护；作业时轻挖，未使用铁棒、铁镐或抓斗等机械工具</td><td></td></tr>
<tr><td>8</td><td colspan="3">作业现场围栏、警戒线、警告牌夜间警示灯已按要求设置</td><td></td></tr>
</table>

续表

<table>
<tr><td>9</td><td colspan="3">已进行放坡处理和固壁支撑</td><td></td></tr>
<tr><td>10</td><td colspan="3">人员出入口和撤离安全措施已落实：A. 梯子；B. 修坡道</td><td></td></tr>
<tr><td>11</td><td colspan="3">道路施工作业已报：交通、消防、安全监督部门、应急中心</td><td></td></tr>
<tr><td>12</td><td colspan="3">备有可燃气体检测仪、有毒介质检测仪</td><td></td></tr>
<tr><td>13</td><td colspan="3">现场夜间有充足照明：A. 36V、24V、12V 防水型灯；B. 36V、24V、12V 防爆型灯</td><td></td></tr>
<tr><td>14</td><td colspan="3">作业人员已佩戴防护器具</td><td></td></tr>
<tr><td>15</td><td colspan="3">动土范围内无障碍物，并已在总图上做标记</td><td></td></tr>
<tr><td>16</td><td colspan="3">其他安全措施：

编制人：</td><td></td></tr>
<tr><td>实施安全教育人</td><td></td><td></td><td colspan="2"></td></tr>
<tr><td colspan="5">申请单位意见

签字：　　年　月　日　时　分</td></tr>
<tr><td colspan="5">作业单位意见

签字：　　年　月　日　时　分</td></tr>
<tr><td colspan="5">有关水、电、汽、工艺、设备、消防、安全等部门会签意见

签字：　　年　月　日　时　分</td></tr>
<tr><td colspan="5">审批部门意见

签字：　　年　月　日　时　分</td></tr>
<tr><td colspan="5">完工验收

签字：　　年　月　日　时　分</td></tr>
</table>

断路安全作业证

作业证编号：

<table>
<tr><td>申请单位</td><td></td><td colspan="2">申请人</td><td></td></tr>
<tr><td>作业单位</td><td></td><td colspan="2">作业单位负责人</td><td></td></tr>
<tr><td>涉及相关单位(部门)</td><td colspan="4"></td></tr>
<tr><td>断路原因</td><td colspan="4"></td></tr>
<tr><td>断路时间</td><td colspan="4">自　　年　月　日　时　分始至　　年　月　日　时　分止</td></tr>
<tr><td colspan="5">断路地示意图及相关说明：
签字：　　　年　　月　　日　　时　分</td></tr>
<tr><td>危害意识</td><td colspan="4"></td></tr>
<tr><td>序　号</td><td colspan="3">安 全 措 施</td><td>确认人</td></tr>
<tr><td>1</td><td colspan="3">作业前，制定交通组织方案(附后)，并已通知相关部门或单位</td><td></td></tr>
<tr><td>2</td><td colspan="3">作业前，在断路的路口和相关道路上设置交通警示标志，在作业区附近设置路栏、道路作业指示灯、导向标等交通警示设施</td><td></td></tr>
<tr><td>3</td><td colspan="3">夜间作业设置警示红灯</td><td></td></tr>
<tr><td>4</td><td colspan="3">其他安全措施：
编制人：</td><td></td></tr>
<tr><td>实施安全教育人</td><td></td><td colspan="2"></td><td></td></tr>
<tr><td colspan="5">申请单位意见
签字：　　　年　　月　　日　　时　分</td></tr>
<tr><td colspan="5">作业单位意见
签字：　　　年　　月　　日　　时　分</td></tr>
<tr><td colspan="5">审批部门意见意见
签字：　　　年　　月　　日　　时　分</td></tr>
<tr><td colspan="5">完工验收
签字：　　　年　　月　　日　　时　分</td></tr>
</table>

第十三章

承包商管理

一、承包商的定义是什么？相关方的定义是什么？

根据《企业安全生产标准化基本规范》(GB/T 33000—2016)规定：承包商是指在企业的工作场所按照双方协定的要求向企业提供服务的个人或单位。

承包商是为企业提供服务的，包括劳务服务、技术服务等，主要是承担企业新建、改建、扩建、技改项目以及零星检维修、防腐、保温等项目的服务，因此企业外来参观人员及实习人员均不属于承包商范畴。对于建设项目，最大的承包商当属于 EPC 总包商。

《企业安全生产标准化基本规范》(GB/T 33000—2016)规定：相关方是指工作场所内外与企业安全生产绩效有关或受其影响的个人或单位，如承包商、供应商等。

承包商是企业相关方中的一部分。

二、承包商的类型有哪些？

承包商一般分为 8 种类型，分别是：(1)工程技术类；(2)操作运行类；(3)设备维修类；(4)运输类；(5)建筑类；(6)物资采购类；(7)技术服务(咨询)类；(8)其他。

三、危险化学品企业承包商事故的主要原因是什么？

发生承包商事故的原因是多方面的，主要包括以下几个方面：

(1) 资质违规，不具备承包项目的资格；

(2) 层层转包，以包代管；

(3) 施工方案不合理，危害识别不充分，安全技术交底不清晰；

(4) 安全意识淡漠，安全技能差，安全措施落实不到位；

(5) 违章作业，违章指挥，违反劳动纪律；

(6) 安全监护不到位，安全监督管理不严；

(7) 施工管理存在缺陷，协调不畅，组织不力；

(8) 抢时间、抢进度，忽视安全。

四、为什么要加强承包商的安全管理？

由于承包商不属于企业自身人员，因此企业的管理制度对承包商的约束力有限，承包商的人员更替往往比较频繁，甚至其机构、人员配置不合理，因此难免出现承包商人员技术能力下降，安全意识淡漠、组织能力和管理能力不足的现象，这些都是导致发生事故的因素，因此必须加强对承包商的管理。

剖析多家企业因承包商原因发生的安全事故，充分说明对承包商的管理松懈，在承包商的资格审查和定期评估方面管理不到位，使技能差、评价度不高的承包商进入企业，从而造成事故的发生。如 2010 年 7 月 16 日发生的大连国际储运有限公司输油管道爆炸火灾事故，2017 年 11 月 18 日发生在大连西太平洋石化公司厂区内的设备检修作业硫化氢中毒事故，都是与承包商有着直接的关系。

五、承包商在安全管理过程中应承担哪些责任?

承包商应承担的责任包括:

(1) 具备相应的从业资质。

(2) 建立健全安全管理体系。

(3) 使其作业人员接受与作业相关的安全作业培训，并提供书面证明。

(4) 确保作业人员了解与其作业相关的生产区域存在的火灾、爆炸和有毒物质泄漏等危害以及应急响应的规定。

(5) 使其作业人员了解设备安全信息。

(6) 确保其作业人员遵守适用的法律法规、标准规范和企业的安全管理制度。

六、危险化学品企业在承包商管理过程中应承担哪些责任?

企业在承包商管理中应承担的责任包括:

(1) 建立承包商安全管理制度。

(2) 承包商资质审查;获取并评估承包商的安全绩效和安全管理信息。

(3) 与承包商签订安全协议，明确各自的安全责任;将承包商在本企业发生的事故纳入企业事故管理。

(4) 对承包商作业人员进行入厂安全培训教育，经考核合格的方可凭证入厂，妥善保存承包商作业人员安全培训教育记录。

(5) 对承包商的安全作业规程、施工方案、应急预案和施工器具安全性进行审查。

(6) 作业现场安全交底，告知承包商相关作业的风险和工艺系统潜在的火灾、爆炸及有毒物质泄漏等风险，以及应急响应的措施和要求等；对现场作业的承包商进行应急演练培训。

（7）对承包商进出生产装置区域进行管理。

（8）定期评估承包商安全生产业绩，及时淘汰业绩差的承包商。保存承包商在作业中的伤亡、职业病记录。

（9）提供安全的作业条件。

（10）对承包商作业进行全程安全监督。

七、承包商施工过程中主要风险是什么？承包商应如何进行危害识别和风险评价？

（一）承包商施工过程中存在的主要风险

承包商施工过程中的自身存在的主要风险有高处坠落、施工坍塌、物体打击、起重伤害、机具伤害、触电、火灾、中毒等。同时，由于承包商在企业现场作业，由于不安全行为或用火等危险作业可能导致装置的停车、着火、爆炸，引发人身伤亡、物料泄漏和设备损坏等。

承包商应系统进行危害识别和风险评价，对工作过程中的风险予以控制。承包商施工过程中危害产生的原因包括：

（1）人的原因

人的不安全行为大多是因为对安全不重视、态度不正确、技能或知识不足、健康或生理状态不佳和劳动条件不良等因素造成的，是事故的重要致因。包括违章指挥、违章作业、违反劳动纪律的“三违”现象。

（2）物的原因

物的不安全状态，如存在危险物和有害物、防护用品缺乏或由缺陷、施工机械设备和装置结构不良、年久失修、零部件过度磨损或带“病”作业，加之施工中超负荷运转，加重了设备的老化程度或导致安全防护装置失灵等。

（3）环境的原因

不安全的工作环境因素主要有通风不良、噪声过大、物料储放不当等方面。在外界环境作用下，工人在操作时很难做到思想高度集中，容易造成分心、紧张、烦躁、反应力差等。

(4) 管理的原因

管理缺陷会引起设备故障或人员失误，许多事故的发生是由于管理不到位而造成的。管理的原因是事故直接原因得以存在的前提条件，包括技术指导上的缺陷；劳动组织不合理；没有安全操作规程或操作规程不健全；对安全工作检查指导不足或有误；教育培训力度不够；防范措施不认真落实等。

(二) 进行危害识别和风险评价

危害识别和风险评价是要确定在施工中存在哪些安全风险，这些安全风险可能会对工作产生什么影响，并将这些风险进行评价。施工安全风险分析和评估是安全管理的重要环节，确定安全风险等级时安全风险控制的基础，包括确定安全风险发生的可能性和伤害的可能程度。

可以采用工作危害分析法(JHA)、安全检查表法(SCL)等方法对施工作业过程、作业现场、工器具进行危害分析，结合风险评估矩阵，来确定安全风险等级。

在对施工安全风险进行识别、分析与评估的基础上，选择行之有效的安全风险防范措施，将安全风险降低到可接受水平。

八、企业对承包商管理的主要过程环节有哪些?

依据《危险化学品从业单位安全标准化通用规范》(AQ 3013—2008)，对承包商的管理主要是对承包商资格及资质审查、承包商培训、开工前准备、作业过程监督、承包商安全生产业绩及表现评价、续用等过程环节进行管理。

九、承包商资格审查内容一般有哪些？

对承包商资格审查，一般应要求承包商提供营业执照、相应的资质等级证书、安全生产许可证及安全管理体系认证证件等材料。涉及特殊作业的承包商还需提供从事特殊作业的人员资格证书。还要审查承包商的安全业绩。

十、企业与承包商签署安全协议应包括哪些内容？

依据《危险化学品从业单位安全标准化通用规范》(AQ 3013—2008)，企业与所选用承包商必须签订安全协议书，明确双方的安全责任和安全义务。

依据《危险化学品从业单位安全生产标准化评审标准》(安监总管三〔2011〕93 号)，同一作业区域内有两个以上承包商进行生产经营活动，可能危及对方生产安全时，应组织承包商之间签订《安全生产协议》，明确各自的安全生产管理职责和应当采取的安全措施。

十一、对承包商开工前准备工作有什么要求？

承包商入厂后，开始正式作业前，需接受安全培训。HSE 教育和考试由施工所在生产车间组织进行，教育内容为：作业地点和作业对象的主要危险因素及安全注意事项；施工作业中应遵守的 HSE 规定；易发生泄漏、跑冒、着火、爆炸、中毒的部位及防范措施；生产装置消防报警设施的防护、救护设施的摆放位置及使用方法；事故发生后应急处理的方法。

发包方主管部门、安全环保部门和生产车间在项目开工前，与承包商现场 HSE 负责人共同对施工现场进行全面检查，包括施工范围、作业对象、设备设施、HSE 措施、注意事项，确认双方 HSE 工作的准备落实情况，协调解决存在的问题，批准施工作业。生产车间按有关安全作业制度的要求，落实 HSE 措施，办理安全作业许可证。需要办理的安全作业许可证有：进入生产装置一般作业许可证、动火作业许可证、破土作业许可证、临时用电作业许可证、机动车进入装置许可证、进入设备装置许可证、高处作业许可证等。其办理程序和要求应严格按照企业有关安全管理制度来进行。

十二、对承包商进行安全培训的要求是什么?

依据《危险化学品从业单位安全生产标准化评审标准》(安监总管三〔2011〕93 号)，企业应对承包商的作业人员进行入厂安全培训教育，经考核合格后发放入厂证，保存安全培训教育记录。进入作业现场前，作业现场所在基层单位应对施工单位的作业人员进行进入现场前安全培训教育，保存安全培训教育记录。

十三、承包商应采取哪些控制措施来避免风险?

承包商采取的风险控制措施主要有以下几种：

1. 降低风险发生的可能性

采取各种预防措施，以降低风险发生的可能性是风险缓解的重要途径。在工程施工中常用的措施有：

(1) 工程技术措施。以工程技术为手段，减弱甚至消除安全风险的威胁。例如：在高空作业下方设置安全网；对现场的各种施工机具、设备设置安全保护装置。

(2) 管理措施。用制度化、规范化的方式从事工程施工以保证安全风险因素能及时处理，并发现随时可能出现的新的风险因素，降低损失发生的概率。如开展安全检查、进行方案评审、设备定期维修维护等。

(3) 教育培训措施。管理人员和操作人员的不安全行为构成项目的风险因素，对项目人员进行安全风险知识教育和培训。如安全作业培训、现场安全交底、班组安全活动等。

2. 减少风险损失和后果

减少或控制风险损失是指在风险损失已发生的情况下，采取各种可能的措施以遏制损失继续扩大或限制其扩展的范围，使损失降到最低限度。编制应急预案和现场应急处置措施，并组织进行演练。

十四、对承包商现场安全交底应包括哪些内容?

根据《国家安全监管总局关于加强化工过程安全管理的指导意见》(安监总管三〔2013〕88 号)规定，对承包商现场安全交底包括的内容有：作业过程中可能出现的泄漏、火灾、爆炸、中毒窒息、触电、坠落、物体打击和机械伤害等方面的危害信息。

十五、如何对承包商进行施工过程检查监督?

依据《危险化学品从业单位安全生产标准化评审标准》，对承包商进行作业项目的监督管理时，应对承包商的安全作业规程、施工方案和应急预案进行审查，承包商施工作业过程中监督检查表如下所示。

承包商施工作业过程中监督检查表

编号：

发包方		承包商	
工程名称		合同编号	
工程类别		工期	
发包方主管部门		发包方主管人员	
工作地点		检查时间	
现场检查内容		不符合、欠缺或需要改进的方面(描述)	
现场整体情况(HSE 意识、工作卫生条件、材料工具存放等)			
动火、火灾预防和防护			
个人防护用品及职业卫生、环境			
手动和机械工具、升降机、设备、机器、吊装设备、车辆			
挖掘、动土、开沟			
用电(电线、电缆等)			
脚手架、梯子、支撑加固、坠落防护			
有害作业程序(如进入受限空间)以及作业票、许可证			
HSE 标识、标志、警告牌、信号等			
其他(班组 HSE 会议、伤病记录及其他 HSE 记录情况)			
整改及处罚要求：			
检查人(签字)： 时间：		承包商现场代表(签字) 时间：	

十六、对承包商应急管理要求有哪些？对承包商事故管理要求是什么？

承包商进入企业后，在应急管理方面应做到以下：

（1）了解国家关于应急管理的法律法规及业主方的应急管理要求，包括应急责任、属地管理责任；

（2）了解业主方的应急管理体系，包括组织体系、预案体系和相应程序；

（3）与业主方建立健全双方应急联动机制，包括信息报告、快速响应、统一指挥、协调有序、有效处置、资源互补；

（4）了解预案编制方法，包括总体预案、专项预案、现场处置预案；

（5）提高相关人员应急突发事件的处置能力。

依据《危险化学品从业单位安全生产标准化评审标准》，承包商事故应纳入发包方企业事故管理。

十七、承包商表现评价如何进行？主要包括哪些内容？

对承包商的表现评价大多通过采用积分系统进行评价，包括对其技术能力和对安全、健康和环保法规的遵守情况等进行评价，以达到加强对承包商工作的控制、并不断改进其履约能力的目的。

对承包商的表现评价工作应在承包商服务结束时执行，如果是长期合同则应定期执行。根据每个承包商的惩罚积分采取相应的措施。一般要求在服务结束后半个月内完成承包商表现评价，如果是服务合同超过半年时则应每一个月进行一次。

要对所有的承包商服务表现进行评价，包括工程施工承包商、设备材料供货承包商、技术服务承包商等。针对承包商的技术能力和对安全、健康和环保等法律法规的遵守情况进行评价，承包商表现评价报告样式如下所示。

承包商表现评价报告

报告编号：

发包方			承包商	
工程名称			合同编号	
工程类别			工期	
发包方主管部门			发包方主管人员	
评估日期	自　　至		工程是否完成	是/否
工作能力评估			HSE 履约情况	
评估内容	积分		评估内容	积分
1. 对指示的反应			1. 安健环一致性：法定标准	
2. 技术标准			2. 安健环一致性：发包方标准	
3. 材料、工具的标准			3. 对安全建议的反应	
4. 材料、工具的充足性			4. 使用人身防护装备	
5. 人员充足性			5. 现场主管的安健环意识	
6. 现场管理能力			6. 危险材料的处理	
7. 工程协调与控制			7. 危险、工业废物的处理	
8. 工程进度			8. 现场、办公管理	
9. 工作人员技能			9. 安全监督效果	
10. 工作人员行为				
11. 工程质量				
12. 文件提交				
13. 管理层职责				
汇总			汇总	
评估结论：				
改进及处罚建议：				
评估人(签字)： 时间：			专业主管(签字) 时间：	

十八、如何落实对承包商的安全管理责任?

《国家安全监管总局关于加强化工过程安全管理的指导意见》(安监总管三〔2013〕88号)规定，化工企业要严格对承包商的管理，落实安全管理责任。承包商在进入作业现场前，企业要与承包商作业人员进行现场安全交底，审查承包商编制的施工方案和作业安全措施，与承包商签订安全管理协议，明确双方安全管理范围与责任，并明确对承包商的管理部门和管理、协调人员。

十九、企业在承包商管理方面应保存哪些资料?

依据《危险化学品从业单位安全标准化通用规范》(AQ 3013—2008)、《危险化学品从业单位安全生产标准化评审标准》，企业在承包商管理方面应保存的文件、记录有：承包商管理制度；合格承包商名录；承包商管理档案；安全协议书(包括企业与承包商签订的安全协议、承包商之间签订的安全协议)；安全培训教育记录；监督检查记录；现场安全交底记录；施工方案；应急预案；承包商事故记录等。

依据《危险化学品从业单位安全生产标准化评审标准》，承包商档案应包括：承包商资质资料、表现评价、合同等资料。

第十四章 职业病危害因素及其预防措施

一、什么是职业病？什么是职业病危害？

《中华人民共和国职业病防治法》(2016年修正)规定了职业病的定义：职业病是指企业、事业单位和个体经济组织等用人单位的劳动者在职业活动中，因接触粉尘、放射性物质和其他有毒、有害因素而引起的疾病。

职业病危害是指对从事职业活动的劳动者可能导致职业病的各种危害。

二、什么是职业病危害因素？职业病危害因素分为几类？

职业病危害因素是指劳动者在职业活动中存在的各种有害的化学、物理、生物因素以及在作业过程中产生的其他职业有害因素。

《职业病危害因素分类目录》规定职业病危害因素共分为6类，分别为粉尘、化学因素、物理因素、放射性因素、生物因素和其他因素。

粉尘按其性质又可分为三类：

(一) 无机粉尘

(1) 金属矿物粉尘。如铅、锌、铝、铁、锡等金属及其化合物。

(2) 非金属矿物。如石英、石棉、滑石、煤等。

(3) 人工无机粉尘。如水泥、玻璃纤维、金刚砂等。

（二）有机粉尘

（1）植物性粉尘。如棉、麻、谷物、亚麻、甘蔗、木、茶等粉尘。

（2）动物性粉尘。如皮、毛、骨、丝等粉尘。

（3）人工有机粉尘。如树脂、合成纤维、合成橡胶等粉尘。

（三）混合性粉尘

由上述各类粉尘的两种或多种混合存在。

三、职业病危害因素的主要危害特性有哪些？

（一）粉尘

粉尘经呼吸道吸入体内后，会附着在肺的最深处，引起中毒性肺炎和矽肺，严重的会得肺癌。如含有游离二氧化硅的粉尘可引起矽肺，石棉尘可引起石棉肺。沉积在肺部里面的污染物一旦被溶解，就会快速地进入到血液里面，最后导致血液出现中毒现象。那些没有被溶解的污染物也会被细胞吸收，破坏细胞的结构。

有些金属性的粉尘如锰尘、铅尘等，由于化学性质的作用，进入人体后会直接引起锰、铅中毒或发生病变，严重的时候可能会导致死亡的发生。粉尘还会在空气中吸附大量的细菌或病毒进入人体，使人发病。

（二）化学因素

化学物质都具有一定的毒性和腐蚀性，某种化学物质进入人体机体后，会损害机体组织与器官，通过生物化学或生物物理学的作用，使组织细胞的代谢或功能遭受损害，引起机体发生病理变化，造成人体中毒。

（三）物理因素

（1）噪声。生产性噪声对人体的危害主要是对神经系统的影响，会引发神经衰弱综合征；对心血管系统的影响，会造成心跳加快、心律不齐、血压变化等。对视觉器官的影响，会造成眼痛、视力减退；

对消化系统的影响，会造成食欲不振、恶心；还有对内分泌系统的影响等。

(2) 振动。接触强烈的全身振动可能导致内脏器官的损伤或位移，周围神经和血管功能的改变，女工可发生子宫下垂、自然流产及异常分娩率增加；手臂局部接触强烈震动物件，长期持续使用振动工具，严重时可造成血管痉挛明显，引起局部振动病。

(3) 高温。高温会影响人体水盐代谢，导致水和电解质紊乱引发中暑；大量出汗造成皮肤血管扩张，心肌负荷加重。同时对消化系统、神经系统和泌尿系统都有影响。

(4) 电磁辐射、非电离辐射。辐射引起的主要症状有头痛、乏力、记忆力衰退、睡眠障碍等神经衰弱综合症以及心悸、胸闷、脱发等症状。

(5) 紫外线。紫外线对人体的伤害主要是灼伤皮肤，同时也会对眼睛及免疫系统造成危害，严重时会导致皮肤癌。

(四) 放射性因素

在大剂量的照射下，放射性对人体和动物存在着某种损害作用。放射性也能损伤剂量单位遗传物质，主要在于引起基因突变和染色体畸变，使一代甚至几代人受害。

(五) 生物因素

由于生产原料和生产环境中存在的有害职业人群健康的致病微生物、寄生虫及动植物、昆虫等及其所产生的生物活性物质统称为生物性有害因素。生物性有害因素对职业人群的健康损害，除引起法定职业性传染病，如炭疽、布氏杆菌病、森林脑炎外，也是构成哮喘、外源性、过敏性肺泡炎和职业性皮肤病等法定职业病的致病因素之一。

四、影响粉尘对人体危害程度的因素有哪些？

粉尘对人体的危害程度主要取决于粉尘的化学性质，空气的含尘浓度以及粉尘的分散度等等。空气中粉尘浓度越大、分散度越大，对人体的危害也就越大。另外人体在含尘环境下的暴露时间和粉尘的溶解度、硬度也是决定人体危害严重程度的重要因素。

五、生产性毒物进入人体的途径有哪些？

化学物质的形态有固体、液体、气体，其中固态物质多为粉尘、烟、雾和微生物，气态物质多为具有刺激性、窒息性的蒸气，液态物质多具有一定毒性。

生产性毒物进入人体主要有三种途径：呼吸道吸收、皮肤黏膜吸收和消化道吸收，其中呼吸道吸收是生产性中毒的主要吸收途径。

六、哪些属于可能产生严重职业病危害的因素？法律法规对哪些场所实行特殊管理？

根据《建设项目职业病危害分类管理办法》，可能产生严重职业病危害的因素包括下列内容：

(1)《高毒物品目录》所列化学因素；

(2) 石棉纤维粉尘、含游离二氧化硅 10%以上粉尘；

(3) 放射性因素：核设施、辐照加工设备、加速器、放射治疗装置、工业探伤机、油田测井装置、甲级开放型放射性同位素工作场所和放射性物质储存库等装置或场所；

(4) 卫生部规定的其他应列入严重职业病危害因素范围的因素。

《职业病防治法》第十九条规定：国家对从事放射性、高毒、高危粉尘等作业实行特殊管理。

有毒场所的分级依据《职业性接触毒物危害程度分级》和《有毒作业场所危害程度分级》进行。

七、我国在对企业开展职业病预防工作方面主要有哪些法律法规?

我国在职业病预防方面制定的主要法规、标准规范有:

1. 监督管理类

(1)《中华人民共和国职业病防治法(2016年修正)》(中华人民共和国主席令第四十八号)

(2)《使用有毒物品作业场所劳动保护条例》(国务院令第352号)

(3)《工作场所职业卫生监督管理规定》(国家安监总局令第47号)

(4)《职业病危害项目申报办法》(国家安监总局令第48号)

(5)《用人单位职业健康监护监督管理办法》(国家安监总局令第49号)

(6)《建设项目职业病防护设施"三同时"监督管理办法》(国家安监总局令第90号)

(7)《建设项目职业病危害分类管理办法》(卫生部令第49号)

(8)《职业健康检查管理办法》(国家卫生和计划生育委员会令第5号)

(9)《职业卫生档案管理规范》(安监总厅安健〔2013〕171号)

(10)《关于印发<用人单位职业病危害因素定期检测管理规范>的通知》(安监总厅安健〔2015〕16号)

(11)《关于印发<用人单位劳动防护用品管理规范>的通知》(安监总厅安健〔2015〕124号)

(12)《关于修改<用人单位劳动防护用品管理规范>的通知》(安监总厅安健〔2018〕3号)

(13)《职业病分类和目录(2016版)》(国卫疾控发〔2013〕48号)

(14)《职业病危害因素分类目录》(国卫疾控发〔2015〕92号)

2. 预防类

(1)《工业企业设计卫生标准》(GBZ 1)

（2）《工作场所有害因素职业接触限值》（GBZ 2）
（3）《职业健康监护技术规范》（GBZ 188）
（4）《用人单位职业病防治指南》（GBZ/T 225）
（5）《职业性接触毒物危害程度分级》（GBZ 230）
（6）《个体防护装备配备基本要求》（GB/T 29510）
（7）《化工企业劳动防护用品选用及配备》（AQ/T 3048）
（8）《有毒作业场所危害程度分级》（AQ/T 4208）

3. 安全标识类

（1）《工作场所职业病危害警示标识》（GB Z158）
（2）《安全标志及其使用导则》（GB 2894）
（3）《用人单位职业病危害告知与警示标识管理规范》

八、法律法规对用人单位职业病防治管理方面有哪些要求?

（1）设置或者指定职业卫生管理机构或者组织，配备专职或者兼职的职业卫生管理人员，负责本单位的职业病防治工作。

《职业病防治法》第五条规定：用人单位应当建立、健全职业病防治责任制，加强对职业病防治的管理，提高职业病防治水平，对本单位产生的职业病危害承担责任。

《工作场所职业卫生监督管理规定》第八条规定：

① 职业病危害严重的用人单位，应当设置或者指定职业卫生管理机构或者组织，配备专职职业卫生管理人员。

② 其他存在职业病危害的用人单位，劳动者超过 100 人的，应当设置或者指定职业卫生管理机构或者组织，配备专职职业卫生管理人员；劳动者在 100 人以下的，应当配备专职或者兼职的职业卫生管理人员，负责本单位的职业病防治工作。

（2）制定职业病防治计划和实施方案。

《工作场所职业卫生监督管理规定》第十一条要求：存在职业病危

害的用人单位应当制定职业病危害防治计划和实施方案。

《中共中央 国务院关于推进安全生产领域改革发展的意见》(中发〔2016〕32号)对职业卫生管理方面提出的要求是：加快职业病危害严重企业技术改造、转型升级和淘汰退出，加强高危粉尘、高毒物品等职业病危害源头治理。加强企业职业健康监管执法，督促落实职业病危害告知、日常监测、定期报告、防护保障和职业健康体检等制度措施，落实职业病防治主体责任。

(3) 建立、健全职业卫生管理制度和操作规程。

《工作场所职业卫生监督管理规定》第十一条要求：存在职业病危害的用人单位应当制定职业病危害防治计划和实施方案，建立、健全下列职业卫生管理制度和操作规程：职业病危害防治责任制度、职业病危害警示与告知制度、职业病危害项目申报制度、职业病防治宣传教育培训制度、职业病防护设施维护检修制度、职业病防护用品管理制度、职业病危害监测及评价管理制度、建设项目职业卫生"三同时"管理制度、劳动者职业健康监护及其档案管理制度、职业病危害事故处置与报告制度、职业病危害应急救援与管理制度、岗位职业卫生操作规程，法律、法规、规章规定的其他职业病防治制度。

(4) 建立、健全职业卫生档案和劳动者健康监护档案。

职业健康监护是指劳动者上岗前、在岗期间、离岗时、应急的职业健康检查和职业健康监护档案管理，并将检查结果书面告知劳动者。

(5) 建立、健全工作场所职业病危害因素监测及评价制度。

(6) 建立、健全职业病危害事故应急救援预案。

九、什么是职业病危害项目建设的"三同时"?

职业病危害的建设项目，是指存在或者产生《职业病危害因素分类目录》所列职业病危害因素的建设项目。

《职业病防治法》第十八条规定：建设项目的职业病防护设施必须

与主体工程同时设计，同时施工，同时投入生产和使用。

职业病防护设施是指控制或者消除生产过程中产生的职业病危害因素，以阻止职业病危害因素给劳动者健康造成影响的一切措施，是预防和减少职业病危害因素对劳动者健康的损害或者影响，保护劳动者健康的设备、设施、装置、构(建)筑物等的总称。包括用于防尘、防毒、防噪声、防振动、防暑降温、防寒、防潮、防非电离辐射、防电离辐射、防生物危害、人体工效学等职业病防护设施、工程技术、个体防护用品等。

十、建设单位如何开展职业病防护设施“三同时”工作?

《建设项目职业病防护设施“三同时”监督管理办法》(国家安监总局令第90号)规定：

(一) 预评价

对可能产生职业病危害的建设项目，建设单位应当在建设项目可行性论证阶段进行职业病危害预评价，编制预评价报告，同时委托编制职业病防护设施设计专篇。

同时还规定：

(1) 职业病危害预评价报告编制完成后，属于职业病危害一般或者较重的建设项目，建设单位应当组织对职业病危害预评价报告进行评审，并形成评审意见；属于职业病危害严重的建设项目，建设单位应当组织外单位职业卫生专业技术人员参加评审工作，并形成评审意见。

(2) 职业病危害预评价工作过程应当形成书面报告备查。

(3) 建设项目职业病危害预评价报告通过评审后，建设项目的生产规模、工艺等发生变更导致职业病危害风险发生重大变化的，建设单位应当对变更内容重新进行职业病危害预评价和评审。

(二) 职业病防护设施设计

(1) 存在职业病危害的建设项目，建设单位应当在施工前进行职业病防护设施设计。

(2) 职业病防护设施设计完成后，属于职业病危害一般或者较重的建设项目，建设单位应当组织对职业病防护设施设计进行评审，并形成评审意见；属于职业病危害严重的建设项目，建设单位应当组织外单位职业卫生专业技术人员参加评审工作，并形成评审意见。

(3) 建设项目职业病防护设施设计在完成评审后，建设项目的生产规模、工艺等发生变更导致职业病危害风险发生重大变化的，建设单位应当对变更的内容重新进行职业病防护设施设计和评审。

(三) 控制效果评价

(1) 建设项目完工后，需要进行试运行的，其配套建设的职业病防护设施必须与主体工程同时投入试运行。试运行时间应当不少于30日，最长不得超过180日，国家有关部门另有规定或者特殊要求的行业除外。

(2) 建设项目在竣工验收前或者试运行期间，建设单位应当进行职业病危害控制效果评价，编制评价报告。

(3) 属于职业病危害一般或者较重的建设项目，建设单位应当组织对职业病危害控制效果评价报告进行评审；属于职业病危害严重的建设项目，建设单位应当组织外单位职业卫生专业技术人员参加评审工作，并形成评审和验收意见。

建设单位应当将职业病危害控制效果评价工作过程形成书面报告备查。

(四) 防护设施验收

(1) 建设单位在职业病防护设施验收前，应当编制验收方案。验收方案应当包括下列内容：建设项目概况和风险类别，以及职业病危害预评价、职业病防护设施设计执行情况；参与验收的人员及其工作内容、责任；验收工作时间安排、程序等。

建设单位应当在职业病防护设施验收前20日将验收方案向管辖该建设项目的安全生产监督管理部门进行书面报告。

(2) 属于职业病危害一般或者较重的建设项目，建设单位应当组织对职业病防护设施进行验收，并形成是否符合标准要求的验收意见。属于职业病危害严重的建设项目，建设单位应当组织外单位职业卫生专业技术人员参加评审和验收工作，并形成评审和验收意见。

建设单位应当将职业病防护设施验收工作过程形成书面报告备查，其中职业病危害严重的建设项目应当在验收完成之日起20日内向管辖该建设项目的安全生产监督管理部门提交书面报告。

分期建设、分期投入生产或者使用的建设项目，其配套的职业病防护设施应当分期与建设项目同步进行验收。

建设项目职业病防护设施“三同时”工作可以与安全设施“三同时”工作一并进行。建设单位可以将建设项目职业病危害预评价和安全预评价、职业病防护设施设计和安全设施设计、职业病危害控制效果评价和安全验收评价合并出具报告或者设计，并对职业病防护设施与安全设施一并组织验收。

十一、用人单位如何申报职业病危害项目？

根据《职业病危害项目申报办法》，对职业病危害项目的申报要求是：

（一）需要申报的项目类型

用人单位（煤矿除外）工作场所存在职业病目录所列职业病危害因素的建设项目。

（二）申报的时间要求

（1）新建、改建、扩建、技术改造或者技术引进建设项目的，自建设项目竣工验收之日起30日内进行申报；

（2）因技术、工艺、设备或者材料等发生变化导致原申报的职业病危害因素及其相关内容发生重大变化的，自发生变化之日起15日内进行申报；

（3）企业工作场所、名称、法定代表人或者主要负责人发生变化的，自发生变化之日起15日内进行申报；

(4) 经过职业病危害因素检测、评价，发现原申报内容发生变化的，自收到有关检测、评价结果之日起15日内进行申报；

(5) 企业终止生产经营活动的，应当自生产经营活动终止之日起15日内向原申报机关报告并办理注销手续。

(三) 受理单位

中央企业、省属企业及其所属用人单位的职业病危害项目，向其所在地设区的市级人民政府安全生产监督管理部门申报。

前款规定以外的其他用人单位的职业病危害项目，向其所在地县级人民政府安全生产监督管理部门申报。

(四) 申报需准备的材料

用人单位申报职业病危害项目时，应当提交《职业病危害项目申报表》和下列文件、资料：

(1) 用人单位的基本情况；

(2) 工作场所职业病危害因素种类、浓度或强度分布情况以及接触人数；

(3) 法律、法规和规章规定的其他文件、资料。

职业病危害项目申报同时采取电子数据和纸质文本两种方式。

企业应当首先通过“职业病危害项目申报系统”进行电子数据申报，同时将《职业病危害项目申报表》加盖公章并由本单位主要负责人签字后，连同有关文件、资料一并上报所在地设区的市级或县级安全生产监督管理部门。

十二、用人单位如何对工作场所职业病危害因素进行检测？

1.《职业病防治法》规定

(1) 用人单位应当实施由专人负责的职业病危害因素日常监测，并确保监测系统处于正常运行状态。

(2) 用人单位应当按照国务院安全生产监督管理部门的规定，定期对工作场所进行职业病危害因素检测、评价。检测、评价结果存入用人单位职业卫生档案，定期向所在地安全生产监督管理部门报告并向劳动者公布。

2.《用人单位职业病危害因素定期检测管理规范》规定

用人单位应当建立职业病危害因素定期检测制度，每年至少委托具备资质的职业卫生技术服务机构对其存在职业病危害因素的工作场所进行一次全面检测。

十三、国家对工作场所有害因素职业接触限值方面是怎么规定的？

有害因素职业接触限值是指劳动者在职业活动过程中长期反复接触，对绝大多数接触者的健康不引起有害作用的容许接触水平。化学有害因素的职业接触限值包括时间加权平均容许浓度、短时间接触容许浓度和最高容许浓度三类。

工作场所有害因素职业接触限值是用人单位监测工作场所环境污染情况，评价工作场所卫生状况和劳动条件以及劳动者接触化学因素程度的重要技术依据，也可用于评估生产装置泄漏情况，评价防护措施效果等。

为了给用人单位在职业病防控方面提供量化标准，明确工作场所职业危害因素浓度或强度的合规性，国家颁布了强制性标准《工作场所有害因素职业接触限值》(GBZ 2)，并将 GBZ 2 细分为《工作场所有害因素职业接触限值　化学有害因素》(GBZ 2.1)和《工作场所有害因素职业接触限值　物理因素》(GBZ 2.2)。

《工作场所有害因素职业接触限值　化学有害因素》(GBZ 2.1—2007)列出了 339 种化学物质和 47 种粉尘以及其他因素的接触限值，《工作场所有害因素职业接触限值　物理因素》(GBZ 2.2—2007)列出了辐射、工频电场以及高温、噪声等因素的接触限值。具体各种因素的限值情况参见相关标准。

十四、用人单位如何做好职业病危害因素的告知工作?

职业病危害告知是指用人单位通过与劳动者签订劳动合同、公告、培训等方式，使劳动者知晓工作场所产生或存在的职业病危害因素、防护措施、对健康的影响以及健康检查结果等的行为。

《职业病防治法》第二十四条规定：产生职业病危害的用人单位，应当在醒目位置设置公告栏，公布有关职业病防治的规章制度、操作规程、职业病危害事故应急救援措施和工作场所职业病危害因素检测结果。

对产生严重职业病危害的作业岗位，应当在其醒目位置，设置警示标识和中文警示说明。警示说明应当载明产生职业病危害的种类、后果、预防以及应急救治措施等内容。

第三十三条规定：用人单位与劳动者订立劳动合同(含聘用合同，下同)时，应当将工作过程中可能产生的职业病危害及其后果、职业病防护措施和待遇等如实告知劳动者，并在劳动合同中写明，不得隐瞒或者欺骗。

劳动者在已订立劳动合同期间因工作岗位或者工作内容变更，从事与所订立劳动合同中未告知的存在职业病危害的作业时，用人单位应当依照前款规定，向劳动者履行如实告知的义务，并协商变更原劳动合同相关条款。

十五、《使用有毒物品作业场所劳动保护条例》对使用有毒物品作业场所提出了哪些特殊要求?

《使用有毒物品作业场所劳动保护条例》规定了用人单位的使用有

毒物品作业场所，除符合《职业病防治法》规定的职业卫生要求外，还必须符合下列要求：

（一）作业场所与生活场所分开，作业场所不得住人；

（二）有害作业与无害作业分开，高毒作业场所与其他作业场所隔离；

（三）设置有效的通风装置；可能突然泄漏大量有毒物品或者易造成急性中毒的作业场所，设置自动报警装置和事故通风设施；

（四）高毒作业场所设置应急撤离通道和必要的泄险区。

十六、对职业病危害因素的防控措施主要有哪些？

（一）加强工艺设备管理，定期对易产生泄漏的设备、管线、阀门等组织检修和维护，杜绝或减少跑、冒、滴、漏。

（二）设立防毒、防尘、防噪声等劳动防护用品的佩戴区域和标识，明确应当佩戴劳动防护用品的有毒有害作业。加强劳动防护用品使用情况的监督检查，凡不按规定使用劳动防护用品的人员禁止从事相关作业。

（三）采用先进技术或有效治理措施，不断改善员工作业条件，确保工作场所职业危害因素浓度或强度符合国家职业卫生标准。不符合国家职业卫生标准和健康要求的工作场所应立即采取措施，加强现场作业防护，提出整改方案，积极进行治理。

（四）严重超标且危害严重又不能及时整改的生产工作场所，必须停止生产运行，采取补救措施，控制和减少职业危害。

（五）在可能发生急性职业危害的工作场所设置报警设施、冲洗设施、防护急救器具专柜，设置应急撤离通道和必要的泄险区，同时做好定期检查和记录。

（六）做好防尘、防毒、防射线、防噪声、防高温和防氮气窒息等防护设施的使用、维护和检查等，确保其处于完好状态，不得擅自拆除或停止使用。

（七）在车间醒目位置设置公告栏，告知员工工作场所存在的职业危害因素名称、化学性质、健康危害及急救措施。

（八）按照《工作场所职业病危害警示标识》(GBZ 158)设置警示线和警示标识，存在一般毒物的工作场所设置黄色区域警示线、警示标识。存在高毒物品的工作场所设置红色区域警示线、警示标识。按照《高毒物品作业岗位职业病危害告知规范》(GBZ/T 203)，在高毒作业岗位设置职业危害告知卡。

（九）有可能发生急性中毒事故的生产装置，在制定停开工检修方案时，应同时制定职业危害因素防护措施，确定检维修现场的职业健康监护范围和要点。

（十）加强作业人员个人职业防护用品的配备，监督检查现场冲洗设施等职业防护设施完好情况。

（十一）根据检维修现场情况，随时掌握现场职业危害因素浓度，及时做好防护工作，落实检维修现场职业危害因素的监测监控。

（十二）做好检维修开工前的职业防护设施检查验收，重点对检维修后放射源的防护装置，防尘、防毒、防噪声、防高温设施的整改等情况进行系统检查确认，减少开车运行时的意外职业伤害。

（十三）根据作业人员接触职业危害因素的具体情况，为员工提供符合国家标准的适用的职业防护用品，并建立使用台账。

（十四）可能造成职业病或职业中毒的作业环境、导致职业危害事故发生或扩大的职业健康隐患，必须纳入用人单位安全隐患治理计划。

十七、防控职业病危害的技术措施主要有哪些？

（一）生产环境的控制措施

主要有：（1）从卫生和安全角度考虑生产过程和设备，正确选择厂址，合理安排车间布局等；（2）消除或控制产生职业危害因素的操作环节；（3）隔离和密闭，例如使用管道化生产、自动加料、机械包装等；（4）合理的通风装置，例如用局部抽风装置排除毒物等；（5）湿式作业，例如水磨石英粉、使用湿式风钻开掘岩洞等；（6）保持车间整洁，加强设备维修；（7）安全储运，有毒产品贴毒品标签及处理说明。

（二）控制、减弱职业危害因素的强度控制

减弱职业病危害因素的强度，主要包括：体力劳动负荷限量，生产环境气象条件，工业噪声、振动，高频电磁场与微波，作业现场空气中毒物、粉尘的最高容许浓度等卫生标准。

（三）工艺技术措施

（1）改革工艺

从生产工艺流程中消除有毒物质，用无毒物质代替有毒物质，以不产生职业性危害物质的新工艺、新材料代替有职业性危害物质产生的工艺过程和原材料。

淘汰的设备、工艺、技术可参见《国家安全监管总局关于印发淘汰落后安全技术工艺、设备目录(2016年)的通知》和《国家安全监管总局关于印发淘汰落后安全技术装备目录(2015年第一批)的通知》

（2）密闭

对于散发有害物质的生产过程，要尽量采用先进技术和工艺过程，以减轻劳动强度，避免开放式生产，消除毒物逸散的条件。有可能时可采用遥控或程控，最大限度地减少工人接触毒物的机会。采用新技术、新方法亦可从根本上控制毒物的逸散。

（3）尽可能地提高生产过程的自动化程度

以机械化生产代替手工或半机械化生产，采用隔离操作(将有害物质和操作者分离)、仪表控制(自动化控制)。

（4）通风排毒

用通风的方法将逸散的毒物排出，经常采用的通风方式有局部排风、全面通风换气。局部排风是在不能密封的有害物质发生源近旁设置吸风罩，排毒柜、槽边吸风将有害物质从发生源处直接抽走，以保持作业场所的清洁。全面通风换气是利用新鲜空气置换作业场所内含有有害物质的空气，以保持作业场所空气中有害物质浓度低于国家卫生标准。

(5) 革新生产设备，采用湿式作业

采用风力运输、负压吸砂、吸风风选等方式消除粉尘飞扬。湿式作业是一种经济易行的防止粉尘飞扬的有效措施。

(6) 做好密闭、吸风、除尘

对不能采用湿式作业的，应采用密闭吸风除尘办法。凡能产生粉尘的设备均应尽可能密闭，并和局部抽出式机械通风相结合，使密闭系统内保持一定的负压，防止粉尘外逸。抽出的含尘空气应经除尘处理再排入大气中。

(7) 建筑布局卫生

不同生产工序的布局，不仅要满足生产上的需要，而且要考虑卫生上的要求。有毒物逸散的作业，应设在单独房间内，以避免相互影响。可能发生剧毒物质泄漏的生产设备应隔离。使用容易积存或吸附于墙壁、地面等处的毒物(如汞)，或能发生有毒粉尘飞扬的工房，其内部装饰应符合卫生要求。

(8) 隔绝热源

采用隔热材料或水隔热等方法将热源密封，可以起到防止高温、热辐射对人体的不良伤害。

(9) 屏蔽辐射源

使用吸收电磁辐射的材料屏蔽隔射源，减少辐射源的直接辐射作用，是放射性防护中的基本方法。

(10) 隔、吸声

对于噪声污染严重的作业场所，采取措施将噪声源与操作者隔离；用吸声材料将产生噪声设备密闭，减少产生噪声设备的振动等，可以大大减弱噪声污染。

十八、什么是职业禁忌？用人单位如何建立和管理职业卫生档案？

《职业病防治法》规定：职业禁忌，是指劳动者从事特定职业或者接触特定职业病危害因素时，比一般职业人群更易于遭受职业病危害和罹患职业病或者可能导致原有自身疾病病情加重，或者在从事作业过程中诱发可能导致对他人生命健康构成危险的疾病的个人特殊生理或者病理状态。

《职业卫生档案管理规范》(安监总厅安健〔2013〕171号)规定：

用人单位职业卫生档案，是指用人单位在职业病危害防治和职业卫生管理活动中形成的，能够准确、完整反映本单位职业卫生工作全过程的文字、图纸、照片、报表、音像资料、电子文档等文件材料。

用人单位应建立健全职业卫生档案，包括以下主要内容：

（一）建设项目职业卫生"三同时"档案；

（二）职业卫生管理档案；

（三）职业卫生宣传培训档案；

（四）职业病危害因素监测与检测评价档案；

（五）用人单位职业健康监护管理档案；

（六）劳动者个人职业健康监护档案；

（七）法律、行政法规、规章要求的其他资料文件。

用人单位应做好职业卫生档案的归档工作，按年度或建设项目进行案卷归档，及时编号登记，入库保管。

用人单位发生分立、合并、解散、破产等情形的，职业卫生档案应按照国家档案管理的有关规定移交保管。

十九、用人单位如何建立和管理劳动者个人职业健康监护档案？

《用人单位职业健康监护监督管理办法》(国家安监总局令第49

号)规定:

(一)用人单位应当对下列劳动者进行上岗前的职业健康检查:

(1)拟从事接触职业病危害作业的新录用劳动者,包括转岗到该作业岗位的劳动者;

(2)拟从事有特殊健康要求作业的劳动者。

(二)劳动者个人职业健康监护档案包括下列内容:

(1)劳动者姓名、性别、年龄、籍贯、婚姻、文化程度、嗜好等情况;

(2)劳动者职业史、既往病史和职业病危害接触史;

(3)历次职业健康检查结果及处理情况;

(4)职业病诊疗资料;

(5)需要存入职业健康监护档案的其他有关资料。

(三)用人单位应当根据职业健康检查报告,采取下列措施:

(1)对有职业禁忌的劳动者,调离或者暂时脱离原工作岗位;

(2)对健康损害可能与所从事的职业相关的劳动者,进行妥善安置;

(3)对需要复查的劳动者,按照职业健康检查机构要求的时间安排复查和医学观察;

(4)对疑似职业病病人,按照职业健康检查机构的建议安排其进行医学观察或者职业病诊断;

(5)对存在职业病危害的岗位,立即改善劳动条件,完善职业病防护设施,为劳动者配备符合国家标准的职业病危害防护用品。

《职业卫生档案管理规范》(安监总厅安健〔2013〕171号)还规定:

(一)劳动者离开用人单位时,有权索取本人职业健康监护档案复印件,用人单位应如实、无偿提供,并在所提供的复印件上签章。

(二)劳动者在申请职业病诊断、鉴定时,用人单位应如实提供职业病诊断、鉴定所需的劳动者职业病危害接触史、工作场所职业病危害因素检测结果等资料。

二十、常用的个体劳动防护用品分几类?

《化工企业劳动防护用品选用及配备》(AQ/T 3048—2013)规定了常用的劳动防护用品分为头部防护、呼吸器官防护、眼面部防护、听觉器官防护、手部防护、足部防护、躯干防护和坠落防护等八类。

(1) 头部防护用品，如工作帽、安全帽;

(2) 呼吸器官防护，如防尘口罩、过滤式防毒面具、长管式防毒面具、空气呼吸器;

(3) 眼面部防护，如防护眼镜、(红)外线护目镜或面罩、防腐蚀液眼镜/面罩、焊接面罩;

(4) 听觉器官防护，如耳塞、耳罩;

(5) 手部防护，包括各类手套;

(6) 足部防护，包括各类防水靴、防砸鞋、绝缘鞋等;

(7) 躯干防护，包括一般防护服、防静电服、化学品防护服、焊接防护服、绝缘服等;

(8) 坠落防护，如安全带、安全网。

二十一、法律法规对个体劳动防护用品的选用和管理方面有什么要求?

(一)《用人单位劳动防护用品管理规范》规定的劳保用品的选择要求

(1) 接触粉尘、有毒、有害物质的劳动者应当根据不同粉尘种类、粉尘浓度及游离二氧化硅含量和毒物的种类及浓度配备相应的呼吸器、防护服、防护手套和防护鞋等。具体可参照《呼吸防护用品自吸过滤式防颗粒物呼吸器》(GB 2626)、《呼吸防护用品的选择、使用及维护》(GB/T 18664)、《防护服装化学防护服的选择、使用和维护》(GB/T 24536)、《手部防护 防护手套的选择、使用和维护指南》(GB/T

29512)和《个体防护装备 足部防护鞋(靴)的选择、使用和维护指南》(GB/T 28409)等标准。

工作场所存在高毒物品目录中的确定人类致癌物质，当浓度达到其1/2职业接触限值(*PC-TWA* 或 *MAC*)时，用人单位应为劳动者配备相应的劳动防护用品，并指导劳动者正确佩戴和使用。

(2) 接触噪声的劳动者，当暴露于 $80\text{dB} \leqslant L_{\text{EX,8h}} < 85\text{dB}$ 的工作场所时，用人单位应当根据劳动者需求为其配备适用的护听器；当暴露于 $L_{\text{EX,8h}} \geqslant 85\text{dB}$ 的工作场所时，用人单位必须为劳动者配备适用的护听器，并指导劳动者正确佩戴和使用。具体参照《护听器的选择指南》(GB/T 23466)。

(3) 工作场所中存在电离辐射危害的，经危害评价确认劳动者需佩戴劳动防护用品的，用人单位可参照电离辐射的相关标准及《个体防护装备配备基本要求》(GB/T 29510)为劳动者配备劳动防护用品，并指导劳动者正确佩戴和使用。

(4) 从事存在物体坠落、碎屑飞溅、转动机械和锋利器具等作业的劳动者，用人单位还可参照《个体防护装备选用规范》(GB/T 11651)、《头部防护安全帽选用规范》(GB/T 30041)和《坠落防护装备安全使用规范》(GB/T 23468)等标准，为劳动者配备适用的劳动防护用品。

(二) 在劳保用品管理方面提出的要求

(1) 用人单位应当根据劳动者工作场所中存在的危险、有害因素种类及危害程度、劳动环境条件、劳动防护用品有效使用时间制定适合本单位的劳动防护用品配备标准。

(2) 用人单位应当根据劳动防护用品配备标准制定采购计划，购买符合标准的合格产品。

(3) 用人单位应当按照本单位制定的配备标准发放劳动防护用品，并作好登记。

(4) 用人单位应当对劳动者进行劳动防护用品的使用、维护等专业知识的培训。

(5) 用人单位应当对应急劳动防护用品进行经常性的维护、检修，定期检测劳动防护用品的性能和效果，保证其完好有效。

(6) 安全帽、呼吸器、绝缘手套等安全性能要求高、易损耗的劳动防护用品，应当按照有效防护功能最低指标和有效使用期，到期强制报废。

二十二、企业应如何配备和管理职业病危害防护救援设施?

(一)《职业病防治法》第二十五条规定

对职业病防护设备、应急救援设施和个人使用的职业病防护用品，应当进行经常性的维护、检修，定期检测其性能和效果，确保其处于正常状态，不得擅自拆除或者停止使用。

对可能发生急性职业损伤的有毒、有害工作场所，应当设置报警装置，配置现场急救用品、冲洗设备、应急撤离通道和必要的泄险区。

对放射工作场所和放射性同位素的运输、储存，必须配置防护设备和报警装置，保证接触放射线的工作人员佩戴个人剂量计。

(二)《使用有毒物品作业场所劳动保护条例》规定

从事使用高毒物品作业的用人单位，应当配备应急救援人员和必要的应急救援器材、设备，制定事故应急救援预案，并根据实际情况变化对应急救援预案适时进行修订，定期组织演练。

从事使用高毒物品作业的用人单位应当设置淋浴间和更衣室，并设置清洗、存放或者处理从事使用高毒物品作业劳动者的工作服、工作鞋帽等物品的专用间。

现场急救用品、冲洗设备配备要求参见《危险化学品单位应急救援物资配备要求》(GB 30077)。

二十三、如何配合做好劳动者的职业病诊断工作?

《职业病防治法》第四十七条规定：用人单位应当如实提供职业病

诊断、鉴定所需的劳动者职业史和职业病危害接触史、工作场所职业病危害因素检测结果等资料。

第五十六条规定：用人单位应当保障职业病病人依法享受国家规定的职业病待遇。用人单位应当按照国家有关规定，安排职业病病人进行治疗、康复和定期检查。用人单位对不适宜继续从事原工作的职业病病人，应当调离原岗位，并妥善安置。用人单位对从事接触职业病危害的作业的劳动者，应当给予适当岗位津贴。

《用人单位职业健康监护监督管理办法》规定：对准备脱离所从事的职业病危害作业或者岗位的劳动者，用人单位应当在劳动者离岗前30日内组织劳动者进行离岗时的职业健康检查。劳动者离岗前90日内的在岗期间的职业健康检查可以视为离岗时的职业健康检查。

用人单位对未进行离岗时职业健康检查的劳动者，不得解除或者终止与其订立的劳动合同。

二十四、安全警示标识分为几类？安全警示标识的设置要求是什么？

根据《安全标志及其使用导则》(GB 2894)规定，安全标志类型分禁止标志、警告标志、指令标志和提示标志四大类型。

(一) 禁止标志

禁止标志提醒人们禁止进行标志所提及的不安全行为。禁止标志基本型式是带斜杠的圆边框，圆边框为红色。

(二) 警告标志

警告标志提醒人们对周围环境引起注意，以避免可能发生危险。警告标志基本型式是正三角形边框，黄底黑框。

(三) 指令标志

指令标志强制人们必须做出某种动作或采用防范措施的图形标志。指令标志基本型式是圆形边框，底色为蓝色。

(四) 提示标志

提示标志向人们提供某种信息(如标明安全设施或场所等)。提示标志基本型式是正方形边框，底色为绿色。

《安全标志及其使用导则》(GB 2894)规定，多个标志牌在一起设置时，应按警告、禁止、指令、提示类型的顺序，先左后右、先上后下地排列。

二十五、哪些场所需要配备职业病危害告知卡？哪些场所需要配备高毒物品告知卡？

《使用有毒物品作业场所劳动保护条例》要求：使用高毒物品作业的岗位，应在醒目位置设置《职业病危害告知卡》。告知卡应当载明高毒物品的名称、理化特性、健康危害、防护措施及应急处理等告知内容与警示标识。

《高毒物品作业岗位职业病危害告知规范》(GBZ/T 203)规定：存在或产生高毒物品的作业岗位，应当在醒目位置设置高毒物品告知卡，告知卡应当载明高毒物品的名称、理化特性、健康危害、防护措施及应急处理等告知内容与警示标识。

第十五章

应急管理

一、我国突发事件应急管理体制是什么？事故应急处置的理念和原则是什么？

国家建立统一领导、综合协调、分类管理、分级负责、属地管理为主的应急管理体制。

“以人为本、安全第一、生命至上”和“不抛弃、不放弃”的理念，坚持“属地为主、条块结合、精心组织、科学施救”的原则，在确保救援人员安全的前提下实施救援，全力以赴搜救遇险人员，精心救治受伤人员，妥善处理善后，有效防范次生衍生事故。

二、应急管理的建设内容有哪些？

事故应急管理的内涵，包括预防、预备、响应和恢复四个阶段。预防工作就是从应急管理的角度，防止紧急事件或事故发生，避免应急行动；预备又称准备，是在应急发生前进行的工作，主要为了建立应急管理能力。它把目标集中在发展应急操作计划及系统上；响应又称反应，是事故发生之前以及事故期间和事故后立即采取的行动。响应的目的，是通过发挥预警、疏散、搜寻和营救以及提供避难所和医疗服务等紧急事物功能，使人员伤亡及财产损失减少到最小；恢复工作应在事故发生后立即进行，它首先使事故影响地区恢复最起码的服务，然后继续努力，使社区恢复到正常状态。要求立即开展的恢复工作包括事故损失评估，清理废墟、食品供应、提供避难所和其他装备；长期恢复工作包括厂区重建和社区的再发展以及实施安全减灾计划。

三、我国突发事件分为哪几类？几个级别？

《中华人民共和国突发事件应对法》中规定我国突发事件分为自然灾害、事故灾难、公共卫生事件和社会安全事件，四种类型。

按照社会危害程度、影响范围等因素，自然灾害、事故灾难、公共卫生事件又分为特别重大、重大、较大和一般四个级别。

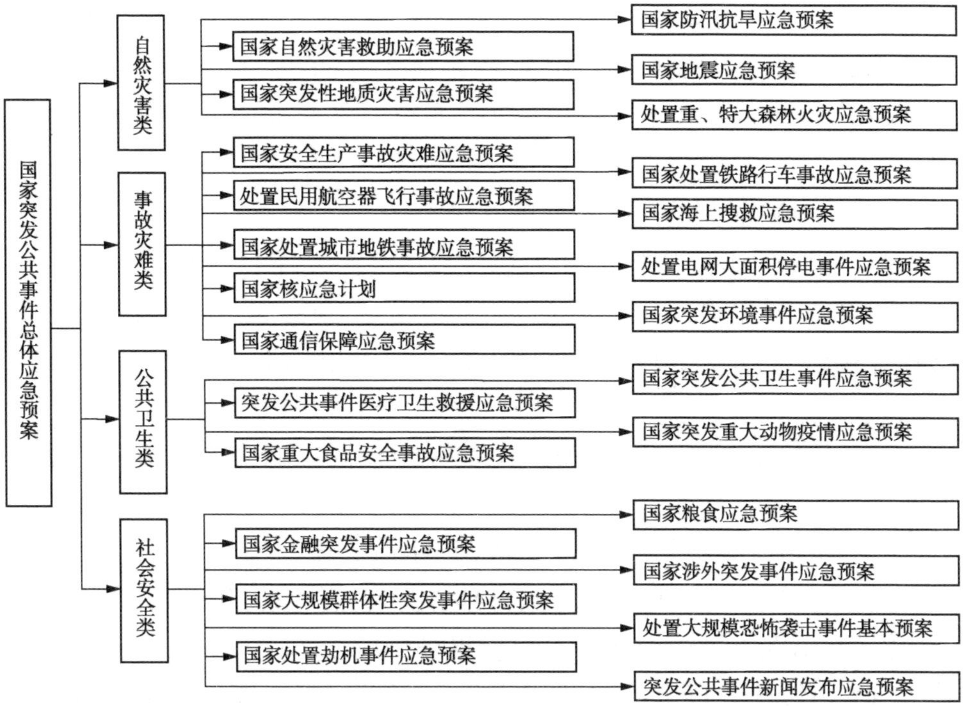

四、我国突发事件响应级别是如何划分的？如何标示？

按照各类突发公共事件性质、严重程度、可控性和影响范围等因素，《国家突发公共事件总体应急预案》将突发公共事件分为四级：Ⅰ级(特别重大)、Ⅱ级(重大)、Ⅲ级(较大)和Ⅳ级(一般)。分别用红色、橙色、黄色和蓝色标示，Ⅰ级为最高级别。

(一) 出现下列情况之一启动Ⅰ级响应：

(1) 造成30人以上死亡(含失踪)，或危及30人以上生命安全，或者100人以上中毒(重伤)，或者直接经济损失1亿元以上的特别重大安全生产事故灾难。

(2) 需要紧急转移安置10万人以上的安全生产事故灾难。

(3) 超出省(区、市)人民政府应急处置能力的安全生产事故灾难。

(4) 跨省级行政区、跨领域(行业和部门)的安全生产事故灾难。

(5) 国务院领导同志认为需要国务院安委会响应的安全生产事故灾难。

(二) 出现下列情况之一启动Ⅱ级响应

(1) 造成10人以上、30人以下死亡(含失踪)，或危及10人以上、30人以下生命安全，或者50人以上、100人以下中毒(重伤)，或者直接经济损失5000万元以、1亿元以下的特大安全生产事故灾难。

(2) 超出市(地、州、盟)人民政府应急处置能力的安全生产事故灾难。

(3) 跨市、地级行政区的安全生产事故灾难。

(4) 省(区、市)人民政府认为有必要响应的安全生产事故灾难。

(三) 出现下列情况之一，启动Ⅲ级响应

(1) 造成3人以上、10人以下死亡(含失踪)，或危及10人以上、30人以下生产安全，或者30人以上、50人以下中毒(重伤)，或者直接经济损失较大的安全生产事故灾难。

（2）超出县级人民政府应急处置能力的安全生产事故灾难。

（3）发生跨县级行政区安全生产事故灾难。

（4）市（地、州、盟）人民政府认为有必要响应的安全生产事故灾难。

（四）发生或者可能发生一般事故时启动Ⅳ级响应

应急响应和事故预警存在一定的差别，预警级别是动态的，根据事件信息和事件的变化，预警级别应当及时进行调整。

五、我国法律法规对企业应急管理的要求有哪些？

《中华人民共和国突发事件应对法》中规定，矿山、建筑施工单位和易燃易爆物品、危险化学品、放射性物品等危险物品的生产、经营、储运、使用单位，应当制定具体应急预案，并对生产经营场所、有危险物品的建筑物、构筑物及周边环境开展隐患排查，及时采取措施消除隐患，防止发生突发事件。

《危险化学品安全管理条例》中规定，危险化学品单位应当制定本单位危险化学品事故应急预案，配备应急救援人员和必要的应急救援器材、设备，并定期组织应急救援演练。

《生产安全事故应急预案管理办法》（国家安监总局令第 88 号）规定，生产经营单位主要负责人负责组织编制和实施本单位的应急预案，并对应急预案的真实性和实用性负责；各分管负责人应当按照职责分工落实应急预案规定的职责。

企业主要负责人是安全生产应急管理第一责任人，应建立应急工作责任制，建立安全生产应急管理责任体系，建立健全企业内部的应急管理组织，做到明确责任、各负其责，真正使应急管理有人抓、有人管、有人负责。

六、企业应急组织体系由哪些应急功能机构构成?

按照应急救援的需要，事故应急组织体系一般分为5个核心应急功能机构，即指挥、行动、策划、后勤保障、资金/行政。企业的应急组织体系，应明确每个应急功能机构的组成部门和人员。

每个指挥组，下设不同的工作小组。如现场指挥可以下设应急处置组、消防气防组、抢险组、现场恢复组等。

七、什么是应急预案?生产经营单位应急预案体系由哪些内容构成?

根据《生产经营单位安全生产事故应急预案编制导则》(GB/T 29639—2013)定义，应急预案是为有效预防和控制可能发生的事故，最大程度减少事故及其造成损害而预先制定的工作方案。

生产经营单位的应急预案体系主要由综合应急预案、专项应急预案和现场处置方案构成。根据《生产安全事故应急预案管理办法》(安监总局令第88号)定义，综合应急预案是指生产经营单位为应对各种生产安全事故而制定的综合性工作方案，是本单位应对生产安全事故的总体工作程序、措施和应急预案体系的总纲；专项应急预案是指生产经营单位为应对某一种或者多种类型生产安全事故，或者针对重要生产设施、重大危险源、重大活动，防止生产安全事故而制定的专项性工作方案；现场处置方案是指生产经营单位根据不同生产安全事故类型，针对具体场所、装置或者设施所制定的应急处置措施。

生产经营单位应根据本单位组织管理体系、生产规模、危险源的性质以及可能发生的事故类型等确定应急预案体系。

《生产安全事故应急预案管理办法》(安监总局令第88号)第十三条规定，生产经营单位风险种类多、可能发生多种类型事故的，应当组织编制综合应急预案。并可根据本单位的实际情况，确定是否编制专项应急预案；风险因素单一、危险性小的小微型生产经营单位可只编写现场处置方案。

八、生产经营单位的主要负责人、安全生产管理机构以及安全生产管理人员有哪些应急方面的职责？

根据《中华人民共和国安全生产法》第十八条、二十二条规定，生产经营单位主要负责人组织制定并实施本单位的生产安全事故应急救援预案；生产经营单位安全生产管理机构以及安全生产管理人员组织或者参与拟订本单位安全生产规章制度、操作规程、生产安全事故应急救援预案，组织或者参与本单位应急救援预案的演练。

九、企业应急预案编制过程有哪些步骤？应急预案管理主要包括哪些内容？

《生产安全事故应急预案管理办法》(安监总局令第88号)规定，生产安全事故应急预案(以下简称应急预案)的编制要经过成立编制工作小组、开展事故风险评估、应急资源调查、预案编制、评审、发布、备案、培训、演练和修订等过程。其中，企业在编制应急预案前，应当进行事故风险评估和应急资源调查。事故风险评估，是指针对不同事故种类及特点，识别存在的危险危害因素，分析事故可能产生的直接后果以及次生、衍生后果，评估各种后果的危害程度和影响范围，提出防范和控制事故风险措施的过程。应急资源调查，是指全面调查本地区、本单位第一时间可以调用的应急资源状况和合作区域内可以请求援助的应急资源状况，并结合事故风险评估结论制定应急措施的过程。

根据《生产经营单位安全生产事故应急预案编制导则》(GB/T 29639—2013)要求，应急预案管理包括应急预案的培训、演练、修订、备案、实施等内容。

十、企业在应急预案编制过程中应该注意什么?

(1) 企业应成立以单位主要负责人(或分管安全生产工作的领导)为组长，吸收与应急预案有关的职能部门和单位的人员，以及有现场处置经验的人员参加的应急预案编制工作组。明确编制任务、职责分工，制定工作计划，组织开展应急预案编制工作。

(2) 应急预案应当包括向上级应急管理机构报告的内容、应急组织机构和人员的联系方式、应急物资储备清单等附件信息。附件信息发生变化时，应当及时更新，确保准确有效。

(3) 应当根据法律、法规、规章的规定或者实际需要，征求相关应急救援队伍、公民、法人或其他组织的意见。

(4) 编制的各类应急预案之间应当相互衔接，并与相关人民政府及其部门、应急救援队伍和涉及的其他单位的应急预案相衔接。

十一、综合应急预案规定了哪些编制内容?

《生产经营单位安全生产事故应急预案编制导则》(GB/T 29639—2013)要求综合应急预案的内容包括总则、事故风险描述、应急组织机构及职责、预警及信息报告、应急响应、信息公开、后期处置、保障措施、应急预案管理等内容。

十二、企业编制的应急预案中，要明确的先期处置的基本工作内容是什么?

企业编制的应急预案中要明确，发生事故或险情后，企业要立即启动相关应急预案，在确保安全的前提下组织抢救遇险人员，控制危险源，封锁危险场所，杜绝盲目施救，防止事态扩大；要明确并落实生产现场带班人员、班组长和调度人员直接处置权和指挥权，在遇到险情或事故征兆时立即下达停产撤人命令，组织现场人员及时、有序撤离到安全地点，减少人员伤亡。

十三、生产经营单位发生安全事故后，应急处置的核心步骤主要有哪些？

生产经营单位发生事故后，企业应根据应急预案要求，采取如下主要应急处置步骤：

(1) 立即启动本单位应急响应程序，向有关负责人报告事故情况，开展先期处置。

(2) 现场人员发出警报，阻断或隔离事故源、危险源等(不危及人身安全时)；迅速停止作业，采取必要或可能的应急措施后撤离危险区域(严重危及人身安全时)。

(3) 企业负责人立即将事故发生时间、地点、状态等简要信息向所在地县级以上政府安监部门报告(及时补报、续报，情况紧急时事故现场有关人员可以直接向有关部门报告)；对可能引发次生事故灾害的，应及时报告相关主管部门。

(4) 研判事故危害及发展趋势，将可能危及周边生命、财产、环境安全的危险性和防护措施等告知相关单位与人员；遇重大紧急情况时立即封闭事故现场，通知本单位和周边人员疏散，转移重要物资、避免或减轻环境危害。

(5) 采取本单位应急措施的同时，请求周边应急救援队伍参加事故救援，维护事故现场秩序，保护事故现场证据；准备事故救援技术资料，做好向所在地政府及其安监部门移交救援工作指挥权的各项准备。

十四、对应急预案的审查及发布过程是如何规定的?

为确保应急预案的科学性、合理性以及与实际情况的符合性，预案编制单位或管理部门应依据有关法规和规范性文件，组织对编制的应急预案进行评审。

(1) 矿山、金属冶炼、建筑施工企业和易燃易爆物品、危险化学品的生产、经营(带储存设施的，下同)、储存企业，以及使用危险化学品达到国家规定数量的化工企业、烟花爆竹生产、批发经营企业和中型规模以上的其他企业，应当对本单位编制的应急预案进行评审，并形成书面评审纪要。

(2) 参加应急预案评审的人员应当包括有关安全生产及应急管理方面的专家。

(3) 企业的应急预案经评审或者论证后，由本单位主要负责人签署公布，并及时发放到本单位有关部门、岗位和相关应急救援队伍。

十五、企业应急预案如何备案?企业应急预案备案时应提交哪些材料?

根据《生产安全事故应急预案管理办法》(安监总局令第 88 号)第二十七条规定，应急预案经评审或论证后，应由本单位主要负责人签署公布，并在公布之日起 20 个工作日内，向属地安全生产监督管理部门和有关部门备案。

中央企业总部(上市公司)的应急预案，报国务院主管的负有安全生产监督管理职责的部门备案，并抄送国家安全生产监督管理总局；其所属单位的应急预案报所在地的省、自治区、直辖市或者设区的市级人民政府主管的负有安全生产监督管理职责的部门备案，并抄送同级安全生产监督管理部门。

不在上述范围内企业的应急预案，按照隶属关系报所在地县级以上地方人民政府安全生产监督管理部门备案。

油气输送管道运营单位的应急预案，除按照上述规定备案外，还应当抄送所跨行政区域的县级安全生产监督管理部门。

生产经营单位应急预案备案应提交下列材料：

（1）应急预案备案申报表；

（2）应急预案评审或者论证意见；

（3）应急预案文本及电子文档；

（4）风险评估结果、应急资源调查清单。

十六、生产经营单位如何实施应急预案？

（一）开展应急预案的宣传和培训

生产经营单位应当采取多种形式开展应急预案、应急知识的宣传教育，普及生产安全事故避险、自救和互救知识；开展避险逃生技能的培训活动，使员工了解和熟悉应急职责、应急处置程序和措施，提高员工的安全意识与应急处置技能。

生产经营单位要将应急知识培训作为岗位从业人员的必修课并进行考核，建立健全适应企业自身发展的应急培训与考核制度，确保应急培训和考核效果。将考核结果与员工绩效挂钩，实行企业与员工在应急培训考核上双向盖章、签字管理，严禁形式主义和弄虚作假，切实做到企业每发展一步，应急培训就跟进一课，考核就进行一次，始终保持应急培训和考核的规范化、制度化。

应急培训的时间、地点、内容、师资、参加人员和考核结果等情况应当如实记入本单位的安全生产教育和培训档案。

（二）定期组织演练

应急预案演练是检验应急预案和完善应急准备的一项重要工作，对于评估应急准备状态，检验应急人员实际操作水平，发现并及时修改应急预案中的缺陷和不足等具有重要意义。生产经营单位应当制定本单位的应急预案演练计划，根据本单位的事故风险特点，每年至少组织一次综合应急预案演练或者专项应急预案演练，每半年至少组织一次现场处置方案演练。

(三) 组织演练效果评估

应急预案演练结束后，生产经营单位应当对应急预案演练效果进行评估，撰写应急预案演练评估报告，分析存在的问题，并对应急预案提出修订意见。对于演练工作中提出的，一时难于整改的问题，演练组织单位应督促相关部门和人员，制定整改计划，明确整改目标，制定整改措施，落实整改资金，并跟踪督查整改情况

(四) 定期对应急预案进行评估

生产经营单位应当建立应急预案定期评估制度，对预案内容的针对性和实用性进行分析，并对应急预案是否需要修订作出结论。

矿山、金属冶炼、建筑施工企业和易燃易爆物品、危险化学品等危险物品的生产、经营、储存企业、使用危险化学品达到国家规定数量的化工企业、烟花爆竹生产、批发经营企业和中型规模以上的其他生产经营单位，应当每三年进行一次应急预案评估。

在企业应急人员经验不足时，应急预案评估可以邀请相关专业机构或者有关专家、有实际应急救援工作经验的人员参加，必要时可以委托安全生产技术服务机构实施。

(五) 应急预案修订和重新备案

根据《生产安全事故应急预案管理办法》(安监总局令第 88 号)第三十五条、三十六条规定，应急预案定期评估应每三年进行一次；有下列情形之一的，应急预案应及时修订并归档：

(1) 依据的法律、法规、规章、标准及上位预案中的有关规定发生重大变化的；

(2) 应急指挥机构及其职责发生调整的；

(3) 面临的事故风险发生重大变化的；

(4) 重要应急资源发生重大变化的；

(5) 预案中的其他重要信息发生变化的；

（6）在应急演练和事故应急救援中发现问题需要修订的；
（7）编制单位认为应当修订的其他情况。
修订后的应急预案，应按照有关应急预案报备程序重新备案。

十七、什么是应急演练？应急演练的内容应该包含哪些？演练频次是如何规定的？

根据《生产安全事故应急演练指南》（AQ/T 9007—2011）规定，应急演练是针对可能发生的事故情景，依据应急预案而模拟开展的应急活动；应急演练应包括：预警与报告、指挥与协调、应急通信、事故监测、警戒与管制、疏散与安置、医疗卫生、现场处置、社会沟通、后期处置、其他等内容。

根据《生产安全事故应急预案管理办法》（安监总局令第 88 号）第三十三条规定，企业应每年至少组织一次综合应急预案演练或专项应急预案演练，每半年至少组织一次现场处置方案演练；根据《危险化学品重大危险源监督管理暂行规定》（安监总局令第 40 号公布第 79 号修正）第二十一条规定，重大危险源专项应急预案演练每年至少进行一次，重大危险源现场处置方案演练每半年至少进行一次。

十八、应急预案演练分为几种类型？

（一）桌面演练

桌面演练通常在室内完成，是指参演人员利用地图、沙盘、流程图、计算机模拟、视频会议等辅助手段，针对事先假定的演练情景，讨论和推演应急决策及现场处置的过程，从而促进相关人员掌握应急预案中所规定的职责和程序，提高指挥决策和协同配合能力。

桌面演练的主要作用是使演练人员在检查和解决应急预案中存在问题的同时，获得一些建设性的讨论结果，并锻炼演练人员解决问题的能力，解决应急组织相互协作和职责划分的问题。

(二) 现场演练

现场演练是指事先设置突发事件情景及其后续发展情景，参演人员调集可利用的应急资源，针对应急预案中的部分或所有应急功能，通过实际决策、行动和操作，完成真实应急响应的过程，从而检验和提高相关人员的临场组织指挥、队伍调动、应急处置和后勤保障等应急能力的演练活动。

现场演练的场面较大、真实、复杂，为保证演练的正常进行和现场秩序的稳定，需要进行充分准备。

(三) 单项演练

单项演练是指为检验和评价应急预案中特定应急响应功能，或现场处置方案中一系列应急响应功能而进行的演练活动，主要针对一个或少数几个特定环节和功能进行检验。

单项演练除了可以像模拟实战一样在应急指挥中心内举行，还可以同时开展小规模的现场演练，调用有限的应急资源，主要目的是针对特定的应急响应功能，检验应急人员以及应急救援系统的响应能力。

(四) 综合演练

综合演练是针对应急预案中全部或者大部分应急功能，为检验、评价应急救援体系进行整体应急处置能力的演练活动。综合演练要求应急预案涉及的组织单位、部门都要参加，以检验他们之间协调联动机制，检验各个组织机构在紧急情况下能否充分调用现有的人力、物力等各类资源来有效控制事故并减轻事故带来的严重后果，确保人员人身财产安全。

综合演练涉及较多的应急组织部门和各类资源，演练内容多，通常要进行比较细致的策划和工作准备。

十九、对企业应急保障物资配备方面有何要求?

根据《危险化学品单位应急救援物资配备标准》(GB 30077—2013)的定

义，危险化学品生产单位应急救援物资主要包括危险化学品单位配备的用于处置危险化学品事故的车辆和各类侦检、个体防护、警戒、通信、输转、堵漏、洗消、破拆、排烟照明、灭火、救生等物资及其他器材。

危险化学品单位分为3类，危险化学品单位类别根据从业人数、营业收入和危险化学品重大危险源级别划分，具体划分方法见下表。

企业规模	危险化学品重大危险源级别			
	一级危险化学品重大危险源	二级危险化学品重大危险源	三级危险化学品重大危险源	四级危险化学品重大危险源
从业人数300人以下或营业收入2000万元以下	第二类危险化学品单位	第三类危险化学品单位	第三类危险化学品单位	第三类危险化学品单位
从业人数300人以上1000人以下或营业收入2000万元以上40000万元以下	第二类危险化学品单位	第二类危险化学品单位	第二类危险化学品单位	第三类危险化学品单位
从业人数1000人以上或营业收入40000万元以上	第一类危险化学品单位	第二类危险化学品单位	第二类危险化学品单位	第二类危险化学品单位

注1：表中所称的“以上”包括本数，所称的“以下”不包括本数。

注2：没有危险化学品重大危险源的危险化学品单位可作为第三类危险化学品单位。

企业应急救援队伍抢险救援车辆按规定数量配备。生产、储存剧毒或高毒危险化学品的单位宜配备气体防护车。

危险化学品单位级别	第一类危险化学品单位	第二类危险化学品单位	第三类危险化学品单位
抢险救援车辆数量	≥3	1~2	0~1

在危险化学品单位作业场所，应急救援物资应存放在应急救援器材专用柜或指定地点，作业场所应急物资配备标准应符合下表要求。

序号	物资名称	技术要求或功能要求	配备	备注
1	正压式空气呼吸器	技术性能符合GB/T 18664要求	(2)套	

续表

序号	物资名称	技术要求或功能要求	配备	备注
2	化学防护服	技术性能符合 AQ/T 6107 要求	(2)套	有毒腐蚀液体危化品作业场所
3	过滤式防毒面具	技术性能符合 GB/T 18664 要求	(1)/人	根据有毒有害物质、当班人数确定
4	气体浓度检测仪	检测气体浓度(有毒、可燃)	(2)台	根据作业场所气体确定
5	手电筒	易燃易爆场所，防爆	(1)/人	根据当班人数确定
6	对讲机	易燃易爆场所，防爆	(2)台	根据作业场所选择防护类型
7	急救箱或急救包	物资清单可参考 GBZ 1	(1)包	
8	吸附材料	吸附泄漏的化学品	*	根据介质理化性质确定，常用的为沙土
9	洗消设施或清洗剂	洗消进入事故现场的人员	*	在工作地点配备
10	应急处置工具箱	箱内配备常用或专业处置工具	*	根据作业场所具体情况确定

注：表中所有“*”表示由单位根据实际需要进行配置。

二十、企业应急救援队伍配备有何要求?

《安全生产法》第七十六条规定，“鼓励生产经营单位和其他社会力量建立应急救援队伍，配备相应的应急救援装备和物资，提高应急救援的专业化水平。”

《突发事件应对法》第二十六条规定，“单位应当建立由本单位职工组成的专职或者兼职应急救援队伍。”

企业建立的专(兼)职应急救援队伍，在事故发生时，能够在第一时间迅速、有效地投入救援与处置工作，防止事故进一步扩大，最大限度地减少人员伤亡和财产损失。在无法建立专（兼）职应急救援队伍的情况下，应与邻近的专职应急救援队伍签订救援协议，确保事故状态下能够有专业救援队伍到场开展应急处置。

二十一、危险化学品应急救援管理人员主要包括哪些人员？

根据《危险化学品应急救援管理人员培训及考核要求》（AQ/T 3043—2013）规定，危险化学品应急救援管理人员包括：

（一）政府部门危险化学品应急管理人员；

（二）危险化学品生产经营单位主要负责人、分管安全负责人和安全管理部门负责人；

（三）危险化学品应急救援队伍负责人。

二十二、对危险化学品应急救援管理人员的技能要求是什么？

《危险化学品应急救援管理人员培训及考核要求》（AQ/T 3043—2013）中规定：

（一）针对政府部门危险化学品应急管理人员、危险化学品生产经营单位主要负责人、分管安全负责人和安全管理部门负责人要进行危险化学品应急救援基础知识的培训考核，考核内容包括应急管理、化学品危险性基础知识、危险化学品应急处置、危险化学品应急防护与装备、典型危险化学品应急处置等。

（二）掌握典型危险化学品的应急处置技能。

12种典型危险化学品包括液化石油气、液化天然气、液氨、氯气、异氰酸酯、硫酸二甲酯、氰化物、电石、硝酸、硫酸、盐酸、硫化氢。

二十三、企业如何应对突发事件中的舆情危机?

企业要做好信息发布和舆论引导工作。要高度重视突发事件的信息发布、舆论引导和舆情分析工作，加强对相关信息的核实、审查和管理，为积极稳妥地处置突发事件营造良好的舆论环境。坚持及时准确、主动引导的原则和正面宣传为主的方针，完善信息发布制度和新闻发言人制度，建立健全重大突发事件新闻报道快速反应机制、舆情收集和分析机制，把握正确的舆论导向。

二十四、应急管理不到位，面临的处罚有哪几种?

(一)《中华人民共和国突发事件应对法》(中华人民共和国主席令第六十九号)规定，企业有下列情形之一的，由所在地履行统一领导职责的人民政府责令停产停业，暂扣或者吊销许可证或者营业执照，并处经济罚款。

(1) 未按规定采取预防措施，导致发生严重突发事件的;

(2) 未及时消除已发现的可能引发突发事件的隐患，导致发生严重突发事件的;

(3) 未做好应急设备、设施日常维护、检测工作，导致发生严重突发事件或者突发事件危害扩大的;

(4) 突发事件发生后，不及时组织开展应急救援工作，造成严重后果的。

(二)《生产安全事故应急预案管理办法》(国家安监总局令第88号)规定生产经营单位有下列情形之一的，由县级以上安全生产监督管理部门依照《中华人民共和国安全生产法》第九十四条的规定，责令限期改正或处罚:

(1) 未按照规定编制应急预案的;

(2) 未按照规定定期组织应急预案演练的。

（3）在应急预案编制前未按照规定开展风险评估和应急资源调查的；

（4）未按照规定开展应急预案评审或者论证的；

（5）未按照规定进行应急预案备案的；

（6）事故风险可能影响周边单位、人员，未将事故风险的性质、影响范围和应急防范措施告知周边单位和人员的；

（7）未按照规定开展应急预案评估的；

（8）未按照规定进行应急预案修订并重新备案的；

（9）未落实应急预案规定的应急物资及装备的。

第十六章

事故和事件管理

一、什么是事故？事故是如何分级的？

事故是指生产经营活动中发生的造成人身伤亡或者直接经济损失的生产安全事故。

根据《生产安全事故报告和调查处理条例》(国务院令第493号)规定，根据生产安全事故(以下简称事故)造成的人员伤亡或者直接经济损失，事故一般分为以下等级：

(1) 特别重大事故，是指造成30人以上死亡，或者100人以上重伤(包括急性工业中毒，下同)，或者1亿元以上直接经济损失的事故；

(2) 重大事故，是指造成10人以上30人以下死亡，或者50人以上100人以下重伤，或者5000万元以上1亿元以下直接经济损失的事故；

(3) 较大事故，是指造成3人以上10人以下死亡，或者10人以上50人以下重伤，或者1000万元以上5000万元以下直接经济损失的事故；

(4) 一般事故，是指造成3人以下死亡，或者10人以下重伤，或者1000万元以下直接经济损失的事故。

注：以上内容中所称的“以上”包括本数，所称的“以下”不包括本数。

二、发生生产安全事故后，对事故上报的程序和时限要求是什么？

根据《生产安全事故报告和调查处理条例》(国务院令第 493 号)规定，企业发生生产安全事故后，事故现场有关人员应当立即向本单位负责人报告；单位负责人接到报告后，应当于 1 小时内向事故发生地县级以上人民政府安全生产监督管理部门和负有安全生产监督管理职责的有关部门报告，不得隐瞒不报、谎报或者迟报。

情况紧急时，事故现场有关人员可以直接向事故发生地县级以上人民政府安全生产监督管理部门和负有安全生产监督管理职责的有关部门报告。

事故报告后出现新情况的，应当及时补报。自事故发生之日起 30 日内，事故造成的伤亡人数发生变化的，应当及时补报。道路交通事故、火灾事故自发生之日起 7 日内，事故造成的伤亡人数发生变化的，应当及时补报。

三、发生生产安全事故后，事故发生单位对事故上报的内容是什么？

根据《生产安全事故报告和调查处理条例》(国务院令第 493 号)规定，发生生产安全事故后，事故发生单位向事故发生地县级以上人民政府安全生产监督管理部门和负有安全生产监督管理职责的有关部门报告事故，应当包括下列内容：

(1) 事故发生单位概况；

(2) 事故发生的时间、地点以及事故现场情况；

(3) 事故的简要经过；

(4) 事故已经造成或者可能造成的伤亡人数(包括下落不明的人数)和初步估计的直接经济损失；

(5) 已经采取的措施;

(6) 其他应当报告的情况。

事故报告后出现新情况的，应当及时补报。

四、事故调查的“四不放过”是指什么?

事故调查处理应坚持“四不放过”和“科学严谨、依法依规、实事求是、注重实效”的原则，及时、准确地查清事故原因，查明事故性质和责任，总结事故教训，提出整改措施，并对事故责任者提出处理意见。

事故调查处理“四不放过”即事故原因未查清不放过，防范措施未制定和落实不放过，事故责任人和职工群众未受到教育不放过，事故责任者未受到处理不放过。

五、企业该如何配合事故调查?

根据《生产安全事故报告和调查处理条例》(国务院令第493号)规定，事故发生后，有关单位和人员应当妥善保护事故现场以及相关证据，任何单位和个人不得破坏事故现场、毁灭相关证据。因抢救人员、防止事故扩大以及疏通交通等原因，需要移动事故现场物件的，应当做出标志，绘制现场简图并做出书面记录，妥善保存现场重要痕迹、物证。

事故调查组有权向有关单位和个人了解与事故有关的情况，并要求其提供相关文件、资料，有关单位和个人不得拒绝。

事故发生单位的负责人和有关人员在事故调查期间不得擅离职守，并应当随时接受事故调查组的询问，如实提供有关情况。

任何单位和个人不得阻挠和干涉对事故的依法调查处理。

六、事故发生后，企业应如何分析事故原因？有哪些分析方法？

事故发生后，企业要根据国家相关法律、法规和标准的规定，运用科学的事故分析手段，深入剖析事故事件的根原因，找出安全管理体系的漏洞，从整体上提出整改措施，改善安全管理体系。

事故原因分析方法主要分为三个步骤：首先是分析导致事故发生的直接原因，再次是分析事故的间接原因，最后是分析事故的根原因，必要时，还应考虑外部原因。

（一）事故的直接原因分析

事故的直接原因分析主要集中在物的不安全状态、人的不安全行为两个方面。

分析物的不安全状态主要从以下几方面考虑：

（1）安全防护装置，即防护、保险、联锁、信号等装置或用具的缺失或者缺欠。

（2）设备、设施、工具、附件等的缺失或者缺欠。

（3）场地环境的不安全状态。

（4）操作对象的不安全状态等。

分析人的不安全行为时应注意以下几方面：

（1）全面考虑组织内各类、各层级人员的不安全行为，不仅是一线人员，还应包括管理层等人员的不安全行为。

（2）全面考虑违章行为、不违章但曾经引起过事故以及经风险评估确定为不安全的行为。

（3）全面考虑各种作用路径的不安全行为。

（二）事故的间接原因分析

事故的间接原因主要从如下几个方面进行分析：

（1）技术和设计上有缺陷——工业构件、建筑物、机械设备、仪器仪表、工艺过程、操作方法、维修检验等的设计，施工和材料使用存在问题。

(2) 教育培训不够，未经培训，缺乏或不懂安全操作技术知识。

(3) 劳动组织不合理。

(4) 对现场工作缺乏检查或指导错误。

(5) 没有安全操作规程或不健全。

(6) 没有或不认真实施事故防范措箍；对事故隐患整改不力。

(7) 其他。

(三) 事故根原因分析

事故根原因主要体现在安全管理体系的缺欠，为企业组织层面的原因。安全管理体系的缺欠时应从如下几方面考虑：

(1) 安全方针的概括性、有效性。

(2) 组织结构的有效性。

(3) 安全管理程序和作业指导书等的充分性和有效性。

(4) 安全管理体系的建立、实施、保持和持续改进状况。

(四) 外部原因分析

事故的外部原因有对事故发生有影响的监管因素，供应商的产品与服务因素，自然因素，事故引发人的家庭、遗传、成长环境因素，以及影响组织的政治、经济、文化、法律因素等等。分析时，应具体找出其作用点和具体影响作用，为预防事故奠定基础。

企业发生事故后，可以采用的原因分析方法与风险分析采用的方法相同，各种方法的介绍参见本书“第六章 风险管控和隐患排查治理”。

七、企业发生事故后，建立的事故档案应包括哪些资料？

(一) 事故报告及领导批示；

(二) 事故调查组织工作的有关材料，包括事故调查组成立批准文件、内部分工、调查组成员名单及签字等；

(三) 事故抢险救援报告；

（四）现场勘查报告及事故现场勘查材料，包括事故现场图、照片、录像，勘查过程中形成的其他材料等；

（五）事故技术分析、取证、鉴定等材料，包括技术鉴定报告，专家鉴定意见，设备、仪器等现场提取物的技术检测或鉴定报告以及物证材料或物证材料的影像材料，物证材料的事后处理情况报告等；

（六）安全生产管理情况调查报告；

（七）伤亡人员名单，尸检报告或死亡证明，受伤人员伤害程度鉴定或医疗证明；

（八）调查取证、谈话、询问笔录等；

（九）其他有关认定事故原因、管理责任的调查取证材料，包括事故责任单位营业执照及有关资质证书复印件、作业规程图纸等；

（十）关于事故经济损失的材料；

（十一）事故调查组工作简报；

（十二）与事故调查工作有关的会议记录；

（十三）其他与事故调查有关的文件材料；

（十四）关于事故调查处理意见的请示；

（十五）事故处理决定、批复或结案通知；

（十六）关于事故责任认定和对责任人进行处理的意见函；

（十七）关于事故责任单位和责任人的责任追究落实情况的文件材料；

（十八）其他与事故处理有关的文件材料。

八、事故发生单位及其有关人员在事故报告和调查过程中有不当行为，该承担什么法律责任？

《安全生产法》第一百零六条规定，生产经营单位的主要负责人在本单位发生生产安全事故时，不立即组织抢救或者在事故调查处理期间擅离职守或者逃匿的，给予降级、撤职的处分，并由安全生产监督管理部门处上一年年收入百分之六十至百分之一百的罚款；对逃匿的处十五日以下拘留；构成犯罪的，依照刑法有关规定追究刑事责任。

生产经营单位的主要负责人对生产安全事故隐瞒不报、谎报或者迟报的，依照前款规定处罚。

《生产安全事故报告和调查处理条例》(国务院令第493号)第三十六条规定，事故发生单位及其有关人员在事故报告和调查过程中有下列行为之一的，对事故发生单位处100万元以上500万元以下的罚款；对主要负责人、直接负责的主管人员和其他直接责任人员处上一年年收入60%至100%的罚款；属于国家工作人员的，并依法给予处分；构成违反治安管理行为的，由公安机关依法给予治安管理处罚；构成犯罪的，依法追究刑事责任：

(1) 谎报或者瞒报事故的；

(2) 伪造或者故意破坏事故现场的；

(3) 转移、隐匿资金、财产，或者销毁有关证据、资料的；

(4) 拒绝接受调查或者拒绝提供有关情况和资料的；

(5) 在事故调查中作伪证或者指使他人作伪证的；

(6) 事故发生后逃匿的。

第三十七条规定，事故发生单位对事故发生负有责任的，依照下列规定处以罚款：

(1) 发生一般事故的，处10万元以上20万元以下的罚款；

(2) 发生较大事故的，处20万元以上50万元以下的罚款；

(3) 发生重大事故的，处50万元以上200万元以下的罚款；

(4) 发生特别重大事故的，处200万元以上500万元以下的罚款。

九、什么是事件？事故和事件是什么关系？

根据《职业健康管理体系要求》(OHSAS 18001—2007)关于事件的定义，事件(incident)指发生或可能发生与工作相关的健康损害或人身伤害(无论严重程度)，或者死亡的情况。

事故(accident)是一种发生人身伤害、健康损害或死亡的事件。

未发生人身伤害、健康损害或死亡的事件通常称为“未遂事件”，英文称为“near-miss”“near-hit”“close-call”“dangerous occurrence”。

紧急情况是一种特殊类型的事件。

按照这个概念，通常所说的事故可以理解为“已遂事件”(发生不期望的后果)，未遂事故(涉险事件)可以理解为“未遂事件”(未导致不期望的后果)。

对于事故，各个国家和企业有着明确的划分和定义，但事件没有统一的界定标准。

十、企业为什么需要重视事件管理？

海因里希法则(Heinrich's Law)又称“海因里希安全法则”“海因里希事故法则”或“海因法则”，是美国著名安全工程师海因里希(Herbert William Heinrich)提出的300∶29∶1法则。又称为事故金字塔。

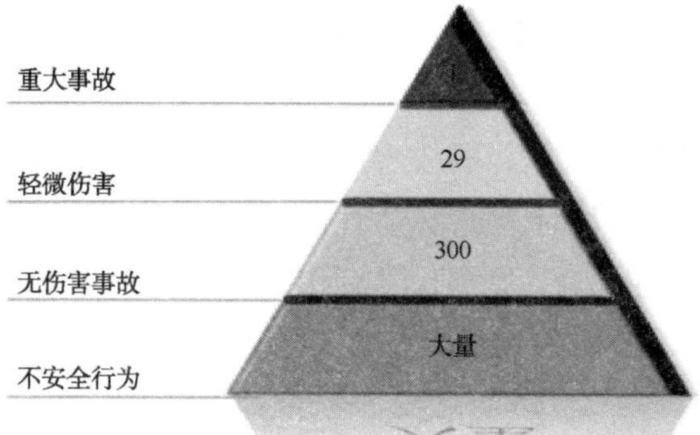

这个法则意为：当一个企业有300起隐患或违章，非常可能要发生29起轻伤或故障，另外还有一起重伤、死亡或重大事故。这300起隐患或违章就指的是“未遂事件”。按照这一法则，只有减少“未遂事件”才能减少或避免事故的发生。

未遂事件由于未造成实际的伤害后果，所以往往容易被人们忽视，但按照事故致因理论，未遂事件和事故(已遂事件)发生的机理与致因是一致的。通过对未遂事件进行辨识和管理，必将使安全工作达到事半功倍的效果。目前，在我国多数领域内对未遂事件的信息还缺少系统性的收集和管理，更没有进行必要的分析、调查和处理，致使大量未遂事件的信息没有得到充分的挖掘和利用，因此，加强未遂事件的管理仍是安全管理工作中一个亟待解决和重视的问题。

国际上的研究和国内外安全实践表明，未遂事件报告的增加会促进安全绩效的改进。

相对已经发生的伤害和财产损失事故而言，未遂事件是一种更为便宜的学习工具；而且未遂事件的数量相对较多，我们可以从大量的未遂事件中获得更多的教训；未遂事件在规模上较小，分析起来更为简单，解决起来更容易些。因此，记录、分析未遂事件提供了廉价的经验教训以避免重大事故的发生，同时带来其他好处。

(1) 为员工参与提供极好的机会，可引起行为转变、责任分担、意识提高等。员工几年未在工作中遇到严重的后果(如同事受伤)时，管理层和操作层人员都可能想当然地认为其操作是安全的，然后慢慢开始松懈有关安全的工作习惯和态度。未遂事件报告提供了一个有力的心理学暗示，应始终保持安全意识。

(2) 未遂事件比真实事故多得多，可以获取足够的数据用来统计分析和追踪研究，及时改进安全管理工作。

(3) 通过分析为什么最后没有出现问题(后果)来获得有价值的信息，为改进实际操作的过程控制提供信息。

十一、企业如何对安全事件进行管理?

企业要制定安全事件管理制度，对涉险事件、未遂事故等安全事件(如生产事故征兆、非计划停工、异常工况、泄漏等)，按照重大、较大、一般等级别，进行分级管理，制定整改措施，防患于未然；建立安全事件报告激励机制，鼓励员工和基层单位报告安全事件，使企业安全生产管理由单一事后处罚，转向事前奖励与事后处罚相结合；强化事故事前控制，关口前移，积极消除不安全行为和不安全状态，把事故消灭在萌芽状态。

（一）充分认识未遂事件管理的难度

（1）未遂事件定义很难界定。由于未遂事件没有导致人身伤害或财产损失的后果，在界定和判断起来有难度。

（2）未遂事件很难上报。一般员工和承包商不愿报告未遂事件，主要因为：

① 管理层的认识态度影响报告的水平；

② 操作人员害怕或羞于报告他们自己的失误；

③ 报告系统不可操作，工作人员不知如何报告、报告给谁；

④ 承包商害怕保存未遂事件记录，因为担心这可能影响他们的声誉；

⑤ 害怕纪律处分，报告未遂事故可能会失去安全奖金。

（二）实施未遂事件管理的措施

企业高层管理者应充分认识到未遂事件管理的重要性和作用，以实际行动支持未遂事件管理的实施。

划定未遂事件定义。将如果条件稍有不同就可能引起伤害和财产损失的情形，界定为需要上报和处理的事件。可以分级为重大未遂事件、一般未遂事件。

明确未遂事件的管理过程。从报告、优先化处理、原因分析、纠正和纠正措施、统计分析、学习和分享等环节用程序和制度明确下来。

建立未遂事件报告的工具。如观察与沟通卡、未遂事件报告表等。

对管理人员和基层员工进行相关程序和管理工具的培训。如安全观察和沟通培训、报告和处理程序培训等。

激励员工报告未遂事件。

未遂事件的调查、分析、处理、统计和报告。

第十七章 项目建设、试生产和行政许可

一、什么是建设项目安全设施“三同时”？

建设项目安全设施必须与主体工程同时设计、同时施工、同时投入生产和使用(简称“三同时”)。

生产经营单位是建设项目安全设施建设的责任主体。安全设施投资应当纳入建设项目概算。

二、《危险化学品建设项目安全监督管理办法》的适用范围是什么？

《危险化学品建设项目安全监督管理办法》(国家安监总局令第45号)适用于中华人民共和国境内新建、改建、扩建危险化学品生产、储存的建设项目以及伴有危险化学品产生的化工建设项目(包括危险化学品长输管道建设项目)。危险化学品的勘探、开采及其辅助的储存，原油和天然气勘探、开采及其辅助的储存、海上输送，城镇燃气的输送及储存等建设项目不适用。

三、对企业建设项目安全设施“三同时”的监管要求有哪些？

《危险化学品建设项目安全监督管理办法》(国家安监总局令第45

号）中对企业建设项目安全设施“三同时”的监管要求有：

（一）国家安全生产监督管理总局指导、监督全国建设项目安全审查和建设项目安全设施竣工验收的实施工作，并负责实施下列建设项目的安全审查和建设项目安全设施竣工验收：

（1）国务院审批（核准、备案）的；

（2）跨省、自治区、直辖市的。

（二）省、自治区、直辖市人民政府安全生产监督管理部门（以下简称省级安全生产监督管理部门）指导、监督本行政区域内建设项目安全审查和建设项目安全设施竣工验收的监督管理工作，确定并公布本部门和本行政区域内由设区的市级人民政府安全生产监督管理部门（以下简称市级安全生产监督管理部门）实施的前款规定以外的建设项目范围，并报国家安全生产监督管理总局备案。

（三）建设项目有下列情形之一的，应当由省级安全生产监督管理部门负责安全审查：

（1）国务院投资主管部门审批（核准、备案）的；

（2）生产剧毒化学品的；

（3）省级安全生产监督管理部门确定其他建设项目。

（四）负责实施建设项目安全审查的安全生产监督管理部门根据工作需要，可以将其负责实施的建设项目安全审查工作，委托下一级安全生产监督管理部门实施。委托实施安全审查的，审查结果由委托的安全生产监督管理部门负责。跨省、自治区、直辖市的建设项目和生产剧毒化学品的建设项目，不得委托实施安全审查。

建设项目有下列情形之一的，不得委托县级人民政府安全生产监督管理部门实施安全审查：

（1）涉及国家安全生产监督管理总局公布的重点监管危险化工工艺的；

（2）涉及国家安全生产监督管理总局公布的重点监管危险化学品中的有毒气体、液化气体、易燃液体、爆炸品，且构成重大危险源的。

接受委托的安全生产监督管理部门不得将其受托的建设项目安全

审查工作再委托其他单位实施。

四、新建、改建、扩建项目是指有哪些情形的建设项目?

《危险化学品建设项目安全监督管理办法》(国家安监总局令第45号)中规定的新建项目是指有下列情形之一的项目:

(1) 新设立的企业建设危险化学品生产、储存装置(设施),或者现有企业建设与现有生产、储存活动不同的危险化学品生产、储存装置(设施)的;

(2) 新设立的企业建设伴有危险化学品产生的化学品生产装置(设施),或者现有企业建设与现有生产活动不同的伴有危险化学品产生的化学品生产装置(设施)的。

改建项目是指有下列情形之一的项目:

(1) 企业对在役危险化学品生产、储存装置(设施),在原址更新技术、工艺、主要装置(设施)、危险化学品种类的;

(2) 企业对在役伴有危险化学品产生的化学品生产装置(设施),在原址更新技术、工艺、主要装置(设施)的。

扩建项目是指有下列情形之一的项目:

(1) 企业建设与现有技术、工艺、主要装置(设施)、危险化学品品种相同,但生产、储存装置(设施)相对独立的;

(2) 企业建设与现有技术、工艺、主要装置(设施)相同,但生产装置(设施)相对独立的伴有危险化学品产生的。

五、哪些危险化学品建设项目应当进行安全预评价?

《建设项目安全设施"三同时"监督管理办法》(国家安监总局令第36号,据77号令修正)规定需要进行安全预评价的项目有:

(1) 生产、储存危险化学品(包括使用长输管道输送危险化学品,下同）的建设项目；

（2）使用危险化学品从事生产并且使用量达到规定数量的化工建设项目（属于危险化学品生产的除外，以下简称化工建设项目）；

（3）法律、行政法规和国务院规定的其他建设项目。

六、哪些建设项目应当由甲级安全评价机构进行安全评价？

《危险化学品建设项目安全监督管理办法》（国家安监总局令第45号）第九条规定，符合以下条件的建设项目应当由甲级安全评价机构进行安全评价：

（1）国务院及其投资主管部门审批（核准、备案）的建设项目；

（2）生产剧毒化学品的建设项目；

（3）跨省、自治区、直辖市的建设项目；

（4）法律、法规、规章另有规定的建设项目。

七、法律法规对生产、储存危险化学品的企业开展安全评价工作有什么要求？

《危险化学品安全管理条例》第二十二条规定：生产、储存危险化学品的企业，应当委托具备国家规定的资质条件的机构，对本企业的安全生产条件每3年进行一次安全评价，提出安全评价报告。安全评价报告的内容应当包括对安全生产条件存在的问题进行整改的方案。

生产、储存危险化学品的企业，应当将安全评价报告以及整改方案的落实情况报所在地县级人民政府安全生产监督管理部门备案。在港区内储存危险化学品的企业，应当将安全评价报告以及整改方案的落实情况报港口行政管理部门备案。

八、建设单位如何申请建设项目安全条件审查?

《危险化学品建设项目安全监督管理办法》(国家安监总局令第45号)第十条规定：建设单位应当在建设项目开始初步设计前，提供以下材料申请建设项目安全条件审查：

(1) 建设项目安全条件审查申请书及文件；

(2) 建设项目安全评价报告；

(3) 建设项目批准、核准或者备案文件和规划相关文件(复制件)；

(4) 工商行政管理部门颁发的企业营业执照或者企业名称预先核准通知书(复制件)。

第十二条规定：对已经受理的建设项目安全条件审查申请，安全生产监督管理部门应当指派有关人员或者组织专家对申请文件、资料进行审查，并自受理申请之日起四十五日内向建设单位出具建设项目安全条件审查意见书。建设项目安全条件审查意见书的有效期为两年。

第十四条规定，已经通过安全条件审查的建设项目在出现以下情形下，建设单位应当重新进行安全评价，并申请审查。

(1) 建设项目周边条件发生重大变化的；

(2) 变更建设地址的；

(3) 主要技术、工艺路线、产品方案或者装置规模发生重大变化的；

(4) 建设项目在安全条件审查意见书有效期内未开工建设，期限届满后需要开工建设的。

九、建设单位如何申请建设项目安全设施设计审查?

《危险化学品建设项目安全监督管理办法》(国家安监总局令第45号)第十六条规定：建设单位应当在建设项目初步设计完成后、详细设计开始前，申请建设项目安全设施设计审查，并提供三个方面材料：

(1) 建设项目安全设施设计审查申请书及文件；

(2) 设计单位的设计资质证明文件(复制件)；

(3) 建设项目安全设施设计专篇。

第二十条规定：已经审查通过的建设项目安全设施设计在出现以下情形时，建设单位应当向原审查部门申请建设项目安全设施变更设计的审查：

(1) 改变安全设施设计且可能降低安全性能的；

(2) 在施工期间重新设计的。

十、建设单位应当如何组织制定试生产(使用)方案?

《危险化学品建设项目安全监督管理办法》(国家安监总局令第45号)第二十二条规定：建设单位应当组织建设项目的设计、施工、监理等有关单位和专家，研究提出建设项目试生产(使用)(以下简称试生产〈使用〉)可能出现的安全问题及对策，并按照有关安全生产法律、法规、规章和国家标准、行业标准的规定，制定周密的试生产(使用)方案。

试生产(使用)方案应包括七项内容：

(1) 建设项目设备及管道试压、吹扫、气密、单机试车、仪表调校、联动试车等生产准备的完成情况；

(2) 投料试车方案；

(3) 试生产(使用)过程中可能出现的安全问题、对策及应急预案；

(4) 建设项目周边环境与建设项目安全试生产(使用)相互影响的确认情况；

(5) 危险化学品重大危险源监控措施的落实情况；

(6) 人力资源配置情况；

(7) 试生产(使用)起止日期。

十一、建设单位如何组织建设项目试生产工作?

(1)《危险化学品建设项目安全监督管理办法》(国家安全生产监督管理总局令第45号)第二十三条规定：建设单位在采取有效安全生产措施后，方可将建设项目安全设施与生产、储存、使用的主体装置、设施同时进行试生产(使用)。

(2) 试生产(使用)前，建设单位应当组织专家对试生产(使用)方案进行审查。

(3) 试生产(使用)时，建设单位应当组织专家对试生产(使用)条件进行确认，对试生产(使用)过程进行技术指导。

(4) 建设项目试生产期限应当不少于30日，不超过1年。需要延期的，可以向原备案部门提出申请。

十二、建设单位如何组织建设项目的安全设施竣工验收工作?何时开展安全设施验收评价工作?

《危险化学品建设项目安全监督管理办法》(国家安全生产监督管理总局令第45号)第二十五条规定：建设单位应当在建设项目投入生产和使用前，组织人员进行安全设施竣工验收，作出建设项目安全设施竣工验收是否通过的结论。参加验收人员的专业能力应当涵盖建设项目涉及的所有专业内容。

建设单位应当在建设项目试生产期间委托有相应资质的安全评价机构对建设项目及其安全设施试生产(使用)情况进行安全验收评价，且不得委托在可行性研究阶段进行安全评价的同一安全评价机构。

十三、建设项目安全设施竣工验收的内容是什么?

《危险化学品建设项目安全监督管理办法》(国家安全生产监督管理

理总局令第45号)第二十六条规定：在建设项目安全设施竣工验收时，建设单位应当向参加验收人员提供下列文件、资料，并组织进行现场检查：

(1) 建设项目安全设施施工、监理情况报告；

(2) 建设项目安全验收评价报告；

(3) 试生产(使用)期间是否发生事故、采取的防范措施以及整改情况报告；

(4) 建设项目施工、监理单位资质证书(复制件)；

(5) 主要负责人、安全生产管理人员、注册安全工程师资格证书(复制件)，以及特种作业人员名单；

(6) 从业人员安全教育、培训合格的证明材料；

(7) 劳动防护用品配备情况说明；

(8) 安全生产责任制文件，安全生产规章制度清单、岗位操作安全规程清单；

(9) 设置安全生产管理机构和配备专职安全生产管理人员的文件(复制件)；

(10) 为从业人员缴纳工伤保险费的证明材料(复制件)。

十四、建设项目安全设施竣工验收不予通过的情形有哪些?

《危险化学品建设项目安全监督管理办法》(国家安全生产监督管理总局令第45号)第二十七条规定：出现以下九种情形时，建设项目安全设施竣工验收不予通过。

(1) 未委托具备相应资质的施工单位施工的；

(2) 未按照已经通过审查的建设项目安全设施设计施工或者施工质量未达到建设项目安全设施设计文件要求的；

(3) 建设项目安全设施的施工不符合国家标准、行业标准的规定的；

(4) 建设项目安全设施竣工后未按照本办法的规定进行检验、检测，或者经检验、检测不合格的；

(5) 未委托具备相应资质的安全评价机构进行安全验收评价的;

(6) 安全设施和安全生产条件不符合或者未达到有关安全生产法律、法规、规章和国家标准、行业标准的规定的;

(7) 安全验收评价报告存在重大缺陷、漏项，包括建设项目主要危险、有害因素辨识和评价不正确的;

(8) 隐瞒有关情况或者提供虚假文件、资料的;

(9) 未按照本办法规定向参加验收人员提供文件、材料，并组织现场检查的。

建设项目安全设施竣工验收未通过的，建设单位经过整改后可以再次组织建设项目安全设施竣工验收。

十五、在哪些情形下，负责建设项目安全审查的部门可以撤销安全审查?

《危险化学品建设项目安全监督管理办法》(国家安全生产监督管理总局令第45号)第三十条规定：可以撤销建设项目安全审查的共有五种情形:

(1) 滥用职权、玩忽职守的;

(2) 超越法定职权的;

(3) 违反法定程序的;

(4) 申请人不具备申请资格或者不符合法定条件的;

(5) 依法可以撤销的其他情形。

建设单位以欺骗、贿赂等不正当手段通过安全审查的，应当予以撤销。

十六、出现哪些情形时，建设单位私自动工建设、使用危险化学品建设项目的行为将受到处罚?

《危险化学品建设项目安全监督管理办法》(国家安全生产监督管

理总局令第45号)第三十五条规定：未经安全条件审查或者安全条件审查未通过，建设单位新建、改建、扩建生产、储存危险化学品的建设项目的，建设单位将被责令停止项目建设，限期改正；逾期不改正的，将受到50万元以上100万元以下的罚款处罚；构成犯罪的，建设单位相关责任人将被依法追究刑事责任。

第三十六条规定：出现以下四种情形，建设单位将被依照《中华人民共和国安全生产法》有关建设项目安全设施设计审查、竣工验收的法律责任条款给予处罚：

(1) 建设项目安全设施设计未经审查或者审查未通过，擅自建设的；

(2) 建设项目安全设施设计发生本办法第二十一条规定的情形之一，未经变更设计审查或者变更设计审查未通过，擅自建设的；

(3) 建设项目的施工单位未根据批准的安全设施设计施工的；

(4) 建设项目安全设施未经竣工验收或者验收不合格，擅自投入生产(使用)的。

十七、建设单位在危险化学品建设项目实施过程中发生哪些违法行为时，将受到行政处罚？

《危险化学品建设项目安全监督管理办法》(国家安全生产监督管理总局令第45号)第三十七条规定：建设单位有下列行为之一的，责令改正，可以处1万元以下的罚款；逾期未改正的，处1万元以上3万元以下的罚款：

(1) 建设项目安全设施竣工后未进行检验、检测的；

(2) 在申请建设项目安全审查时提供虚假文件、资料的；

(3) 未组织有关单位和专家研究提出试生产(使用)可能出现的安全问题及对策，或者未制定周密的试生产(使用)方案，进行试生产(使用)的；

(4) 未组织有关专家对试生产(使用)方案进行审查、对试生产(使用)条件进行检查确认的。

十八、建设单位怎样统筹安排建设项目安全设施“三同时”工作和职业病防护设施“三同时”工作?

《建设项目职业病防护设施“三同时”监督管理办法》(国家安监总局令第90号)规定:

建设项目安全设施“三同时”工作和职业病防护设施“三同时”工作可以一并进行。建设单位可以将建设项目职业病危害预评价和安全预评价、职业病防护设施设计和安全设施设计、职业病危害控制效果评价和安全验收评价合并出具报告或者设计,并对职业病防护设施与安全设施一并组织验收。

国家根据建设项目可能产生职业病危害的风险程度,将建设项目分为职业病危害一般、较重和严重3个类别,并对职业病危害严重建设项目实施重点监督检查。

十九、建设项目职业病危害预评价报告存在哪些情形,建设单位不得通过评审?

《建设项目职业病防护设施“三同时”监督管理办法》(国家安监总局令第90号)规定,共有五种情形:

(1)对建设项目可能产生的职业病危害因素识别不全,未对工作场所职业病危害对劳动者健康影响与危害程度进行分析与评价的,或者评价不符合要求的;

(2)未对建设项目拟采取的职业病防护设施和防护措施进行分析、评价,对存在的问题未提出对策措施的;

(3)建设项目职业病危害风险分析与评价不正确的;

(4)评价结论和对策措施不正确的;

(5)不符合职业病防治有关法律、法规、规章和标准规定的其他情形的。

二十、建设项目职业病防护设施设计存在哪些情形，建设单位不得通过评审和开工建设？

《建设项目职业病防护设施“三同时”监督管理办法》(国家安监总局令第90号)规定：

共有五种情形：

(1) 未对建设项目主要职业病危害进行防护设施设计或者设计内容不全的；

(2) 职业病防护设施设计未按照评审意见进行修改完善的；

(3) 未采纳职业病危害预评价报告中的对策措施，且未作充分论证说明的；

(4) 未对职业病防护设施和应急救援设施的预期效果进行评价的；

(5) 不符合职业病防治有关法律、法规、规章和标准规定的其他情形的。

二十一、在哪些情况下，建设项目职业病危害控制效果评价报告不得通过评审、职业病防护设施不得通过验收？

《建设项目职业病防护设施“三同时”监督管理办法》(国家安监总局令第90号)规定，共有六种情形：

(1) 评价报告内容不符合本办法第二十四条要求的；

(2) 评价报告未按照评审意见整改的；

(3) 未按照建设项目职业病防护设施设计组织施工，且未充分论证说明的；

(4) 职业病危害防治管理措施不符合本办法第二十二条要求的；

(5) 职业病防护设施未按照验收意见整改的；

(6) 不符合职业病防治有关法律、法规、规章和标准规定的其他情形的。

二十二、建设单位发生哪些违法行为时，将依照《建设项目职业病防护设施“三同时”监督管理办法》给予行政处罚？

《建设项目职业病防护设施“三同时”监督管理办法》(国家安监总局令第90号)规定，建设单位发生七种违法行为时，将依照《建设项目职业病防护设施“三同时”监督管理办法》给予行政处罚：

(1) 未按照《建设项目职业病防护设施“三同时”监督管理办法》规定，对职业病危害预评价报告、职业病防护设施设计、职业病危害控制效果评价报告进行评审或者组织职业病防护设施验收的；

(2) 职业病危害预评价、职业病防护设施设计、职业病危害控制效果评价或者职业病防护设施验收工作过程未形成书面报告备查的；

(3) 建设项目的生产规模、工艺等发生变更导致职业病危害风险发生重大变化的，建设单位对变更内容未重新进行职业病危害预评价和评审，或者未重新进行职业病防护设施设计和评审的；

(4) 需要试运行的职业病防护设施未与主体工程同时试运行的；

(5) 建设单位未按照《建设项目职业病防护设施“三同时”监督管理办法》第八条规定公布有关信息的；

(6) 在职业病危害预评价报告、职业病防护设施设计、职业病危害控制效果评价报告编制、评审以及职业病防护设施验收等过程中弄虚作假的；

(7) 未按照规定及时、如实报告建设项目职业病防护设施验收方案，或者职业病危害严重建设项目未提交职业病危害控制效果评价与职业病防护设施验收的书面报告的。

二十三、化工企业申请安全生产许可证必须具备什么条件？

《安全生产许可证条例》第六条规定，企业取得安全生产许可证，应当具备下列安全生产条件：

（1）建立、健全安全生产责任制，制定完备的安全生产规章制度和操作规程；

（2）安全投入符合安全生产要求；

（3）设置安全生产管理机构，配备专职安全生产管理人员；

（4）主要负责人和安全生产管理人员经考核合格；

（5）特种作业人员经有关业务主管部门考核合格，取得特种作业操作资格证书；

（6）从业人员经安全生产教育和培训合格；

（7）依法参加工伤保险，为从业人员缴纳保险费；

（8）厂房、作业场所和安全设施、设备、工艺符合有关安全生产法律、法规、标准和规程的要求；

（9）有职业危害防治措施，并为从业人员配备符合国家标准或者行业标准的劳动防护用品；

（10）依法进行安全评价；

（11）有重大危险源检测、评估、监控措施和应急预案；

（12）有生产安全事故应急救援预案、应急救援组织或者应急救援人员，配备必要的应急救援器材、设备；

（13）法律、法规规定的其他条件。

二十四、化工企业申请危险化学品安全使用许可证必须具备什么条件？

《危险化学品安全管理条例》第二十八条规定：使用危险化学品的

单位，其使用条件(包括工艺)应当符合法律、行政法规的规定和国家标准、行业标准的要求，并根据所使用的危险化学品的种类、危险特性以及使用量和使用方式，建立、健全使用危险化学品的安全管理规章制度和安全操作规程，保证危险化学品的安全使用。

第三十条规定：申请危险化学品安全使用许可证的化工企业，除应当符合本条例第二十八条的规定外，还应当具备下列条件：

(1) 有与所使用的危险化学品相适应的专业技术人员；

(2) 有安全管理机构和专职安全管理人员；

(3) 有符合国家规定的危险化学品事故应急预案和必要的应急救援器材、设备；

(4) 依法进行了安全评价。

二十五、生产经营单位申请危险化学品经营许可证必须具备什么条件?

《危险化学品安全管理条例》第三十四条规定：从事危险化学品经营的企业应当具备下列条件：

(1) 有符合国家标准、行业标准的经营场所，储存危险化学品的，还应当有符合国家标准、行业标准的储存设施；

(2) 从业人员经过专业技术培训并经考核合格；

(3) 有健全的安全管理规章制度；

(4) 有专职安全管理人员；

(5) 有符合国家规定的危险化学品事故应急预案和必要的应急救援器材、设备；

(6) 法律、法规规定的其他条件。

第十八章 安全生产标准化和过程安全管理体系

一、什么是企业安全生产标准化？

《企业安全生产标准化基本规范》(GB/T 33000—2016)对安全生产标准化定义如下：企业通过落实安全生产主体责任，全员全过程参与，建立并保持安全生产管理体系，全面管控生产经营活动环节的安全生产与职业卫生工作，实现安全健康管理系统化，岗位操作行为规范化，设备设施本质安全化，作业环境器具定置化，并持续改进。

二、国家法律、法规关于企业开展安全生产标准化建设的要求主要有哪些？

(一)《中华人民共和国安全生产法》(国家主席令第13号)

第4条　生产经营单位必须遵守本法和其他有关安全生产的法律、法规，加强安全生产管理，建立、健全安全生产责任制和安全生产规章制度，改善生产条件，推进安全生产标准化建设，提高安全生产水平，确保安全生产。

(二)《国务院关于进一步加强企业安全生产工作的通知》(国发〔2010〕23号)

第7条　全面开展安全达标。深入开展以岗位达标、专业达标和企业达标为内容的安全生产标准化建设，凡在规定时间内未实现达标的企业要依法暂扣其生产许可证、安全生产许可证，责令停产整顿；

对整改逾期未达标的，地方政府要依法予以关闭。

第 12 条 强化企业安全生产属地管理。组织对企业安全生产状况进行安全标准化分级考核评价，评价结果向社会公开，并向银行业、证券业、保险业、担保业等主管部门通报，作为企业信用评级的重要参考依据。

(三)《国务院关于坚持科学发展安全发展促进安全生产形势持续稳定好转的意见》(国发〔2011〕40 号)

第 14 条　推进安全生产标准化建设。在工矿商贸和交通运输行业领域普遍开展岗位达标、专业达标和企业达标建设，对在规定期限内未实现达标的企业，要依据有关规定暂扣其生产许可证、安全生产许可证，责令停产整顿；对整改逾期仍未达标的，要依法予以关闭。加强安全标准化分级考核评价，将评价结果向银行、证券、保险、担保等主管部门通报，作为企业信用评级的重要参考依据。

(四)中共中央国务院《关于推进安全生产领域改革发展的意见》(中发〔2016〕32 号)

第 21 条　强化企业预防措施。大力推进企业安全生产标准化建设，实现安全管理、操作行为、设备设施和作业环境的标准化。

(五)国务院办公厅《关于印发危险化学品安全综合治理方案的通知》(国办发〔2016〕88 号)

第 6 条　依法推动企业落实主体责任，深入推进安全生产标准化建设。根据不同行业特点，积极采取扶持措施，引导鼓励危险化学品企业持续开展安全生产标准化建设；选树一批典型标杆，充分发挥示范引领作用，推动危险化学品企业落实安全生产主体责任。

(六)《国务院安委会关于深入开展企业安全生产标准化建设的指导意见》(安委〔2011〕4 号)

全面推进企业安全生产标准化建设，进一步规范企业安全生产行为，改善安全生产条件，强化安全基础管理，有效防范和坚决遏制重特大事故发生。

三、企业进行安全生产标准化建设达标的相关标准有哪些？

（1）《危险化学品从业单位安全标准化通用规范》（AQ 3013—2008）；

（2）《氯碱生产企业安全标准化实施指南》（AQ/T 3016—2008）；

（3）《合成氨生产企业安全标准化实施指南》（AQ/T 3017—2008）；

（4）《硫酸生产企业安全生产标准化实施指南》（AQ 3037—2010）；

（5）《电石生产企业安全生产标准化实施指南》（AQ 3038—2010）；

（6）《溶解乙炔生产企业安全生产标准化实施指南》（AQ 3039—2010）；

（7）《涂料生产企业安全生产标准化实施指南》（AQ 3040—2010）；

（8）《危险化学品从业单位安全生产标准化评审标准》（安监总管三〔2011〕93 号）；

（9）《国家安全监管总局办公厅关于危险化学品从业单位安全生产标准化评审工作有关事项的通知》（安监总厅管三〔2016〕111 号）；

（10）《企业安全生产标准化基本规范》（GB/T 33000—2016）。

四、《企业安全生产标准化基本规范》的主要内容是什么？

《企业安全生产标准化基本规范》（GB/T 33000—2016）规定了企业安全生产标准化管理体系建立、保持与评定的原则和一般要求，以及目标职责、制度化管理、教育培训、现场管理、安全风险管控及隐患排查治理、应急管理、事故管理和持续改进 8 个体系的核心技术要求。

五、《危险化学品从业单位安全标准化通用规范》的管理要素有哪些?

《危险化学品从业单位安全标准化通用规范》(AQ 3013—2008)明确了危险化学品从业单位开展安全标准化的总体原则、过程和要求,管理要素如下:负责人与职责、风险管理、法律法规与管理制度、培训教育、生产设施与工艺安全、作业安全、产品安全与危害告知、职业危害、事故与应急、检查与自评。

六、《危险化学品从业单位安全标准化通用规范》对企业的实施要求是什么?

《危险化学品从业单位安全标准化通用规范》(AQ 3013—2008)对企业的实施要求是:

(一) 企业进行安全生产标准化建设的原则

(1) 企业开展安全生产标准化工作,应遵循"安全第一、预防为主、综合治理"的方针,落实企业主体责任,以安全风险管理、隐患排查治理、职业病危害防治为基础,以安全生产责任制为核心,建立安全生产标准化管理体系,实现全员参与,全面提升安全生产管理水平,持续改进安全生产工作,不断提升安全生产绩效,预防和减少事故的发生,保障人身安全健康,保证生产经营活动的有序进行。

(2) 企业应结合自身特点,依据安全标准化规范的要求,开展安全标准化。

(3) 安全标准化的建设,应当以危险、有害因素辨识和风险评价为基础,树立任何事故都是可以预防的理念,与企业其他方面的管理有机地结合起来,注重科学性、规范性和系统性。

(4) 安全标准化的实施,应体现全员、全过程、全方位、全天候的安全监督管理原则,通过有效方式实现信息的交流和沟通,不断提高安全意识和安全管理水平。

（二）企业开展安全生产标准化建设的6个阶段

安全标准化的建立过程，包括初始评审、策划、培训、实施、自评、改进与提高等6个阶段。

（1）初始评审阶段：依据法律法规及标准化规范要求，对企业安全管理现状进行初始评估，了解企业安全管理现状、业务流程、组织机构等基本管理信息，发现差距。

（2）策划阶段：根据相关法律法规及安全标准化规范的要求，针对初始评审的结果，确定建立安全标准化方案，包括资源配置、进度、分工等；进行风险分析；识别和获取适用的安全生产法律法规、标准及其他要求；完善安全生产规章制度、安全操作规程、台账、档案、记录等；确定企业安全生产方针和目标。

（3）培训阶段：对全体从业人员进行安全标准化相关内容培训。

（4）实施阶段：根据策划结果，落实安全标准化的各项要求。

（5）自评阶段：对安全标准化的实施情况进行检查和评价，发现问题，找出差距，提出完善措施。

（6）改进与提高阶段：根据自评的结果，改进安全标准化管理，不断提高安全标准化实施水平和安全绩效。

七、《危险化学品从业单位安全生产标准化评审标准》共由哪些要素组成？如何计算评审分数？

《危险化学品从业单位安全生产标准化评审标准》共由11个A级要素(第12要素为本地区的要求)、53个B级要素组成，每个A级要素和B级要素的内容如下：

A级要素	B级要素
1　法律、法规和标准	1.1法律、法规和标准的识别和获取
	1.2法律、法规和标准符合性评价

续表

A 级要素	B 级要素
2 机构和职责	2.1 方针目标
	2.2 负责人
	2.3 职责
	2.4 组织机构
	2.5 安全生产投入
3 风险管理	3.1 范围与评价方法
	3.2 风险评价
	3.3 风险控制
	3.4 隐患排查与治理
	3.5 重大危险源
	3.6 变更
	3.7 风险信息更新
	3.8 供应商
4 管理制度	4.1 安全生产规章制度
	4.2 操作规程
	4.3 修订
5 培训教育	5.1 培训教育管理
	5.2 从业人员岗位标准
	5.3 管理人员培训
	5.4 从业人员培训教育
	5.5 其他人员培训教育
	5.6 日常安全教育
6 生产设施及工艺安全	6.1 生产设施建设
	6.2 安全设施
	6.3 特种设备
	6.4 工艺安全
	6.5 关键装置及重点部位

续表

A级要素	B级要素
6　生产设施及工艺安全	6.6 检维修
	6.7 拆除和报废
7　作业安全	7.1 作业许可
	7.2 警示标志
	7.3 作业环节
	7.4 承包商
8　职业健康	8.1 职业危害项目申报
	8.2 作业场所职业危害管理
	8.3 劳动防护用品
9　危险化学品管理	9.1 危险化学品档案
	9.2 化学品分类
	9.3 化学品安全技术说明书和安全标签
	9.4 化学事故应急咨询服务电话
	9.5 危险化学品登记
	9.6 危害告知
	9.7 储存和运输
10　事故与应急	10.1 应急指挥与救援系统
	10.2 应急救援设施
	10.3 应急救援预案与演练
	10.4 抢险与救护
	10.5 事故报告
	10.6 事故调查
11 检查与自评	11.1 安全检查
	11.2 安全检查形式与内容
	11.3 整改
	11.4 自评
12 本地区的要求	

评审计分方法：

(1) 每个A级要素满分为100分，各个A级要素的评审得分乘以相应的权重系数，然后相加得到评审得分。评审满分为100分，计算方法如下：

$$M = \sum_{1}^{n} K_i M_i$$

式中 M——总分值；

K_i——权重系数；

M_i——各A级要素得分值；

n——A级要素的数量($1 \leqslant n \leqslant 12$)。

(2) 当企业不涉及相关B级要素时为缺项，按零分计。A级要素得分值折算方法如下：

$$M_i = \frac{M_{i实} \times 100}{M_{i满}}$$

式中 $M_{i实}$——A级要素实得分值；

$M_{i满}$——扣除缺项后的要素满分值。

(3) 每个B级要素分值扣完为止。

(4)《评审标准》第12个要素(本地区要求)满分为100分，每项不符合要求扣10分。

(5) 按照《评审标准》评审，一级、二级、三级企业评审得分均在80分(含)以上，且每个A级要素评审得分均在60分(含)以上。

八、国家对安全生产标准化评审的分级要求有哪些?

(一)《危险化学品从业单位安全生产标准化评审标准》(安监总管三〔2011〕93号)规定企业安全生产标准化达标等级分为一级企业、二级企业、三级企业，其中一级为最高。

(二) 申请危险化学品从业单位安全生产标准化一级、二级、三级的企业评审得分均应在80分(含)以上，且每个A级要素评审得分均应在60分(含)以上。

(三)取得安全生产标准化证书的企业，在证书有效期内发生下列行为之一的，由原公告单位公告撤销其安全生产标准化企业等级：

(1)在评审过程中弄虚作假、申请材料不真实的；

(2)迟报、漏报、谎报、瞒报生产安全事故的；

(3)企业发生生产安全死亡事故的。

九、危险化学品从业单位申请安全生产标准化达标评审的条件是什么?

(一)申请安全生产标准化三级达标评审的条件：

(1)已依法取得有关法律、行政法规规定的相应安全生产行政许可；

(2)已开展安全生产标准化工作1年(含)以上，并按规定进行自评，自评得分在80分(含)以上，且每个A级要素自评得分均在60分(含)以上；

(3)至申请之日前1年内未发生人员死亡的生产安全事故或者造成1000万以上直接经济损失的爆炸、火灾、泄漏、中毒事故。

(二)申请安全生产标准化二级达标评审的条件：

(1)已通过安全生产标准化三级企业评审并持续运行2年(含)以上，或者安全生产标准化三级企业评审得分在90分(含)以上，并经市级安全监管部门同意，均可申请安全生产标准化二级企业评审；

(2)从事危险化学品生产、储存、使用(使用危险化学品从事生产并且使用量达到一定数量的化工企业)、经营活动5年(含)以上且至申请之日前3年内未发生人员死亡的生产安全事故，或者10人以上重伤事故，或者1000万元以上直接经济损失的爆炸、火灾、泄漏、中毒事故。

(三)申请安全生产标准化一级达标评审的条件：

(1)《危险化学品从业单位安全生产标准化评审标准》(安监总管

三〔2011〕93号)规定申请安全生产标准化一级达标评审的条件:

① 已通过安全生产标准化二级企业评审并持续运行2年(含)以上,或者装备设施和安全管理达到国内先进水平,经集团公司推荐、省级安全监管部门同意,均可申请一级企业评审;

② 至申请之日前5年内未发生人员死亡的生产安全事故(含承包商事故),或者10人以上重伤事故(含承包商事故),或者1000万元以上直接经济损失的爆炸、火灾、泄漏、中毒事故(含承包商事故)。

(2)《国家安全监管总局关于印发企业安全生产标准化评审工作管理办法(试行)的通知》(安监总办〔2014〕49号)明确申请安全生产标准化一级企业还应符合以下条件:

① 在本行业内处于领先位置,原则上控制在本行业企业总数的1%以内;

② 建立并有效运行安全生产隐患排查治理体系,实施自查自改自报,达到一类水平;

③ 建立并有效运行安全生产预测预控体系;

④ 建立并有效运行国际通行的生产安全事故和职业健康事故调查统计分析方法;

⑤ 相关行业规定的其他要求;

⑥ 省级安全监管部门推荐意见。

(四) 评审结果未达到企业申请等级的,申请企业可在进一步整改完善后重新申请评审,或根据评审实际达到的等级重新提出申请。

(五) 被撤销安全生产标准化等级的企业,自撤销之日起满1年后,方可重新申请评审。

十、国家对安全生产标准化达标企业期满复评的要求有哪些?

(1) 取得安全生产标准化证书的企业,3年有效期届满后,可申请复评。

（2）满足以下条件，期满后可直接换发安全生产标准化证书：

① 按照规定每年提交自评报告并在企业内部公示。

② 建立并运行安全生产隐患排查治理体系。一级企业应达到一类水平，二级企业应达到二类及以上水平，三级企业应达到三类及以上水平，实施自查自改自报。

③ 未发生生产安全死亡事故。

④ 安全监管部门在周期性安全生产标准化检查工作中，未发现企业安全管理存在突出问题或者重大隐患。

⑤ 未改建、扩建或者迁移生产经营、储存场所，未扩大生产经营许可范围。

（3）一、二级企业申请期满复评时，如果安全生产标准化评定标准已经修订，应重新申请评审。

（4）安全生产标准化达标企业提升达到高等级标准化企业要求的，可以自愿向相应等级评审组织单位提出申请评审。

（5）为推动通过评审的危险化学品安全生产标准化企业持续改进、不断强化安全生产工作，评审组织单位每年应按照不低于20%的比例组织抽查。抽查内容应覆盖企业适用的安全生产标准化所有要素，且覆盖企业半数以上的管理部门和生产现场。

十一、什么是化工过程安全管理？主要内容和任务是什么？

化工过程伴随易燃易爆、有毒有害等物料和产品，涉及工艺、设备、仪表、电气等多个专业和复杂的公用工程系统。过程安全是指：防止危险化学品泄漏或能量的意外释放，以避免灾难性的事故，如着火、爆炸和大范围的人员中毒伤害。过程安全关注的是承载危险化学品生产、储存、使用、处置和转移等活动的装置和设施的安全。

过程安全管理就是运用风险管理和系统管理思想、方法建立管理体系，在对过程系统进行全面风险分析的基础上，主动地、前瞻性地管理和控制过程风险，预防事故发生。在危险化学品企业安全管理体系中，过程安全管理(Process Safety Management，缩写 PSM)是其中非常重要的一个部分，是安全管理的关注重点和核心。

化工过程安全管理的主要内容和任务包括：收集和利用化工过程安全生产信息；风险辨识和控制；不断完善并严格执行操作规程；通过规范管理，确保装置安全运行；开展安全教育和操作技能培训；严格新装置试车和试生产的安全管理；保持设备设施完好性；作业安全管理；承包商安全管理；变更管理；应急管理；事故和事件管理；化工过程安全管理的持续改进等。

十二、开展过程安全管理遵循的主要基本规范有哪些？

加强化工过程安全管理，是国际先进的重大工业事故预防和控制方法，是企业及时消除安全隐患、预防事故、构建安全生产长效机制的重要基础性工作。我国关于化工过程安全管理的标准和规范主要有：

(1)《化工企业工艺安全管理实施导则》(AQ/T 3034—2010)；

(2)《加强化工过程安全管理的指导意见》(安监总管三〔2013〕88号)；

(3)《加强化工企业泄漏管理的指导意见》(安监总管三〔2014〕94号)；

(4)《加强化工安全仪表系统管理的指导意见》(安监总管三〔2014〕116 号)；

(5)《加强精细化工反应安全风险评估工作的指导意见》(安监总管三〔2017〕1 号)。

十三、过程安全管理对安全领导力和全员参与的要求是什么？

（一）安全领导力

（1）企业应树立先进的安全生产理念，制定科学的安全生产战略和目标，建立过程安全管理方针，把生产安全作为企业的核心价值。企业主要负责人应指定专人具体负责过程安全管理的工作，明确各级管理人员的过程安全管理职责。企业应建立化工过程安全管理体系，也可以现有的安全管理体系(如安全标准化或 HSE)为载体，将管理要素融入其中，建立健全完善的管理体系，制定相应的管理制度和实施标准，制定过程安全绩效指标并定期考核，做到至少每年一次，确保化工过程安全管理的有效实施。

（2）企业主要负责人对本单位的化工过程安全管理全面负责。企业主要负责人应为过程安全管理提供人、财、物的支持，确保过程安全管理要素的有效运行，领导团队实现安全目标。

（3）企业应明确过程安全管理每个要素的职责分工，落实全员安全生产责任制。各级管理人员要不断加强过程安全管理知识的学习，提高安全领导力水平，履行相应的职责，为化工过程安全管理体系的计划和目标提供持续有效的支持。

（4）企业主要负责人应建立自上而下的企业安全文化，充分保证员工的纪律性，确保在任何时候都以正确的方式完成每项工作。企业主要负责人应有明确的过程安全管理承诺，通过率先示范展示领导的示范力、行动力和影响力，带动全员参与过程安全，确保安全领导力穿透到基层员工。

（5）企业主要负责人应不断增强安全意识和管理技能，及时奖励过程安全绩效突出的员工，在任命与提拔领导干部时，要确保所提拔的干部具备相应的安全领导力。

（二）全员参与

（1）企业应明确员工在化工过程安全管理实施中的职责，鼓励员工对化工过程安全管理系统的建立、执行及持续改进提出建议。企业可通过开展全员安全诊断、安全观察、安全经验分享等活动，并建立激励机制，促进全员参与过程安全管理。

(2) 企业应制定员工参与的书面计划，特别是操作规程、过程危害分析与评价、培训、事故事件调查、应急管理等管理要素。企业应通过定期的检查和记录来检验员工的参与程度。

(3) 沟通。企业应明确沟通渠道、负责人员和方式等内容。企业应确保员工能够获得与其相关的过程安全信息。企业应确保承包商等相关方得到与其相关的过程安全信息，并接收反馈信息。企业应建立明确的沟通机制，按照沟通程序要求与相关方进行沟通，并定期评估沟通的有效性。

十四、过程安全管理对安全生产信息的管理要求是什么?

(一) 过程安全信息的内容

过程安全信息文件应纳入企业文件控制系统予以管理，保持最新版本。过程安全信息通常包含在技术手册、操作规程、培训材料或其他工艺文件中。

(1) 化学品危害信息至少包括：a)毒性；b)允许暴露限值；c)物理参数，如沸点、蒸气压、密度、溶解度、闪点、爆炸极限；d)反应特性，如分解反应、聚合反应；e)腐蚀性数据，腐蚀性以及材质的不相容性；f)热稳定性和化学稳定性，如受热是否分解、暴露于空气中或被撞击时是否稳定；与其他物质混合时的不良后果，混合后是否发生反应；g)对于泄漏化学品的处置方法。

(2) 工艺技术信息至少包括：a)工艺流程简图；b)工艺化学原理资料；c)设计的物料最大存储量；d)安全操作范围(温度、压力、流量、液位或组分等等)；e)偏离正常工况后果的评估，包括对员工的安全和健康的影响。

（3）工艺设备信息至少包括：a）材质；b）带控制点的管道仪表流程图（P&ID）；c）电气设备危险等级区域划分图；d）泄压系统设计和设计基础；e）通风系统的设计图；f）设计标准或规范；g）物料和能量平衡图；h）计量控制系统；i）安全系统（如：联锁、监测或抑制系统）。

（二）实施的要求

（1）全面收集安全生产信息。企业要明确责任部门，按照化工企业过程安全管理实施导则（AQ/T 3034）的要求，全面收集生产过程涉及的化学品危险性、工艺和设备等方面的全部安全生产信息，并将其文件化。

（2）充分利用安全生产信息。企业要综合分析收集到的各类信息，明确提出生产过程安全要求和注意事项。通过建立安全管理制度、制定操作规程、制定应急救援预案、制作工艺卡片、编制培训手册和技术手册、编制化学品间的安全相容矩阵表等措施，将各项安全要求和注意事项纳入自身的安全管理中。

（3）建立安全生产信息管理制度。企业要建立安全生产信息管理制度，及时更新信息文件。企业要保证生产管理、过程危害分析、事故调查、符合性审核、安全监督检查、应急救援等方面的相关人员能够及时获取最新安全生产信息。

十五、过程安全管理对风险管理的要求是什么？

（1）企业应建立程序，明确过程危害分析过程、方法、人员以及分析的发现和改进建议。

企业应制定化工过程风险管理制度，明确风险辨识范围、方法、频次和责任人，规定风险分析结果应用和改进措施落实的要求，对生产全过程进行风险辨识分析。

对涉及重点监管危险化学品、重点监管危险化工工艺和危险化学品重大危险源(以下统称“两重点一重大”)的生产储存装置进行风险辨识分析，要采用危险与可操作性分析(HAZOP)技术，一般每3年进行一次。对其他生产储存装置的风险辨识分析，针对装置不同的复杂程度，选用安全检查表、工作危害分析、预危险性分析、故障类型和影响分析(FMEA)、HAZOP技术等方法或多种方法组合，可每5年进行一次。企业管理机构、人员构成、生产装置等发生重大变化或发生生产安全事故时，要及时进行风险辨识分析。企业要组织所有人员参与风险辨识分析，力求风险辨识分析全覆盖。

(2) 无论选用哪种方法，过程危害分析都应涵盖以下内容：

① 工艺系统的危害；

② 对以往发生的可能导致严重后果的事件的审查；

③ 控制危害的工程措施和管理措施，以及失效时的后果；

④ 现场设施；

⑤ 人为因素；

⑥ 失控后可能对人员安全和健康造成影响的范围。

化工过程风险分析应包括：工艺技术的本质安全性及风险程度；工艺系统可能存在的风险；对严重事件的安全审查情况；控制风险的技术、管理措施及其失效可能引起的后果；现场设施失控和人为失误可能对安全造成的影响。在役装置的风险辨识分析还要包括发生的变更是否存在风险，吸取本企业和其他同类企业事故及事件教训的措施等。

(3) 制定可接受的风险标准。企业要按照《危险化学品重大危险源监督管理暂行规定》(国家安全监管总局令第40号)的要求，根据国家有关规定或参照国际相关标准，确定本企业可接受的风险标准。对辨识分析发现的不可接受风险，企业要及时制定并落实消除、减小或控制风险的措施，将风险控制在可接受的范围。

十六、过程安全管理对操作规程的要求是什么？

（一）操作规程的内容

企业应建立和实施书面的操作规程，提供明确的指导，规程应与过程安全信息保持一致。企业应鼓励员工参与操作规程的编制，并组织进行相关培训。

操作规程应至少包括以下内容：

（1）初始开车、正常操作、临时操作、应急操作、正常停车、紧急停车等各个操作阶段的操作步骤。

（2）正常工况控制范围、偏离正常工况的后果；纠正或防止偏离正常工况的步骤。

（3）安全、健康和环境相关的事项。如危险化学品的特性与危害、防止暴露的必要措施、发生身体接触或暴露后的处理措施、安全系统及其功能(联锁、监测和抑制系统)等。

（二）实施要求

企业要制定操作规程管理制度，规范操作规程内容，明确操作规程编写、审查、批准、分发、使用、控制、修改及废止的程序和职责。

操作规程应及时反映安全生产信息、安全要求和注意事项的变化。企业每年要对操作规程的适应性和有效性进行确认，至少每3年要对操作规程进行审核修订；当工艺技术、设备发生重大变更时，要及时审核修订操作规程。

企业要确保作业现场始终存有最新版本的操作规程文本，以方便现场操作人员随时查用；定期开展操作规程培训和考核，建立培训记录和考核成绩档案；鼓励从业人员分享安全操作经验，参与操作规程的编制、修订和审核。

十七、过程安全管理对安全培训的要求是什么?

企业应建立并实施过程安全培训管理程序。根据岗位特点和应具备的技能，明确制订各个岗位的具体培训要求，编制落实相应的培训计划，并定期对培训计划进行审查和评估，确保员工了解工艺系统的危害，以及这些危害与员工所从事工作的关系，帮助员工采取正确的工作方式避免过程安全事故。

培训管理程序应包含培训反馈评估方法和再培训规定。对培训内容、培训方式、培训人员、教师的表现以及培训效果进行评估，并作为改进和优化培训方案的依据；再培训至少每三年举办一次，根据需要可适当增加频次。当工艺技术、工艺设备发生变更时，需要按照变更管理程序的要求，就变更的内容和要求告知或培训操作人员及其他相关人员。

企业应保存好员工的培训记录。包括员工的姓名、培训时间和培训效果等都要以记录形式保存。

实施要求如下：

(1) 建立并执行安全教育培训制度。企业要建立厂、车间、班组三级安全教育培训体系，制定安全教育培训制度，明确教育培训的具体要求，建立教育培训档案；要制定并落实教育培训计划，定期评估教育培训内容、方式和效果。从业人员应经考核合格后方可上岗，特种作业人员必须持证上岗。

(2) 从业人员安全教育培训。企业要按照国家和企业要求，定期开展从业人员安全培训，使从业人员掌握安全生产基本常识及本岗位操作要点、操作规程、危险因素和控制措施，掌握异常工况识别判定、应急处置、避险避灾、自救互救等技能与方法，熟练使用个体防护用品。当工艺技术、设备设施等发生改变时，要及时对操作人员进行再培训。要重视开展从业人员安全教育，使从业人员不断强化安全意识，充分认识化工安全生产的特殊性和极端重要性，自觉遵守企业安全管理规定和操作规程。企业要采取有效的监督检查评估措施，保证安全教育培训工作质量和效果。

(3) 新装置投用前的安全操作培训。新建企业应规定从业人员文化素质要求，变招工为招生，加强从业人员专业技能培养。工厂开工建设后，企业就应招录操作人员，使操作人员在上岗前先接受规范的基础知识和专业理论培训。装置试生产前，企业要完成全体管理人员和操作人员岗位技能培训，确保全体管理人员和操作人员考核合格后参加全过程的生产准备。

十八、过程安全管理对试生产的管理要求是什么？

(一) 明确试生产安全管理职责

企业要明确试生产安全管理范围，合理界定项目建设单位、总承包商、设计单位、监理单位、施工单位等相关方的安全管理范围与职责。

项目建设单位或总承包商负责编制总体试生产方案、明确试生产条件，设计、施工、监理单位要对试生产方案及试生产条件提出审查意见。对采用专利技术的装置，试生产方案经设计、施工、监理单位审查同意后，还要经专利供应商现场人员书面确认。

项目建设单位或总承包商负责编制联动试车方案、投料试车方案、异常工况处置方案等。试生产前，项目建设单位或总承包商要完成工艺流程图、操作规程、工艺卡片、工艺和安全技术规程、事故处理预案、化验分析规程、主要设备运行规程、电气运行规程、仪表及计算机运行规程、联锁整定值等生产技术资料、岗位记录表和技术台账的编制工作。

(二) 试生产前各环节的安全管理

建设项目试生产前，建设单位或总承包商要及时组织设计、施工、监理、生产等单位的工程技术人员开展“三查四定”(三查：查设计漏项、查工程质量、查工程隐患；四定：整改工作定任务、定人员、定时间、定措施)，确保施工质量符合有关标准和设计要求，确认工艺危害分析报告中的改进措施和安全保障措施已经落实。

系统吹扫冲洗安全管理。在系统吹扫冲洗前，要在排放口设置警戒区，拆除易被吹扫冲洗损坏的所有部件，确认吹扫冲洗流程、介质及压力。蒸汽吹扫时，要落实防止人员烫伤的防护措施。

气密试验安全管理。要确保气密试验方案全覆盖、无遗漏，明确各系统气密的最高压力等级。高压系统气密试验前，要分成若干等级压力，逐级进行气密试验。真空系统进行真空试验前，要先完成气密试验。要用盲板将气密试验系统与其他系统隔离，严禁超压。气密试验时，要安排专人监控，发现问题，及时处理；做好气密检查记录，签字备查。

单机试车安全管理。企业要建立单机试车安全管理程序。单机试车前，要编制试车方案、操作规程，并经各专业确认。单机试车过程中，应安排专人操作、监护、记录，发现异常立即处理。单机试车结束后，建设单位要组织设计、施工、监理及制造商等方面人员签字确认并填写试车记录。

联动试车安全管理。联动试车应具备下列条件：所有操作人员考核合格并已取得上岗资格；公用工程系统已稳定运行；试车方案和相关操作规程、经审查批准的仪表报警和联锁值已整定完毕；各类生产记录、报表已印发到岗位；负责统一指挥的协调人员已经确定。引入燃料或窒息性气体后，企业必须建立并执行每日安全调度例会制度，统筹协调全部试车的安全管理工作。

投料安全管理。投料前，要全面检查工艺、设备、电气、仪表、公用工程和应急准备等情况，具备条件后方可进行投料。投料及试生产过程中，管理人员要现场指挥，操作人员要持续进行现场巡查，设备、电气、仪表等专业人员要加强现场巡检，发现问题及时报告和处理。投料试生产过程中，要严格控制现场人数，严禁无关人员进入现场。

十九、过程安全管理对装置开停车的管理要求是什么?

企业要制定开停车安全条件检查确认制度。在正常开停车、紧急停车后的开车前，都要进行安全条件检查确认。开停车前，企业要进行风险辨识分析，制定开停车方案，编制安全措施和开停车步骤确认表，经生产和安全管理部门审查同意后，要严格执行并将相关资料存档备查。

企业要落实开停车安全管理责任，严格执行开停车方案，建立重要作业责任人签字确认制度。开车过程中装置依次进行吹扫、清洗、气密试验时，要制定有效的安全措施；引进蒸汽、氮气、易燃易爆介质前，要指定有经验的专业人员进行流程确认；引进物料时，要随时监测物料流量、温度、压力、液位等参数变化情况，确认流程是否正确。要严格控制进退料顺序和速率，现场安排专人不间断巡检，监控有无泄漏等异常现象。

停车过程中的设备、管线低点的排放要按照顺序缓慢进行，并做好个人防护；设备、管线吹扫处理完毕后，要用盲板切断与其他系统的联系。抽堵盲板作业应在编号、挂牌、登记后按规定的顺序进行，并安排专人逐一进行现场确认。

二十、过程安全管理对设备完好性的管理要求是什么?

(一) 企业应建立并实施机械完整性管理程序，确保工艺设备的制造、安装、操作和维护维修符合设计意图，并满足设计规格的要求。

(1) 新设备的安装。企业应建立适当的程序确保设备的现场安装符合设备设计规格要求和制造商提出的安装指南，如防止材质误用、安装过程中的检验和测试。检验和测试应形成报告，并予以留存。压力容器、压力管道、特种设备等国家有强制的设计、制造、安装、登记要求的，必须满足法规要求，并保留相关证明文件和记录。

(2) 预防性维修。企业应建立并实施预防性维修程序，对关键的工艺设备进行有计划的测试和检验。及早识别工艺设备存在的缺陷，并及时进行修复或替换，以防止小缺陷和故障演变成灾难性的物料泄漏，酿成严重的过程安全事故。

(3) 设备报废和拆除。企业应建立设备报废和拆除程序，明确报废的标准和拆除的安全要求。

(4) 机械完整性相关的培训。企业应安排参与设备管理、使用、维修、维护的相关人员接受培训，以了解开展维修作业所涉及的工艺的基本情况，包括存在的危害和维修过程中正确的应对措施；掌握作业程序，包括维修、维护程序和要求；熟悉与维修活动相关的其他安全作业程序，如动火程序、变更程序等。

(二) 实施要求如下：

(1) 建立并不断完善设备管理制度

建立设备台账管理制度。企业要对所有设备进行编号，建立设备台账、技术档案和备品配件管理制度，编制设备操作和维护规程。设备操作、维修人员要进行专门的培训和资格考核，培训考核情况要记录存档。

建立装置泄漏监(检)测管理制度。企业要统计和分析可能出现泄漏的部位、物料种类和最大量。定期监(检)测生产装置动静密封点，发现问题及时处理。定期标定各类泄漏检测报警仪器，确保准确有效。要加强防腐蚀管理，确定检查部位，定期检测，建立检测数据库。对重点部位要加大检测检查频次，及时发现和处理管道、设备壁厚减薄情况；定期评估防腐效果和核算设备剩余使用寿命，及时发现并更新更换存在安全隐患的设备。

建立电气安全管理制度。企业要编制电气设备设施操作、维护、检修等管理制度。定期开展企业电源系统安全可靠性分析和风险评估。要制定防爆电气设备、线路检查和维护管理制度。

建立仪表自动化控制系统安全管理制度。新(改、扩)建装置和大修装置的仪表自动化控制系统投用前、长期停用的仪表自动化控制系统再次启用前，必须进行检查确认。要建立健全仪表自动化控制系统日常维护保养制度，建立安全联锁保护系统停运、变更专业会签和技术负责人审批制度。

企业要装备自动化控制系统，对重要工艺参数进行实时监控预警；要采用在线安全监控、自动检测或人工分析数据等手段，及时判断发生异常工况的根源，评估可能产生的后果，制定安全处置方案，避免因处理不当造成事故。

(2) 设备安全运行管理

开展设备预防性维修。关键设备要装备在线监测系统。要定期监(检)测检查关键设备、连续监(检)测检查仪表，及时消除静设备密封件、动设备易损件的安全隐患。定期检查压力管道阀门、螺栓等附件的安全状态，及早发现和消除设备缺陷。

加强动设备管理。企业要编制动设备操作规程，确保动设备始终具备规定的工况条件。自动监测大机组和重点动设备的转速、振动、位移、温度、压力、腐蚀性介质含量等运行参数，及时评估设备运行状况。加强动设备润滑管理，确保动设备运行可靠。

开展安全仪表系统安全完整性等级评估。企业要在风险分析的基础上，确定安全仪表功能(SIF)及其相应的功能安全要求或安全完整性等级(SIL)。企业要按照《过程工业领域安全仪表系统的功能安全》(GB/T 21109)和《石油化工安全仪表系统设计规范》(GB/T 50770)的要求，设计、安装、管理和维护安全仪表系统。

二十一、过程安全管理对危险作业的安全管理要求是什么?

(一) 企业应建立并保持程序，对可能给工艺活动带来风险的作业进行控制。对具有明显风险的作业实施作业许可管理，如用火、破土、开启工艺设备或管道、起重吊装、进入防爆区域等，明确工作程序和控制准则，并对作业过程进行监督。

企业应保留作业许可票证，以了解作业许可程序执行的情况，以便持续改进。

（二）实施要求如下：

（1）建立危险作业许可制度。企业要建立并不断完善危险作业许可制度，规范动火、进入受限空间、动土、临时用电、高处作业、断路、吊装、抽堵盲板等特殊作业安全条件和审批程序。实施特殊作业前，必须办理审批手续。

（2）落实危险作业安全管理责任。实施危险作业前，必须进行风险分析、确认安全条件，确保作业人员了解作业风险和掌握风险控制措施、作业环境符合安全要求、预防和控制风险措施得到落实。危险作业审批人员要在现场检查确认后签发作业许可证。现场监护人员要熟悉作业范围内的工艺、设备和物料状态，具备应急救援和处置能力。作业过程中，管理人员要加强现场监督检查，严禁监护人员擅离现场。

二十二、过程安全管理对承包商安全管理的要求是什么？

（一）总则

企业在选择承包商时，要获取并评估承包商目前和以往的安全表现和安全管理方面的信息。企业须告知承包商与他们作业过程有关的潜在的火灾、爆炸或有毒有害方面的信息，进行相关的培训，全过程控制风险；定期评估承包商表现；保存承包商在工作过程中的伤病记录。

承包商应确保其员工接受与工作有关的过程安全培训；确保员工知道与他们作业有关的潜在的火灾、爆炸或有毒有害方面的信息和应急预案，了解设备安全手册，包括标准操作规程在内的安全作业规程。

承包商应保存上述培训记录，记录应该有包括个人资料、培训时间、考核情况等。

（二）实施要求

1. 严格承包商管理制度

企业要建立承包商安全管理制度，将承包商在本企业发生的事故纳入企业事故管理。企业选择承包商时，要严格审查承包商有关资质，定期评估承包商安全生产业绩，及时淘汰业绩差的承包商。企业要对承包商作业人员进行严格的入厂安全培训教育，经考核合格的方可凭证入厂，禁止未经安全培训教育的承包商作业人员入厂。企业要妥善保存承包商作业人员安全培训教育记录。

2. 落实安全管理责任

承包商进入作业现场前，企业要与承包商作业人员进行现场安全交底，审查承包商编制的施工方案和作业安全措施，与承包商签订安全管理协议，明确双方安全管理范围与责任。现场安全交底的内容包括：作业过程中可能出现的泄漏、火灾、爆炸、中毒窒息、触电、坠落、物体打击和机械伤害等方面的危害信息。承包商要确保作业人员接受了相关的安全培训，掌握与作业相关的所有危害信息和应急预案。企业要对承包商作业进行全程安全监督。

二十三、过程安全管理对变更管理的要求是什么？

（一）总则

工艺变更管理是指对化学品、工艺技术、设备、程序以及操作过程等永久性或暂时性的变化进行有计划的控制，确保变更带来的潜在和可能的危害得到充分识别，风险得到有效控制。企业应建立变更管理程序，以确定变更的类型、等级、实施步骤等，确保人身、财产安全，不破坏环境，不损害企业的声誉。

变更前应考虑以下方面：变更的技术基础；变更对员工安全和健康的影响；是否修改操作规程；为变更选择正确的时间；为计划变更

授权。

有可能受变更影响的企业和承包商的员工必须在开工前被告知变更或者得到相关培训。如果变更导致了过程安全信息的变更，信息应相应地更新。

(二) 实施要求

1. 建立变更管理制度

企业在工艺、设备、仪表、电气、公用工程、备件、材料、化学品、生产组织方式和人员等方面发生的所有变化，都要纳入变更管理。变更管理制度至少包含以下内容：变更的事项、起始时间，变更的技术基础、可能带来的安全风险，消除和控制安全风险的措施，是否修改操作规程，变更审批权限，变更实施后的安全验收等。实施变更前，企业要组织专业人员进行检查，确保变更具备安全条件；明确受变更影响的本企业人员和承包商作业人员，并对其进行相应的培训。变更完成后，企业要及时更新相应的安全生产信息，建立变更管理档案。

(1) 工艺技术变更。主要包括生产能力，原辅材料(包括助剂、添加剂、催化剂等)和介质(包括成分比例的变化)，工艺路线、流程及操作条件，工艺操作规程或操作方法，工艺控制参数，仪表控制系统(包括安全报警和联锁整定值的改变)，水、电、汽、风等公用工程方面的改变等。

(2) 设备设施变更。主要包括设备设施的更新改造、非同类型替换(包括型号、材质、安全设施的变更)、布局改变，备件、材料的改变，监控、测量仪表的变更，计算机及软件的变更，电气设备的变更，增加临时的电气设备等。

(3) 管理变更。主要包括人员、供应商和承包商、管理机构、管理职责、管理制度和标准发生变化等。

2. 严格变更管理程序

(1) 申请。按要求填写变更申请表，由专人进行管理。

(2) 审批。变更申请表应逐级上报企业主管部门，并按管理权限报主管负责人审批。

(3) 实施。变更批准后，由企业主管部门负责实施。没有经过审查和批准，任何临时性变更都不得超过原批准范围和期限。

(4) 验收。变更结束后，企业主管部门应对变更实施情况进行验收并形成报告，及时通知相关部门和有关人员。相关部门收到变更验收报告后，要及时更新安全生产信息，载入变更管理档案。

二十四、过程安全管理对应急管理的要求是什么？

(一) 总则

企业应建立应急响应系统，执行应急演练计划，并对员工进行培训，使其具备应对紧急情况的意识，并且能够及时采取正确的应对措施。应急演练计划应包括小规模危险化学品泄漏处理的程序。

企业需要建立一套整体应急预案，预案通常以书面文件的形式规定工厂该如何应对异常或紧急情况。对于规模较大、工艺较复杂的工厂，除整体应急预案外，还需要针对各种具体的假想事故情形制订具体的应对措施。

企业应建立应急反应小组，通常是由企业人员组成，也可包括外部人员；每个小组成员的职责应明确，确保成员对于责任和授权不存在疑问。

紧急情况发生时，相关的负责人可以根据应急反应手册，确定安全区域，并指挥人员撤离到安全的地方。

企业应给予一般员工和承包商员工基本的应急反应培训。企业应定期培训应急反应小组的成员，使其获得和保持应对紧急情况和控制事故的知识及能力，并参与实际的演习。

企业需要根据实际情况决定，是否有必要针对可能发生的紧急情况与工厂附近的社区进行交流，或给予他们必要的培训。

(二) 实施要求

(1) 编制应急预案并定期演练完善。企业要建立完整的应急预案体系，包括综合应急预案、专项应急预案、现场处置方案等。要定期开展各类应急预案的培训和演练，评估预案演练效果并及时完善预案。企业制定的预案要与周边社区、周边企业和地方政府的预案相互衔接，并按规定报当地政府备案。企业要与当地应急体系形成联动机制。

(2) 提高应急响应能力。企业要建立应急响应系统，明确组成人员(必要时可吸收企业外人员参加)，并明确每位成员的职责。要建立应急救援专家库，对应急处置提供技术支持。发生紧急情况后，应急处置人员要在规定时间内到达各自岗位，按照应急预案的要求进行处置。要授权应急处置人员在紧急情况下组织装置紧急停车和相关人员撤离。企业要建立应急物资储备制度，加强应急物资储备和动态管理，定期核查并及时补充和更新。

二十五、过程安全管理对事故和事件管理的要求是什么?

(一) 总则

企业应制订事故/事件调查和处理程序，通过事故/事件调查识别性质和原因，制定纠正和预防措施，防止类似事故的再次发生。除政府要求的报告外，企业应对事故报告保存的期限予以明确。

企业应规定如何跟踪、落实事故调查小组提出的改进措施。在实际执行改进措施的过程中，可能会发现因为客观条件的限制，某些最初提出的改进措施难以实际落实，或者有更好的方案可以采用，都需要有书面的说明和记录。

企业应制定未遂事故或事件管理程序，鼓励员工报告未遂事故/事件，组织对未遂事故/事件进行调查、分析，找出事件根源，预防事故发生。

(二) 实施要求

(1) 未遂事故等安全事件的管理。企业要制定安全事件管理制度，加强未遂事故等安全事件(包括生产事故征兆、非计划停车、异常工况、泄漏、轻伤等)的管理。要建立未遂事故和事件报告激励机制。要深入调查分析安全事件，找出事件的根本原因，及时消除人的不安全行为和物的不安全状态。

(2) 吸取事故(事件)教训。企业完成事故(事件)调查后，要及时落实防范措施，组织开展内部分析交流，吸取事故(事件)教训。要重视外部事故信息收集工作，认真吸取同类企业、装置的事故教训，提高安全意识和防范事故能力。

二十六、过程安全管理对商业秘密的管理要求是什么？

(1) 不论是否涉及商业秘密，企业应为以下人员提供需要的资料：

——编写过程安全信息的人员；

——协助或参与过程风险分析的人员；

——编写操作规程的人员；

——参与事故/事件调查的人员；

——编写应急预案及应急响应的人员；

——参与审核的人员。

(2) 企业可与接触秘密信息的人员签订保密协议。

(3) 企业不应以保密为由拒绝向政府监管人员提供需要的企业化工过程安全信息；企业可与接触商业秘密的政府监管人员签订保密协议。

二十七、过程安全管理对符合性审核和持续改进的要求是什么？

(一) 符合性审核

企业应建立并实施过程安全符合性审核程序，至少每三年进行一次过程安全的符合性审查，以确保过程安全管理的有效性。

审核组中至少包括一名工艺方面的专家。如果只是对个别过程安全系统管理要素进行审核，也可以由一名审核人员完成。审核组成员应接受过相关培训、掌握审核方法，并具有相关经验和良好的沟通能力。

审核过程要形成文件，发现的工艺管理系统及其执行过程中存在的差距，应予以记录，并提出和落实改进措施。现场审核完成后，审核组需要编制工艺审核报告，提出需要改进的方面。最近两次的审核报告应存档。

（二）持续改进

（1）化工企业要结合本企业实际，认真学习贯彻落实相关法律法规和加强化工安全管理的指导意见，完善安全生产责任制和安全生产规章制度，开展全员、全过程、全方位、全天候化工过程安全管理。

（2）企业要成立化工过程安全管理工作领导机构，由主要负责人负责，组织开展本企业化工过程安全管理工作。

（3）企业要把化工过程安全管理纳入绩效考核。要组成由生产负责人或技术负责人负责，工艺、设备、电气、仪表、公用工程、安全、人力资源和绩效考核等方面的人员参加的考核小组，定期评估本企业化工过程安全管理的功效，分析查找薄弱环节，及时采取措施，限期整改，并核查整改情况，持续改进。要编制功效评估和整改结果评估报告，并建立评估工作记录。

第十九章 安全文化

一、什么是企业安全文化?

《企业安全文化建设导则》(AQ/T 9004—2008)对企业安全文化定义如下：企业安全文化是指企业(或行业)在长期安全生产和经营活动中逐步形成的，或有意识塑造的又为全体职工接受、遵循的，具有企业特色的安全思想和意识、安全作风和态度、安全管理机制及行为规范。企业安全文化是安全的价值观、安全的审美观、安全的心理素质和企业的安全风貌等种种企业安全物质因素和安全精神因素之总和。简言之，企业安全文化是被企业组织的员工群体所共享的安全价值观、态度、道德和行为规范组成的统一体。

企业安全文化是企业文化的组成部分，它既包括保护职工在从事生产经营活动中的身心安全与健康，即无损、无害、不伤、不亡的物质条件和作业环境，也包括职工对安全的意识、信念、价值观、经营思想、道德规范、企业安全激励的精神因素。一般认为，企业安全文化由安全生产物质文化、安全制度文化和安全行为文化组成。

二、企业开展企业安全文化建设遵循的主要规范有哪些?

(1)《企业安全文化建设导则》(AQ/T 9004)；

(2)《企业安全文化建设评价准则》(AQ/T 9005)；

(3)《国务院安委会办公室关于大力推进安全生产文化建设的指导意见》(安委办〔2012〕34 号);

(4) 各省市相继发布的《安全文化建设纲要》。

三、《企业安全文化建设导则》对企业安全文化建设的要求是什么?

《企业安全文化建设导则》(AQ/T 9004—2008)指出，企业在安全文化建设过程中，应充分考虑自身内部的和外部的文化特征，引导全体员工的安全态度和安全行为，实现在法律和政府监管要求之上的安全自我约束，通过全员参与实现企业安全生产水平持续进步。

四、安全文化建设的基本要素是什么?各基本要素的具体内容是什么?

《企业安全文化建设导则》(AQ/T 9004—2008)规定，企业安全文化建设的七大基本要素是：安全承诺、行为规范与程序、安全行为激励、安全信息传播与沟通、自主学习与改进、安全事务参与、审核与评估。

七大基本要素的具体内容如下：

(一) 安全承诺

(1) 企业应建立包括安全价值观、安全愿景、安全使命和安全目标等在内的安全承诺。安全承诺应：

——切合企业特点和实际，反映共同安全志向；

——明确安全问题在组织内部具有最高优先权；

——声明所有与企业安全有关的重要活动都追求卓越；

——含义清晰明了，并被全体员工和相关方所知晓和理解。

（2）企业的领导者应对安全承诺做出有形的表率，应让各级管理者和员工切身感受到领导者对安全承诺的实践。领导者应：

——提供安全工作的领导力，坚持保守决策，以有形的方式表达对安全的关注；

——在安全生产上真正投入时间和资源；

——制定安全发展的战略规划以推动安全承诺的实施；

——接受培训，在与企业相关的安全事务上具有必要的能力；

——授权组织的各级管理者和员工参与安全生产工作，积极质疑安全问题；

——安排对安全实践或实施过程的定期审查；

——与相关方进行沟通和合作。

（3）企业的各级管理者应对安全承诺的实施起到示范和推进作用，形成严谨的制度化工作方法，营造有益于安全的工作氛围，培育重视安全的工作态度。各级管理者应：

——清晰界定全体员工的岗位安全责任；

——确保所有与安全相关的活动均采用了安全的工作方法；

——确保全体员工充分理解并胜任所承担的工作；

——鼓励和肯定在安全方面的良好态度，注重从差错中学习和获益；

——在追求卓越的安全绩效、质疑安全问题方面以身作则；

——接受培训，在推进和辅导员工改进安全绩效上具有必要的能力；

——保持与相关方的交流合作，促进组织部门之间的沟通与协作。

（4）企业的员工应充分理解和接受企业的安全承诺，并结合岗位工作任务实践这种安全承诺。每个员工应：

——在本职工作上始终采取安全的方法；

——对任何与安全相关的工作保持质疑的态度；

——对任何安全异常和事件保持警觉并主动报告；

——接受培训，在岗位工作中具有改进安全绩效的能力；

——与管理者和其他员工进行必要的沟通。

(5) 企业应将自己的安全承诺传达到相关方。必要时应要求供应商、承包商等相关方提供相应的安全承诺。

(二) 行为规范与程序

(1) 企业内部的行为规范是企业安全承诺的具体体现和安全文化建设的基础要求。企业应确保拥有能够达到和维持安全绩效的管理系统，建立清晰界定的组织结构和安全职责体系，有效控制全体员工的行为。行为规范的建立和执行应：

——体现企业的安全承诺；

——明确各级各岗位人员在安全生产工作中的职责与权限；

——细化有关安全生产的各项规章制度和操作程序；

——行为规范的执行者参与规范系统的建立，熟知自己在组织中的安全角色和责任；

——由正式文件予以发布；

——引导员工理解和接受建立行为规范的必要性，知晓由于不遵守规范所引发的潜在不利后果；

——通过各级管理者或被授权者观测员工行为，实施有效监控和缺陷纠正；

——广泛听取员工意见，建立持续改进机制。

(2) 程序是行为规范的重要组成部分。企业应建立必要的程序，以实现对与安全相关的所有活动进行有效控制的目的。程序的建立和执行应：

——识别并说明主要的风险，简单易懂，便于实际操作；

——程序的使用者(必要时包括承包商)参与程序的制定和改进过程，并应清楚理解不遵守程序可导致的潜在不利后果；

——由正式文件予以发布；

——通过强化培训，向员工阐明在程序中给出特殊要求的原因；

——对程序的有效执行保持警觉，即使在生产经营压力很大时，也不能容忍走捷径和违反程序；

——鼓励员工对程序的执行保持质疑的安全态度，必要时采取更加保守的行动并寻求帮助。

（三）安全行为激励

（1）企业在审查和评估自身安全绩效时，除使用事故发生率等消极指标外，还应使用旨在对安全绩效给予直接认可的积极指标。

（2）员工应该受到鼓励，在任何时间和地点，挑战所遇到的潜在不安全实践，并识别所存在的安全缺陷。对员工所识别的安全缺陷，企业应给予及时处理和反馈。

（3）企业宜建立员工安全绩效评估系统，应建立将安全绩效与工作业绩相结合的奖励制度。审慎对待员工的差错，应避免过多关注错误本身，而应以吸取经验教训为目的。应仔细权衡惩罚措施，避免因处罚而导致员工隐瞒错误。

（4）企业宜在组织内部树立安全榜样或典范，发挥安全行为和安全态度的示范作用。

（四）安全信息传播与沟通

（1）企业应建立安全信息传播系统，综合利用各种传播途径和方式，提高传播效果。

（2）企业应优化安全信息的传播内容，将组织内部有关安全的经验、实践和概念作为传播内容的组成部分。

（3）企业应就安全事项建立良好的沟通程序，确保企业与政府监管机构和相关方、各级管理者与员工、员工相互之间的沟通。沟通应满足：

——确认有关安全事项的信息已经发送，并被接受方所接收和理解；

——涉及安全事件的沟通信息应真实、开放；

——每个员工都应认识到沟通对安全的重要性，从他人处获取信息和向他人传递信息。

（五）自主学习与改进

（1）企业应建立有效的安全学习模式，实现动态发展的安全学习过程，保证安全绩效的持续改进。

（2）企业应建立正式的岗位适任资格评估和培训系统，确保全体员工充分胜任所承担的工作。应：

——制定人员聘任和选拔程序，保证员工具有岗位适任要求的初始条件；

——安排必要的培训及定期复训，评估培训效果；

——培训内容除有关安全知识和技能外，还应包括对严格遵守安全规范的理解，以及个人安全职责的重要意义和因理解偏差或缺乏严谨而产生失误的后果；

——除借助外部培训机构外，应选拔、训练和聘任内部培训教师，使其成为企业安全文化建设过程的知识和信息传播者。

（3）企业应将与安全相关的任何事件，尤其是人员失误或组织错误事件，当作能够从中汲取经验教训的宝贵机会与信息资源，从而改进行为规范和程序，获得新的知识和能力。

（4）应鼓励员工对安全问题予以关注，进行团队协作，利用既有知识和能力，辨识和分析可供改进的机会，对改进措施提出建议，并在可控条件下授权员工自主改进。

（5）经验教训、改进机会和改进过程的信息宜编写到企业内部培训课程或宣传教育活动的内容中，使员工广泛知晓。

（六）安全事务参与

（1）全体员工都应认识到自己负有对自身和同事安全做出贡献的重要责任。员工对安全事务的参与是落实这种责任的最佳途径。

（2）员工参与的方式可包括但不局限于以下类型：

——建立在信任和免责备基础上的微小差错员工报告机制；

——成立员工安全改进小组，给予必要的授权、辅导和交流；

——定期召开有员工代表参加的安全会议，讨论安全绩效和改进行动；

——开展岗位风险预见性分析和不安全行为或不安全状态的自查自评活动。

企业组织应根据自身的特点和需要确定员工参与的形式。

(3) 所有承包商对企业的安全绩效改进均可做出贡献。企业应建立让承包商参与安全事务和改进过程的机制，包括：

——应将与承包商有关的政策纳入安全文化建设的范畴；

——应加强与承包商的沟通和交流，必要时给予培训，使承包商清楚企业的要求和标准；

——应让承包商参与工作准备、风险分析和经验反馈等活动；

——倾听承包商对企业生产经营过程中所存在的安全改进机会的意见。

(七) 审核与评估

(1) 企业应对自身安全文化建设情况进行定期的全面审核，包括：

——领导者应定期组织各级管理者评审企业安全文化建设过程的有效性和安全绩效结果；

——领导者应根据审核结果确定并落实整改不符合、不安全实践和安全缺陷的优先次序，并识别新的改进机会；

——必要时，应鼓励相关方实施这些优先次序和改进机会，以确保其安全绩效与企业协调一致。

(2) 在安全文化建设过程中及审核时，应采用有效的安全文化评估方法，关注安全绩效下滑的前兆，给予及时的控制和改进。

五、如何推进与保障本企业安全文化建设？

《企业安全文化建设导则》(AQ/T 9004—2008)规定：

(一) 规划与计划

企业应充分认识安全文化建设的阶段性、复杂性和持续改进性，由最高领导人组织制定推动本企业安全文化建设的长期规划和阶段性计划。规划和计划应在实施过程中不断完善。

(二) 保障条件

企业应充分提供安全文化建设的保障条件，包括：

——明确安全文化建设的领导职能，建立领导机制；

——确定负责推动安全文化建设的组织机构与人员，落实其职能；

——保证必需的建设资金投入；

——配置适用的安全文化信息传播系统。

(三) 推动骨干的选拔和培养

企业宜在管理者和普通员工中选拔和培养一批能够有效推动安全文化发展的骨干。这些骨干扮演员工、团队和各级管理者指导老师的角色，承担辅导和鼓励全体员工向良好的安全态度和行为转变的职责。

六、《企业安全文化建设评价准则》对企业安全文化建设评价的指标有哪些？

《企业安全文化建设评价准则》(AQ/T 9005—2008)对企业安全文化建设评价的指标有：基础特征、安全承诺、安全管理、安全环境、安全培训与学习、安全信息传播、安全行为激励、安全事务参与、决策层行为、管理层行为、员工层行为。

七、企业安全文化建设评价的程序是什么？

《企业安全文化建设导则》(AQ/T 9004—2008)规定企业安全文化建设评价的程序是：建立评价组织机构与评价实施机构，制定评价工作实施方案，下达《评价通知书》，调研、收集与核实基础资料，数据统计分析，撰写评价报告，反馈企业征求意见，提交评价报告，进行评价工作总结。

附录一　典型事故案例

一、石油化工行业生产运行期间发生的典型事故

兰州石化“1·7”罐区爆炸事故

2010 年 1 月 7 日，兰州石化 316#罐区发生火灾爆炸事故，造成 6 人死亡、1 人重伤、5 人轻伤。事故的直接原因是 316#罐区碳四球罐出料管口弯头焊缝存在缺陷，致使弯头局部脆性开裂，导致易燃易爆的碳四物料泄漏并扩散，遇焚烧炉明火引燃爆炸。事故暴露出企业未按规程规定对事故管线进行定期检验，未按规定落实事故管线更换计划，未按照规定对储罐进出物料管道设置自动联锁切断装置，致使事故状态下无法紧急切断泄漏源，导致泄漏扩大并引发事故。

抚顺石化“1·19”重油催化装置爆炸事故

2011 年 1 月 19 日，抚顺石化重油催化装置稳定单元发生闪爆事故，造成 3 人死亡、4 人轻伤。事故的直接原因是重油催化装置稳定单元重沸器壳程下部入口管线上的低点排凝阀因固定阀杆螺母压盖的焊点开裂，阀门闸板失去固定，阀门失效，脱乙烷汽油泄漏、挥发，与空气形成爆炸性混合物，因喷射产生静电发生爆炸。事故暴露出企业在供应商管理上存在问题，在物资采购时产品质量把关不严，在进货检验、打压试验等检验环节把关不严。

福建省漳州市腾龙芳烃(漳州)有限公司“4·6”爆炸着火事故

2015 年 4 月 6 日，位于漳州古雷的腾龙芳烃(漳州)有限公司二甲苯装置发生重大爆炸着火事故，造成 6 人受伤，另有 13 名周边群众留院观察，直接经济损失 9457 万元。事故的直接原因是公司在二甲苯装置开工引料过程中出现压力和流量波动，引发液击，致使存在焊接质量问题的管道焊口断裂，物料外泄。泄漏的物料被鼓风机吸入，进入加热炉，发生爆炸着火。事故暴露出以下问题：

① 企业重效益、轻安全。由于管件材质存在缺陷和违规操作，曾于 7 月 30

日发生加氢裂化装置爆燃事故。但企业拒不执行省安监局下发的停产指令，违规超批准范围建设与试生产。

② 工程建设质量管理不到位。未落实施工过程安全管理责任，对施工过程中的分包、无证监理、无证检测等现象均未发现；工艺管道存在焊接缺陷，形成重大事故隐患。

③ 工艺安全管理不到位。一是二甲苯单元工艺操作规程不完善，未根据实际情况及时修订，操作人员工艺操作不当产生液击；二是工艺联锁、报警管理制度不落实，解除工艺联锁未办理报批手续；三是试生产期间，事故装置长时间处于高负荷甚至超负荷状态运行。

④ 岳阳巨源检测有限公司未认真履行检测机构的职责，管理混乱，招收 12 名无证检测人员从事芳烃装置检测工作，事故管道检测人员无证上岗，检测结果与此次事故调查中复测数据不符，涉嫌造假。

临沂金誉石化有限公司“6·5”爆炸着火事故

2017 年 6 月 5 日 0 时 58 分，山东省临沂金誉物流有限公司车辆驾驶员驾驶液化气运输罐车进入金誉石化有限公司厂区并停在 10 号卸车位准备卸车。驾驶员下车后先后将 10 号卸车位装卸臂气相、液相快接管口与车辆卸车口连接，并打开气相阀门对罐体进行加压，0 时 59 分 10 秒，驾驶员把罐体液相阀门打开一半时，液相连接管口突然脱开，大量液化气喷出并急剧汽化扩散。驾驶员及当班的金誉石化现场作业人员未能有效处置，致使液化气长时间泄漏，1 时 1 分 20 秒发生爆炸，导致 10 人死亡、9 人受伤。事故直接原因是肇事罐车驾驶员长途奔波、连续作业(从 6 月 3 日 17 时到 6 月 4 日 23 时 37 分，近 32 小时只休息 4 小时)，在午夜进行液化气卸车作业时，没有严格执行卸车规程，出现严重操作失误，致使卸车臂快接接口与罐车液相卸料管未能可靠连接，在开启罐车液相球阀瞬间发生脱离，造成罐体内液化气大量泄漏。现场人员未能有效处置，泄漏后的液化气急剧汽化，并迅速扩散，与空气形成爆炸性混合气体，遇到附近生产值班室内在用非防爆电气产生的电火花发生爆炸。

大连国际储运有限公司“7·16”输油管道爆炸火灾事故

2010 年 7 月 16 日，大连国际储运有限公司原油罐区输油管道发生爆炸，造成原油大量泄漏并引起火灾，原油流入附近海域，造成环境污染。事故还造成 1 名作业人员失踪，灭火过程中 1 名消防战士牺牲。事故直接原因是：在油轮暂停卸油作业的情况下，没有停止加剂，而是继续加入大量脱硫化氢剂(含85%双氧水)，造成双氧水在加剂口附近输油管段内局部富集；输油管内高浓度的双氧水与原油接触发生放热反应，致使管内温度升高；在温度升高的情况下，亚铁离子促进双氧水的分解，使管内温度和压力加速升高，形成“分解-管内温度压力升高-分解加快-管内温度、压力快速升高”的连续循环，引起输油管道中双氧水发生爆炸，初次爆炸后的一系列爆炸，导致原油泄漏，引发火灾。此外，停止加剂后，作业人员对加注“脱硫化氢剂”的泵和管路进行清洗，导致消防水进入2号管线，消防水管道由于长时间不用，存在铁锈，铁锈随水带入输油管道中也会加速双氧水的分解。

事故暴露出以下问题：

① 变更管理严重缺失。原油硫化氢脱除剂原由瑞士SGS公司供应，后改为天津辉盛达公司的，而硫化氢脱除剂的活性组分也由有机胺类变更为双氧水，但是企业没有针对这一变更进行风险分析，未分析出亚铁离子会促进双氧水的分解，使管内温度和压力加速升高，形成“分解-管内温度压力升高-分解加快-管内温度、压力快速升高”的风险。

② 企业对承包商监管不力。企业对加入的原油脱硫化氢剂的安全可靠性没有进行科学论证，直接将原油脱硫化氢处理工作承包给天津辉盛达公司，天津辉盛达公司又将加剂作业分包给上海祥诚公司。而在加剂过程中，事故单位作业人员在明知已暂停卸油作业的情况下，没有及时制止承包商的违规加注行为。

③ 天津辉盛达公司的加剂方法没有正规设计，加剂方案没有经过科学论证。违反《安全生产法》第二十二条关于新产品应“掌握其安全技术特性”的规定。中油燃料油股份有限公司和中联油均未对原油硫化氢脱除剂及其使用进行合法性审核和安全论证。

④ 天津辉盛达公司在加剂作业中存在违规加注行为。其作业人员在经济利益的驱使下，违反设计配比，在原油停输后，将22.6吨“脱硫化氢剂”加入输油管道中。

⑤ 应急设施基础薄弱。事故造成电力系统损坏，消防设施失效，罐区停电，使得其他储罐的电控阀门无法操作，无法及时关闭周围储罐的阀门，导致火灾规模扩大。

山东日照市山东石大科技石化有限公司“7·16”爆炸事故

2015年7月16日，山东石大科技石化有限公司液化烃球罐在倒罐作业时发生泄漏着火，引起爆炸，造成 2 名消防队员受轻伤，直接经济损失 2812 万元。事故的直接原因是该公司在进行倒罐作业过程中，违规采取注水倒罐置换的方法，且在切水过程中现场无人值守，致使液化石油气在水排完后从排水口泄出，泄漏过程中产生的静电或因消防水带剧烈舞动，金属接口及捆绑铁丝与设备或管道撞击产生火花引起爆燃。事故暴露出以下问题：

① 违规采取注水倒罐置换的方法，严重违反石油石化企业“人工切水操作不得离人”的明确规定，切水作业过程中无人在现场实时监护，排净水后液化气泄漏时未能第一时间发现和处置。

② 违规将罐区在用球罐安全阀的前后手阀、球罐根部阀关闭，将低压液化气排火炬总管加盲板隔断。

③ 未按照规定要求对重大危险源进行管控，球罐区自动化控制设施不完善，仅具备远传显示功能，不能实现自动化控制；紧急切断阀因工厂停仪表风改为手动，失去安全功效。

④ 操作人员未取得压力容器和压力管道操作资格证，属无证上岗。管理人员专业素质低，操作人员刚刚从装卸站区转岗到球罐区工作，未经转岗培训，岗位技能不足。

⑤ 日照市岚山区安监局，未按照要求加强对停产危险化学品企业的安全监管，未组织对企业安全仪表系统的专项监督检查；对企业重大危险源日常监管和执法监察不力，未发现事故罐区操作人员未经培训无证上岗、未发现事故罐区存有大量危险化学品的情形、重要安全防范设施无法正常使用等安全隐患。

吉林松原石化有限公司“11·6”爆炸火灾事故

2011 年 11 月 6 日，吉林松原石化有限公司发生爆炸火灾事故，造成 4 人死亡，7 人受伤。事故的直接原因是：气体分馏装置脱乙烷塔顶回流罐由于硫化氢应力腐蚀造成筒体封头产生微裂纹，微裂纹不断扩展，致使罐体封头在焊缝附近热影响区发生微小破裂后进而整体断裂，发生物理爆炸，罐内介质(乙烷与丙烷的液态混合物)大量泄漏，与空气中的氧气混合达到爆炸极限后，遇明火发生闪爆，并引发火灾。事故暴露出以下问题：

① 未经正规设计。该公司 2004 年建成投产的 4 万吨/年气体分馏装置，属抄袭沈阳新民蜡化厂同类装置设计文件；该装置 2007 年 12 万吨/年扩容设计过程中，属抄袭原前郭炼油厂 12 万吨/年气体分馏装置设计文件，部分主要设备属委托清华大学北京泽华化学工程有限公司进行核算，由于是非正规、整体设计，两

次设计均未考虑到硫化氢腐蚀因素，没有设计配套的脱硫设施，致使 2009 年末之前所生产的液态烃长期无有效的、相应的、可控的脱硫手段，导致催化液态烃 H_2S 含量时有超标现象。

② 私自委托制造。该装置 2004 年建设过程中，所有压力容器均属利用抄袭图样，私自委托制造，产品出厂后无合格证、质量证明书和铭牌等技术文件及资料，严重违反了《钢制压力容器》(GB 150—1998)之规定。制造质量问题，在焊接压力容器中，常可能隐藏有缺陷，这些缺陷在适当的条件下，如硫化氢应力腐蚀情况下，会使容器加剧破坏。

③ 无安装资质。该装置建设过程中，属企业自行施工安装，该企业无安装资质，V-502 罐鞍座下钢结构支架与平台焊接不牢固，致使支架挣脱与平台的焊接随同罐体飞出，刮塌操作室屋顶，砸塌循环水泵房屋顶。

④ 设备管理不到位，按《固定式压力容器安全技术监察规程》规定，压力容器在使用条件恶劣或介质中硫化氢及硫元素含量较高(>100ppm)时，检验周期应适当缩短(3 年以下)，而企业未采取相应调整措施。从企业液态烃色谱分析台账可以看出，H_2S 含量超过 100ppm 的现象时有发生。

“11・22”东黄输油管道泄漏爆炸特别重大事故

2013 年 11 月 22 日，位于山东省青岛经济技术开发区的东黄输油管道发生爆炸事故，造成 62 人死亡、136 人受伤，直接经济损失 7.5 亿元。事故的直接原因是位于秦皇岛路与斋堂岛街交叉口处与排水暗渠交叉穿越的东黄输油管道因腐蚀减薄破裂，造成原油泄漏。泄漏的原油油气在流水暗渠内与空气混合达到爆炸极限，现场处置人员采用液压破碎锤在暗渠盖板上进行打孔破碎作业时，产生撞击火花，引发暗渠爆炸。

山东滨化滨阳燃化有限公司“1・1”石脑油泄漏中毒事故

2014 年 1 月 1 日，山东滨化滨阳燃化有限公司储运车间中间原料罐区在切罐作业过程中发生石脑油泄漏，引发硫化氢中毒事故，造成 4 人死亡，3 人受伤，直接经济损失 536 万元。事发时抽净管线系统处于敞开状态。操作人员在进行切罐作业时，错误开启了该罐倒油线上的阀门，使高含硫的石脑油通过倒油线串入抽净线，石脑油从抽净线拆开的法兰处泄漏。泄漏的石脑油中的硫化氢挥发，致使现场操作人员及车间后续处置人员硫化氢中毒。

事故暴露出企业在工艺变更管理方面不到位。储运车间在实施冬季防冻防凝工作时，拆开了中间原料罐区抽净线上的6处法兰，但对与此管线法兰及储罐相连接的管线阀门未采取上锁、挂牌或其他防误操作的措施；加制氢车间稳定塔出现异常和停止使用后，进入2#、5#罐的石脑油硫含量出现异常偏高，公司负责人、生产管理部门、相关车间均未按规定提升管理防护等级，未采取任何防范措施，没有制定预案，没有书面通知相关岗位管理及操作人员。企业对重大工艺变更，没有进行安全风险分析，缺乏相应的管理制度。

宁夏宝丰能源集团公司“12·17”硫化氢中毒事故

2011年12月17日，宁夏宝丰能源集团有限公司苯加氢项目发生硫化氢中毒事故，造成3人死亡，9人受伤。事发时，一名苯加氢员工在巡检时发现非芳烃地下废液槽抽出泵的轴封有渗漏，在通知现场主操后，对渗漏部位进行检查时，不小心掉入槽外的地坑中昏迷。随后多人盲目施救相继中毒晕倒。

二、石油化工行业检维修期间发生的典型事故

吉林松原石化有限公司“2·17”爆炸事故

2017年2月17日8点30分左右，吉林松原石化有限公司作业人员到达现场准备安装储罐液位计。开具作业票后，在未对罐内气体分析的情况下(仅用便携式检测仪查看了罐外动火点部位的空气中可燃气体含量)，8点50分，作业人员用气割枪在V102罐顶切割投入式液位计安装孔时，发生闪爆，罐顶被炸飞，造成现场3名在罐顶作业的人员飞向高空后坠地死亡。事故暴露出企业对酸性水罐存在可燃气体的风险认识不足，动火作业前未对酸性水罐进行隔离、吹扫置换，未对罐内可燃气体进行检测。

江苏德桥仓储有限公司“4·22”较大火灾事故

2016年4月22日9时13分左右，江苏德桥仓储有限公司组织承包商在2号交换站管道进行动火作业前，在未清理作业现场地沟内油品、未进行可燃气体分析、未对动火点下方的地沟采取覆盖、铺沙等措施进行隔离的情况下，违章动火作业，切割时产生火花引燃地沟内的可燃物，事故导致1人死亡(消防员)。该起事故暴露出事故企业安全生产主体责任不落实、重大危险源管控严重不到位、特殊作业管理和承包商管理缺失、应急处置不当等突出问题。

① 违反《危险化学品重大危险源监督管理暂行规定》(国家安全监管总局令第40号)第十三条规定，油品储罐未配备紧急切断系统，可燃和有毒气体泄漏检测报警装置被违规停用、报警后不及时处置。

② 动火作业管理缺失，在未清理现场地沟存有的大量易燃油品，未进行可燃气体分析、未安排专人进行监护的情况下就擅自动火作业。

③ 违反《安全生产法》第四十六条规定，事故企业将检维修发包给不具备安全生产条件的单位，未对承包商实行统一协调管理，安全培训教育走过场。

大连石化三苯罐区“6·2”较大爆炸火灾事故

2013年6月2日，大连石化三苯罐区在动火作业过程中发生爆炸着火，造成4人死亡，直接经济损失697万元。事故发生的直接原因是大连石化的承包商作业人员在三苯罐区小罐区杂料罐罐顶违规违章进行气割动火作业，切割火焰引燃泄漏的甲苯等易燃易爆气体，回火至罐内引起储罐爆炸，并引起附近其他三个储罐相继爆炸着火。事故暴露出企业在承包商管理方面存在较多的问题：

① 中石油七建公司大连项目部在承揽939#储罐仪表维护平台更换项目后，非法分包给没有劳务分包企业资质的林沅公司，以包代管、包而不管，没有对现场作业实施安全管控。

② 林沅公司未能依法履行安全生产主体责任，未取得劳务分包企业资质就非法承接项目；企业规章制度不健全不落实，员工安全意识淡薄，违章动火，未对现场作业实施有效的安全管控。

石家庄炼化公司“6·15”火灾事故

2016年6月15日10时24分许，在石家庄炼化公司催化裂化装置烟气除尘脱硫脱硝吸收塔工地，现场作业人员在脱硫塔烟囱段高处进行焊接作业期间，掉落的电焊熔珠、焊条头等高温坠落物穿过隔离失效的防逃逸层落在上除雾器上将其引燃，燃烧滴(坠)落物又引燃了下层除雾器，继续燃烧引发脱硫塔吸收段整个腔体火灾，期间所产生的高温有毒烟气导致4名作业人员被熏烧致死。事故暴露出以下问题：

① 施工方案中作业危害分析不具针对性。脱硫塔修补作业施工前编制了《脱硫脱硝吸收塔修复施工技术方案》《脱硫脱硝吸收塔烟囱脚手架搭设施工技术方案》等4个施工方案。但JSA分析对塔内4人作业可能受到的伤亡程度没有分析到位，采取的措施针对性不强，采取措施后达到的效果并没有达到“稍有危险，可以接受”的程度。

② 作业过程中监护不到位。在事故当天动火及进入受限空间作业票上，焊工甲、十公司监护人、石炼化公司监护人 3 人签署了相关的现场安全措施确认，但监护人在作业人员进塔前没有进塔检查确认安全状况。十公司的监护人员，在作业期间没有进入过脱硫塔进行检查；石炼化公司监护人在前 3 名作业人员进塔后才到达监护岗位，没有要求相关作业人员出塔接受检查。另外，监护人员所处位置距离人孔较远，不能及时发现异常情况，出现异常情况也不能及时通知作业人员撤离。

③ 监理单位现场管理有缺失。监理单位润达公司对本次修补作业过程中安全监理存在如下问题：一是在防逃逸层上发现了较多焊条头，反映监理人员对烟囱段焊接作业过程中作业人员随意丢弃焊条头的严重违章行为检查不到位；二是对作业现场防火石棉布隔离失效以及作业面未采取有效防飞溅措施等安全隐患督促整改不到位；三是未发现实际作业的焊工与报验焊工不一致，焊工资质不符合要求，审核把关不严。

④ 对于初次使用的工艺路线不熟悉，也未进行安全论证。本项目采用的脱硫脱硝配套化肥制备工艺是催化装置第一次采用的工艺路线。十公司、南京公司、石炼化公司、润达公司等单位均经验不足，也没有进行安全论证，对其风险认识不足。

⑤事故事件管理不够。对反复出现的异常工况重视不够，对存在的隐患整治不力。项目从 2015 年初投产至今，多次停车，遇到了塔体腐蚀、烟气拖尾、催化剂消耗严重超标等问题，硫铵产量也一直远远没有达到设计产能。企业对此类事故事件熟视无睹，缺少深入的分析和彻底的整改，为本次事故埋下隐患。

辽阳石化“6·29”原油罐爆燃事故

2010 年 6 月 29 日，辽阳石化炼油厂原油输转站原油罐在清罐作业过程中，发生爆燃事故，致使罐内作业人员 3 人死亡，7 人受伤，直接经济损失 150 万元。事发时，作业人员正在对原油输转站 1 个 30000m^3 的原油罐进行现场清罐作业。作业过程中，产生的油气与空气混合，形成了爆炸性气体环境，遇到非防爆照明灯具发生闪灭打火，或作业时铁质清罐工具撞击罐底产生的火花，导致发生爆燃事故。事故暴露出承包商管理与监管存在以下问题：

① 承包商辽阳市宏伟区天缘服务中心违规转包清罐作业施工项目给辽阳电线化工厂。

② 辽阳电线化工厂违规作业，安全管理不到位。在清罐前，未制定“清罐作业施工方案”。作业现场负责人在没有原油输转车间监护人员在场的情况下，带领未经安全教育的作业人员进入作业现场作业，同时，违反辽阳电线化工厂安全

管理规定，将非防爆照明灯具接入罐内；在没有确认罐内安全条件是否适合作业的情况下，就指挥作业人员进罐作业；辽阳石化“有限空间作业票”和“进入有限空间作业安全监督卡”上的安全措施未落实，就签字确认，使工人在存在较大事故隐患的环境里作业。

③ 辽阳石化炼油厂承包商管理不到位，作业现场监管存在严重不足。辽阳电线化工厂不是中标单位，也没有与辽阳石化签订安全合同，炼油厂就允许其进入原油输转车间作业；对作业人员是否经过安全教育和安全培训不进行检查；没有要求施工单位制定清罐作业方案；违规未依据气样分析结果填写作业票或把报告单粘贴在作业票上；没有在与罐体连接的管道阀门处加盲板；没有按规定时间进行采样分析；对作业现场的安全监督检查不认真，对作业人员在罐内使用非防爆照明设备没有进行监督和制止。

庆阳石化“7·26”常压装置泄漏着火事故

2015 年 7 月 26 日，庆阳石化常压装置渣油/原油换热器发生泄漏着火，造成 3 人死亡，4 人受伤。事故的直接原因是常压装置渣油/原油换热器外头盖排液口管塞在检修过程中装配错误，导致在高温高压下管塞脱落，约 342~346℃的高温渣油(其自燃点为 240℃)瞬间喷出，遇空气自燃，引发火灾。事故暴露出以下问题：

① 事故换热器水压试验压力远低于技术规范规定值，未起到验证紧固强度及结构密封性能的作用。庆阳石化公司检维修公司检修过程中，对换热器 E-117C 管程和壳程进行了水压试验，试验压力仅为 2.6MPa，比按《固定式压力容器安全技术监察规程》计算所得换热器壳程试验压力 3.23MPa 低 24.2%，使水压试验未能有效验证管塞在工作状态(342~346℃)下紧固强度及结构的密封性能，完全丧失了水压试验的功能和作用。

② 未严格执行设计规范，装置楼板设计不合理。换热器 E-117C 壳程中介质为常底油，工作温度为 342~346℃，高于其自燃点(230~240℃)。根据《石油化工工艺装置布置设计通则》及《石油化工企业设计防火规范》的有关规定，换热器 E-117C 上方应为楼板或平台隔开，如无楼板或平台隔开，不应布置其他设备。但实际设计文件未采用楼板或平台隔开，且上方布置有其他设备；采用钢格栅板，未起到隔离防火作用，致使底层换热器泄漏失火后，火势迅速向上蔓延，加重了人员伤亡和经济损失。

③ 安全管理不严格，作业许可制度执行不到位，外来施工人员进出装置不受管控。庆阳石化对作业许可证办理工作缺乏有效管理和监督，一联合运行部作业许可证管理混乱，现场监护制度形同虚设，外来施工人员未办理作业许可证可

随意进出装置。事故发生前，徐州市防腐工程总公司作业人员未办理作业许可证即进入装置施工作业，一联合运行部既未制止，也未进行现场监护，致使险情发生时无人通知装置内作业人员撤离。

江苏南京"7·28"丙烯管道泄漏爆燃事故

2010年7月28日，江苏省南京市栖霞区发生一起丙烯爆燃事故，造成22人死亡、120人受伤。事故的直接原因是在原塑料厂旧址上平整拆迁土地过程中，挖掘机挖穿了地下丙烯管道，造成管道内存有的液态丙烯泄漏，泄漏的丙烯蒸发扩散后，遇到明火发生爆燃。

抚顺顺特化工有限公司"9·14"爆炸火灾事故

2013年9月14日，抚顺顺特化工有限公司发生一起爆炸火灾事故，事故造成5人死亡，两台储罐报废，50 m^3甲酸(三)甲酯产品燃尽，直接经济损失120万元。事故的直接原因是顺特公司作业人员在罐顶违章进行电焊作业产生的火花引爆了作业罐顶采样孔外溢的甲酸(三)甲酯蒸气，并回火至罐内，造成大罐内的爆炸性气体爆炸。事故暴露出以下问题：

① 缺乏安全生产主体责任意识，在新建装置安全设施设计未经审查的情况下，违法建设，违法生产。

② 未按规定逐步完善修订相关操作规程。无罐顶采样操作规程，导致采样后采样口原本密封的盲法兰失去阻止三甲酯蒸气外溢的作用，埋下重大事故隐患。对不频繁开启的罐顶采样口管理缺失，虽然在日常的检查中检查过其他法兰的紧固情况，但一直没有对罐顶采样口盲法兰螺栓紧固及垫片的完好情况进行检查。

③ 顺特公司安全管理混乱，风险意识不强。此次改造活动没有制定施工计划和施工方案，没有认真开展危险有害因素分析，对作业现场缺乏检查，导致动火作业区内存在的三甲酯蒸气释放源没有隔断。改线方法(作业方式)存在问题，本可以预制好带法兰的管件后用法兰对接，但却选择了风险性最大的在罐顶动火焊接。

④ 没有严格执行动火作业票证管理制度，违规作业。在罐体内存在危险物料的情况下，没按规定对距动火点不小于10m的范围内的环境进行可燃气体分析，也未按特种动火级别办理动火作业票，只是违规办理了临时用电作业票。

⑤ 对新工人的安全教育、考核存在漏洞。新招录的焊工虽然具有操作证，但企业对其安全教育无记录，未经考核就上岗作业。

乌鲁木齐石化公司"11·30"炼油厂爆炸事故

2017年11月28日，乌鲁木齐石化公司因油浆系统固含量偏高计划停车，对反再系统及油浆系统问题进行检修消缺。11 月 30 日白班 9 时 45 分交接班会上，夜班班长通报油浆系统泄压完毕，盲板安装完毕，车间领导进行了安全提示。11 月 30 日 11 时 6 分，白班班长和属地监护人在作业许可票上进行了签字，随后票证下发至设备安装公司现场负责人处开始施工，现场作业 8 人对 E2208/2 管箱螺栓进行拆除。施工至 12 时 20 分左右，该换热器管束与封头突然飞出，冲进约 25m 外的仓库内，换热器壳体在反向作用力下，向后移动约 8m。造成 3 名施工人员当场死亡，2 人送医院抢救无效死亡，周边 16 人因冲击受伤，死亡的 5 人均是施工承包商昌吉州新中工业设备安装有限公司人员。初步分析直接原因为：E2208/2 检修前壳程蒸汽压力未泄放(从 DCS 历史趋势调查，检修时壳体压力 2.2MPa)，换热器管箱螺栓拆除剩余至 5 根时，螺栓失效断裂，管箱及管束在蒸汽压力作用下，从壳体飞出，造成施工及周边人员伤亡。

兰州石化“12·11”水罐闪爆事故

2006 年 12 月 11 日，兰州石化助剂厂在对装置内常压凝水储罐(TK-1808)顶部进行焊接配管作业时，发生闪爆事故，造成 3 人死亡。事故的直接原因是冷凝水罐 TK-1808 内串入了来自脱丁烷塔进料换热器的可燃气体正丁烷，在该罐上部气相空间形成爆炸性混合气体，遇到落入罐内的焊花，发生闪爆。

沈阳石蜡化工有限公司“4·25”硫化氢中毒事故

2013 年 4 月 25 日，沈阳石蜡化工有限公司气分装置检修施工，“十三化建”沈阳蜡化工程项目部 3 名作业人员在泵泄压盲板处进行抽堵盲板作业时，在现场专职安全管理人员不在现场的情况下，未佩戴防毒面具擅自进行违规作业，造成 3 名作业人员因硫化氢中毒死亡。事故暴露出企业在承包商管理方面存在以下问题：

① 承包商“十三化建”沈阳蜡化工程项目部 3 名作业人员违章进行抽堵盲板作业，抽堵盲板前未按照《安全生产法》第五十一条和《化学品生产单位盲板抽堵作业安全规范》(中华人民共和国安全生产行业标准 AQ 3207—2008)第 5.4 条相关规定，对施工现场作业环境进行认真的有害因素辨识，就由关某在《盲板抽堵作业安全许可证》中“作业前检查意见”一栏并没有填写任何内容即确认签字。也没有按照《安全协议书》第 6.2 条第 2 款“乙方在施工前，要制定安全施工方案”的规定。

② “十三化建”未落实与“沈阳蜡化”签订的《安全协议书》(2013 年)第 6.2 条和“承包商 HSE 安全承诺书”第 2 条的规定，委派现场专职安全管理人员。“沈阳蜡化”虽委派现场监护人员，但由于监护人员去寻找作业人员，造成了施工现场

无人监管。

③“十三化建”大连分公司将2013年“沈阳蜡化”生产装置维护保运工程项目分包给不具备资质的自然人孙某，且未签订承包合同和安全生产协议，未明确双方安全生产方面的权利和义务，即由孙某雇佣临时工人进行现场施工作业，违反了双方签订的《安全协议书》第6.2条第9款和第13款和《安全生产法》第四十一条和第八十六条的规定。

三、煤化工行业生产运行期间发生的典型事故

新疆大黄山鸿基焦化有限公司“1·6”煤气中毒事故

2011年1月6日，新疆大黄山鸿基焦化有限责任公司在试生产过程中，合成车间脱碳泵房内发生煤气中毒事故，造成3人死亡，1人轻伤。事故的直接原因是：由于当地出现极寒天气，室外无防冻伴热的冷凝管线出现冰冻堵塞，合成车间安排加电阻丝通电伴热解冻冷凝液管道，由于进饱和塔的闸阀已关闭，为解冻放水需要，导淋处于开启状态。因进饱和塔的冷凝液阀门发生内漏，致使饱和塔内焦炉煤气反串至脱碳泵房，造成巡检操作工死亡。

事故暴露出以下问题：

① 设计存在缺陷，工艺布置、设备选材、选型不完善，冷凝液管线连接饱和塔进口处选用单道闸阀，在脱碳泵房内设置导淋口，室内未设置有毒有害气体报警器，室外冷凝液管线未设防冻伴热措施。

② 项目试生产指挥部成员涉及多家合作单位人员，组织管理不协调，安全生产职责不清，对试生产工作期间出现的问题，不能做到及时和有效处置。

③ 东华工程科技股份有限公司作为总承包单位，安全主体责任落实不到位。项目属于EPC合同，还在合同约定期限内，未经竣工验收就交付建设单位管理，并只留少数技术人员在现场保运，未在各岗位配备安全管理人员和熟练操作工。试生产过程中，未有效解决工艺、装备、安全出现的问题。

河南濮阳市中原大化集团有限责任公司“2·23”氮气窒息事故

2008年2月23日，河南省濮阳市中原大化集团有限责任公司新建年产30万吨甲醇项目，在生产准备过程中发生氮气中毒窒息事故，造成3人死亡，1人受伤。事故的直接原因是：在调试氮气储罐的控制系统时，连接管线上的电磁阀误

动作，使储罐内氮气串入煤灰过滤器下部膨胀节吹扫氮气管线，加上该吹扫氮气管线的两个阀门中的一个未关闭，另一个阀内存有施工遗留物关闭不严，致使氮气串入煤灰过滤器中。作业人员在没有对作业设备进行有效隔离、没有对作业容器内氧含量进行分析、没有办理进入受限空间作业许可证的情况下，进入煤灰过滤器进行除锈作业，造成氮气窒息。

四、煤化工行业检维修期间发生的典型事故

山西晋城阳城县瑞兴化工有限责任公司“5·16”中毒事故

2015 年 5 月 16 日，山西省晋城市阳城县瑞兴化工有限责任公司发生中毒事故，造成 8 人死亡，6 人受伤。事故的直接原因是：工人在处置冷却池内二硫化碳冷却管线泄漏时，在未办理受限空间作业票、未佩戴防护用品的情况下，操作人员进入冷却池内实施维修，导致中毒晕倒(焦炭与硫黄反应生成二硫化碳气体，副产硫化氢，两者在冷却池冷凝过程中同时存在)，在后续施救过程中其他人员盲目施救，造成事故扩大。企业所采用的是焦炭和硫黄为原料生产二硫化碳的间歇焦炭法二硫化碳工艺，由于该工艺生产过程中存在高污染、高环境危害等问题，同时易发生泄漏、中毒、爆炸等生产安全事故，安全隐患突出，20 世纪 80 年代国外已淘汰该工艺及设备。事故暴露出企业对特殊作业认识不足，在未制定检修方案，未进行危险作业前的风险分析、未确认作业安全条件和安全措施的情况下，未对作业的受限空间有毒有害气体进行检测、未采取通风措施，未安排人员进行监护的情况下，作业人员未佩戴过滤式防毒面具或氧气呼吸器、空气呼吸器等防护装备，违规进入好氧池受限空间内进行作业。

江苏省索普化工建设工程有限公司“10·19”中毒窒息事故

2015 年 10 月 19 日，江苏省索普化工建设工程有限公司在江苏索普集团有限公司甲醇厂气化车间气化系统真空闪蒸罐进行清灰检修作业时，3 名罐内清灰作业人员中毒窒息死亡。事故原因是：作业人员在用工具翻动罐体下部较厚灰渣过程中，引起其中的硫化亚铁发生链式自热反应，产生的热量又引发灰渣中的煤粉氧化产生一氧化碳，同时释放出灰渣中残存的硫化物，造成施工人员中毒窒息死亡。

事故暴露出企业对风险分析不深入。磨煤过程中铁棒与煤块摩擦损耗产生的

微米铁粉，与原煤中微量硫，在造气过程还原性高温环境中，与铁直接反应生成硫化亚铁；同时送入气化A系统的黑水中所含的少量硫化氢，与铁质容器反应生成的硫化亚铁附着在器壁上。甲醇厂在风险分析过程中，对罐内煤灰中硫化亚铁可能遇热自燃，并由此引燃煤灰产生一氧化碳等有毒气体的作业风险认知不足。

蒙西煤化股份有限公司“11·11”窒息中毒事故

2012年11月11日2时，蒙西煤化股份有限公司废液除硫环保科研试验项目在清理脱色清液罐时，造成3人窒息中毒死亡。事故直接原因是：在清理脱色清液罐中的活性炭时，在未进行气体检测、未办理作业票、未进行有效防护、无人监护的情况下，违章进入受限空间(脱色清液罐体)作业，导致硫化氢气体中毒，2人在缺乏安全常识、未佩戴安全防护设施、盲目施救过程中中毒，导致此次3人死亡事故发生。事故暴露出以下问题：

① 北京艾思合众环保科技公司在承担蒙西公司废液除硫环保科研试验项目时，风险评估不到位，没有意识到脱硫废液中含有硫化氢，静置或降温时硫化氢会从活性炭中解析出来，由于硫化氢比重大于空气，随液体排出的硫化氢会沉降到罐底。

② 蒙西公司与北京艾思合众环保科技公司仅在《合作协议》中约定了安全条款，但无专门的安全协议；各级管理人员对该公司安全监管不到位。

山东临沂烨华焦化有限公司“1·31”爆炸事故

2015年1月31日7时55分许，山东省临沂烨华焦化有限公司化学分厂粗苯车间终冷器检修期间发生爆炸，造成4人死亡，4人受伤，直接经济损失426万元。事故直接原因为企业严重违反作业规程，没有采取有效的隔绝、置换措施，致使2#终冷器内进入煤气形成爆炸性混合气体，遇点火源引发化学爆炸。2#终冷器检修前，由于眼镜阀已损坏不能关闭，按检修计划应该在煤气主干道蝶阀处加堵盲板。在此项工作未完成的情况下，操作人员只关闭了进出口煤气管道阀组中的蝶阀，由于蝶阀本身有缝隙，不能形成有效可靠切断，导致外部管道内压力为(3~4)kPa的煤气进入2#终冷器。拆开2#终冷器进口煤气管道*DN*1200阀组、终冷器内的蒸汽冷凝等均可能造成空气的进入，进而形成煤气与空气的爆炸性混合气体。由于现场采用倒链和其他钢制工具进行拆卸进口阀组作业，金属间的摩擦、碰撞等原因造成机械火花和摩擦热等点火源。事故暴露出企业存在以下问题：

① 事故隐患排查治理工作不到位。对终冷器进出口煤气管道眼镜阀长期损坏的安全隐患不重视，没有进行工艺危害分析，没有识别因设备设施不完好可能

导致事故发生的危险，隐患长期整改不彻底。

② 企业检维修作业安全管理不到位。对易燃易爆场所的设备检维修作业安全重视不够，检维修方案不完善不具体，特别是在检维修安全防范措施方面存在重大缺陷，未明确吹扫后煤气含量检测分析、作业安全监护等安全技术措施；现场检维修安全组织指挥工作不到位，作业许可证管理流于形式，没有严格落实安全隔绝、置换等措施，作业前的风险分析不全面，未对容器内煤气吹扫置换情况进行气体成分检测化验分析，检修开工前没有按照规定落实现场安全交底措施。

内蒙古乌海市泰和煤焦化集团有限公司"4·8"爆炸事故

2014 年 4 月 8 日，内蒙古乌海市泰和煤焦化集团有限公司化产车间发生爆炸事故，造成 3 人死亡，2 人受伤，直接经济损失约 230 万元。事故的直接原因是：该公司管道变更改造过程中，在未与生产系统隔绝、未进行吹扫置换、动火点未隔离、未进行气体分析的情况下即用电焊动火作业，电焊火花进入未封死的循环槽人孔，引爆被脱硫液夹带进入循环槽内的煤气。事故暴露出以下问题：

① 变更管理制度执行不到位。此次工艺及管道变更改造前未对变更过程产生的风险进行分析和控制；未履行变更审批程序。之前变更时未严格执行变更相关程序，造成脱硫循环槽上封头与槽体采用点焊、多次工艺设备改造变更都未上图；脱硫工艺、设备、管道等四次改造变更，均未经专业技术人员设计或专业技术人员论证；脱硫工段随意改变工艺设备和管道，将脱硫工艺由碱法改为氨法，再改为碱法，又改为氨法，变更后不能满足工艺要求，重新改造变更管道，酿成事故。

② 作业票证许可过程执行不严，作业票证管理不到位。此次脱硫工艺变更，涉及到动火作业。对易燃易爆、有毒有害气体的风险辨识不到位，违反《化学品生产单位动火作业安全规程》。

③ 企业风险管理不到位。风险辨识缺失，对脱硫循环槽内富集氢气、一氧化碳等易燃易爆气体没有分析评估到，对脱硫液夹带煤气造成循环槽内易燃易爆混合气体富集的危害也未辨识到，也未制定管理、工程、技术、应急等措施。安全生产管理机构与生产管理合并交叉，不能正确行使安全生产管理职责。

山西省永鑫煤焦化有限责任公司"4·26"爆炸事故

2014 年 4 月 26 日，山西永鑫煤焦化有限责任公司在回炉煤气管道检修过程中发生煤气爆炸事故，造成 4 人死亡，31 人受伤，直接经济损失约 480 万元。事故的直接原因是该公司在回炉煤气管道安装的盲板尺寸和安装位置不符合安全要求，造成煤气通过盲板和法兰之间的缝隙进入煤气主管，并从拆除的 1#炉流量计接口处泄漏。泄漏的煤气通过门窗进入值班室、交换机室、焦炉中间通廊，遇火源发生爆炸。事故暴露出以下问题：

①现场检修作业安全措施落实不到位。煤气总管盲板安装完毕后，未组织有关人员检查、确认。

②换向机日常维护保养不到位，导致手动装置在操作时连接部位铁质部件因摩擦、碰撞产生火花。

③现场检修作业负责人安全意识不到位。在作业现场发现泄漏煤气量大、作业人员出现不适的情况下，在现场安全员及安环部部长提出停工撤人的意见下，依然违章指挥、冒险作业。

④职工安全意识不到位，自我保护意识差。在作业过程中普遍感到头痛，意识到有煤气泄漏时，麻痹大意，仍然继续冒险作业。

河南豫港(济源)焦化集团有限公司“4·28”爆炸事故

2017年4月28日上午，河南省济源市虎岭产业集聚区豫港(济源)焦化集团有限公司化产车间由于1号机械化澄清槽上部从下段冷凝液泵往槽区氨水管道泄漏严重，经车间研究决定当日进行维修，并研究制定安全措施，安全员按程序办理动火作业票。12：50左右，车间副主任与安全员到澄清槽上巡视并用便携式可燃气体测定仪在澄清槽东侧观察口揭盖检测，没有发现异常，13：55车间电工、维修工接焊机，14：00左右安全员找值班长在动火证上签字；根据冷鼓操作室电脑记录，14：05冷凝液槽液位开始上升；15：02左右澄清槽上发生爆炸，导致澄清槽顶监护人、安全员、维修工等4人死亡。初步分析事故发生的直接原因事故发生部位为氨水澄清槽，其中有氨水、焦油，异常状态下还可能含有煤气。在12：50，操作人员用便携式可燃气体测定仪在澄清槽东侧观察口揭盖检测，14：00才签字动火作业。从时间上已经超过了规定要求。澄清槽上部有很多“里外通气”的地方，隔离措施不到位，最终焊渣引发爆炸。

四川广元天森煤化公司“5·2”爆炸事故

2014年5月2日，四川广元市旺苍县天森煤化有限公司发生爆炸，造成3人死亡，直接经济损失约260万元。事故的直接原因是：天森公司组织3名施工人员对隔油沉淀池(长20m、宽10m、高3.5m，上加盖彩钢板)加装排水泵，在未办理动火作业票证的情况下使用电弧焊机对隔油沉淀池盖板实施焊接作业时，火星从隔油沉淀池人工观察孔掉入池内，引燃酚油、轻油、蒽油、煤焦油、燃料油蒸气导致发生爆炸。事故发生前，企业擅自将部分事故水池改建成3口隔油沉淀池，并将隔油沉淀池上部用水泥预制板进行封闭，导致含油污水中挥发气体不能及时排出，在隔油沉淀池内形成爆炸性危险源。事故暴露出企业在变更过程中缺少对变更后可能存在风险的评估，对污水残油中挥发出的可燃蒸气形成爆炸性混合物风险性认识不足。

乌海市华资煤焦有限公司“6·27”爆炸事故

2017年6月27日上午，该公司决定在脱硫工段脱硫泵房的西墙上，加装一条熔硫釜到废液提盐的*DN*50退液管道，办理完动火作业票证(动火时间为9：00~16：30)，现场全部清理完毕符合作业条件后开始动火作业。16：30动火作业结束。在此期间，机修班长于16：00左右通知脱硫工段长，因脱硫清液退回脱硫地下槽，气味较大导致维修困难，决定把进脱硫地下槽的清液管道改到3#脱硫溶液循环罐。17：00左右，在未进行变更审批且未办理动火作业票的情况下，机修工开始在3#脱硫溶液循环槽上作业，17：20左右，3#脱硫溶液循环槽发生爆炸，导致3人死亡(包括2名机修工和1名脱硫班长)。事故暴露出企业动火作业安全风险辨识不到位，违反动火作业规定，擅自变更作业地点。事故调查人员到现场发现，该企业以前办理的动火作业票也存在很多问题，包括不分析可燃气体含量、风险辨识流于形式等。

五、化肥行业生产运行期间发生的典型事故

吉林通化“1·18”爆炸事故

2014年1月18日，吉林通化甲醇合成系统供水泵房发生爆炸，造成3人死亡、5人受伤，直接经济损失255万元。事故的直接原因是：当班岗位操作工在排液结束后，未能关严精醇外送阀门，且回流管阀门开度过大，导致净醇塔内稀醇低液位运行。接班操作工也未发现净醇塔底部稀醇液位低于控制线，导致高压工艺气体回流到稀醇罐，造成回流管线断裂，致使大量可燃混合气体(以H_2为主)迅速充满供水泵房，达到爆炸极限，受静电引燃后发生爆炸。事故暴露出以下问题：

① 企业对长期存在的安全隐患未进行彻底整改。1995年企业改造时将净醇塔液位计安装在塔底部出液管线上，造成去精醇阀门打开时，无法正确显示净醇塔液位，造成补液、排液时液位都不准确，且自动控制阀自设备运行使用后一直

未投入使用，无法实现液位与阀门的联锁控制和液位报警。

② 企业对交接(替)班和巡视制度落实不到位。在实际执行中，岗位操作人员未认真执行公司制定的交接(替)班和巡视制度，未做到不交接(替)班不准接班，接班后必须进行现场巡视的规定。

③ 事故事件管理未得到重视。企业曾发生过窜气现象，虽未引发事故，但企业没有将此列为事件进行分析，未引起企业重视，未采取有效措施对存在的隐患进行整改。

湖北省枝江市富升化工有限公司“2·19”燃爆事故

2015年2月19日，湖北省枝江市富升化工有限公司硝基复合肥建设项目在试生产过程中发生硝酸铵燃爆事故，造成5人死亡，2人受伤，直接经济损失469.28万元。事故的直接原因是北塔1#混合槽物料温度长时间高于工艺规程控制上限，导致硝酸铵受热分解，最高温度达629.95℃，致使1#和2#混合槽相继冒槽，料浆流至100.5m层和96m层平台，发生燃爆。事故暴露出以下问题：

① 设施设计存在缺陷。工艺流程设计中物料投放顺序不正确，将影响硝酸铵热稳定性的钾盐投入1#混合槽；在详细设计中未认真落实安全设施设计审查时专家提出的意见，未设计自动联锁控制系统；熔融器及1#、2#混合槽的温度和液位等报警参数设置不全；加热蒸汽自动调节系统与实际不匹配。

② 未严格执行试生产规定。未对建设单位、总承包商、设计单位、监理单位、施工单位等相关方的安全管理范围与职责进行明确界定；试生产前未组织设计、施工、监理单位以及专家对试生产方案进行审查；未组织开展“三查四定”工作；单机试车结束后，未经设计单位签字确认就联动试车；试生产方案和岗位操作规程缺乏针对性和操作性；试生产方案没有报市安监部门备案。

③ 企业安全意识淡薄，安全法规、制度不落实。企业安全生产主体责任不落实，未设置专门的安全管理机构；未认真贯彻执行国家有关安全生产的法律、法规和危险化学品生产、储存建设项目的有关规定；在硝基复合肥试生产过程中，组织实施工作不到位。有关生产管理人员对危险性认识不足，出现异常工况时没有严格执行操作规程；在交接班时更改配方，延长了物料在混合槽内停留时间。

④ 当地政府及监管部门对安全生产“红线”意识不强，监管不到位。湖北枝江经济开发区在项目建设中不重视安全生产，对区域内企业安全生产监督检查不力。枝江市安全监管局对富升公司未履行安全生产主体责任的检查及纠正不力，对硝基复合肥项目建设及试生产管理不到位。宜昌市安全监管局对督促检查地方

加强危险化学品安全生产监管工作不到位。

内蒙古鄂尔多斯伊东九鼎化工公司“6·28”爆炸事故

2015年6月28日，内蒙古鄂尔多斯伊东九鼎化工公司发生爆炸着火事故，造成3人死亡、6人受轻伤。此次爆炸是由于三气换热器存在质量问题，在前四次修焊过的脱硫气进口封头角接焊缝处存在贯通的陈旧型裂纹，引发低应力脆断导致脱硫气瞬间爆出。因脱硫气中氢气含量较高，爆出瞬间引起氢气爆炸着火，造成正在附近检修及保温作业的人员伤亡。事故暴露出以下问题：

① 开封空分公司对事故设备长期存在的隐患未按照法律法规进行处理。在2013年7月发现三气换热器第一次出现裂纹泄漏后，相关人员未引起足够重视，未对该设备质量安全进行整体检查，未查明原因进行修复，丧失了消除事故隐患的第一次时机。2014年12月，2015年2月和3月连续三次开裂泄漏后，开封空分公司没有依照《特种设备安全法》有关要求进行彻底检查消除隐患。特别是同一性缺陷反复出现，开封空分公司应当主动召回，但该公司未按相关规定进行处理，又丧失了消除事故隐患的后几次时机。

② 企业主要负责人、安全管理人员安全意识淡薄，对泄漏危险认识不足，在设备多次发生泄漏的情况下，未能按照《国家安全监管总局关于加强化工企业泄漏管理的指导意见》(安监总管三〔2014〕94号)有关要求，实施泄漏检测及维修全过程管理。在生产系统设计不能将该三气换热器单独切除出系统的情况下，发现泄漏未果断进行紧急停车，而采取了常规停车，错过了避免事故发生的最佳时机。

③ 由于泄漏隐患长期存在，造成企业各级员工麻痹大意，违章指挥、冒险作业。在公司生产管理部门开出检修作业票，安排员工在邻近泄漏源的泵房内进行检修作业时，未认真排查作业场所安全隐患。在得知三气换热器发生泄漏的情况下，公司有关部门仍然未按规定停止作业、及时将泄漏现场周边员工撤离，造成较大人员伤亡。

贵州宜化化工“7·22”管道泄漏爆炸事故

2010年7月22日，贵州宜化化工变换工段发生爆炸事故，造成8人死亡、3人受伤。原因是1#变换系统副线管道发生泄漏，气体冲刷产生静电，引爆现场可燃气体(主要是一氧化碳、二氧化碳、氢气等)，导致空间爆炸。

山东潍坊华浩农化有限公司“6·5”较大淹溺窒息事故

2016年6月5日14时许，山东潍坊华浩农化有限公司水溶肥生产车间发生一起淹溺窒息事故，造成 3 人死亡。事故直接原因是操作工未进行氧浓度及有毒气体浓度检测、未佩戴个体防护用品的情况下，冒然探入原料罐，因缺氧晕倒，滑落入氨基酸原液中，又因盲目进入罐内施救，滑落入氨基酸原液中吸入过量液体窒息死亡，导致事故后果扩大。事故暴露出以下问题：

① 华浩农化公司违规生产。华浩农化公司虽有 5 种肥料登记证，但明知大救星生物科技公司委托加工的大救星牌“壳力丰”虾青素根膨果肥未进行肥料登记，各项生产条件未经综合审核，依然违规组织生产。

② 现场作业安全管理缺失。华浩农化公司未按照《化学品生产单位特殊作业安全规范》(GB 30871—2014)等标准要求，进行风险辨识，制定进入受限空间作业方面的管理制度和操作规程；作业现场没有符合要求的通风、检测、防护等安全生产防护设施和个人防护用品；作业人员未经通风和检测进入原料罐；企业无密闭空间和缺氧作业方面的应急救援预案，导致事故发生后现场作业人员盲目施救。

昆明市安宁齐天化肥有限公司“6·12”硫化氢中毒事故

2008 年 6 月 12 日，安宁齐天化肥有限公司在脱砷精制磷酸试生产过程中发生硫化氢中毒事故，造成 6 人死亡、29 人中毒。事发时，操作人员正在向磷酸槽加入硫化钠水溶液。在调节底部阀门时，发现该阀门不能关闭，硫化钠水溶液持续流入磷酸槽，使磷酸槽中的硫化钠严重过量，产生的大量硫化氢气体从未封闭的磷酸槽上部逸出，导致部分现场作业人员和赶来救援的人员先后中毒。

黑龙江北大荒农业公司浩化分公司“6·18”中毒事故

2015 年 6 月 18 日，浩化分公司造气车间发生一起 3 人窒息死亡事故。事故的直接原因是造气车间作业人员在未办理进入受限空间审批手续、未佩戴防护用品的情况下，1 人进入磨煤工段煤浆添加剂地下溶解池内发生窒息，另有 2 人未采取防护措施盲目施救，导致事故扩大。事故暴露出以下问题：

① 对供应商管理缺少控制。供应商济南云川化工有限公司生产工艺简陋、管理粗放，对水煤浆添加剂品质管控不严，未做理化特性分析，未向浩化分公司提供化学品安全技术说明书，致使浩化分公司不掌握添加剂的物理特性和危害。

② 对受限空间认识不足。企业没有认识到磨煤厂房地下水煤浆添加剂溶解池已构成了受限空间的问题，忽视了按受限空间进行安全管理，未采取任何有效的管控措施，致使人员随意进入受限空间。

宁夏捷美丰友化工有限公司“9 · 7”中毒事故

2014 年 9 月 7 日，宁夏捷美丰友化工有限公司发生氨气液混合物从主火炬筒顶部喷出事故，造成 200m 范围内 41 人急性氨中毒。事故的直接原因是：设置在两台氨蒸发器壳侧设备出口管线上的安全阀均为气液两相阀，在其中一台氨蒸发器的安全阀起跳后，液氨直接进入氨事故火炬管线，加之氨事故火炬未设置气液分离罐，致使液氨从事故火炬口喷出，气化后扩散，导致事故的发生。事故暴露出以下问题：

① 存在严重的设计缺陷。氨事故火炬系统是重要的安全设施，编制的宁夏捷美丰友化工有限责任公司建设项目安全设施设计专篇中未分析氨事故火炬系统存在的风险并提出相应的预防措施，也未明确氨事故火炬系统的设备选型和设备一览表，存在严重的设计缺陷。在项目的总体设计和火炬系统设计审查中存在着交待不清、责任不清和设计缺陷。

② 对火炬系统 EPC 总承包商的设计资质审查把关不严。陕西金黎明石化工程公司仅具有二级压力容器设计资质，存在超越其设计资质等级许可的范围承揽工程设计的违法行为。

③ 装置中交和开车前组织的“三查四定”工作不严谨，没有发现设计及施工漏项；系统检修后开车，没有按《关于加强化工过程安全管理的指导意见》要求进行开车安全条件表单逐项确认。

宁夏中卫兴尔泰化工公司“11 · 20”中毒事故

2012 年 11 月 20 日，宁夏中卫市兴尔泰化工公司发生一氧化碳中毒窒息事故，造成 4 人死亡，2 人受伤。事发时合成车间正在向精炼工段再生器加铜，吊车把铜瓦吊入再生器，负责摘吊钩的操作工爬在再生器人孔摘吊钩没有摘掉，就跳入再生器中摘吊钩，随即发生一氧化碳中毒并晕倒。车间人员没有佩戴任何防护用具进入再生器盲目施救，导致多人中毒伤亡。事故暴露出以下问题：

① 该公司安全责任不落实，安全管理混乱。该公司安全管理规章制度不健全(缺少安全例会、安全费用和煤气安全管理等制度)，安全投入不足、安全设施(指一氧化碳等有毒有害气体泄漏测漏报警装置)和防护器材配备不齐全。

② 未编制开停车方案。停车检修时，没有用盲板将有毒有害介质有效隔离；检修后重新开车，没有制定完善的开车方案，未履行领导签字、审核手续，也未建立有效的生产指挥系统；开车时没有确认相关阀门的状态，造成开车时设备运行状态不明(再生器已经存在一氧化碳等有毒气体却未被发现)；且工序打通过

程没有记录，改变加铜工艺后未制定详细的安全操作规程，作业随意性大。

③ 该公司安全培训教育不到位。员工对岗位特别是进入受限空间的危险有害因素识别不全，安全意识淡薄，缺乏应急救援的基本常识，事故发生时未能正确选用气体防护设施，救援过程中使用的滤毒罐和长管式防毒面具防护不可靠。

六、化肥行业检维修期间发生的典型事故

四川省南充市宏泰生化有限公司“4·23”爆炸事故

2011 年 4 月 23 日，四川宏泰生化有限公司发生爆炸事故，造成 4 人死亡，2 人受伤，直接经济损失 550 余万元。事故的直接原因是该公司造气车间中低变甲烷化炉出口管道焊口在高温含氢介质条件下长期运行，缺陷暴露扩展，氢气泄漏。在系统未停车和安全措施不到位的情况下，进行带压堵漏作业，作业产生火花引爆泄漏的氢气。本次事故中，4 月 22 日 20 时 20 分，造气车间甲烷化炉进口管线(PG-213-200)发生氢气泄漏，采用抱箍进行带压堵漏，暂时消除了泄漏现象。4 月 23 日 10 时 40 分，甲烷化炉进口管线再次发生泄漏，在未对系统进行停车和采取安全维修措施的情况下，仍然采用抱箍进行带压堵漏作业，而发生了爆炸。由此必须引起对带压堵漏技术应用中所存在风险的反思。

新疆宜化化工有限公司“7·26”爆炸事故

2017 年 7 月 26 日下午，新疆宜化化工有限公司安排施工作业人员对南造气三号系统气化炉(11#，12#，13#，14#，15#)及相关管道进行防腐保温工作，同时，当班操作人员对 12#气化炉进行进料(从气化炉顶端加煤机进料)。在事故现场周边相关作业人员共 135 人。18 时 5 分左右，12#气化炉在进料过程中发生燃爆，造成 5 人死亡、27 人受伤。初步分析事故直接原因是：长时间储存于煤仓中的煤发生氧化阴燃，阴燃的煤块在放煤过程中与达到爆炸浓度的煤尘和高达 50%的氧气环境接触，导致煤粉发生煤尘爆炸。

贵州兴化“8·2”甲醇储罐爆炸事故

2008 年 8 月 2 日，贵州兴化化工有限责任公司甲醇储罐发生爆炸燃烧事故，造成 3 名施工人员死亡，2 人受伤(其中 1 人严重烧伤)，6 个储罐被毁。在甲醇罐惰性气体保护设施施工过程中，因施工单位违规将精甲醇储罐顶部备用短节打

开，与二氧化碳管道进行连接配管，管道另一端则延伸至罐外下部，造成罐体通过管道与大气连通，致使空气进入罐内。罐内甲醇–空气混合气体通过配管外泄，遇精甲醇罐旁违章动火作业的电焊火花，引起管口区域爆炸燃烧，并通过连通管道引发罐内甲醇–空气混合气体爆炸，罐底部被冲开，大量甲醇外泄、燃烧，致使附近5个储罐相继爆炸。

山东新泰联合化工有限公司“11·19”爆燃事故

2011年11月19日，山东新泰联合化工有限公司发生爆燃事故，造成15人死亡，4人受伤，直接经济损失1890万元。事故发生在尿素车间，在道生油冷凝器维修过程中，因未采取可靠的防止试压水进入热气冷却器道生油内的安全措施，造成四楼平台道生油冷凝器壳程内的水灌入三楼平台热气冷却器壳程内，水与高温道生油混合并迅速汽化，水蒸气夹带道生油从道生油冷凝器的进气口和出液口法兰处喷出，与空气形成爆炸性混合物，遇点火源发生爆燃。

七、农药行业生产运行期间发生的典型事故

宁夏瑞泰科技股份有限公司“7·1”甲胺储罐爆炸事故

2014年7月1日，宁夏瑞泰科技股份有限公司啶虫脒生产车间*N*–(6–氯–3–吡啶甲基)甲胺储罐发生爆炸，造成4人死亡，1人受伤，直接经济损失约500万元。事故的直接原因是储罐内的*N*–(6–氯–3–吡啶甲基)甲胺长时间处于保温状态，发生了缩聚反应，产生的大量热量和气体不能及时排出，导致容器超压发生爆炸。事故暴露出以下问题：

① 对新产品的工艺安全信息不掌握。*N*–(6–氯–3–吡啶甲基)甲胺是合成杀虫剂啶虫脒的重要中间体，目前，国内外均未见报道涉及*N*–(6–氯–3–吡啶甲基)甲胺的热稳定性和安全性，该化合物也不在国家《危险化学品名录》中，也未发现关于国内外同行业发生此类事故的报道和相关信息，相关单位在科研、安评、设计、生产过程中未能完全预见其潜在的风险。

② 对工艺变更后的风险未评估。瑞泰公司1000 t/a啶虫脒生产线，是目前国内外最大的一条啶虫脒农药生产线，生产规模由原扬农集团100t/a放大到现瑞泰公司1000 t/a，中间体*N*–(6–氯–3–吡啶甲基)甲胺储存由塑料桶(200L)常温固态(凝固点为37℃左右)保存改为不锈钢储罐(5300L)保温(依据经验盘管通

70℃热水)液态保存；操作方式由人工定量灌装、自然冷却搬运、储存、溶化、抽料到合成釜，改为流水线自动输送到合成釜。改进后，虽然减少了人工操作，改善了作业现场环境质量，保护了员工健康。但是，设计时未能预见 *N*-(6-氯-3-吡啶甲基)甲胺长时间液态保温储存时缩聚所产生的风险，也没有采取相应的防范措施。

③ 瑞泰公司和扬农集团在文件中使用不规范名称(苄甲胺)标识化合物 *N*-(6-氯-3-吡啶甲基)甲胺，容易造成化合物属性的误判，有可能导致科研、安评、设计的疏漏。

④ 江苏扬农化工集团有限公司在设计时，没有按危险物品必须有防火间距(安全距离)的要求考虑 *N*-(6-氯-3-吡啶甲基)甲胺生产装置与包装间和工具间等的安全距离。

黑龙江胜农科技开发有限公司“11·27”中毒事故

2015 年 11 月 27 日，黑龙江胜农科技开发有限公司租用鹤岗市旭祥禾友化工有限公司的禾草灵车间设备进行乙嘧酚工业化试验时发生中毒事故，造成胜农科技开发有限公司 3 名员工死亡。事故的直接原因是：新产品乙嘧酚试验过程中，含有甲硫醇的尾气负压吸收和三级碱吸收系统的引风机吸风口与尾气的连接管道因气温低造成冻堵，使尾气碱液吸收塔失去吸收功能，尾气中的甲硫醇不能及时吸收而外泄，引发在场的 3 名操作工人中毒死亡。事故暴露出以下问题：

①鹤岗市旭祥禾友化工有限公司在租赁厂房时，对发生的工艺技术、设备设施和管理等变更，未进行风险分析，未制定风险控制方案。

②黑龙江胜农科技开发有限公司进行新产品乙嘧酚中试时，对尾气回收管道如何确保畅通，对策措施不充分、有漏洞，致使装置的尾气吸收塔设在室外，在严寒的冬季对其尾气吸收管道未做防寒保温处理而引起管道冻堵。

③ 中试项目管理人员和实验操作人员安全培训不到位，未对可能产生的危险物质进行充分研判，应急措施不规范，现场处置存在不足，并违反操作规程和工作纪律。现场管理人员外出，车间主任负责组织实验，未跟班指挥，中试试验未设立专职安全员，未设置实验操作监护人员。

八、医药行业生产运行期间发生的典型事故

安徽省中升药业有限公司“4·18”中毒事故

2012 年 4 月 18 日，安徽省中升药业有限公司发生中毒事故，造成 3 人死亡，

4 人受伤，直接经济损失 450 余万元。事故的直接原因是：该公司在未经安全许可，无正规设计、无施工方案的情况下，对 α-溴代对羟基苯乙酮生产装置进行改造，增加了固体光气配料釜等装置，在用蒸汽对配料釜直接加热生产时，发生光气泄漏，导致中毒事故。事故暴露出企业对变更管理处于失控状况，未评估出用蒸汽对配料釜直接加热时，可致固体光气在高温下分解成光气的风险。

宁夏多维泰瑞制药有限公司“8·4”中毒事故

2011 年 8 月 4 日，多维泰瑞制药有限公司泵房污水管道阀门破裂，管道内硫化氢气体溢出，造成 3 人死亡，2 人受伤。事故直接原因：泵房污水管道阀门突然破裂，当班班长听到异响后下去查看时昏倒，两名当班工人进入现场施救时昏倒，随后参与施救的人员分别出现不适反应。由于盲目施救，最终导致 3 人死亡。

山东省广饶县润恒化工有限公司“10·18”中毒事故

2013 年 10 月 18 日，山东省广饶县润恒化工有限公司医药中间体生产车间发生物料泄漏中毒事故，造成 3 人死亡，直接经济损失约 270.6 万元。事故的直接原因是氟化岗位操作工违章操作，未佩戴必要的劳动防护用品，在氟化釜处于带压的状态下，使用管钳对已关闭到位的截止阀进行压紧阀盖作业，致使截止阀压盖螺纹失稳滑丝，导致含有氟化氢的物料喷出，造成事故。

事故暴露出企业非法生产的问题。该企业未依法履行安全生产、环保、消防等许可手续，非法生产危险化学品、非法购买剧毒危化品氯气、非法使用未经登记注册的压力容器；拒不执行相关部门停产指令，擅自生产。

昆明全新生物制药公司“12·30”爆炸事故

2010 年 12 月 30 日，云南省昆明市昆明全新制药有限公司片剂车间发生爆燃事故，造成 5 人死亡，8 人受伤。事发时，检修人员为给空调更换过滤器，断电停止了空调工作，净化后的空气无法进入洁净区，因烘箱内的循环热气流使粒料中的水分和乙醇蒸发，烘箱内积聚了达到爆炸极限的乙醇气体。操作人员在烘箱烘烤过程中开关烘箱送风机或者轴流风机运转过程中产生电器火花，引爆积累在烘箱中的乙醇爆炸性混合气体。

临海市华邦医药化工有限公司“1·3”爆炸事故

2017 年 1 月 3 日上午 8：00，浙江省台州临海市华邦医药化工有限公司 2 名

当班操作工人在 C_4 车间二楼开始进行环合反应后的甲苯蒸馏操作；8∶50 左右，环合反应釜爆炸并引起现场着火，产生浓烈黑烟，造成 3 人死亡。事故直接原因是：在环合反应不完全情况下，就开始进行甲苯的蒸馏回收，未反应完全的原料和产品发生分解产生大量气体，釜内压力上升产生爆炸，反应釜内的易燃物料喷出着火。事故暴露出企业在变更管理方面存在较大的问题，在对物料危险特性和反应安全风险不清楚的情况下，企业将加热方式擅自更改为蒸汽加热，明显增加了超温的可能性。且没有安全操作规程，自动化控制系统未投用。

九、精细化学品行业生产运行期间发生的典型事故

山东德州合力科润化工有限公司乙腈装置"1·1"爆炸事故

2009 年 1 月 1 日，山东省德州合力科润化工有限公司乙腈装置发生爆炸，造成 5 人死亡，9 人受伤。发生爆炸的两台固定床反应器，是未清洗干净的二手设备，由于其壳程存有积碳和油垢，使熔盐在高温下加速分解，发生爆炸。

浙江嘉兴向阳化工厂"1·4"反应釜爆炸事故

2012 年 1 月 4 日，浙江省嘉兴市向阳化工厂二氯乙烷车间反应釜发生爆炸，同时引发火灾，造成 3 人死亡，4 人受伤，直接经济损失约 120 万元。事故的直接原因是：生产过程中涉及双氧水与二异丙胺反应，该反应是强放热反应，需在二异丙胺过量且冷却条件下进行，由于生产技术不成熟，在生产工艺组织上，氧化反应自控测量参数设置不全面，操作人员凭经验判断氧化反应终点，未对反应物的消耗情况分析检测，组织工人盲目蛮干，造成氧化剂双氧水转入不具备反应控制条件的浓缩工序而发生化学爆炸。

事故暴露了企业存在以下问题：

① 事故车间安全生产条件不具备。企业老厂区布局不合理，车间自动化程度低，未单独设置自动化操作控制室，致使事故发生时，车间现场操作人员过多，造成伤亡扩大。

② 企业安全生产管理不到位。企业未制定有针对性的技术控制规则和安全操作规程，对氧化反应终点没有设置科学的判定方法，凭经验操作；企业没有制定极端环境条件下的安全保障措施。1 月 4 日天气寒冷，据气象资料显示最低地面温度为-4.3℃，导致反应温度偏低，致使含双氧水在内的反应物氧化反应不完全。

③ 企业在做该项目的安全预评价、安全现状评价时，提供的工艺信息不完整，也没有进一步掌握生产该产品的安全技术特征。

河北克尔化工有限公司“2 · 28”重大爆炸事故

2012 年 2 月 28 日，河北赵县克尔化工有限公司发生爆炸事故，造成 29 人死亡，46 人受伤，直接经济损失 4459 万元。事故的直接原因 1 号反应釜底部保温放料球阀的伴热导热油软管连接处发生泄漏着火后，当班人员处置不当，外部火源使反应釜底部温度升高，局部热量积聚，达到硝酸胍的爆燃点，造成釜内反应产物硝酸胍和未反应的硝酸铵急剧分解爆炸。1 号反应釜爆炸产生的高强度冲击波以及高温、高速飞行的金属碎片瞬间引爆堆放在 1 号反应釜附近的硝酸胍，引发次生爆炸。事故暴露出以下问题：

① 企业生产原料、工艺、设施随意变更。未经安全审查，未经风险评估，擅自将原料尿素变更为双氰胺；擅自更改工艺指标，提高导热油温度。未制定改造方案，未经相应的安全设计和论证，增设一台导热油加热器，改造了放料系统。

② 设备维护不到位，在反应釜温度计损坏无法正常使用时，不是研究制定相应的防范措施，而是擅自将其拆除，造成反应釜物料温度无法即时监控。

③ 车间管理人员、操作人员专业知识低，多为初中以下文化程度，缺乏化工生产必备的专业知识和技能，未经有效安全教育培训即上岗作业。

④ 企业隐患排查治理工作不深入、不认真，对技术、生产、设备等方面存在的隐患和问题视而不见，甚至当上级和相关部门检查时弄虚作假，将已经拆除的反应釜温度计临时装上应付检查，蒙混过关。

安庆市鑫富化工有限公司“3 · 27”爆炸事故

2011 年 3 月 27 日，安庆市鑫富化工有限责任公司制造车间 3 号低温氯化釜发生爆炸，同时引发车间局部火灾，造成当班人员 3 人死亡、1 人轻伤。事故的直接原因是当班操作工误操作，在准备补加二甲基甲酰胺时，误将甲醇高位槽阀门打开，将用于洗釜的高位槽剩余甲醇加入到釜内，与釜内物料发生剧烈反应，导致爆炸。事故暴露出以下问题：

①该生产工艺及流程设计本身存在缺陷，选择甲醇作为清洗剂存在较大危险，甲醇管道与 DMF 管道相邻并行，最后合并通过同一个阀门进釜，容易因误操作将甲醇引入反应釜，氯化成盐试剂与甲醇发生剧烈化学反应，工艺流程设计存在较大风险。

②物料替代名称混淆，易发生误操作。该公司从技术保密出发，将甲醇物料以 T14 代称，二甲基甲酰胺(DMF)物料以 T11 代称，容易混淆，发生误操作。

③企业变更管理缺失，在进行管线更改设计后，未进行风险识别和分析，DMF 管线、甲醇管线毗邻并联设计存在安全隐患，操作时工人易误操作。

④企业安全管理混乱，岗位人员配备不足。专业安全培训不够，岗位操作规程未向操作人员交底，操作人员对生产过程危险因素和环节认识不清，操作人员安全意识淡薄，误操作是造成此次事故的重要原因。

兴隆县天利海香精香料有限公司“4·9”火灾事故

2016 年 4 月 9 日 21 时 15 分，河北省承德市兴隆县天利海香精香料有限公司化二车间水解岗位操作工对 4# 水解釜加热过快，釜内物料暴沸，产生大量的甲醇、氯甲烷、氯化氢、水蒸气等气体，造成釜内压力急剧升高，导致釜内物料喷出，将水解釜上封头及附带的电机、减速机等冲起，撞击车间三层钢筋砼构件产生火花，甲醇、氯甲烷等被引燃，造成现场人员伤亡并引发次生火灾。事故造成 4 人死亡、3 人烧伤。事故暴露出以下问题：

① 企业安全生产意识淡薄，对水解岗位生产操作规程中的注意事项不够重视，未能使员工充分明确作业岗位存在的危险有害因素。未认真落实转岗培训制度，学徒工从浓缩岗位到水解岗位实习，车间、班组没有转岗培训记录。

② 车间划分和劳动组织不合理，化二车间 3#、4# 水解釜操作岗位与化一车间 9#～12# 水解釜操作岗位位于同一作业平台上，但没有形成联保互保机制；在水解和通氯作业时安排维修人员进行作业，存在交叉作业现象。

江西樟江化工有限公司“4·25”较大爆燃事故

2016 年 4 月 25 日 1 时 18 分，位于江西省樟树市盐化工基地化工园区的江西樟江化工有限公司在试生产过程中发生爆燃事故。在试生产准备阶段往生产系统中添加工作液(主要成分为 2-乙基蒽醌、重芳烃、双氧水和磷酸三辛酯等)时，氧化塔中的氧化工作液呈碱性(要求氧化液呈弱酸性)。企业在紧急停车后，生产副总经理对其危险性认识不足，处理时判断不全面，企图回收利用不合格工作液，违规将氧化工作液泄放至酸性储槽中，并违规打开酸性储槽备用口添加磷酸，企图重新将氧化工作液调成酸性。但酸性储槽中的双氧水在碱性条件下迅速分解并放热，产生高温和助燃气体氧气，引起密闭的储槽容器压力骤升而爆炸，引燃氧化工作液，造成爆燃事故，致使 3 人死亡，1 人轻伤。

事故暴露出企业安全生产主体责任不落实。樟江公司在建设项目时，未取得消防部门消防设计审核意见和建设部门施工许可，擅自开工建设；未取得消防验收合格意见书，擅自进行项目试生产(使用)。企业安全管理机构不完善，未设置安全生产管理机构；主要负责人及安全管理人员未参加安监部门举办的安全生产知识和管理能力培训考核，企业安全技术人员及操作员工安全培训教育不到位，对安全生产危险危害的防范意识不强；江西蓝恒达化工有限公司与事故企业签订土地租赁协议，租赁企业未对承租企业的安全生产工作进行统一协调、管理，未定期进行安全检查。这是导致此次事故发生的重要原因。

沧州大化 TDI 有限责任公司“5·11”爆炸事故

2007 年 5 月 11 日，沧州大化 TDI 有限责任公司 TDI 车间硝化装置发生爆炸事故，造成 5 人死亡，80 人受伤，其中 14 人重伤，厂区内供电系统严重损坏，附近村庄几千名群众疏散转移。事故的直接原因是：TDI 车间一硝化系统在处理系统异常时，酸置换操作使系统硝酸过量，甲苯投料后，导致一硝化系统发生过硝化反应，生成本应在二硝化系统生成的二硝基甲苯和不应产生的三硝基甲苯(TNT)。因一硝化静态分离器内无降温功能，过硝化反应放出大量的热无法移出，静态分离器温度升高后，失去正常的分离作用，有机相和无机相发生混料。混料流入一硝基甲苯储槽和废酸储罐，并在此继续反应，致使一硝化静态分离器和一硝基甲苯储槽温度快速上升，硝化物在高温下发生爆炸，并引发甲苯储罐起火爆炸。

江西海晨鸿华化工有限公司“5·16”较大爆炸事故

2012 年 5 月 16 日上午 7 时 45 分左右，江西海晨鸿华化工有限公司由于生产过程中水进入 2#磺化釜内，与氯磺酸发生剧烈放热反应，诱发硝基苯以及磺化反应产物发生剧烈分解反应，发生爆炸，造成 3 人死亡、2 人受伤，直接经济损失 600 余万元。事故暴露出以下问题：

① 工艺管理存在的问题。在生产装置长时间处于异常状态、工艺参数出现明显异常(硝基苯含量高、反应长时间达不到终点)的情况下，企业技术与管理人员均未到现场进行处理，操作人员盲目维持生产，导致事故发生。

② 设备管理存在的问题。3#釜加注三氯化磷的玻璃管道损坏、5 个釜共用的磁力泵损坏，均未及时更换，导致 3#釜不能正常反应，在带料的情况下长时间搁置，直接导致异常工况的形成。

山东淄博市宝源化工股份有限公司“5·28”爆炸事故

2011 年 5 月 28 日，山东省淄博市宝源化工股份有限公司发生爆炸事故，造成3人死亡，8人受伤，直接经济损失约450万元。事故的直接原因是：该公司硝基甲烷车间精馏工段粗品精馏过程中，在蒸馏罐中投入原料时，未加入低沸点物，且蒸馏时间过长，精馏罐处于低液位状态，在罐内壁形成较多固体残留物。在精馏罐持续加热条件下，精馏罐壁面固体残留物发生热分解而爆炸，爆炸引发罐内气体和残留液体整体爆轰。事故暴露出以下问题：

①变更管理不到位。在工艺操作变更以后，未进行危险因素辨识，对操作的工艺危险性没有深入分析，未修订相关的操作规程。

②危险因素辨识不到位。企业对工艺物料、工艺反应可能生成的危险物质的危险性进行分析，对不当操作引发的后果不清楚，没有采取消除危险性措施，导致蒸馏时间过长，发生爆炸。

江苏省宝应县曙光助剂厂“5·29”爆炸事故

2014年5月29日，江苏省扬州市宝应县曙光助剂厂发生爆炸事故，造成3人死亡，3人受伤。事发时，该厂当班工人正将甲基邻苯二胺(粗品)投入夹套式真空蒸馏釜进行生产。由于甲基邻苯二胺(粗品)含有的杂质在蒸馏过程中随着甲基邻苯二胺的产出，浓度逐渐升高，在一定的温度和空气进入釜内的条件下，发生化学反应，引起爆炸。事故暴露出非法生产与非法转包中存在着严重问题：

① 曙光助剂厂非法生产。二甲基乙醇胺是危险化学品，加工HY-10母液生产二甲基乙醇胺，属于危险化学品生产过程，应当领取危险化学品安全生产许可证。曙光厂擅自用本企业生产装置加工HY-10母液，生产二甲基乙醇胺，未申请领取安全生产许可证，不具备生产危险化学品的资质和条件。

② 江苏飞翔化工股份有限公司非法生产。德诚化工的危险化学品安全生产许可证在2013年11月7日已过期，且许可范围不包含二甲基乙醇胺，不具备生产二甲基乙醇胺的资质条件。在被当地安监部门责令停产期间，将HY-10母液擅自转移到不具备资质的曙光助剂厂加工，属于非法转包危险化学品生产项目。

③ 靖江市德诚化工有限公司违法行为。飞翔化工委托德诚化工为其加工HY-10母液，将生产经营项目发包给不具备资质条件的德诚化工，是该起危险化学品非法生产行为的源头。

林江化工股份有限公司“6·9”爆炸事故

2017年6月8日，浙江杭州湾上虞经济技术开发区林江化工股份有限公司车间主任安排4名操作工在二号车间215反应釜使用二氯甲烷萃取前期反应生成的中间产品[1，4，5]氧二氮杂庚烷，研发人员负责跟踪。8日晚22点40分左右，操作工开始用真空泵把萃取好的物料抽到13号水汽蒸馏釜中，开蒸汽升温以蒸馏去除物料中的溶剂二氯甲烷得到中间产品，同时通知DCS室配合车间对13号釜的温度、压力进行查看。23点30分左右，釜温42℃、压力0.002MPa，开始出现馏分；2点16分左右，DCS显示温度、压力急剧上升，随即13号釜发生爆燃。事故暴露出企业对精细化工新产品投用前未进行反应安全风险评估。中间产品[1，4，5]氧二氮杂庚烷，在40℃以下已开始缓慢分解，随温度升高分解速度加快，至130℃时剧烈分解，发生爆炸。企业在不掌握新产品及中间产品理化性质和反应安全风险的情况下，利用已停产的工业化设备进行新产品中试，依据500mL规模小试，将中试规模放大至1万倍以上，在反应釜中进行水汽蒸馏操作时，夹套蒸汽加热造成局部高温，中间产品大量分解导致体系温度、压力急剧升高，最终发生爆燃事故。

九江之江化工公司“7·2”爆炸事故

2017年7月2日凌晨，江西省九江市彭泽县矶山工业园区之江化工公司7号反应釜投料后，通蒸汽缓慢升温。至7时20分左右，升温至163℃、压力4.7MPa，关闭蒸汽，进入反应保温阶段。16点30分，7号反应釜安全阀第一次起跳。随后，车间主任到现场带领班长、机修人员进行紧急处置，打开保温层，用水冲淋反应釜上部进行降温，随后安全阀回坐。17时左右，7号反应釜安全阀第二次起跳，几秒钟后发生爆炸，造成3人死亡、3人受伤。

初步分析事故直接原因是：胺化反应属于18种危险工艺，物料具有燃爆危险性，该工艺的操作模式为先升温到160℃后保温反应，由于反应釜体积较大，此时可认为体系进入绝热模式，反应放热全部用来升高体系温度。由于反应釜出现了冷却失效，大量热无法通过冷却介质移除，体系温度不断升高，对硝基苯胺为热不稳定物质，在高温下易发生分解，其TD1(达到最大反应速率的温度)约为220~240℃，可能是反应热造成了产物的二次分解，导致体系温度、压力的极速升高造成爆炸。

云南曲靖众一合成化工“7·7”氯苯回收塔爆燃事故

2014年7月7日，云南省曲靖众一合成化工有限公司合成一厂一车间氯苯回收系统发生爆燃事故，造成3人死亡，4人受伤，直接经济损失560万元。事故的直接原因：一是氯苯回收塔塔底AO-导热油换热器内漏，管程高温导热油泄漏进入壳程中与氯苯残液混合，进入氯苯回收塔致塔内温度升高，残液汽化压力急剧上升导致氯苯回收塔爆炸和燃烧；二是未按设计要求安装温控调节阀，只安装了现场操作的“截止阀”，当回收塔塔底温度、压力出现异常情况并超过工艺参数正常值范围时，“截止阀”不能自动调节和及时调控。事故暴露出以下问题：

① 当班人员操作处理不及时。当班人员对氯苯回收塔(浓缩塔)(E520)塔底温度、压力出现的异常情况未能及时、准确作出判断，未能果断采取有效措施，处理故障不及时。

② 安全教育培训、管理不到位。岗位教育的针对性不强，作业人员对本岗位的安全风险和异常情况缺乏正确判断和处理能力，安全防范意识差；公司部分安全生产管理人员未经安全管理部门培训取得安全管理资格证书，无证上岗；安全管理规章制度不健全，操作规程有缺陷，工艺参数设定不合理；试生产现场管理混乱，交叉作业现象突出；带班领导未认真履行职责，巡查检查不到位。

③ 监理不到位。工程监理单位未严格工程设计要求督促建设单位安装有关设施设备，未认真履行监督管理职责。

④ 专家组对试生产(使用)方案审查把关不严，在建设单位未按设计要求安装温控调节阀的情况下，仍签字同意投入试生产运行。

河南洛阳洛染股份有限公司“7·15”爆炸事故

2009年7月15日，河南省洛染股份有限公司一车间发生爆炸事故，造成8人死亡，8人受伤。事故的直接原因是中和萃取作业场所氯苯计量槽挥发出的氯苯蒸气，遇旁边因老化短路的动力线部位火源，引发氯苯蒸气爆燃，氯苯计量槽被引燃，随后发生爆炸，致使水洗釜内成品2，4-二硝基氯苯发生第一次爆炸，继而引发硝化釜内2，4-二硝基氯苯发生第二次爆炸。

山东东营滨源化学有限公司“8·31”爆炸事故

2015年8月31日，山东东营滨源化学有限公司年产2万吨改性型胶黏新材料联产项目二胺车间混二硝基苯装置在投料试车过程中发生爆炸事故，事故造成13人死亡。爆炸事故发生前，该企业先后两次组织投料试车，均因为硝化机温度波动大、运行不稳定而被迫停止。事故发生当天，企业负责人在上述异常情况原因未查明的情况下，再次强行组织试车，在出现同样问题停止试车后，车间负责人违章指挥操作人员向地面排放硝化再分离器内含有混二硝基苯的物料，导致起火并引发爆炸。由于后续装置还未完工，事故发生前有多个外来施工队伍在生产区内施工、住宿，造成事故伤亡扩大。事故暴露出以下问题：

① 违法建设。该公司在未取得土地、规划、住建、安监、消防、环保等相关部门审批手续之前，擅自开工建设；在环保、安监、住建等部门依法停止其建

设行为后，逃避监管，不执行停止建设指令，擅自私自开工建设。

② 违规投料试车。未严格按照《山东省化工装置安全试车工作规范》对事故装置进行“三查四定”，未组织试车方案审查和安全条件审查，未成立试车管理组织机构，违规边施工、边建设、边试车，试车厂区违规临时居住施工人员，未严格按照相关规定开展工艺设备及管道试压、吹扫、气密、单机试车、仪表调校等试车前准备工作。

③ 违章指挥。在工艺条件、安全生产条件不具备的情况下，该企业主要负责人擅自决定投料试车；分管负责人在首次试车装置运行温度等重要工艺指标不稳定的原因未查明、未采取有效措施解决的情况下，先后两次违规组织进行投料试车，严重违反《山东省化工装置安全试车十个严禁》和《化工企业安全生产禁令》。

④ 强令冒险作业。在第三次投料试车紧急停车后，车间和工段负责人，违反相关规定，强令操作人员卸开硝化再分离器物料排净管道法兰，打开放净阀，向地面排放含有混二硝基苯的物料。

⑤ 安全防护措施不落实。事故装置相关配套设施未建成，安全设施设备未全部投用，投用的安全设施设备未处于正常运行状态；未按照有关安全生产法律、法规、规章和国家标准、行业标准的规定，对建设项目安全设施进行检验、检测，安全设施不能满足危险化学品生产、储存的安全要求。

绍兴市华元化工有限公司“9·14”萘储罐爆炸事故

2013年9月14日8时50分，位于上虞区道墟镇工业区的绍兴市华元化工有限公司发生一起萘储罐爆炸事故，造成3人死亡。事故直接原因是华元公司员工采用氧气、乙炔气割枪明火烘烤结晶萘料管，致使熔融的液萘外溢，遇明火着火。输送管中的液萘继续流出，在1号罐罐顶的人孔盖附近燃烧，无保温材料的人孔盖直接受火烧烤，引燃人孔盖内部的结晶萘，导致1号罐内液萘进一步汽化，并达到爆炸极限，引发爆炸后燃烧。事故暴露出以下问题：

① 华元公司在停产整顿期间，擅自组织生产。公司已于2013年2月4日被安全监管部门作出停产整顿的行政处罚，但华元公司仍存在生产行为，甚至在政府部门检查时弄虚作假，蒙混过关。

② 华元公司安全管理混乱。公司实行家族式管理模式，安全生产管理职责不明。华元公司共有2名专职安全员，其中1名未从事安全生产管理工作，未履行安全员职责；另1名是华元公司安全生产实际负责人，但安全员证书已过期，又担任仓库管理员，持有叉车场内机动车操作证书。

③ 华元公司管理人员、操作人员专业知识缺乏，不适应岗位要求。公司管

理人员中多数是公司负责人的亲戚，管理人员与员工多数是初中以下文化程度，缺乏对化工专业知识和生产技能的了解和掌握，未经有效的安全教育培训即上岗作业；从事磺化工艺的严某，无证操作电焊设备，擅自动用气割工具明火疏通管道中易燃易爆的结晶萘，使结晶萘熔融后流至1号罐顶盖起火，又施救不当，直接导致储罐爆炸。

辽宁省辽阳金航石油化工有限公司“9·14”爆炸事故

2008年9月14日，辽宁省辽阳市灯塔市金航石油化工有限公司发生爆炸事故，造成2人死亡，1人下落不明，2人受轻伤。该起事故是由于在滴加异辛醇进行硝化反应的过程中，当班操作工违章脱岗，反应失控时没能及时发现和处置，导致反应釜内温度、压力急剧上升，釜内物料从反应釜顶部的排放口喷出，喷到成品库房内的可燃物上，导致着火，引发成品库内堆积的桶装硝酸异辛酯爆炸，并引起厂内其他物料爆炸、燃烧。

万华化学集团股份有限公司“9·20”MDI缓冲罐爆裂事故

2016年9月20日17时22分，万华化学集团股份有限公司烟台工业园二苯基甲烷二异氰酸酯生产装路在停车退料过程中，一容积为12m^3的异氰酸酯(MDI)缓冲罐发生爆裂，造成4人死亡，4人受伤。事故直接原因是：由于DAM泵出口管线上的手阀未关严，导致来自上游的约8t DAM进入粗MDI缓冲罐(DAM输送泵不停止打循环，防止固化)。DAM与MDI反应可生成缩二脲和多缩脲，同时放出大量热量。生成的多缩脲导致粗MDI缓冲罐出料泵P3407-1/2入口过滤器堵塞，使事故储罐液位不断上升至满罐，并进入位于粗MDI缓冲罐上方的收液管道及两根压力平衡管道内，将压力平衡管道堵塞。DAM与MDI反应放出的热量，导致粗MDI缓冲罐内温度不断升高，最终达到MDI自聚反应起始温度，MDI迅速自聚，同时产生大量二氧化碳，使粗MDI缓冲罐内温度、压力快速升高，最终超压爆裂，导致事故发生。

江苏联化科技有限公司“11·27”爆燃事故

2007年11月27日，江苏联化科技有限公司发生爆燃事故，造成8人死亡，5人受伤，直接经济损失约400万元。事故的直接原因是染料中间体当班操作工操作不当，本应对重氮化反应进行保温，但没有将加热蒸汽阀门关到位，致使反应釜被继续加热，导致重氮化釜内重氮盐剧烈分解，发生化学爆炸。

浙江菱化实业股份有限公司“11·28”爆燃事故

2007年11月28日，浙江省湖州市浙江菱化实业股份有限公司的二级脱酸甩盘釜发生燃爆事故，造成3人死亡。事故的直接原因是公司亚磷酸二甲脂车间当班操作工没有及时发现DCS控制系统显示甲醇进料系统故障和发出的警告信号，没有采取有效措施，致使甲醇自动进料系统发生故障后中断甲醇进料2小时40分钟，造成另一反应物三氯化磷进料过多，过量三氯化磷经反应釜进入粗酯受器与粗酯中残留的甲醇发生反应，产生大量气体(氯化氢、氯甲烷)和反应热，导致粗酯受器盖子被炸飞，冲出的大量气体遇到爆炸产生的火星以及大量的三氯化磷遇水，继而引发后续的爆炸和燃烧。爆炸和燃烧产生大量的刺激性气体，造成现场操作工在逃生过程中窒息。

连云港聚鑫生物科技有限公司“12·9”爆炸事故

2017年12月9日凌晨2时20分左右，连云港聚鑫生物科技有限公司年产3000t间二氯苯装置发生爆炸，间二氯苯装置与其东侧相邻的3-苯甲酸装置整体坍塌，部分厂房坍塌、建筑物受损严重，造成10人死亡。爆炸事故初步分析直接原因：将设计用氮气(0.15MPa)将间二硝基苯压到高位槽的方式，改用压缩空气(0.58MPa)压料，造成高位槽内沉淀的酚钠盐扰动，与空气形成爆炸空间，引燃物料。间接原因是辅助装置自控缺乏，精馏装置仅有单一温度显示，没有报警、调节控制等工程技术措施；企业安全管理混乱，变更管理随意性强；风险识别不到位，变更无风险识别及新增风险的对策措施。

河南巩义市五发助剂厂“12·24”爆炸事故

2011年12月24日，河南省郑州巩义市五发助剂厂发生石蜡原料储罐爆炸事故，造成3人死亡，1人受伤。事故的直接原因是塑料输料管老化脱落，导致管内的液体石蜡大量泄漏，遇到锅炉的明火后燃烧爆炸。

潍坊长兴化工有限公司“1·9”氟化氢中毒事故

2016年1月9日21时许，山东潍坊长兴化工有限公司四氟对苯二甲醇车间作业人员擅自变更生产工艺违规操作，由于4#反应釜加料盖密封不严，导致氟化氢泄漏并扩散，造成现场和相邻车间作业人员中毒，致使3人死亡、1人受伤。

事故直接原因是：① 作业人员擅自变更生产工艺违规操作。四氟对苯二甲醇设计工艺为氟化、酸化水解、酯化、还原4个工序，分别在4个反应釜内进行；事故发生时，作业人员违规操作，将氟化、酸化水解工序都在4#反应釜内进行。设备设施存在不安全状态。一是4#反应釜的加料盖正常情况下使用双向对称4个夹扣进行封闭，但是事故现场加料盖只使用了2个夹扣，紧固螺栓全部松动。二是违规拆除自动化控制系统。

事故暴露出以下问题：

① 长兴公司违法出租生产装置和设备，未落实安全生产主体责任。将四氟对苯二甲醇装置出租给不具备安全生产条件的申达公司，对出租后的四氟对苯二甲醇装置，未定期进行安全检查，安全责任制形同虚设，安全管理失控；对申达公司改造四氟对苯二甲醇装置后情况不掌握，未尽到出租方的监管责任。

② 安全评价单位在安全现状评价过程中，对事故生产装置涉及的氟化工艺，未严格按照《国家安全监管总局关于公布首批重点监管的危险化工工艺目录的通知》(安监总管三〔2009〕116号)的规定，提出装备和完善自动控制、紧急停车系统、安全泄放系统、紧急冷却系统的报警和联锁、搅拌的稳定控制系统和有毒气体检测报警等要求。

甘肃白银乐富化工有限公司"2·16"中毒事故

2012年2月16日，甘肃省白银市白银乐富化工有限公司发生硫化氢中毒事故，造成3人死亡。该公司使用五硫化二磷、三混甲酚在反应釜内反应生产25号黑药，反应中放出硫化氢气体，通过真空系统吸到碱液池吸收。但事发时该公司反应釜抽真空设备损坏停用，操作人员佩戴过滤式防毒面具在正压状态下冒险作业，从反应釜搅拌轴封处泄漏的硫化氢气体致一人死亡，其他人员未佩戴任何劳动防护用品盲目施救，致使事故扩大。事故暴露出以下问题：

① 从业人员对过滤式防毒面具的功效不完全掌握，长时间在有毒环境中作业，导致面具失效，失去保护作用。

② 该厂黑药生产装置建设时未履行建设项目"三同时"手续，安全设施未经审查验收合格。

③ 企业每隔一、两个月生产一次，每次生产时间为5天左右，且夜间生产，具有很大的隐蔽性，导致政府监管部门对其非法生产未及时发现，逃避了监管。

河北省邯郸市大名县福泰生物科技有限公司"4·1"中毒事故

2016年4月1日，河北省邯郸市大名县城西工业园区的福泰生物科技有限公司发生一起硫化氢中毒事故，含有硫化钠的碱性废水打入存有酸性废水的废水池中，反应释放出硫化氢气体经废气总管回窜至车间抽滤槽，从抽滤槽逸出，致使在附近作业的 1 名人员中毒；施救人员在未采取任何防护措施的情况下盲目施救，导致事故扩大，造成 3 人死亡、3 人受伤。事故暴露出以下问题：

① 福泰公司备案建设项目为 2，3-二氯吡啶生产，没有经有资质单位设计，后又擅自更改项目建设内容，未向国土、建设、安监等部门提出申请，违法占地、违法建设，在未取得生产许可的情况下非法生产农药杀扑磷（属于危险化学品）。

② 工艺设计不合理，存有严重缺陷，废水池废气吸收与装置废气共用吸收塔。含硫化钠废碱水与水洗废酸水经同一废水罐、排水泵、管道，排入同一废水池，一旦废水池呈酸性环境或两种废水相混，必然产生硫化氢。

③ 未按规定设置硫化氢有毒气体报警系统，未配备应急救援器材等安全设施，未制定应急救援预案。施救人员在未采取任何防护措施的情况下盲目施救，造成事故伤亡扩大。

④ 福泰公司未制定安全生产责任制度、安全生产管理制度和岗位操作规程，未设置专职安全员，未对员工进行安全教育、培训。

山东省潍坊市滨海香荃化工有限公司"4·9"中毒窒息事故

2015 年 4 月 9 日，潍坊滨海香荃化工有限公司发生中毒窒息事故，造成 3 人死亡，2 人受伤，直接经济损失约 330 万元。公司为减少异味扩散和提高生化反应效率，经多方咨询后，安排人员在好氧池和厌氧池上部加盖了塑料棚，废水在生化处理过程中产生的硫化氢等有毒有害气体集聚。作业人员未佩戴防毒面具等防护装备，进入好氧池大棚内，吸入硫化氢中毒晕倒，跌落至好氧池污水中窒息，施救人员也未佩戴任何防护装备，进入好氧池大棚内盲目施救，造成事故扩大。事故暴露出以下问题：

① 污水处理设施变更管理不到位。在好氧池上部加盖塑料棚，形成了受限空间，未严格执行变更管理程序，未进行变更风险分析辨识和制定控制措施；变更后未及时更新污水处理操作规程，只是在责任制绩效考核细则中规定了进入污水处理站好氧池、厌氧池的审批、安全防护等程序和要求。

② 受限空间作业管理不落实。违章作业，未办理《受限空间安全作业证》。作业前安全措施不落实，未对作业的受限空间有毒有害气体进行检测、未采取通风措施，违反《化学品生产单位特殊作业安全规程》（GB 30871—2014）的有关要求。在未安排人员进行监护的情况下，作业人员未佩戴过滤式防毒面具或氧气呼吸器、空气呼吸器等防护装备，违规进入好氧池受限空间内进行作业。

辽宁灯塔北方化工有限公司"4·24"中毒窒息事故

2014 年 4 月 24 日，辽宁省灯塔北方化工有限公司发生中毒窒息事故，造成

3 人死亡，直接经济损失 329 万元。事故的直接原因是该公司加氢车间在未制定危险作业方案、未办理进入受限空间作业审批手续、未对厌氧罐出口池进行空气吹扫、作业人员也未佩戴防护用具的情况下，向厌氧罐出口池放入排泥泵的软管。1 名作业人员沿着铁梯向池底移动，想将软管提拉上来时，因吸入高浓度硫化氢气体昏倒并掉落到出口池池底污水中。另 2 名作业人员见状，盲目进池施救，也因吸入高浓度硫化氢气体昏迷跌落到池底污水中。最终 3 人因硫化氢中毒死亡。事故暴露出以下问题：

① 企业对职工的安全教育和培训不到位，致使职工的安全意识不强，自我保护能力差，作业过程中不采取任何安全措施，冒险作业、盲目施救。

② 企业安全管理工作不到位。违章指挥，违反操作规程。安装排泥泵作业时，未履行危险作业审批程序，未报公司安全部门审批，没有制定和采取相应的安全防护措施。

衡水天润化工科技有限公司“11·19”中毒事故

2016 年 11 月 19 日 1 时 20 分，衡水天润化工科技有限公司在实验生产噻唑烷过程中发生甲硫醇等有毒气体外泄，致当班操作人员中毒，造成 3 人死亡、2 人受伤。事故暴露出以下问题：

① 科学实验过程中缺少安全监管。南京隆信化工有限公司法人代表提供的技术，未经安全论证就进行工业化实验。没有对工业化实验进行风险分析，并采取相应的安全措施即组织进行噻唑烷生产实验。法人代表明知甲硫醇的危险特性，未告知现场操作人员，未制定安全操作规程，未对现场操作人员进行安全教育培训，致使现场操作人员对甲硫醇的危害性认识不足，防护不当。

② 衡水天润化工科技有限公司对采用首次使用的技术，未进行风险分析，未采取有效的安全防护措施，未制定安全操作规程，盲目组织职工冒险作业。

③ 事故事件管理不到位。衡水天润化工科技有限公司对发现的事故苗头不重视，未及时治理。噻唑烷试验岗位曾在 2016 年 10 月份发生过操作人员中毒晕倒送医治疗，以及其他现场人员过敏等问题，企业未认真研究分析原因，没有采取相应防护措施，致使事故发生。

河北邯郸龙港化工有限公司“11·28”液氨泄漏事故

2015 年 11 月 28 日，河北省邯郸市龙港化工有限公司发生液氨泄漏事故，造成 3 人死亡、4 人受伤。事发时工人正在将一储罐内的液氨往槽车充装，因备用液氨进料管线法兰盲板处泄漏，导致 2 名操作工和 1 名槽车司机死亡、4 人受伤。

事故暴露出以下问题：

① 施工（维修）管理不严。企业有关人员在进行液氨储罐安装施工、大修和日常检查中，未严格按照设计要求进行安装施工、配件更换和隐患排查，造成2号液氨储罐备用液氨接口固定盲板所用不锈钢六角螺栓不符合设计要求，其中2条螺栓陈旧性断裂而造成事故发生。

② 应急措施不到位。甲醇控制室、精醇操作室没有配备防氨气泄漏的防护用品，致使发生大量氨气泄漏时，甲醇控制室、精醇操作室人员未佩戴防护器材或采取其他有效措施安全撤离。企业对外来人员以及厂内从业人员应急培训针对性、实用性不强，组织应急演练覆盖面窄，岗位风险辨识不全，未全面考虑有毒有害气体影响范围和后果。

③ 入厂车辆管理制度未落实。相关人员未严格执行非作业车辆不得在现场停留的规定，致使危货运输车辆在液氨储罐区等待装车。

十、精细化学品行业检维修期间发生的典型事故

山东省冠县新瑞实业有限公司“2·8”闪爆事故

2015年2月8日，山东省冠县新瑞实业有限公司在停产检修过程中发生较大闪爆事故，造成3人死亡，5人受伤。事故的直接原因是：检修作业时，酒精车间对醪塔整体蒸汽吹扫置换不彻底，没有彻底隔绝与醪塔相连的工艺设施，残余酒精蒸气或醪液发酵生成的沼气在醪塔内与空气形成爆炸性混合物，检修人员使用非防爆工具拆卸并递送塔板，工具与塔板、塔板之间或塔板与塔壁发生碰撞产生火花，引起醪塔上部空间闪爆，导致醪塔顶部的除沫板坠落，砸伤20m平台上的4名作业人员并致坠落。事故暴露出企业存在以下问题：

① 冠县新瑞实业有限公司安全生产主体责任不落实。该企业与其他企业属同一法人控制的关联公司，相当于一个“大车间”，其主要负责人对安全生产工作不重视，安全生产意识淡薄，企业安全生产责任制与岗位不相匹配，安全管理职责权限不明确，造成安全管理混乱。

② 检维修及特殊作业环节管理不到位。一是《2015年检维修方案》制定不详细，未详细列明本次检维修与醪塔Ⅱ切断的工艺管道。危险有害因素分析不全面，未分析醪塔Ⅱ上部空间存在可燃气体的可能性。未明确提出要使用防爆工具。未提出检修要采取防止塔板垮塌的安全措施。二是检维修及受限空间等特殊作业管理制度不落实，在未对作业空间进行可燃气体检测、未办理《受限空间安

全作业证》的情况下，进入受限空间作业。三是值班长在安全管理人员告知不得进行作业的情况下，仍安排工人进行冒险作业。四是监护人未尽监护职责，作业期间监护人离开检修现场。

③ 安全设施不完善。未采取防止塔板垮塌的措施。醪塔Ⅱ 10m 和 20m 之间未采取避免伤害的隔离措施。没有防止除沫板坠落措施，造成事故扩大。

江苏省如皋市双马化工有限公司"4·16"爆炸事故

2014 年 4 月 16 日，位于江苏省南通市如皋市东陈镇的如皋市双马化工有限公司造粒车间发生粉尘爆炸，引发大火，事故造成 9 人死亡，2 人重伤，6 人轻伤，直接经济损失约 1594 万元。事故的直接原因是：公司在 1#造粒塔正常生产状态下，没有采取停车清空物料的措施，直接在塔体底部锥体上进行焊接作业，致使造粒系统内的硬脂酸粉尘发生爆炸，继而引发连续爆炸，造成整个车间燃烧，导致厂房倒塌、人员死亡。事故暴露出以下问题：

① 在实施对造粒塔加装气锤这一技术改造项目时，未履行变更管理制度，没有经公司批准，没有经过技术论证和风险评估，没有制定检修作业实施方案，没有进行检修作业安全交底。

② 危险作业安全管理缺失。维修人员在没有停车、没有办理《动火作业票》的情况下，违章直接在设备本体上进行焊接作业；当班电工没有办理《临时用电作业票》，违章接电焊机临时电源。

③ 违规设计、施工和安装。发生事故的造粒车间未执行基本建设程序，厂房为企业自行设计、安装；车间主要设备也是企业自行设计、制造、安装，未经正规设计、正规施工和安装。

④ 对硬脂酸粉尘的燃爆特性认知不足。没有认识到硬脂酸车间存在着爆燃危险，对硬脂酸粉尘作业场所进行风险辨识、评估不到位，也没有落实相应的防火防爆措施。

石家庄晋州市一非法染料中间体生产窝点"9·8"爆炸事故

2016 年 9 月 8 日，河北省晋州市东里庄镇北寺村梨园内的一非法窝点加工苦味酸发生爆炸事故，造成 7 人死亡。事故直接原因是外来施工人员违反动火作业规范，在未检测、未采取安全措施、未经审批的情况下动火作业，气焊作业焊花掉落引起现场附近堆放的苦味酸爆燃，进而引发了库房内堆积的苦味酸爆炸。

安徽省淮南市超强化工公司"12·8"爆炸事故

2008 年 12 月 8 日，淮南市超强化工有限责任公司生产二甲基吡咯烷酮的设备发生爆炸，事故造成3人死亡，2人轻伤。事故直接原因：该公司生产二甲基吡咯烷酮的设备在检修过程中，由于操作不当，造成导热油泄漏遇高温发生爆炸。

十一、无机化工行业生产运行期间发生的典型事故

云南云天化公司三环分公司“1·13”硫黄仓库爆炸事故

2008年1月13日，云南云天化国际化工股份有限公司三环分公司硫黄仓库发生爆炸，造成7人死亡、32人受伤。事发时工人从火车上卸硫黄，由于天气干燥，空气湿度低，在卸车过程中产生的硫黄粉尘飘散，造成局部空间达到爆炸极限，在现场产生的点火能量作用下，引发硫黄粉尘爆炸。

浙江武义博阳实业有限公司“1·15”火灾事故

2008年1月15日，浙江武义博阳实业有限公司发生火灾事故，造成4人死亡。事故的直接原因是企业擅自改变生产工艺，将水改为白油用于冷却清洗，冷却清洗废渣池边真空泵不防爆，操作人员在关停真空泵时产生火花，引燃废渣池中的轻组分和白油，发生火灾。

内蒙古乌海化工股份有限公司“1·18”爆炸事故

2011年1月18日，内蒙古乌海化工股份有限公司在处理合成工段的高纯盐酸中间罐废气排空管和排空汇总管连接处的漏点时发生爆炸，导致3名工人死亡。事故的直接原因是制酸过程中少量溶解、夹带的氢气随盐酸进入高纯盐酸中间罐，由于中间罐压力的降低，溶解、夹带的氢气逐步从液相盐酸中析出。排空管与排空汇总管连接处开裂，造成氢气泄漏。维修工使用角磨机在作业过程中产生火花，引爆氢气，由于各盐酸储罐气相空间相连，造成三个盐酸储罐爆炸。

湖南省炎陵县华丰化工有限公司“4·22”燃爆事故

2011年4月22日，湖南省株洲市炎陵县华丰化工有限责任公司发生燃爆事故，造成6人死亡，4人受伤，直接经济损失336万元。事故的直接原因是该公司干燥包装车间电气开关柜箱体内集聚了高氯酸铵粉尘，内部不防爆的电气设备产生电火花，引爆粉尘，冲开电气开关箱体，引发周边的高氯酸铵粉尘二次爆

炸，引燃车间及临近仓库内的高氯酸铵成品。本事故是一起化工生产企业无视国家法律法规，私自生产具有强氧化性、易制爆的高氯酸铵。此次事故中，大连远泰物流公司在未取得高氯酸铵生产资质及高氯酸铵生产装置设计资质的情况下，与未取得高氯酸铵生产资质的华丰公司签订生产高氯酸铵合作协议，安排没有设计资质的人员到华丰公司进行高氯酸铵生产装置的设计、安装及生产技术指导。

哈尔滨凯乐化学制品厂“8·5”爆炸事故

2011年8月5日，哈尔滨凯乐化学制品厂发生爆炸，导致3人死亡，1人受伤。事发时，4名工作人员正在对亚氯酸钠及柠檬酸进行分装操作。分装过程中，亚氯酸钠固体遇到明火或其他点火源引起着火和燃爆，最终导致库内存放的桶装亚氯酸钠爆燃。事故暴露出违法经营的问题，该企业未经安全评价和履行备案审批手续，非法使用危险化学品，未将亚氯酸钠储存在阴凉干燥处，远离火源、热源处，与酸、还原性等物质混储。

山东国金化工厂“8·25”爆炸事故

2012年8月25日，山东国金化工厂双氧水车间发生爆炸事故，造成3人死亡、7人受伤，直接经济损失约750万元。事故的直接原因是钯催化剂及白土床中氧化铝粉末随氢化液进入到氧化塔中，引起双氧水分解，使塔内压力、温度升高。紧急停车后，未采取排料、泄压等有效措施，高温、高压导致氧化塔上塔爆炸。事故暴露出以下问题：

① 安全管理混乱。管理机构不健全，与博汇集团共用一套管理机构；操作规程有缺陷，塔内压力、温度、液位升高时，未明确规范操作要求；未制定安全培训计划，未落实安全教育，开车前未对操作人员进行转岗前的二、三级安全教育，车间技术员、仪表工、员工等对工艺过程、操作参数、控制指标、安全知识、紧急处理等知之甚少，操作人员的应急处置能力差。

② 压力容器未经检测投入使用。双氧水装置自2006年投产以来，14台压力容器未曾检测。该装置停用1年10个月后，压力容器仍未检测而投入使用。山东兴平安全评价有限公司出具虚假报告。未审查压力容器检测情况，评价报告与现场安全设施不符。

甘肃锦世化工有限责任公司“7·21”中毒事故

2013年7月21日，甘肃省锦世化工有限责任公司硫化碱车间发生一氧化碳中毒事故，造成4人死亡，4人受伤，直接经济损失约367万元。事故的直接原因是烘干机运行中引风机变频器跳闸，引风量不足，烘干机内煤粉燃烧不充分，致使炉内产生一氧化碳等有毒有害气体，并通过提升机机壳倒流入负一层检修地坑，致使地坑内一氧化碳等有毒有害气体浓度过高，操作人员在无任何防护措施的条件下进入地坑清理灰渣造成中毒。事故暴露出以下问题：

① 企业在变更管理方面存在较大的问题。新增加的烘干设备未经充分论证，未经正规设计，变更未履行审批程序，擅自进行技术改造，对此工艺存在的主要危险、有害因素未进行风险辨识，对引风机故障停机时可能发生的后果无正确的处置办法。

② 对受限空间管理存在较大的误区，没有将提升机负一层检修地坑列为受限空间进行管理，未设置有毒气体报警仪，未设置强制机械通风设施，生产场所便携式防毒面具、空气呼吸器等中毒急救设施配备不齐全。

云南南磷集团电化有限公司"9·17"氯气中毒事故

2008 年 9 月 17 日，云南南磷集团电化有限公司发生氯气泄漏。事故造成 71 人中毒。事故的直接原因是：液氯充装站操作工将液氯钢瓶充满、关闭液氯充装阀后，没有及时调节液氯充装总管回流阀，充装总管短时压力迅速升高，造成充装系统压力表根部阀门上部法兰的垫片出现泄漏。泄漏的液氯气化扩散，造成该名操作工和下风向其他岗位的 6 名操作工、以及正在该企业的二期建设项目施工的 64 名施工人员不同程度中毒。

湖北省保康县红岩湾化工厂"10·3"中毒事故

2013 年 10 月 3 日，湖北尧治河化工股份有限公司红岩湾化工厂黄磷车间净化工段发生硫化氢中毒事故，造成 3 人死亡、5 人受伤，直接经济损失 238 万元。事发时，黄磷尾气净化正在试验之中，因循环槽内硫化氢、磷化氢脱除剂硫酸铜基本耗尽，使尾气中的硫化氢(H_2S)气体溶于清水被带入循环槽，逸出并滞留于槽内。清理作业人员进入槽内作业时，因搅动淤泥使滞留的硫化氢(H_2S)气体四向扩散，被作业人员吸入，造成急性中毒。而施救人员在未穿戴合适的个体防护用品条件下，入槽施救，致相继中毒酿成事故。

事故暴露出在企业试验环节对风险评估不足的问题。磷工程中心在科学试验时，未充分考虑实验室小试与中试时工艺环境和工艺条件的差别，没有对中试中硫酸铜溶液浓度这一关键数据的分析化验频率及时间作出具体规定，导致净化系统中脱除剂硫酸铜的浓度无法得到有效保证，从而影响黄磷尾气净化效果，导致尾气中硫化氢大量残留，逸出并滞留在循环槽底部泥浆中。

十二、无机化工行业检维修期间发生的典型事故

辽宁建平县鸿燊商贸有限公司"3·1"硫酸储罐爆炸事故

2013年3月1日，建平县鸿燊商贸有限公司发生硫酸储罐爆炸事故，造成7人死亡，2人受伤，直接经济损失1210万元。事故的直接原因是：硫酸储罐内的浓硫酸被局部稀释产生氢气，与含有氧气的空气形成达到爆炸极限的氢氧混合气体，当氢氧混合气体从放空管通气口和罐顶周围的小缺口冒出时，遇焊接明火引起爆炸，导致2号罐体爆裂。飞出的罐体碎片，将1号储罐下部连接管法兰砸断，罐内硫酸泄漏。2号储罐和1号储罐泄漏的硫酸流入附近农田、河床及高速公路涵洞，引发较严重的次生环境灾害。事故暴露出以下问题：

① 企业非法建设，无设计施工。企业在该硫酸储存项目未经规划，未经环境保护部门进行环境影响评估，未经安全生产监督管理部门审批安全条件，未经发改部门办理项目备案，未经国土部门批准项目建设用地，未经建设部门审批施工许可，未办理工商营业执照情况下，在临时用地上非法建设硫酸储罐。在建设过程中，擅自修改设计参数，雇佣无资质人员施工，在施工中明知企业擅自增加罐体高度，降低储罐壁钢板厚度，提供的原材料达不到设计屈伸强度，却仍按照企业要求施工，致使建造的硫酸储罐达不到强度、刚度要求。硫酸储罐现场未设置事故存液池以及防护围堤等安全防护设施，导致2.6万吨硫酸溢流出，造成事故扩大，引发较严重的次生环境灾害。

② 违规动火。在加固施工作业时，在未采取有效隔离、通风等防范措施的情况下，于装满硫酸的储罐外进行焊接作业。焊接过程产生的明火，遇储罐内达到爆炸极限的氢气，引发爆炸。

③ 借用合法资质，非法储存硫酸。借用某公司合法资质，获取硫酸购买备案证明，三个月内购入6.18万吨硫酸，储存在不具备基本安全条件的4个储罐中。

四川天亿化工有限公司"3·1"爆炸事故

2014年3月1日，四川天亿化工有限公司2号黄磷冶炼炉生产现场发生爆炸，造成3人烧伤导致原发性休克死亡，直接经济损失约600万元。事故的直接原因是该公司2号炉炉底碳砖失效，熔池下沉，炉底烧穿，熔融磷铁磷渣泄漏遇

湿爆炸，部分检修人员避险不及，导致伤亡事故发生。事故暴露出以下问题：

① 企业不重视异常工况的处置。在炉底烧穿前，磷炉的异常情况未被发现和重视。依照常识，炉底烧穿前会出现炉底温度升高、炉底钢板发红现象，但当班负责2号炉巡视和炉温监测的郝某却称未发现异常。根据班组《工作日志》记载，2014年2月下旬以来，2号炉电极消耗过大，磷铁出得极少，负责公司生产管理和磷炉配料工作的车间主任林某对此异常情况没有认真分析原因，未采取预防、控制事故的有效措施。

② 未制定磷炉检维修制度。2号炉自2006年建成投产以来未进行过炉衬检维修工作，炉底碳砖腐蚀、漂浮不能被及时发现和修复，磷炉长时间带病运行。

山东省滨州市山东海明化工有限公司“3·18”爆炸事故

2015年3月18日9时47分许，山东省滨州市山东海明化工有限公司双氧水装置氢化塔发生爆炸事故，造成4人死亡，2人受伤，直接经济损失488.2万元。事故直接原因为有关人员没有采取有效隔离、置换措施，进入氢化塔下塔作业。塔底排凝管线球阀和氮气进口管线(即变更后的中塔纯氢进口管线)截止阀内漏，氢气串入塔内，与从上部人孔进入的空气混合，遇点火源发生爆炸。事故暴露出以下问题：

① 变更管理严重缺失。未按规定要求建立变更管理制度，变更过程没有进行风险分析，对变更催化剂及氢气进塔管线没有采取相应的安全措施。

② 设备维护管理不到位。双氧水装置自投入运行后，没有定期组织大修，没有对阀门等设备、设施进行经常性维护、保养和定期检测。在发现存在阀门内漏的情况下，没有及时采取有效措施，导致氢气因阀门内漏串入氢化塔下塔内。

③ 特殊作业管理不到位。员工进入氢化塔下塔内受限空间，未办理安全作业审批手续，作业前未对受限空间进行安全隔绝、清洗置换和气体浓度监测。调查发现，事故发生之前企业屡有不办理有关票证手续、进入受限空间实施作业的行为。

青海盐湖工业公司“6·28”爆炸事故

2017年6月19日，青海省海西蒙古族藏族自治州格尔木市青海盐湖工业股份(集团)有限公司化工分公司根据环保要求决定回收炭黑水，乙炔厂制定了方案，机修厂负责施工。6月28日14时，动火作业人员到炭黑水储槽顶部确认安全条件并实施动火，作业过程中炭黑水储槽顶部发生闷响，经再次确认安全条件，主管人员要求停止作业并撤离；焊工及有关监护人未执行要求，继续实施作业，16时40分左右储槽发生闪爆，造成4人死亡。事故直接原因是作业人员违章冒险作业，致使电焊把在摇动过程中落到槽顶部，并遇槽顶积水放电产生火花引燃 03T901 内溢出的乙炔等易燃易爆气体，由于回火导致 03T901 内发生闪爆。

湖南鲁湘钡业“9·23”检修雷蒙机爆燃事故

2014 年 9 月 23 日，湖南省新晃县鲁湘钡业有限责任公司硝酸钡包装车间在检修雷蒙机的过程中发生爆燃事故，导致 6 人死亡。事故的直接原因是：检修雷蒙机时，致底部变速箱顶盖崩掉，形成半月型开口，顶盖上及周围遗留的硝酸钡掉入变速箱机油内，导致具有强氧化性的硝酸钡与有机可燃物(机油)混合形成爆炸性混合物，检修人员违规用铁器敲打螺栓产生火花，引发爆燃。

北京广众源气体公司“12·14”爆燃事故

2009 年 12 月 14 日，北京广众源气体有限责任公司炭黑水储罐区发生爆燃事故，造成 3 人死亡。事故的直接原因是：在该公司炭黑水空冷器改造工程施工过程中，工人使用气割输送炭黑水管道时，引燃炭黑水罐体内易燃易爆气体，致使炭黑水罐体爆炸。事发前，事故罐中尚有部分炭黑水，并溶解了极少量的合成气并在罐内上部长期聚集，与空气形成混合气体。

云南省陆良县宏盈磷业有限公司“3·13”中毒窒息事故

2011 年 3 月 13 日，云南省陆良县宏盈磷业有限责任公司在清理 2# 黄磷炉 1# 精制槽内的泥磷过程中，发生中毒事故，导致承包商工人 3 人死亡，1 人受伤住院。事发时，作业人员正在进行清淤作业，随着泥磷的不断清出，1# 精制槽内水位不断下降，部分泥磷露出水面，遇空气后自燃，产生大量有毒有害气体，致使槽内人员吸入有毒有害气体中毒窒息伤亡。事故暴露出以下问题：

① 企业将清淤工程承包给没有资质的个人，生产企业以包代管，未履行生产企业的监管责任。

② 作业人员上岗前未接受相应的安全教育和培训，作业人员对所从事的工作涉及的危险因素或环节不是很清楚，作业过程中未采取任何防护和保护措施，不具备相应的紧急处置应对能力。

③ 企业安全管理不严，没有严格执行进入受限空间作业的安全管理规程，违章指挥、违章作业，作业现场未设安全监护人。

④ 没有做好有毒有害气体检测和分析，对隔离措施、通风排毒、呼吸防护及逃生救护、应急处置等措施没有落实到位。

河北魏县宏顺化工原料有限公司“3·29”中毒窒息事故

2013年3月29日，宏顺化工原料有限公司在排除二硫化碳冷凝管道堵塞故障中，发生中毒窒息事故，造成3人死亡，2人轻伤。事故的直接原因是炉火操作工发现管道堵塞后，没有及时向厂方报告，在未采取任何防范措施的情况下，擅自打开运行中的有毒气体管道疏通口泥土封堵，对堵塞管道进行疏通作业，造成硫化氢、二硫化碳气体大量泄漏，操作人员吸入有毒气体后中毒昏厥跌落水池中。4名操作工未采取任何防护措施，盲目施救，先后中毒昏厥，致使事故扩大。

湖北大江化工集团有限公司“9·24”受限空间窒息事故

2017年9月24日9时30分左右，湖北省宜昌市宜都市大江化工集团有限公司维修工安排江苏汉皇安装集团有限公司2名员工到1号熔硫的助滤槽安装硫黄潜泵、阀门和2组盘管的连接工作。上午将硫黄潜泵安装完成，下午1点30分上班后，将2组盘管接通，并安装阀门。16：10左右用蒸汽试压时发现阀门处有漏点。4点30分左右，1名员工去紧漏汽的阀门处螺丝(离事故助滤槽大约10米远)，当时监护人等3人均站在助滤槽顶部。该员工紧完螺丝后返回事发现场，未看见3人，立即走过去查看情况，发现3人倒在助滤槽底部。随后，车间主任安排其他员工佩戴空气呼吸器将监护人等3人救出，后经抢救无效死亡。初步分析事故原因是：在没有办理受限空间作业票证、没有通风置换、没有对槽内空气进行检测分析、没有采取任何个人防护措施的情况下，违章冒险进入1#助滤槽内进行检修作业，在发现槽内有人窒息后，不佩戴个人防护用品盲目进行施救，导致事故扩大。

湖北钟祥市金鹰能源科技有限公司“11·11”中毒事故

2017年11月11日，钟祥市金鹰能源科技有限公司停产检修期间，合成车间2名员工在精脱硫塔D塔卸载活性炭的过程中发现塔底物料变少，系塔内隔网阻碍了活性炭的下流，其中1人上塔顶观察，不慎坠入塔内，5分钟后另一人发现其坠入塔内，于是呼救，该公司分管安全的副总经理及车间主任随后赶到塔顶入塔施救，也中毒倒在塔内，3人经救治无效死亡。经初步分析事直接原因为：维修人员未进行安全风险辨识和采取相应安全措施，在装填孔处向塔内探身瞭望时，因吸入有毒有害气体中毒坠入塔内，造成中毒，施救人员救人心切，在未注重自身安全防护的情况下，施救不当，致事故扩大。

湖北钟祥市大生化工有限公司“11·13”较大事故

2016年11月13日17时30分，位于湖北荆门钟祥市磷矿镇刘冲村的大生化工有限公司(以下简称大生公司)发生窒息事故，造成3人死亡。事故发生的直接原因是：在进入尾气脱硫塔第二区处理再生喷淋支管焊缝8处渗漏点时，未办理受限空间作业票证、未通风置换、未检测塔内气体含量、未采取安全防护措施，致使尾气脱硫塔内3人无法自救互救，导致缺氧窒息死亡。事故暴露出设备的本质安全方面存在问题。由于再生循环泵入口前未装过滤网，杂物进入管网导致喷头堵塞，喷头在设计上应可在环保尾气脱硫塔顶部拔出清理，但因防腐过程中未注意技术要求，造成喷头无法拔出，只能进入塔内检查清理。

十三、橡胶和塑料制造行业发生的典型事故

广西省河池市广维化工股份有限公司“8·26”爆炸事故

2008年8月26日，广西壮族自治区河池市广维化工股份有限公司有机厂发生爆炸事故，造成21人死亡、59人受伤，厂区附近3公里范围共11500多名群众疏散，事故造成直接经济损失7586万元。事故的直接原因是储存合成工段醋酸和乙炔合成反应液的CC-601系列储罐液位整体出现下降，导致罐内形成负压并吸入空气，与罐内气相物质(90%为乙炔)混合、形成爆炸性混合气体，并从液位计钢丝绳孔溢出，被钢丝绳与滑轮升降活动产生的静电火花引爆，随后罐内物料流出，蒸发成大量可燃爆蒸气云随风扩散，遇火源发生波及全厂的大爆炸和火灾。事故暴露出以下问题：

① 工艺管理落后。装置投产后，产量增加了两倍，但没有相应增加中间储罐容量，造成物料停留时间过短，进出物料流速加快，静电更易积聚。生产全部采用常规就地仪表控制，没有自动控制系统和紧急停车装置。罐区操作规程不完善，储罐的物料没有温度控制要求，液位控制指标不明确。罐区储罐没有安装液位、温度、压力测量监控仪表和可燃气体泄漏报警仪表。各储罐原设计有温度测量装置，但未按设计安装使用。

② 罐区设计缺陷。企业于1971~1972年设计、安装。受当时国内技术水平的限制，设计所依据的技术标准、规范和技术要求与现行标准、规范和技术要求相比较低，故装置的自动化控制水平低，部分工艺装置和控制技术已不符合现行

的标准、规范，罐区的布置、安全设施等也不符合现行标准规范的要求。主要有以下几个方面：罐区防火堤排水口未设置隔断阀，不能切断漏出的物料，使物料流出并进入下水道发生爆燃；罐区料泵、事故氮气阀、动力电缆及电气开关(除CC-604B、C料泵外)均装在防火堤内；储罐采用浮子式液面计，并直接在罐顶盖上开孔安装，使罐内直接与大气相通，空气可进入罐内；反应液储罐未设置乙炔回收装置，尾气冷凝器放空管无阻火器和呼吸阀，冷凝液回流管未设U形液封管；储罐布置不合理，将100m^{3}储罐排成三排。

③ 安全装置缺陷。对罐区储罐未按原设计设置静电接地保护装置的问题长期未引起重视并整改。1999年和2008年4月两次更换CC-601系列出口泵时，对流量和扬程(压力)增大后可能带来的静电危害性认识不足，没有采取相应的防护措施。罐区原设计有泡沫灭火系统，但1982年后因缺乏维护无法使用，1999年企业擅自将其拆除；氮气灭火系统(事故氮)为人工操作，并将氮气阀门装在防火堤内。以致在发生事故时不能及时投用。CC-601系列尾气冷凝器的冷凝液未设置导流管或导流板，冷凝液从距底板6650mm高的管口直接流入罐内，冲击罐内液面时易产生静电火花酿成事故。

④ 合成工段部分乙炔管道选用塑料材质，管道强度低，受爆炸冲击波影响，管道爆裂，使乙炔气漏出；此外，在电石厂乙炔气柜送合成工段的乙炔出口管未设隔断装置，造成在事故状态下，无法将乙炔气源隔断，使气柜中约780m^{3}的乙炔全部释放。

江西乐平市江维高科股份有限公司“9·13”爆炸事故

2011年9月13日，江西江维高科股份有限公司有机分厂醇解工段四楼发生爆炸，造成3人死亡、3人受伤，经济损失230余万元。事故的直接原因是甲醇和聚醋酸乙烯等原料没有经过充分搅拌和充分反应，甲醇在醇解机内挥发，与打开人孔而进入的空气混合，形成爆炸性混合气体。操作工为清空醇解机内反应不好的废料，打开人孔，用铁钩将料钩出并用铁锯割开，铁钩、铁锯与醇解机人孔壁碰撞产生火花，点燃爆炸性混合气体，发生爆炸。事故暴露出以下问题：

① 设备完整性差，醇解机螺栓未上齐。醇解机外壳与盖板用螺栓固定，螺栓间距为135mm，螺栓共有400余个，但实际上大部分未配齐，仅有少部分螺栓，故发生爆炸时，巨大的能量只分摊到少部分螺栓上，使得螺栓处压力过大、超出承受值，螺栓被炸飞，盖板被爆炸的冲击波掀起，导致站在盖板上的蔡某等3人死亡。

② 操作规程内容有缺失。在清理废料时，操作规程上只描述用拉钩割刀进

行操作，在安全生产要点中虽明确规定“严禁因铁器敲击有易燃易爆物料的设备与管路”，但未明确应使用何种材质的拉钩割刀。而现场操作工使用铁钩、铁锯等铁制器物进行操作，从而导致火花产生。操作规程未明确要求在清理废料前，操作工需对醇解机内混合气体进行检测，致使操作工未对混合气体进行检测就开始切割、拉钩废料。操作规程未明确在各个操作时，阀门是否关闭、何时关闭，致使尾气回收阀关闭过早，致使醇解机内甲醇空气混合气体达到爆炸极限范围。

③ 安全培训工作不到位，风险意较差。新员工未经考核合格就安排上岗作业，未经公司一级的安全教育培训；老员工安全意识不强，定期复训不到位。老操作工有多年工作经验，却未意识到铁器与铁器碰撞产生的火花会引起可燃混合气体爆炸。

浙江省常山县绝缘材料有限公司“10·16”爆炸事故

2011 年 10 月 16 日，浙江省常山县绝缘材料有限公司制胶车间发生爆炸燃烧事故，造成 3 人死亡，3 人受伤。事故的直接原因是公司制胶车间一反应釜因温度失控，造成釜内压力增高，物料爆沸冲开加料孔盖，甲醇蒸气与空气混合形成爆炸性混合气体，遇车间非防爆电气设备运行产生的火花，发生爆燃。

山西榆社化工股份有限公司“11·20”爆炸事故

2010 年 11 月 20 日，山西榆社化工股份有限公司发生爆炸事故，造成 4 人死亡，2 人重伤，3 人轻伤，直接经济损失 2725 万元。事故的直接原因是该公司树脂二厂二号聚合厂房一聚合釜顶部的氯乙烯单体进口管线弯头焊口开裂，物料泄漏导致发生空间爆炸。事故暴露出企业设备完整性较差的问题。由于横管段上安装有两个调节阀，管段没有支撑减振设施，在单体进料和聚合釜进出料时，管道会发生振动，并最终导致弯头焊接接头开裂。

广东省罗定新邦林产化工有限公司“11·25”火灾事故

2008 年 11 月 25 日，广东云浮罗定市替滨镇新邦林产化工有限公司发生火灾，事故造成 3 人死亡，3 人受伤，疏散了周边 1 公里内所有人员。事故的直接原因是：公司萜烯树脂车间一聚合反应釜冷却盘管出水管法兰在生产过程中突然发生泄漏，泄漏的冷却水与反应釜内的催化剂三氯化铝发生化学反应，生成大量的氯化氢气体引发冲料，导致松节油、甲苯、三氯化铝等混合物大量外泄，遇到一楼包装车间、锅炉车间等非防爆区域火源，被引燃并迅速回燃，引起树脂生产及包装车间内可燃气体爆燃，造成整个萜烯树脂生产车间发生大火。

山东日科化学股份有限公司"12·19"爆燃事故

2017年12月19日9时15分左右，位于山东省潍坊市的日科化学股份有限公司年产1.5万吨塑料改性剂(AMB)生产装置发生爆燃事故，造成7人死亡、4人受伤。日科化学公司AMB生产装置主要工艺流程为苯乙烯、丁二烯、甲基丙烯酸甲酯聚合生成AMB乳液，再以热风炉送来的230℃左右的空气为干燥介质，通过干燥塔将雾化的AMB乳液干燥得到成品。该生产装置热风炉按照原设计一直使用煤作为加热原料。为满足环保排放要求，2017年7月开始，日科化学公司在进入干燥塔的热风管道上增加了一套天然气直接燃烧加热系统，将燃烧后的天然气尾气及其空气混合物作为干燥介质。12月19日9时左右，该生产装置当班班长按照安排，准备投用天然气加热系统；9时15分左右，当班班长在控制室启动天然气加热系统的瞬间，干燥塔及周边发生爆燃，并引发火灾。

经初步分析，事故直接原因是：天然气通过新增设的直接燃烧加热系统串入了干燥系统，并与干燥系统内空气形成爆炸性混合气体，在启动不具备启用条件的天然气加热系统的过程中遇点火源引发爆燃。

四川省金路树脂有限公司"3·16"较大中毒和窒息死亡事故

2016年3月16日8时40分，四川省金路树脂有限公司$7m^3$聚合实验装置1#聚合釜在清釜检修作业时发生一起氯乙烯中毒事故，造成3人死亡，2人受伤。事故直接原因为：金路公司树脂分厂暂代运行班组负责人，违反公司《进入受限空间作业安全管理规定》，未办理《进入受限空间安全作业证》，违章指挥3名清釜作业人员进入1#聚合釜内作业。聚合釜未按规定进行安全隔绝，致使1#釜下端放料软管与2#釜、出料槽通过出料总管处于工艺联通状态。清釜作业过程中因清理的附着物堵塞排污阀，冲洗水无法通过排污阀从釜内排出，致使在釜内下端积聚形成水封。致使出料总管压力不断升高，最终导致总管内未置换的氯乙烯、机械杂质、水等混合物通过存在内漏的阀反冲入1#釜内。事故暴露出以下问题：

① 企业安全生产责任落实不到位，对实验室安全管理职责不明晰，致使实验室存在公司副总工程师与树脂分厂共同管理的混乱现象。实验室安全监管职责划分的变更决定没有制定正式文件或正式发布，未及时更新并纳入公司安全责任管理体系，导致实验室在落实安全监管责任、作业人员安全教育培训、检维修安全管理制度、应急处置和救援等方面不到位。

② 未制定$7m^3$装置清釜作业安全操作规程和清釜检修作业计划、方案；对

实验室未严格执行公司进入受限空间管理规定的情况失管失察。

③ 受限空间事故应急预案针对性、操作性不强，预案未演练，应急器材、设备配备不符合要求；安全教育培训针对性不强，员工自我保护意识差，缺乏自救互救知识和能力，救援人员缺乏对危险有害因素的了解和认知，缺乏相应的安全防护知识，在现场没有佩戴空气呼吸器或其他隔绝式呼吸器(错误地采用口罩防毒)的情况下，盲目施救。

④ 清釜检修作业外包管理不到位。企业清釜检修作业外包管理制度不完善；对所属分厂清釜检修作业违规使用不具备清釜检修作业资质的外来务工人员问题失管失察。

十四、其他行业生产运行期间发生的典型事故

安徽安庆万华油品“4·2”爆燃事故

2017年4月2日13时许，安徽省安庆市大观经济开发区万华油品有限公司内，盛铭公司组织8名工人，开始在烘干粉碎分装车间的东第二间粉碎分装一黑色物料。17时许，在重新启动粉碎机时，粉碎机下部突发爆燃，瞬间引燃操作面物料，火势迅速蔓延，引燃化工原料库物料，造成5人死亡、3人受伤。事故暴露出企业非法出租给不具备安全生产条件的盛铭公司，非法组织生产。粉碎、收集、分装作业现场不具备安全生产条件，无除尘设施，导致可燃性粉尘积聚，使用不防爆电气产生电火花，引发可燃性粉尘爆燃。同时，由于车间布置不合规，生产组织安排不合理，无应急处置能力，导致事故扩大。

天津市瑞海公司“8·12”爆炸事故

2015年8月12日，位于天津市滨海新区的瑞海公司危险品仓库运抵区起火，随后发生两次剧烈的爆炸。事故造成165人遇难，8人失踪，798人受伤住院治疗，304幢建筑物、12428辆商品汽车、7533个集装箱受损，直接经济损失68.66亿元人民币。事故的直接原因是瑞海公司危险品仓库南侧集装箱内的硝化棉由于湿润剂散失出现局部干燥，在高温天气等因素的作用下加速分解放热，积热自燃，引起相邻集装箱内的硝化棉和其他危险化学品大面积燃烧，导致违规存放于运抵区的硝酸铵等危险化学品发生爆炸。

山东省博兴县诚力供气有限公司“10·8”重大爆炸事故

2013年10月8日，山东省博兴县诚力供气有限公司稀油密封干式煤气柜在生产运行过程中发生重大爆炸事故，共造成10人死亡、33人受伤、直接经济损失3200万元。事故的直接原因是：该公司气柜在运行过程中，因密封油黏度降低、活塞倾斜度超出工艺要求，致使密封油大量泄漏、油位下降，活塞密封系统失效，造成煤气由活塞下部空间窜到活塞上部空间，与空气混合形成爆炸性混合气体，遇点火源发生爆炸。事故暴露出以下问题：

① 违章指挥，情节恶劣。在发现气柜密封油质量下降、油位下降、一氧化碳检测报警仪频繁报警等重大隐患以及接到职工多次报告时，企业负责人不重视、也没有采取有效的安全措施。特别是事发当天，在气柜密封油出现零液位、检测报警仪满量程报警、煤气大量泄漏的情况下，企业负责人仍未采取果断措施、紧急停车、排除隐患，一直安排将气柜低柜位运行、带病运转，直至事故发生。

② 设备日常维护管理问题严重。气柜建成投入运行后，企业没有按照《工业企业煤气安全规程》(GB 622)的规定，对气柜内活塞、密封设施定期进行检查、维护和保养，对导轮轮轴定期加注润滑脂等。在接到密封油改质实验报告、得知密封油质量下降后，也没有采取更换或着加注改质剂改善密封油质量等措施，致使密封油质量进一步恶化，直至煤气泄漏。

③ 违法违规建设和生产。企业的3#、4#焦炉工程从2010年10月开工建设、到2012年3月开始试运行，一直没有申请办理危险化学品建设项目安全条件审查、安全设施设计专篇审查和试生产方案备案手续，长时间违法违规建设和生产，直至2011年11月被博兴县安监局依法查处后，才申请补办相关手续。

气柜从设计、设备采购、施工、验收、试生产等环节都存在违反国家法律法规和标准规定的问题，主要是：爆炸危险区域内的电气设备未按设计文件规定选型，采用了非防爆电气设备；施工前未请设计单位进行工程技术交底；施工过程中没有实施工程监理；施工完成后没有依据相关标准和规范进行验收，甚至未经专业设计在气柜内部及顶部安装了部分电气仪表；试生产阶段供电电源不能满足《安全设施设计专篇》要求的双电源供电保障，试生产过程未严格执行《山东省化工装置安全试车工作规范(试行)》；气柜施工的相关档案资料欠缺等。

④ 安全生产管理制度不完善不落实。企业没有建立健全煤气柜检查、维护和保养等安全管理制度和操作规程，也没有制定密封油质量指标分析控制制度；安全生产责任制和安全规章制度不落实，企业主要负责人未取得安全资格证书。

山东省临沂市兰山区九州化工厂“12·29”爆炸事故

2013 年 12 月 29 日，九州化工厂在一辆双氧水槽罐车卸料至多个双氧水包装桶过程中，一装满双氧水的包装桶发生爆炸，造成 3 人死亡。事故的直接原因是违规使用盛装过盐酸的塑料桶盛装双氧水，桶内残存的 Fe^{3+} 及其他金属杂质引起双氧水急剧分解导致超压爆炸。事故暴露出以下问题：

① 企业未按规定使用双氧水专用包装桶盛装双氧水，重复使用前未对双氧水包装桶进行安全检查。现场安全管理混乱，使用的危险化学品包装桶没有显著标示，堆放杂乱，导致职工违规使用盛装过盐酸的塑料桶盛装双氧水。

② 职工对双氧水物理和化学性质不熟知，特别是对双氧水遇碱、金属粉末会发生剧烈化学反应甚至爆炸等危险特性不了解，职工安全防范意识和事故处置能力不强。

湖北省浠水县蓝天联合气体有限公司“10·13”窒息事故

2015 年 10 月 13 日，湖北浠水蓝天联合气体有限公司发生窒息事故，共造成 3 人死亡。事故的直接原因是：钻孔作业需要用水，2 名施工人员带来抽水泵，擅自抬开了密封储罐基础槽水坑入口处的两块水泥盖板，准备到储罐底部水坑内取水。此时，设备运行排放出大量氮气通过暗沟到达储罐基础槽(氮气含量达 95%)，2 人吸入高浓度氮气晕倒窒息。公司设备部长发现 2 人不见四处寻找，不幸溺水身亡。事故暴露出以下问题：

① 变更管理存在较大问题。公司变更氮气排放系统，没有聘请有资质的设计单位设计，而是由项目建设负责人自行设计，变更前未按规定进行安全风险评估，未申请安全设施设计审查。

② 重大危险源安全管理不力。公司在危险作业区域液氧储罐基础槽入口处只设置了安全警示标志，没有设置警戒线。对作业场所未按相关规定进行现场监督，作业现场安全管理不到位，导致施工人员违规作业行为未及时发现和制止。

③ 对外包工程安全管理缺失。公司对外包项目施工人员未进行安全教育培训，导致民工甲、乙 2 人安全意识差，缺乏安全防护知识，对作业现场的危险有害因素认识不足，违规作业。

江西省江锂科技有限公司“12·3”中毒窒息事故

2009 年 12 月 3 日，江西省新余市江锂科技有限公司二分厂发生一起中毒窒息事故，造成 3 人死亡，2 人受伤。事故的直接原因是反应釜中的一氧化碳通过新安装的料浆输送管回流至原矿调浆池坑，并不断积聚，导致司泵工窒息。随后在未采取任何安全防护措施的情况下，多人下坑进行施救，相继窒息晕倒。

十五、其他行业检维修期间发生的典型事故

江西九江天赐高新材料有限公司"11·6"较大爆炸事故

2013年11月6日16时53分许，九江天赐高新材料有限公司电池材料分厂电解质二期废酸储罐区施工作业过程中发生一起爆炸事故，造成3人死亡，直接经济损失350余万元。事故直接原因是作业人员在废酸储罐罐体顶部违章动火作业，使用砂轮切割盲板螺栓，以及违章盲板拆除(抽堵)作业(亦属特级动火作业)，产生的火花引爆罐内含氢混合性爆炸气体，造成爆炸事故。事故暴露出以下问题：

① 对废酸罐区配管作业可能引发爆炸事故认识不足，忽视了对整个作业过程的现场指导和监护。发生事故的废硫酸罐储存为浓硫酸与少量氟化氢混合物(电解质车间合成五氟化磷工序使用烟酸脱水后形成的废酸，硫酸含量99%以上)，因氟化氢不能直排大气，从罐顶配管与尾气吸收塔相连，用水吸收挥发的氟化氢气体，造成罐内产生的氢气不能排出储罐，且在罐内形成负压时，通过尾气吸收塔将潮湿空气带入罐内。因硫酸储罐材质为碳钢，潮湿的空气和硫酸内含少量氟化氢都在一定程度上加快了废酸与碳钢的反应，产生了氢气，在罐内空间形成了氢气与空气的混合性爆炸气体。当混合气体氢气浓度达到爆炸极限，遇切割螺栓产生的火花，引发了爆炸事故。

② 承包商管理存在缺失。企业未按规定组织对广化建公司九江天赐公司项目部的从业人员进行安全教育培训、考核；对外包工程的管理混乱，未严格按照规定程序和内容下达工作任务，进行安全技术交底，并双方签字确认，且施工方案制定不完善(缺风险分析、安全措施及应急预案)，检维修管理、动火管理和承包商管理不规范；作业现场监护人员作业期间擅自离岗，对作业人员的违章作业安全管控不到位。

浙江省台州丰润生物化学公司"6·12"硫化氢中毒事故

2009年6月12日，浙江省台州丰润生物化学有限公司发生硫化氢中毒事故，造成3人死亡，2人中毒。事发时，1名施工人员下到约10m深的地下桩孔底部

作业，因硫化氢含量过高致其中毒晕倒，后有4人在未佩戴任何防护用品的情况下盲目施救，也相继中毒晕倒。

甘肃白银天翔建材化工有限责任公司“7·4”中毒事故

2010年7月4日，甘肃白银市白银区天翔建材化工有限责任公司碳酸锌厂发生中毒事故，造成3人死亡，3人受伤。因反应池中碳酸氢氨和氧化锌反应产生氨气，作业人员违章进入反应池作业，造成中毒昏迷，救援人员应急知识不足，造成事故扩大。

附录二　模拟试题及参考答案

模拟试题

一、填空题(共20题，每小题1分)

1. 危险化学品安全管理，应当坚持安全第一、预防为主、综合治理的方针，强化和落实企业的________。

2. 安全生产法律、行政法规、地方性法规、______和国家标准、行业标准共同构成安全生产法律法规体系。

3. 企业安全生产责任体系五落实五到位规定，“五到位”指必须做到安全责任到位、安全投入到位、______、安全管理到位、应急救援到位。

4. 生产经营单位的安全生产管理人员未履行《安全生产法》规定的安全生产管理职责的，________；导致发生生产安全事故的，暂停或者撤销其与安全生产有关的资格；构成犯罪的，依照刑法有关规定追究刑事责任。

5. 危险化学品企业要设置安全生产管理机构或配备专职安全生产管理人员，要具备化工或安全管理相关专业中专以上学历，有从事化工生产相关工作2年以上经历，取得________证书。

6. 新建的生产企业应当在________办理危险化学品登记。进口企业应当在首次进口前办理危险化学品登记。

7. 剧毒化学品以及储存数量构成重大危险源的其他危险化学品，应当在专用仓库内单独存放，并实行____________制度。

8. 新员工三级安全教育，指厂(公司)、车间(工段、区、队)、____三级安全教育培训。

9. 确定危险化学品临界量时，若一种危险化学品具有多种危险性，按其中__________________的临界量确定。

10. 过程安全是指防止危险化学品泄漏或________，以避免灾难性的事故，如着火、爆炸和大范围的人员中毒伤害。

11. 危险化学品企业特殊作业指设备检修过程中可能涉及的动火、进入受限空间、盲板抽堵、高处作业、________、动土、断路等，对操作者本人、他人及周围建(构)筑物、设备、设施的安全可能造成危害的作业。

12. 固定动火区外的动火作业一般分为二级动火、一级动火、特殊动火三个级别，遇节日、假日或其他特殊情况，动火作业应______ 管理。

13. 重大危险源现场应设置明显的________和告知牌。

14. 在办理临时用电作业证时，临时用电设施必须安装符合规范要求的________，移动工具、手持式电动工具应一机一闸一保护。

15. 受限空间照明电压应小于或等于 36V，在潮湿容器、狭小容器内作业电压应小于或等于________。

16. 职业病危害因素共分为 6 类，分别为________、物理因素、放射性因素、生物因素和其他因素。

17. 危险化学品单位应当制定应急预案演练计划，并按照下列要求进行事故应急预案的演练：对综合应急预案，每年至少进行一次；对现场处置方案，每______至少进行一次。

18. 企业检维修工作的“五定”即定检修方案、定检修人员、________、定检修质量和定检修进度原则。

19. 生产经营单位必须依法参加________，为从业人员缴纳保险费。

20. 应急预案定期评估应每________年进行一次。

二、单项选择题(共 40 题，每题 1 分。每题的备选项中，只有 1 个最符合题意)

1. 企业进行隐患排查的频次应满足，企业至少(　　)组织一次，基层单位至少每季度组织一次综合性隐患排查和专业隐患排查，两者可结合进行。

A. 三个月　　B. 半年　　C. 一年　　D. 两年

2. 企业安全生产管理部门要加强对企业安全生产的(　　)，组织贯彻落实国家有关安全生产法律法规和标准。

A. 日常管理　　B. 安全管理　　C. 监督管理　　D. 综合管理

3. 按照《常用化学危险品贮存通则》(GB 15603—1995)的规定，同一区域储存两种或两种以上不同级别的危险品时，应按(　　)等级危险物品的性能设置标志。

A. 低　　B. 最低　　C. 高　　D. 最高

4. 特种设备，是指对(　　)安全有较大危险性的锅炉、压力容器(含气瓶)、压力管道、电梯、起重机械、客运索道、大型游乐设施、场(厂)内专用机动车辆，以及法律、行政法规规定的其他特种设备。

A. 设备和环境　B. 人身和财产　C. 周围社区人员　D. 操作人员

5. 新建、扩建、改建建设项目和技术改造、技术引进项目(以下统称建设项目)可能产生职业病危害的，建设单位在(　　)应当进行职业病危害预评价。建设项目在竣工验收前，建设单位应当进行职业病危害控制效果评价。

A. 可行性论证阶段　B. 中间阶段

C. 设计阶段　D. 项目建议书阶段

6. 依据《安全生产法》，事故调查处理应当按照(　　)的原则，查清事故原因，查明事故性质和责任。

A. 实事求是、尊重科学

B. 公开、公正、公平

C. 及时、准确、合法

D. 科学严谨、依法依规、实事求是、注重实效

7. 企业(　　)负有组织制定安全管理制度和督促、检查安全生产的职责。

A. 安全经理　B. 安全部长

C. 主要负责人　D. 安全管理人员

8. 衡量可燃性液体火灾危险性大小的主要参数是(　　)。

A. 闪点　B. 凝固点　C. 沸点　D. 燃点

9. 下列化学危险品中，(　　)可以露天堆放。

A. 爆炸物品　B. 一级易燃物品

C. 压缩气体　D. 剧毒物品

10. 变更按照内容划分，不包括(　　)

A. 工艺技术变更　B. 设备设施变更

C. 管理变更　D. 管理技术变更

11. 重点部位是指生产、储存、使用易燃易爆、剧毒等危险化学品场所，以及可能形成爆炸、火灾场所及系统等。以下(　　)不属于重点部位。

A. 罐区　B. 装卸台(站)

C. 变电站　D. 石灰石堆场

12. 依据《安全生产法》的规定，从业人员发现直接危及人身安全的紧急情况时，可以(　　)后撤离现场。

A. 经安全管理人员同意　B. 经单位负责人批准

C. 经现场负责人同意　D. 采取可能的应急措施

13. 危险化学品重大危险源分级中，(　)级最高。

A. 一级　　B. 三级　　C. 四级　　D. 五级

14. 重大危险源记录的电子数据的保存时间不少于(　　)天。

A. 10　　B. 15　　C. 20　　D. 30

15. 危险物品的生产、经营、储存单位应当建立应急救援组织；生产经营规模较小的，可以不建立应急救援组织，但应当指定(　　)。

A. 专职的应急救援人员　　B. 兼职的应急救援人员

C. 专门的应急救援机构　　D. 专门的应急救援程序

16. 对重大危险源中的(　　)等重点设施，可以不设置紧急切断装置。

A. 毒性气体　　B. 剧毒液体

C. 易燃液体　　D. 易燃气体

17. 企业要编制的电气设备设施管理制度包括(　　)。

A. 操作　　B. 维护　　C. 检修　　D. 以上全有

18. 特种设备使用单位应当在特种设备投入使用前或者投入使用后(　　)日内，向负责特种设备安全监督管理的部门办理使用登记，取得使用登记证书。

A. 10　　B. 20　　C. 30　　D. 45

19.《中华人民共和国职业病防治法》规定，用人单位必须采用有效的职业病防护设施，并为劳动者提供个人使用的(　　)

A. 职业病防护用品　　B. 工作服

C. 防护服　　D. 安全帽和安全鞋

20. 根据生产安全事故(以下简称事故)造成的人员伤亡或者直接经济损失，事故一般分为四个等级：特别重大事故、(　　)、较大事故和一般事故。

A. 中等事故　　B. 重大事故

C. 较为重大事故　　D. 重要事故

21. 安全设施是指在生产经营活动中用于(　　)与消除事故影响采用的设备、设施、装备及其他技术措施的总称。

A. 预防　　B. 控制　　C. 减少　　D. 以上都是

22. 开车前安全审查适用的主要场合不包括(　　)。

A. 新、改、扩建项目以及在役装置检修后，投料前

B. 发生重大事故或重大变更后，再次投料前

C. 机泵跳车后，启用备用设备前

D. 在正常开停车、紧急停车后的再次开车前

23. 进入受限空间作业前需对受限空间进行隔绝，以下做法错误的是(　　)。

A. 与受限空间连通的管道插入盲板

B. 拆除一段管道

C. 与受限空间连通的可能危及安全作业的孔、洞进行严密地封堵

D. 关闭与受限空间连通的管道上的阀门

24. 企业欲报废的容器、设备和管道内仍存有危险化学品的，应(　　)报废处置。

A. 清洗干净即可

B. 办理报废管理程序后即可

C. 直接进行

D. 清洗干净，分析、验收合格后，方可

25. 生产经营单位应当积极推进(　　)，实现安全管理、设备设施、作业现场、操作过程的标准化，夯实安全基础，保证安全生产。

A. 安全文化建设　　　　B. 安全生产标准化建设

C. 企业文化建设　　　　D. 制度建设

26. 在高 1.8m 的甲醇废液槽上使用电焊进行管道焊接需要开具(　　)。

A. 高处安全作业证、动火安全作业证、临时用电安全作业证

B. 动火安全作业证、临时用电安全作业证

C. 动火安全作业证

D. 临时用电安全作业证

27. 对于受限空间作业，下列说法错误的是(　　)。

A. 涂刷具有挥发性溶剂的涂料时，应做连续分析，并采取强制通风措施

B. 作业中断时间超过 60 min 时，应重新进行分析

C. 对可能释放有害物质的受限空间，每 2h 监测一次

D. 酸碱等腐蚀性介质的受限空间，应穿戴防酸碱防护服、防护鞋、防护手套等防腐蚀护品

28.《危险化学品安全管理条例》规定，国家实行危险化学品(　　)制度，并为危险化学品安全管理、事故预防和应急救援提供技术、信息支持。

A. 登记　　B. 注册　　C. 备案　　D. 上报

29. 生产、科研、医疗等单位经常使用剧毒化学品的，应当向(　　)公安部门申请领取购买凭证，凭购买凭证购买。

A. 市级人民政府　　B. 县级人民政府

C. 设区的市级人民政府　　D. 省级人民政府

30.《危险化学品安全管理条例》明确，通过道路运输剧毒化学品的，托运人应当向运输始发地或者目的地县级人民政府公安机关申请剧毒化学品(　　)

A. 交通运输许可证　　B. 道路运输通行证

C. 安全运输通行证　　D. 购买许可证

31. 高处作业是指在距坠落基准面(　　)以上有可能坠落的高处进行的作业。

A. 2m 及 2m 以上　　B. 3m 及以上

C. 5m 以上　　D. 10m 以上

32. 在易燃易爆场所进行盲板抽堵作业时，作业人员应穿(　)，并应使用防爆灯具和防爆工具。

A. 防静电工作服　　B. 放酸碱工作服

C. 防化服　　D. 防尘服

33. 动火安全作业证的必要内容不包括(　　)。

A. 动火分析的具体数值　　B. 动火的起止时间

C. 危害辨识和安全措施　　D. 环境温度。

34.《安全生产许可证条例》规定，安全生产许可证有效期满需要延期的，企业应当于期满前(　　)向原安全生产许可证颁发管理机关办理延期手续。

A. 1 个月　　B. 2 个月　　C. 3 个月　　D. 6 个月

35. 特种设备使用单位对在用特种设备应当至少(　　)进行一次自行检查，并作出记录。

A. 每月　　B. 每季度　　C. 每半年　　D. 每年

36. 对违章动火作业，(　　)有权予以制止，并及时向公司安全技术部门报告。

A. 安全管理人员　　B. 企业负责人　　C. 任何人　　D. 监火人

37. 动火分析的合格标准中，以下说法(　　)是错误的。

A. 当被测气体或蒸气的爆炸下限大于4%时，其被测浓度应不大于0.5%(体积分数)

B. 当被测气体或蒸气的爆炸下限小于4%时，其被测浓度应不大于0.2%(体积分数)

C. 当被测气体或蒸气的爆炸下限等于4%时，其被测浓度应不大于0.2%(体

积分数)

D. 当被测气体或蒸气的爆炸下限等于4%时，其被测浓度应不大于0.5%(体积分数)

38.《生产安全事故报告和调查处理条例》规定，较大事故，是指造成(　　),或者10人以上50人以下重伤，或者1000万元以上5000万元以下直接经济损失的事故。

A. 5人以上10人以下死亡　　B. 4人以上10人以下死亡

C. 3人以上10人以下死亡　　D. 2人以上9人以下

39. 生产、经营、使用国家禁止生产、经营、使用的危险化学品的，由(　　)责令停止生产、经营、使用活动，处20万元以上50万元以下的罚款，有违法所得的，没收违法所得；构成犯罪的，依法追究刑事责任。

A. 公安部门　　B. 上级部门　　C. 安监部门　　D. 工商部门

40.《危险化学品登记管理办法》规定，危险化学品登记证有效期为(　　)年。

A. 1　　B. 2　　C. 3　　D. 5

三、多项选择题(共10题，每题2分。每题的备选项中，有2个或者2个以上符合题意，至少有1个错项，错选、少选，本题均不得分)

1. 依据《安全生产法》的规定，从业人员的安全生产义务有(　　)。

A. 遵章守规、服从管理的义务

B. 正确佩戴和使用劳保用品的义务

C. 接受安全培训，掌握安全生产技能的义务

D. 发现事故隐患或者其他不安全因素及时报告的义务

E. 事故情况下，抢险救灾的义务

2.《危险化学品安全管理条例》规定，危险化学品专用仓库应当符合国家标准、行业标准的要求，并设置明显的标志。储存(　　)的专用仓库，应当按照国家有关规定设置相应的技术防范设施。储存危险化学品的单位应当对其危险化学品专用仓库的安全设施、设备定期进行检测、检验。

A. 剧毒化学品　　B. 易腐蚀化学品

C. 可燃化学品　　D. 易制爆危险化学品

E. 气体

3. 依据《安全生产法》的规定，生产经营单位与从业人员订立的劳动合同，应当载明有关保障从业人员(　　)等事项，以及依法为从业人员办理工伤社会

保险的事项。

A. 劳动安全的事项

B. 防止职业危害的事项

C. 保障人业人员缴纳工伤社会保险费和获得民事赔偿的事项

D. 聘用条件

E. 岗位津贴

4.《危险化学品安全管理条例》规定，生产、储存危险化学品的单位转产、停产、停业或者解散的，应当采取有效措施，及时、妥善处置其危险化学品生产装置、储存设施以及库存的危险化学品，不得丢弃危险化学品；处置方案应当报所在地县级(　　)备案。安监部门应当会同环保部门和公安机关对处置情况进行监督检查，发现未依照规定处置的，应当责令其立即处置。

A. 安监部门　　B. 工信部门

C. 环保部门　　D. 公安机关

E. 质监部门

5. 生产经营单位对重大危险源应当登记建档，进行定期(　　)并制定应急预案，告知从业人员和相关人员在紧急情况下应当采取的应急措施。

A. 整改　　B. 检测　　C. 上报　　D. 评估

E. 监控

6. 从业人员在岗前进行安全生产教育和培训后，应确保具备下列知识技能(　　)。

A. 必要的安全生产知识

B. 熟悉有关的安全生产规章制度和安全操作规程

C. 掌握本岗位的安全操作技能

D. 了解事故应急处理措施

E. 知悉自身在安全生产方面的权利和义务

7.《安全生产法》第四条规定“生产经营单位必须遵守本法和其他有关安全生产的法律、法规，加强安全生产管理，建立、健全(　　)，改善安全生产条件，推进安全生产标准化建设，提高安全生产水平，确保安全生产。”

A. 安全生产责任制　　B. 安全生产规章制度

C. 设备管理制度　　D. 生产管理制度

E. 安全操作规程

8. 季节性安全检查是指根据各季节特点开展的有针对性的检查，春季以

(   )为重点。

A. 防雷　　B. 防静电

C. 防解冻泄漏　　D. 防解冻坍塌

E. 防洪

9. 危险化学品，是指具有(   )等性质，对人体、设施、环境具有危害的剧毒化学品和其他化学品。

A. 毒害　　B. 腐蚀　　C. 爆炸　　D. 燃烧

E. 助燃

10. 单位负责人接到事故报告后，应当迅速采取有效措施，组织抢救，防止事故扩大，减少人员伤亡和财产损失，并按照国家有关规定立即如实报告当地负有安全生产监督管理职责的部门，不得(   )。

A. 隐瞒不报　　B. 迟报

C. 谎报　　D. 故意破坏事故现场

E. 毁灭有关证据

四、判断题(共 20 题，每小题 1 分)

1. 安全检查工作可结合企业生产运行实际，采取定期、不定期的形式。一般有：日常安全检查、综合性安全检查、专业性安全检查、专项安全检查、重大活动及节假日前安全检查、发生事故后的安全检查。(   )

2.《化工企业工艺安全管理实施导则》(AQ/T 3034—2010)，“承包商管理”要素要求企业须告知承包商与他们作业工艺有关的潜在的火灾、爆炸或有毒有害方面的信息，进行相关的培训，全过程控制风险；定期评估承包商表现；保存承包商在工作过程中的伤亡、职业病记录。(   )

3. 企业应定期组织适用的法律法规符合性评审，确保企业各项生产经营和管理活动合法合规。(   )

4. 企业的安全风险分级管控与隐患排查治理体系被称之为双重预防机制。(   )

5. 应急预案演练分为桌面演练、实战演练、单项演练、单兵演练。(   )

6. 危险化学品生产经营单位安全生产管理人员初次安全培训时间不得少于 40 学时，每年再培训时间不得少于 16 学时。(   )

7. 根据《生产经营单位生产安全事故应急预案编制导则》(GB/T 29639—2013)划分，企业的应急预案分为综合应急预案、专项应急预案和现场处置方案。(   )

8. 企业安全生产检查、评价、咨询和标准化建设支出以及新建项目安全评价费用可以作为安全生产费用。（　）

9. 根据隐患整改、治理和排除的难度及其可能导致事故后果和影响范围，分为一般事故隐患和重大事故隐患。（　）

10. 企业应建立完善《安全风险公告制度》，要在醒目位置和重点区域分别设置安全风险公告栏，制作岗位安全风险告知卡，标明主要安全风险、可能引发事故隐患类别、事故后果、管控措施、应急措施及报告方式等内容。（　）

11. 生产、储存和使用氯气、氨气、光气、硫化氢等吸入性有毒有害气体的企业，构成重大危险源的，应当设立消防站。（　）

12. 事故报告应当及时、准确、完整，任何单位和个人对事故不得迟报、漏报、谎报或者瞒报。任何单位和个人不得阻挠和干涉对事故的报告和依法调查处理。（　）

13. 企业应当建立全员安全生产责任制，保证每位从业人员的安全生产责任与职务、岗位相匹配。安全生产责任制应当明确各岗位的责任人员、工作范围和考核标准等内容。（　）

14. 每个生产车间或单位所设置的的固定动火区，只要符合固定动火区条件的要求，都可以设置，不受数量的限制。（　）

15. 从业人员在本企业内调整工作岗位或离岗一年以上重新上岗时，应当重新接受厂级和班组级的安全培训。（　）

16. 危险化学品的生产、经营、储存单位不管其规模或人数，都应当设置安全生产管理机构或者配备兼职安全生产管理人员。（　）

17. 生产经营单位委托有关服务机构提供安全生产技术、管理服务的，保证安全生产的责任由服务机构负责。（　）

18. 液化烃、液氨、液氯等易燃易爆、有毒有害液化气体的充装必须使用万向节管道充装系统。（　）

19. 危险化学品单位完成重大危险源安全评估报告或者安全评价报告后 30 日内，填写重大危险源备案申请表，连同重大危险源档案材料，报送所在地市级人民政府安全生产监督管理部门备案。（　）

20. 承担安全评价、认证、检测、检验工作的机构，出具虚假证明的，给他人造成损害的，在缴纳罚款后，不需再与生产经营单位承担连带赔偿责任。（　）

参考答案

一、填空题

1. 主体责任	2. 部门规章
3. 安全培训到位	4. 责令限期改正
5. 安全管理人员资格	6. 竣工验收前
7. 双人收发、双人保管	8. 班组级
9. 最低的	10. 能量的意外释放
11. 吊装、临时用电	12. 升级
13. 安全警示标志	14. 漏电保护器
15. 12V	16. 粉尘、化学因素
17. 半年	18. 定安全措施
19. 工伤保险	20. 3

二、单项选择题

1. B	2. D	3. D	4. B	5. A	6. D	7. C	8. A
9. C	10. D	11. D	12. D	13. A	14. D	15. B	16. C
17. D	18. C	19. A	20. B	21. D	22. C	23. D	24. D
25. B	26. B	27. C	28. A	29. C	30. B	31. A	32. A
33. D	34. C	35. A	36. C	37. C	38. C	39. C	40. C

三、多项选择题

1. ABCD	2. AD	3. AB	4. ABCD	5. BDE
6. ABCDE	7. AB	8. ABCD	9. ABCDE	10. ABCDE

四、判断题

1. √

2. √

3. √

4. √

5. ×,《生产安全事故应急演练指南》(AQ/T 9007—2011)明确:应急演练按照演练内容分为综合演练和单项演练,按照演练形式分为现场演练和桌面演练。

6. ×,《生产经营单位安全培训规定》规定安全生产管理人员初次安全培训时间不得少于48学时。

7. √

8. × 《企业安全生产费用提取和使用管理办法》(财企〔2012〕16 号)列出安全费用的使用范围：安全生产检查、评价(不包括新建、改建、扩建项目安全评价)、咨询和标准化建设支出。

9. √

10. √

11. × 设立气防站

12. √

13. × 《安全生产法》第十九条规定：生产经营单位的安全生产责任制应当明确各岗位的责任人员、责任范围和考核标准等内容。

14. ×

15. × 化工(危险化学品)企业从业人员在本企业内调整工作岗位或离岗一年以上重新上岗时，应当重新接受车间(工段)和班组级的安全培训。

16. × 《安全生产法》第二十一条规定：危险物品的生产、经营、储存单位，应当设置安全生产管理机构或者配备专职安全生产管理人员。

17. × 《安全生产法》第十三条规定：生产经营单位委托前款规定的机构提供安全生产技术、管理服务的，保证安全生产的责任仍由生产经营单位负责。

18. √

19. × 《危险化学品重大危险源监督管理暂行规定》(国家安全生产监督管理总局令第 40 号)规定：危险化学品单位在完成重大危险源安全评估报告或者安全评价报告后 15 日内，应当填写重大危险源备案申请表，报送所在地县级人民政府安全生产监督管理部门备案。

20. × 《安全生产法》第八十九条规定：承担安全评价、认证、检测、检验工作的机构，出具虚假证明的，给他人造成损害的，与生产经营单位承担连带赔偿责任；构成犯罪的，依照刑法有关规定追究刑事责任。